친디아와 미얀마

고래 싸움에 새우 등 터지는가?

모음북스

친디아와 미얀마

고래 싸움에 새우 등 터지는가?

2020년 3월 15일 초판 인쇄
2020년 3월 25일 초판 발행
지은이: 딴민-우
옮긴이: 김태현
발행인: 안정순
주소: 16939 경기도 용인시 수지구 상현로42번길 40번지 273동 1302호
전화 및 팩스: (031) 8002-0135
이메일: moumbooks.pub@daum.net
등록: 2004년 5월 25일/제2018-000067호

값: 18,000원

© 목음북스 2020

잘못된 책은 바꾸어드립니다.
ISBN 978-89-955383-6-4 94910
ISBN 978-89-955383-3-3 [set]

이 도서의 국립중앙도서관 출판예정도서목록(CIP)은 서지정보유통지원시스템 홈페이지(http://seoji.nl.go.kr)와 국가자료 공동목록시스템(http://www.nl.go.kr/kolistet)에서 이용하실 수 있습니다. (CIP제어번호: CIP2020007706)

친디아와 미얀마

고래 싸움에 새우 등 터지는가?

지은이 딴민-우
옮긴이 김태현

WHERE CHINA MEETS INDIA

BURMA AND THE NEW CROSSROADS OF ASIA

~~~

THANT MYINT-U

Copyright © 2008 by Thant Myint-U

All rights reserved.

This Korean edition was published by Moumbooks Publisher in 2020 by arrangement with Thant Myint-U c/o Aitken Alexander Associates through KCC (Korea Copyright Center Inc.), Seoul.

이 책은 (주)한국저작권센터(KCC)를 통한 저작권자와의 독점계약으로 모음북에서 출간되었습니다. 저작권법에 의해 한국 내에서 보호를 받는 저작물이므로 무단전재와 복제를 금합니다.

지은이 딴 민-우

딴 민-우(Thant Myint-U) 박사는 대표적인 미얀마 역사학자로, 외조부 우딴(U Thant)이 유엔 사무총장으로 재직하던 1966년 뉴욕에서 태어나 외조부가 1974년 타계할 때까지 함께 살았다. 하버드 대학교에서 학부를 마치고 케임브리지 대학교에서 미얀마 근대사 연구로 박사학위를 받았다. 1995~1999년 동안 케임브리지 트리니티 칼리지에서 펠로우를 지냈다. 유엔에 근무하면서 캄보디아와 보스니아의 평화유지군 활동에 관여했으며, 유엔 정치국 정책기획부에서도 일했다. 저서로 이 책 외에도 박사학위 논문을 책으로 출판한 *The Making of Modern Burma* (Cambridge University Press, 2001); *Where China Meets India: Burma and the New Crossroads of Asia* (Farrar, Straus and Giroux, 2011) (『친디아와 미얀마 : 고래 싸움에 새우 등 터지는가?』 [모음북스: 2020]) 가 있다. 현재 미얀마 문화보존을 위한 재단(Yangon Heritage Trust)을 설립하여 활동하고 있다.

옮긴이 김태현

김태현(金泰炫) 교수는 서울대학교와 미국 오하이오주립대학교에서 국제정치학을 공부하고 21년간 중앙대학교 국제대학원 교수로 재직했다. 그러면서 미국 플로리다 대학교, 일리노이 대학교, 조지아 공대, 일본 와세다 대학 등에서 교환 교수를 지냈고, 2015년에는 한국 국제정치학회 회장으로 봉직했다. 2013년부터 한국 국제협력단의 지원으로 미얀마 양곤대학교에 '한국 국제학센터'(KIS)를 설립하고 그 소장을 지내며, 교수와 학생을 상대로 강의하고 있다. 정통 국제정치학자로서 국제정치이론, 국제안보, 외교정책과 관련한 많은 논문과 저서를 집필했다. 배리 부잔, 『세계화 시대의 국제안보』(1995), E. H. 카, 『20년의 위기』(2002), 조엘 위트 외, 『북핵위기의 전말』(2005), 그레이엄 앨리슨, 『결정의 엣센스』(2005), 『결정의 본질』(2018, 재간), 젤리코와 라이스, 『독일통일과 유럽의 변환』(2008), 모겐소, 『과학적 인간과 권력정치』(2010), 로라 니애크, 『신외교정책론 : 이론과 사례』(2020), 딴 민-우, 『잃어버린 발자욱의 강을 찾아』(2020) 등을 번역한 국제문제 전문 번역가이기도 하다.

차 례

지도 10
프롤로그 21

제1부 뒷문 - 미얀마

제1장 **이라와디의 꿈** - 양곤 31
제2장 **사촌 형제** - 만달레이 61
제3장 **버마 로드** - 핀우륀 85
제4장 **석양의 군주들** - 씨퍼 109
제5장 **새로운 국경** - 라시오 129

제2부 서남쪽의 오랑캐 - 중국

제1장 **말라카 딜레마** - 베이징 155
제2장 **구름의 남쪽** - 쿤밍 177
제3장 **간다라** - 다리 199
제4장 **샹그릴라** - 리장 219
제5장 **중국과 인도양 깊은 바다 사이** - 루이리 241

제3부 힌두스탄의 끝자락 - 인도

제1장 **동쪽을 바라보며** - 델리 265
제2장 **잊어버린 분할** - 서벵골주 콜카타 289
제3장 **나라 안의 국경** - 아삼주 가우하티 317
제4장 **여기가 인도인가?** - 마니푸르주 임팔 341

에필로그 365
후기 379
강대국 사이에서 살아남기 : 옮긴 이의 글 389
주석 395
감사의 말 419
색인 421

일러두기

1. 미얀마어 발음과 표기에 대해서: 미얀마어 고유명사는 미얀마어 로마자 표기법을 따르되 한글 표기는 될 수 있는 대로 원어 발음에 충실히 하려고 노력하였다.
2. 미얀마와 인도, 중국의 지명 표기에 대해서: 인도와 미얀마는 종래 지명의 로마자 표기를 원어의 발음에 가깝게 바꾸었다. 인도의 경우 봄베이(Bombay)가 뭄바이(Mumbai), 미얀마의 경우 랭군(Rangoon)이 양곤(Yangon)이 된 것이 대표적인 예다. 원서에서는 영어식 표기를 따랐으나 역서는 현지 표기를 따랐다. 단 지명이 처음 등장할 때는 괄호 속에 나란히 적었다. 중국지명은 특별한 경우를 제외하고 현지발음대로 표기하고 한자를 괄호 속에 병기했다.
3. 미주와 각주: 원저에 참고문헌은 미주, 부가 설명은 각주로 처리돼있다. 옮긴 이도 몇 개의 각주를 더했으나 '옮긴 이'라는 표기가 따로 없으면 모두 원저에 있는 대로이다. 원서에는 미주 번호를 쓰지 않고 쪽 번호와 관련 단어로 표기했으나 역서에서는 독자의 편의를 위해 관련 문장에 미주 번호를 달았다. 한편 영국식을 따른 참고문헌 표기는 원서를 따랐다.
4. 단행본의 제목은『잃어버린 발자국의 강』, 시, 논문 등 개별작품은「만달레이로 가는 길」, 신문, 잡지, 영화, 방송 프로그램 등은 <더 타임스>와 같이 표시했다.

지도 차례

1.   기원전 1세기 중국, 미얀마, 인도   10
2.   9세기 미얀마와 주변국   12
3.   17세기 미얀마와 주변국   14
4.   2011년 미얀마와 주변국   16

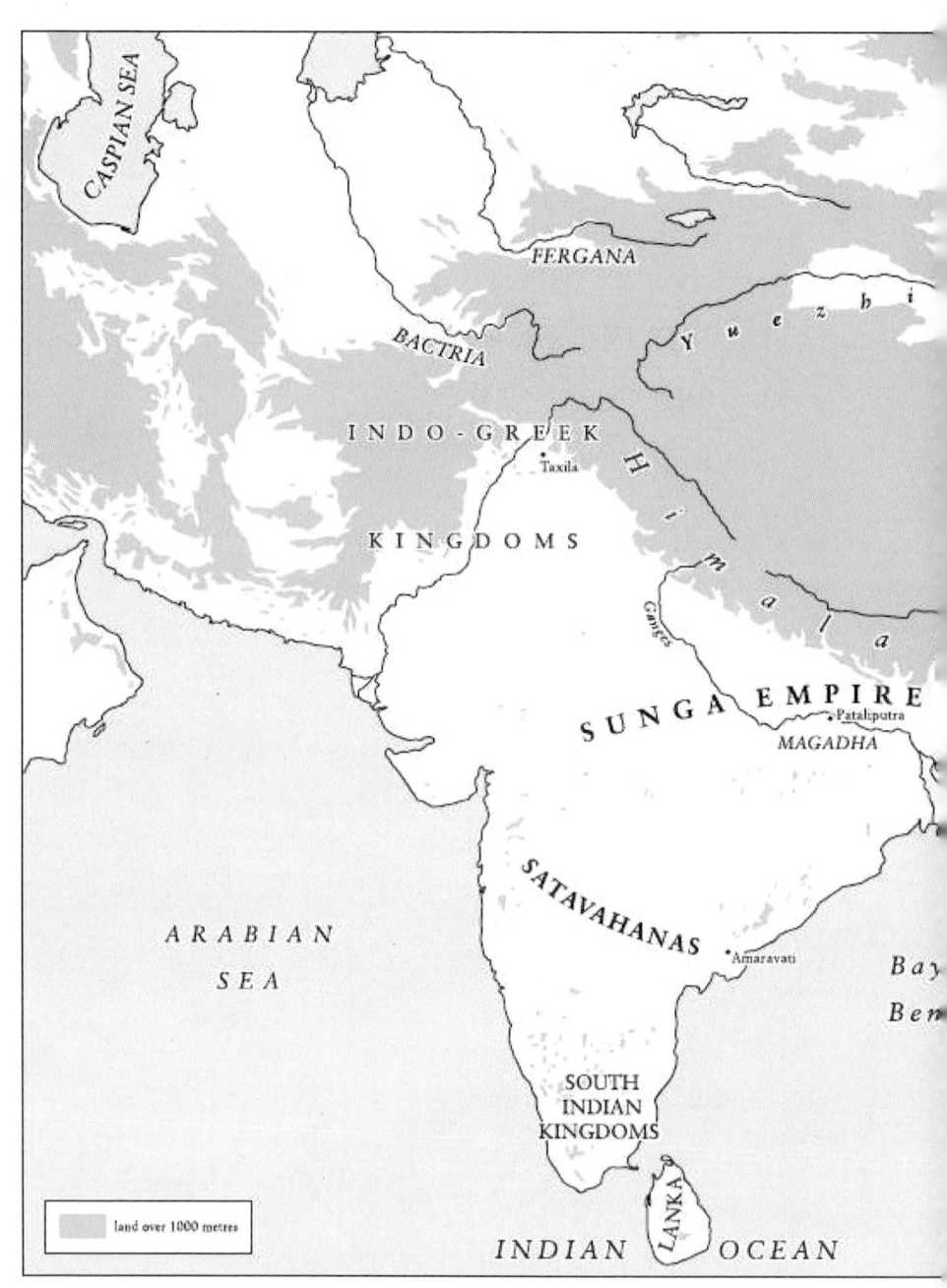

지도 1. 기원전 1세기 중국, 미얀마, 인도

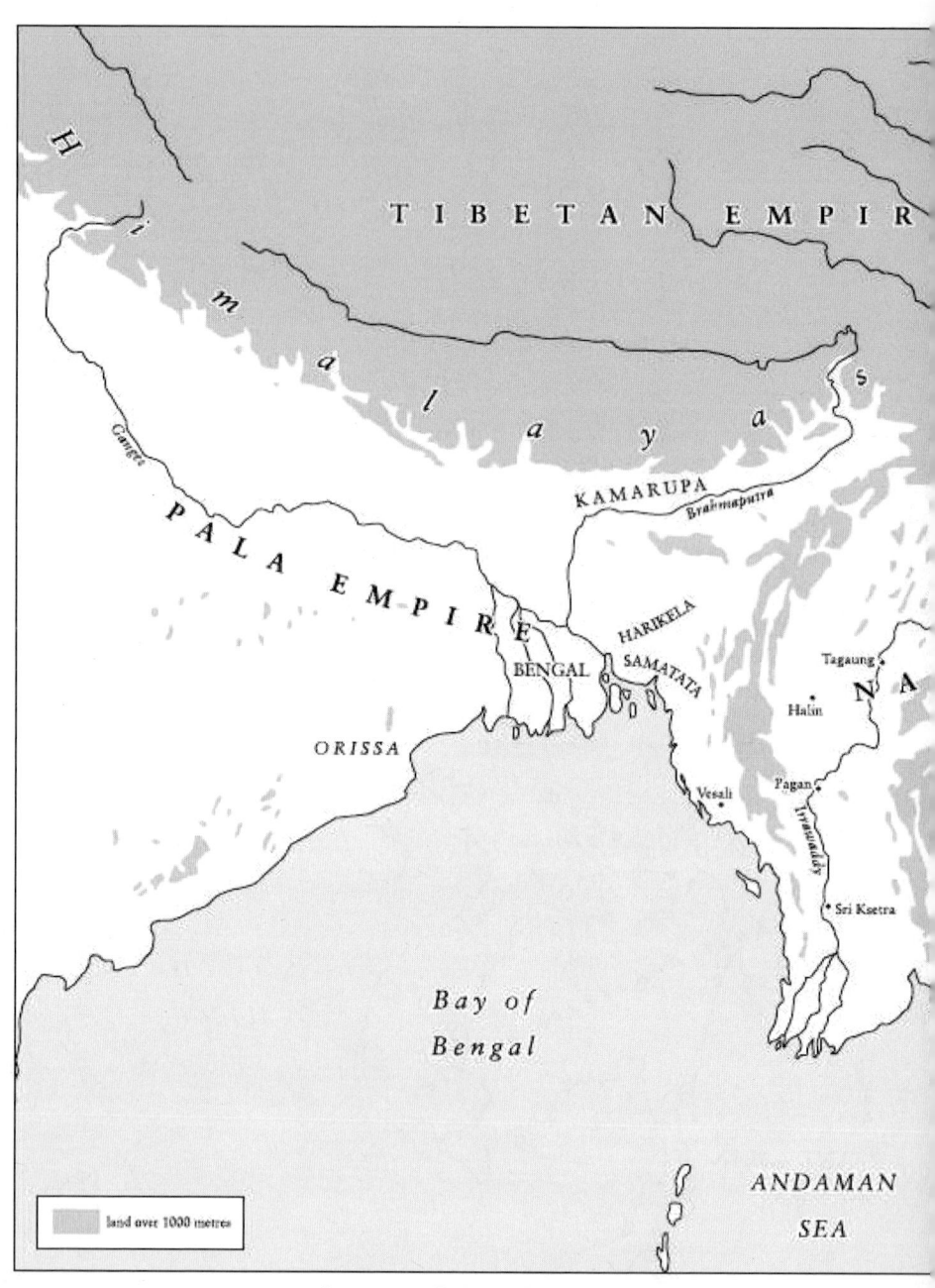

지도 2. 9세기 미얀마와 주변국

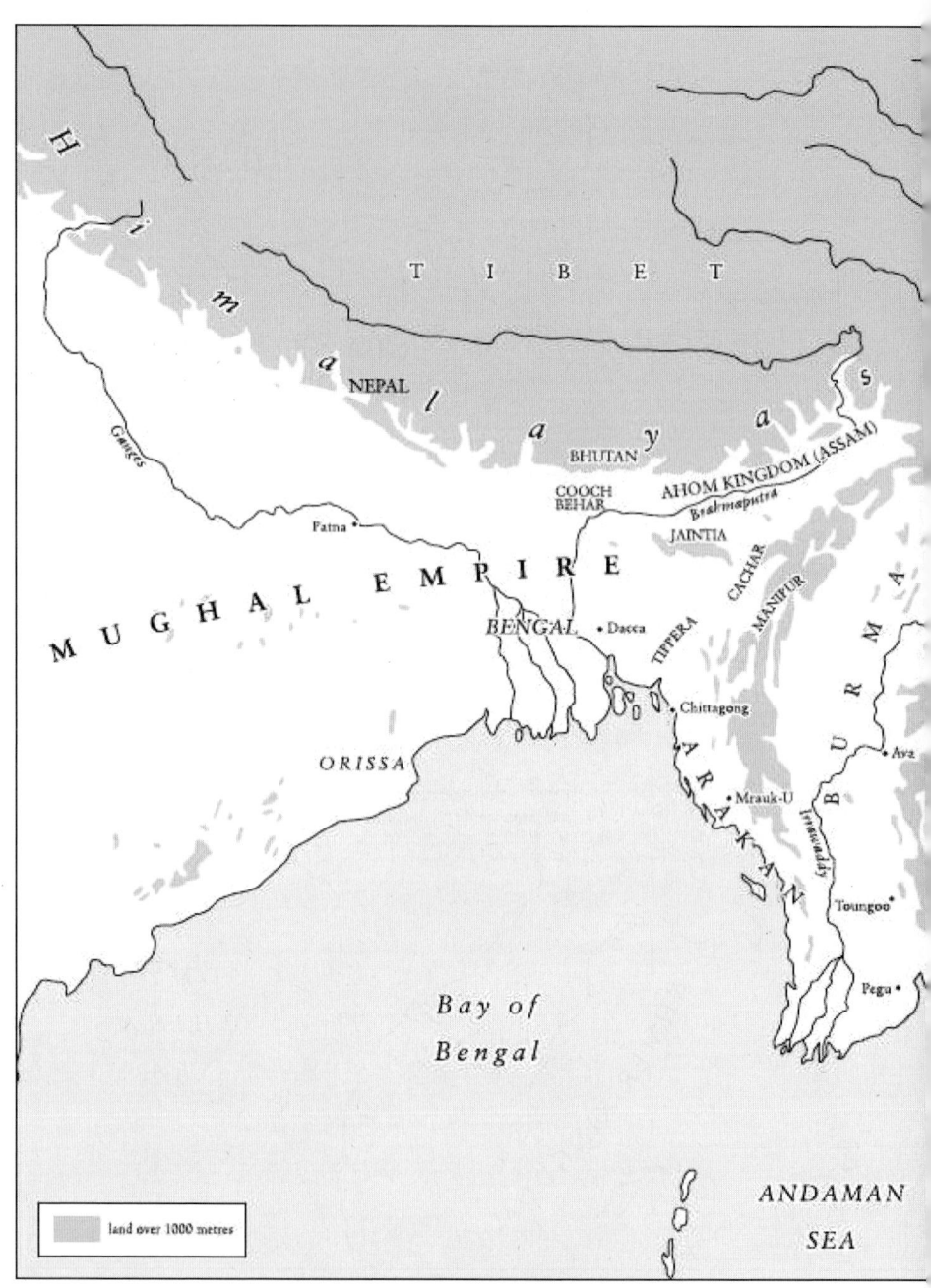

지도 3. 17세기 미얀마와 주변국

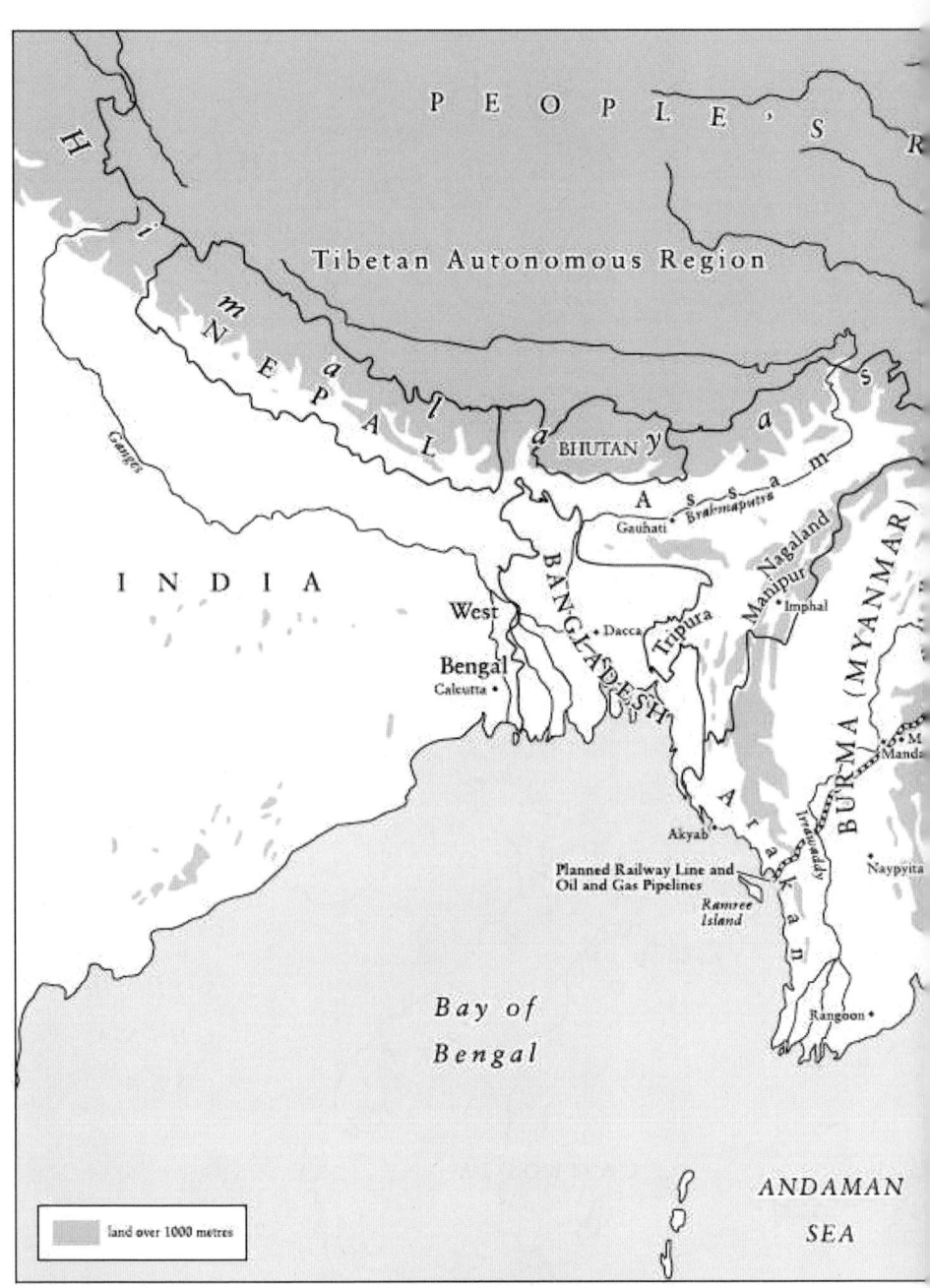

지도 4. 2011년 미얀마와 주변국

친디아와 미얀마

프롤로그

기원전 122년, 중국 한나라 황제 무제 즉 한무제(漢武帝)가 특별 사절단을 파견했다. 최근 존재를 알게 된 천축국(天竺國) 곧 인도로 가는 길을 찾기 위해서였다. 향하는 방향은 (북서쪽이 아니라) 남서쪽이었다.

그로부터 17년 전인 기원전 139년, 한무제는 장건(張騫)을 보내 월지(月氏)국을 찾도록 했다. 흉노(匈奴)의 준동을 견제할 동맹을 맺기 위해서였다. 그러나 장건은 월지국은 찾지도 못한 채 온갖 고생만 하다가 13년 만에 돌아왔다.[1] 목적은 달성하지 못했지만, 장건은 그렇게 실크로드 즉 비단길을 개척하여 인류사상 가장 위대한 탐험가의 한 사람으로 기록됐다. 그리고 장건이 들려준 이야기에 황제와 대신들이 매료됐다.

장건은 흉노에게 사로잡혀 몇 년을 갇혀 지내다가 탈출하여 황무지를 배회하고 사막을 건너 저 멀리 서쪽으로 갔다. (오늘날의 키르기스스탄과 타지키스탄, 우즈베키스탄이 만나는) 페르가나 분지를 지나 (오늘날 아프가니스탄의) 박트리아까지 갔다. 그곳에는 알렉산드로스 대왕 동정(東征)의 결과로 그리스 문명과 불교 문명이 서로 만나 꽃을 피우고 있었다. 그곳에서 서쪽으로 더 가면 페르시아와 메소포타미아가 있다는 이야기를 들었다. 또 남쪽으로 가면 '사람들이 코끼리를 타고 전쟁을 하는' '덥고 습한' 땅 '센두' 또는 천축이 있다고 들었다. 그곳 사람들은 도시를 건설하고 독자적인 문자를 쓰고 배를 타고 바다를 통해 통상한다는 이야기도 들었다.

박트리아의 시장에서 견직물과 죽세공품을 봤는데 놀랍게도 바로 중국 촉(蜀)나라, 즉 오늘날 쓰촨(四川)의 특산품이었다.

"아니! 나 이전에도 중국에서 온 사람들이 있었소?"

"아니요."

상인이 대답했다.

"이 물건들은 인도를 통해서 들어온 것이오."

그렇다면 한 가지 가능성밖에 없었다. 중국에서 인도로 직접 가는 남서쪽의 길이 따로 있다는 소리였다.

지금 알고 있는 북쪽 길은 험하기도 하거니와 흉노가 준동하여 위험했다. 이 무지막지한 야만인은 최근 월지국을 정복하고 그 나라 왕의 해골로 술잔을 만들었다고 했다. 남서쪽의 길을 통해 인도와 통할 수 있다면!? 그들과 손을 잡고 이 야만스러운 흉노를 정벌할 수 있을지도 몰랐다. 그래서 사절단을 남서쪽으로 파견한 것이었다.

결과적으로 큰 성공은 거두지 못했다. 촉에서 남으로 출발하여 수개월을 전진했다. 깎아지르는 절벽을 건너기도 하고 깊은 삼림을 뚫고 지나기도 했다. 호랑이가 으르렁거리고 사람을 통째로 삼키는 비단구렁이도 곳곳에 있었다. 그 무렵 해안을 따라가는 길은 북쪽으로 조선, 남쪽으로 안남(=베트남)까지 잘 알려져 있었다. 그런데 이쪽, 남서쪽 내륙지방은 아직 제대로 알려지지 않았다.

처음에 만난 왕국은 (고사성어 야랑자대[夜郎自大]의) 야랑국이었다. 다음은 바로 오늘날 윈난(雲南)성에 있는 전나라(滇國)였다. 후일 전나라는 한나라의 침공을 받지만, 그때까지만 해도 잘 모르던 나라였다. 전나라 조정은 한나라 사신을 극진히 대접했다. 그러나 자기들도 남쪽 통로는 쿤밍(昆明)에 있는 다른 나라에 막혀 가보지 못했다고 했다. 독점하던 황금의 통상로를 알려주기 싫었는지도 모르겠다. 그래도 전나라 왕은 서쪽으로 수천 리를 더 가면 전월(滇越)이라는 나라가 있는데 그곳에는 사람들이 코끼리를 타고 다니며 촉나라에서 온 상인들이 몰래 거래를 한다고 말해줬다.

한무제의 목적은 원래 천축국과 직접 관계를 맺고 그곳을 통해 야만스러운 흉노를 우회해 더 먼 곳까지 통상하는 것이었다. 거기까지 가는 데는 실패했다. 그러나 전나라의 존재를 알게 되어 정복할 생각을 하고, 수백 년에 걸쳐 오늘날의 미얀마에 접근하고, 마침내 20세기 말, 인도와 직접 접촉할 계기를 마련했다.

오래 걸리더라도 지리는 변한다. 자연이 그렇게 한다. 예로 빙하시대가 도래해 베링해가 얼며 아시아와 아메리카 대륙을 연결한 적이 있었다. 또 강우의 패턴이 바뀌면서 녹지였던 북아프리카 지역이 인간의 접근을 불허하는 사막으로 바뀌어 아프리카와 유럽대륙이 분리됐다.

근대에는 인간이 자연을 정복하고 지리를 바꿨다. 그에 따라 인간의 삶도 바뀌었다. 수에즈 운하를 뚫어 지중해와 인도양을 연결했다. 유럽에서 아시아로 가는 항로가 짧아졌고, 유럽이 아시아를 정복했다. 같은 무렵 미국에서 대륙횡단철도가 완성되어 영어를 사용하는 동부의 백인이 대륙의 주인이 됐다. 이후 시베리아 횡단철도가 완성됐다. 러시아가 유럽만이 아니라 아시아 국가가 됐다.

지리가 바뀌면 인간도 바뀐다. 남이 이웃이 되고 이웃이 남이 된다. 누구는 역사의 주역으로 떠오르고 누구는 역사의 뒤안길로 사라진다.

지난 몇 년간 나는 뉴스 보도를 보면서 아시아의 지도가 바뀌고 있다는 것을 깨달았다.2 중국이 광활한 내륙지방을 인도양과 직접 연결하겠다는 계획을 세웠다. 윈난성에서 미얀마 내륙지방을 관통하여 직접 인도로, 또 인도양으로 통하는 도로를 뚫겠다는 것이었다. (미얀마 해안에) 심해 항을 건설하여 중동산, 아프리카산 원유를 부리고 그것을 1천 마일이 넘는 파이프라인을 통해 중국으로 수송하겠다는 계획도 세웠다. 미얀마의 젖줄 이라와디강 상류를 준설(浚渫)하여 중국과 통하는 수로를 만들겠다는 계획도 세웠다.

인도도 마찬가지다. 인도는 1990년대부터 바다와 육로를 통해 극동으로 진출하는 계획, 즉 '동향정책'(Look East Policy)을 추진해왔다. 그 첫 관문이 미얀마다. 인도도 중국이 건설하고 있는 항구 바로 옆에 항구를 건설하여 고립된 동북지방의 관문으로 삼고자 한다. 제2차 세계대전 때 일본군과 싸우느라 뚫었다가 버려둔 '스틸웰(Stilwell) 도로'를 복구하여 인도의 동북쪽 끝과 중국의 남서쪽 끝을 미얀마를 통해 연결하자는 제안도 있다.

지금 지도상으로 중국과 인도는 2,659km의 국경을 접하고 있는 것으로 돼 있지만 사실 두 나라는 먼 나라였다. 수천 년 동안 그랬다. 둘 사이에 지구의 지붕 히말라야산맥이 가로막고 있다. 그 사이에 있는 티베트 고원은 중국, 인도 어느 쪽에서도 접근하기 어려웠다. 그나마 좀 나은 곳이 있더라도 빽빽한 정글과 말라리아와 같이 무서운 전염병, 아니면 온갖 사나운 짐승이 설쳐 지나갈 수 없었다. 역사상 가장 뛰어난 두 개의 문명인 중국과 인도가 인종도 다르고 문화도 다르고 언어도 다른 전혀 별 개의 문명을 이룬 이유가 바로 그것 때문이었다. 두 문명을 연결하는 것은 길고도 험난한 통로 두 개였다. 하나는 (서유기[西遊記]에서 현장[玄奘]법사가 손오공의 도움을 받아 갔던 바로 그 길, 즉) 중앙아시아의 메마른 대지와 사막을 말 또는 낙타의 등에 의지해 가는 수천 마일,

거의 1만 킬로미터에 달하는 육로였다. 다른 하나는 (왕오천축국전[往五天竺國傳]을 남긴 신라승 혜초[慧超]선사가 갔던) 배를 통해 남중국해, 믈라카해협, 벵골만을 통하는 해로였다. 이 수천 년간의 지리학이 바뀔 참이다.

이렇게 빠르게 바뀌는 지리의 한 가운데 미얀마가 있다. 나는 뉴욕에서 나서 자랐지만, 부모는 미얀마인이며 성장기와 이후 많은 시간을 미얀마에서 보냈다. 미얀마 역사를 전공한 역사학자로서 지리를 통해 역사를 이해하는 데도 익숙하다. 자연히 미얀마를 둘러싼 지리의 변화에 민감할 수밖에 없다. 미얀마는 절대 작은 나라가 아니다. 영토면적만 따지면 프랑스보다 크다. (한반도의 근 3배에 달한다 ― 옮긴 이). 인구도 5천만이 넘어 절대 작지 않다. 그런데 동북쪽의 중국의 인구, 서북쪽으로 인도의 인구는 합치면 27억에 가깝다. 거의 50:1의 비율이니 그 존재감은 정말 보잘것없다. (중국과의 국경은 2천 킬로미터가 조금 넘고 인도와의 국경은 1천5백 킬로미터가 조금 안 된다 ― 옮긴 이). 거리만 따지면 인도의 델리와 중국의 상하이, 인도의 봄베이(=뭄바이)와 중국의 홍콩의 딱 중간지점에 있다.3 이 사이가 단절돼 있었다. 21세기에 들어와서도 마찬가지다. 미얀마 사람들은 세계에서 가장 가난하고, 2011년까지 가장 오래된 군부독재 치하에서 살았다. 이제 중국이 서남방으로, 인도가 동북방으로 진출하면서 그 사이에 있는 미얀마에 어떤 영향을 줄 것인가?

중앙아시아를 통해 중국과 유럽을 연결했던 실크로드, 비단길을 염두에 두고 21세기 실크로드를 말하는 사람들이 있다. (바로 중국의 시진핑 [習近平] 정부가 야심 차게 추진하는 '일대일로'[一帶一路] 정책 중 일대(一帶)에 해당하는 부분이다 ― 옮긴 이). 그 과정에서 지정학적 '거대경기'(the Great Game)가 벌어질까 봐 우려하는 사람들이 있다.

수천 년간 막혀 있던 길을 뚫는 이 거대한 사업에는 지리적 맥락 말고 역사적 맥락도 있다. 그것은 바로 20세기의 대전쟁이다. 서양, 즉 유럽과 미국에서는 전쟁이라면 두 차례의 세계대전과 냉전 및 탈냉전을 먼저 생각한다. 또 통합된 경제에서 발생하는 경제적, 환경적 문제를 생각하고, 이슬람 근본주의의 도전을 생각한다. 그러나 아시아는 다르다. 서세동점(西勢東漸)의 식민지 쟁탈전을 먼저 생각한다. 그리고 오랫동안 계속되어 온 지역 내부의 전쟁을 생각한다. 청일전쟁이 있었고 인도가 파키스탄과 분리되면서 대규모의 유혈사태도 있었다. 인도네시아와 인도차이나의 독립전쟁이 있었다. 미얀마의 내전이 있고 한국전쟁이 있고 인도-파키스탄 전쟁이 있고, 베트남, 라오스, 캄보디아의 전쟁이 있었다.4 1980년대까지 전쟁이 이어졌다. 이제야 아시아에는 식민지 시대와 전쟁을 모르고 성장한 세대가 주역이 되고 있다. 국가 사이의 경쟁이 21세기의 신민족주의를 낳고 '거대경기'로 이어질 것을 우려하는 사람도 있지만, 이들 나라의 정책을 주도하는 중산층과 엘리트 사이에는 낙관론이 더욱 팽배하다. 마침내 역사가 아시아의 편에 섰고 그로부터 위대한 번영의 시대가 열릴 것이다!

미얀마를 통해 교차로를 건설하는 것은 단순히 나라를 서로 연결하는 것만이 아니다. 나라 사이를 줄을 긋듯 나누는 국경(國境)이란 과거에는 없었다. 지금 연결되고 있는 중국의 서남지방과 인도의 동북지방은 이 두 거대한 나라에서 가장 외진 곳이다. 인종과 언어가 다른 무수히 많은 집단이 존재한다. 한때는 독립왕국도 있었고, 외부와 전혀 접촉이 없던 산악지대 사람들도 있었다. 이곳에 베이징과 델리의 손길이 미친 것은 얼마 되지 않는다. 사람보다는 나무가 훨씬 많던 그 땅에 사람들이 넘치기 시작한 것도 최근의 일이다. 19세기 중반까지 미얀마를 사이에 두고 인도의 동북지방, 중국의 서남지방의 인구는 모두 합쳐 1천2백만 정도였다. 오늘날, 바로 그 지방, 인도의 아삼, 미얀마, 중국의 윈난 지방의 인구를 합치면 1억5천만이 넘는다. 바로 이웃한 방글라데시와 인도의 서벵골지역에는 2억3천만의 인구가 산다. 중국의 쓰촨(四川) 분지에는 8천만이 산다. 인구 3천만의 거대도시 충칭(重慶)은 제외하고 말이다. 수천 년간 이곳을 불가침의 영역으로 만들었던 숲은 이제 거의 사라졌다. 경계는 급속히 가까워지고 새로운 나라가 새로운 이웃을 만나고 있다.

2008년 이 책의 집필을 시작한 이후 '상 미얀마'*에서 출발하여 중국의 남서지방, 인도의 동북지방을 여러 차례 여행했다. 바로 동 히말라야산맥의 아랫자락을 따라서다. 눈을 뗄 수 없을 정도로 아름다운 경관이 있었다. 바로 그곳에 대형 쇼핑몰이 들어서고 있다. 지금까지 세상에 자기들만 있는 줄 알던 산악의 소수 인종이 그곳에서 쇼핑한다. 그곳에서 지구상 가장 큰 민주주의 국가와 가장 큰 공산주의 국가가 서로 만난다.

이것이 뒷문을 통해 들어 온 아시아다. 양곤에서 출발한다.

---

* '상(upper) 미얀마'와 '하(lower) 미얀마'는 1852년 영국이 양곤지역을 점령한 이후 남북으로 길게 뻗은 미얀마를 나누는 지역적 기준으로 사용되어, 지금도 미얀마의 주요 행정 구분이 되고 있다. 현재 만달레이를 중심도시로 삼고 있는 상 미얀마에는 마그웨, 만달레이, 사가잉 등 3개 지역(region)과 친, 카친, 샨 등 3개 주(states)가 포함돼 있고, 양곤을 중심도시로 삼고 있는 하 미얀마에는 바고, 양곤, 이라와디, 타닌따리 등 4개 지역과 라카인, 몬, 카예, 카인(카렌), 몬 등 4개 주가 포함돼 있다 ― 옮긴이.

제1부

뒷문

[미얀마]

제 1 장

이라와디의 꿈

양곤

양곤이란 도시가 생기기 전에 쉐다곤(Shwedagon) 파고다가 먼저 생겼다.[1] 전설에 따르면 25세기 전, 그러니까 2천5백 년 전, 타푸싸와 발리카라는 형제 상인이 있었다. 이 형제는 우연히 북인도 지방 보드가야에서 막 깨달음을 얻은 석가모니 부처님을 만났다. 인생의 고해에 대해 설법하는 말을 듣고 부처님을 따라 다녔다. 떡과 꿀을 부처님께 바치고 만남을 기념할 뭔가를 내려주십사고 청하니 부처님은 여덟 올의 머리칼을 주셨다. 형제 상인은 그 머리칼을 품고 고향으로 돌아와 사탑을 짓고 보석으로 장식된 함에 넣어 깊이 보관했다. 그것이 바로 쉐다곤 파고다다.

이 사탑은 인구 5백만의 대도시 양곤의 한 가운데 있다. 사방으로 평지인 이 도시에 유일하게 존재하는 언덕 위에 우뚝 솟아 있다. 높이가 120m에 달하는 이 거대한 금빛 구조물은 팔각형 모양의 기단에 깔때기를 엎어 놓은 모습으로, 아랫부분은 돔 형태이고 끝은 높은 첨탑으로 이루어졌다. 돔은 금박을 입혔고 첨탑은 순금이다. 이 사탑에 있는 금을 다 합치면 60톤이 넘는다고 한다. 식민지 시절 미얀마인들은 쉐다곤 파고다의 금이 "대영제국은행의 금고에 있는 것보다 많다"라며 그나마 자존심을 내세우곤 했다. 첨탑 부분은 다이아몬드·루비·사파이어·에메랄드 등 총 2천 캐럿이 넘는 보석으로 장식돼 있다. 이 사탑이 정확히 언제 세워졌는지는 알 수 없지만, 현재의 모습은 15세기에 조성됐다. 그러나 그때도 전부터 있던 사탑 위에 개축하여, 그 오랜 사탑 안 깊숙이 부처님의 머리칼을 담은 보석상자가 있을 것으로 믿어진다.

높이 솟은 쉐다곤 파고다는 양곤 시내 어디에서나 볼 수 있다. 낮에는 태양빛을 반사하고 밤에는 조명등을 비추어 금빛 찬란하게 빛난다. 전 세계 어디고 하나의 종교유적이 이처럼 물리적으로 또 정신적으로 압도하고 있는 곳은 없다. 1889년 (『정글북』의 저자로 유명한 노벨문학상 수상자) 러디어드 키플링(Rudyard Kipling)이 양곤을 방문하고 나서 "그것은 황금빛 미스터리였다"라고 적었다. 그리고 이렇게 감탄했다.

"태양 속에서 타오르는 황홀하고 경이적인 윙크!"

그로부터 33년이 지난 후 양곤에 잠시 들렀던 (『인간의 굴레』의 작가) 서머싯 모음(Somerset Maugham)은 쉐다곤 파고다에 대해 이렇게 기록했다.

"그것은 마치 어둠을 헤매는 영혼에 던져진 한 줄기 희망처럼 황금빛으로 찬란하게 솟아올랐다."**2**

내가 쉐다곤 파고다에 도착했을 때는 이미 땅거미가 지고 있었다. 서양사람들은 (독수리 날개와 머리에 사자의 몸을 한) 그리핀(griffin)이라고 부르겠지만, 현지 사람들은 친떼(chinthé)라고 부르는 것이 나를 맞이했다. 얼굴은 사람 모습이지만 몸은 사자, 게다가 날개까지 달린 미얀마 신화 속 존재의 상이다. 입구 좌우 양쪽에 거대한 규모로 자리 잡고 있었다. 사탑에 가려면 이 거대한 상을 양쪽에 둔 넓은 계단을 걸어 올라야 한다. 계단은 티크 목으로 만들어졌는데 짙은 색에 닳아서 반질거리며 대로처럼 넓고 양쪽 끝에는 낮은 난간이 있다. 난간을 따라 꽃과 향과 기타 종교용품을 파는 가게 또는 노점이 늘어서 있다. 점포의 상인은 거의 예외 없이 여성이고 주위에 아이들이 놀고 있다.

높은 지붕이 덮인 긴 계단을 걸어 오르면 갑자기 황금빛으로 찬란한 사탑의 장관이 눈에 들어온다. 그 사탑은 수십 개의 작은 불탑과 작은 방, 기도실, 쉼터 등으로 둘러싸여 있는데 크기와 모양이 제각각이다. 계획한 것이 아니라 수 세기에 걸쳐 조금씩 건축했기 때문이다. 각 불탑과 기도실은 모두 불상을 안치하고 있고 기둥은 금박을 입혔거나 유리 모자이크로 장식돼 있다. 마치 동화 속 도시와 같다.

미얀마 인구 85%가 불교도다. (나머지는 대부분 기독교도 아니면 무슬림이다). 미얀마 불교도에게 양곤의 쉐다곤 파고다에 한번 가보는 것은 평생의 소원이다. 내가 갔을 때 그곳에 얼마만큼의 사람들이 있었는지는 짐작하기 어려웠다. 수백 명 정도? 아니면 수천 명? 다들 통치마 형식의 '론지'(longyi)를 입었다. 론지는 모양은 남녀 공통이지만 천의 무늬와 색상, 그리고 허리에 묶어 고정하는 방식이 다르다. 상의로 남자는 셔츠를 여자는 블라우스를 입는다. 그때 사탑을 찾은 사람들 대부분은 일과가 끝난 양곤 주민으로 보였지만 적어도 몇 사람은 시골에서 올라온 티가 났다. 론지의 디자인이나 낡은 천에서 촌티를 풍겼다. 적갈색 승복을 입은 승려와 밝은 분홍색 승복을 입은 여승도 많이 보인다. 모두 맨발이다. 전통에 따른 자발적인 행동이지만 동시에 엄격한 규칙이다. 공기 중에는 재스민과 금잔화 향기가 떠돈다. 한쪽에 작은 양초를 일렬로 세우고 불을 붙이고 있다. 나는 그중 커 보이는 기도실로 갔다. 이미 적지 않은 수의 사람들이 자리 잡고 있었다. 잿빛 머리를 틀어 올려 묶은 나이든 여인이 한 불상 앞에서 기도하고 있다. 무릎을 꿇고 눈은 감고 양손은 앞으로 모은 채 뭔가를 중얼거린다. 나도 그 옆에 무릎을 꿇고 앉아 이마와 양손을 바닥에 붙이고 절을 한다.

어떤 사람에게 불교는 종교이기에 앞서 철학이다. 불교는 삶의 부침 속에서 행복하게 사는 방법을 가르친다. 미얀마의 불교도들은 부처님의 가르침을 되새기고자, 조용히 명상하고자, 아니면 정신없이 보낸 하루를 반추하고 마음을 다스리고자 쉐다곤 파고다를 찾는다.

　대다수의 미얀마 사람에게 쉐다곤 파고다는 성스럽고 영적인 곳이다. 이 사탑 속 깊은 곳에는 석가모니 부처님의 유품 만이 아니라 그 이전에, 영겁의 시간 속에 존재했던 부처님들의 유품도 있다고 전해진다. 불교에 따르면 석가모니 부처님은 네 번째로 현신한 부처님이다. 그전에 현신했던 '카쿠산다', '코나가마나', '카싸파' 부처님의 사리나 유품이 바로 이곳 쉐다곤 파고다에 함께 묻혀있고 그로 인해 사탑은 대단히 영험한 신통력이 있다고 믿어진다.

　이곳에는 영원히 늙지 않거나 남의 눈에 띄지 않는 것 같은 특수한 능력이 있는 밀교 수행자들이 출몰한다는 말도 있다. 남서쪽에 작은 불탑이 있는데 그런 수행자들의 상이 조각돼 있다. 눈에 보이지 않지만 어딘가에서 명상하고 있다고 생각한다. 또 중세 수행자이자 연금술사였던 이자 고나(Izza Gawna)를 기리는 사원도 있다. 또 두 불상을 모신 '해와 달의 사당'이 있는데 그곳에서 기도하면 모든 소원이 이루어진다고 한다.

　쉐다곤 파고다는 종교적 역할만 한 것이 아니었다. 미얀마의 역사 속에서도 중요한 역할을 했다. 북쪽에 '승리의 터전'이 있다. 이곳에는 사람들이 와서 종교적 해탈만이 아니라 세속의 성공, 예컨대 시험의 합격이라던가 취업 등을 위해 기도한다. 과거사 속 왕이나 장군이 전쟁에 나서기 전에 이곳에 와서 기도했다. 현대사에는 정치적 시위가 이곳에서 시작됐다. 1920년대 양곤대학교 학생들이 반식민지 투쟁을 벌이기 전에 찾아오면서 그 전통이 시작됐다. 한쪽에 가면 그 학생들의 이름이 새겨져 있는데 미얀마어 외에도 영어, 심지어 러시아어로도 쓰여있다. 1917년 볼셰비키 혁명 이후의 분위기를 반영한다. 그때 이후 각종 시위는 여기서 출발했다. 2007년 9월 수천 명의 승려가 군사독재에 대항하는 평화적 시위를 주도했다. 며칠간 계속된 그 시위에서 승려들은 날마다 바로 이곳 승리의 터전에서 모여 출발했다. 그러나 승리의 터전은 승리를 가져다주지 못했고 그들의 소원은 이뤄지지 않았다. 경찰이 진입하여 승려들을 폭력적으로 해산하고 그 일대를 봉쇄했다.

내가 갔을 때 눈에 띄지 않는 수행자나 시위를 하는 사람은 가끔 있을지 몰라도 외국인은 거의 없었다. 그날 단 한 사람의 외국인을 봤다. 편한 바지에 티셔츠를 입고 바닥에 편하게 앉아 양다리 사이에 카메라를 놓아두고 지나가는 사람들을 바라보고 있었다. 편견이 없지 않겠지만, 적어도 내가 보기에 쉐다곤 파고다는 전 세계의 어떤 유물, 예컨대 멕시코의 피라미드나 캄보디아의 앙코르 와트, 또는 인도의 타지마할에 견주어도 손색이 없다. 미얀마를 찾은 최초의 영국인은 1584년 '높은 배 타이거 호' ―어떤 사람은 이 배가 셰익스피어의 『맥베스』에 언급된 배라고 한다―의 선장 랄프 피치(Ralph Fitch)였다. 피치 선장은 쉐다곤 파고다에 대해 이런 기록을 남겼다.

"전 세계에 어디에서도 볼 수 없는 아름다운 유적."

1962년 초부터 1980년대까지 외국인은 미얀마를 여행하기 어려웠다. 미얀마 정부는 관광을 산업으로 보지 않았다. 이제 정책이 바뀌어 미얀마를 찾기는 쉬워졌다. 그런데 군사정부의 폐쇄정책이 끝나니 이번에는 해외에서 미얀마를 보이콧(boycott) 즉 거부하라는 운동이 벌어졌다. 미얀마를 찾아가서 돈을 쓰고 그 돈이 군부독재자들의 호주머니에 들어가지 않도록 하라는 운동이었다. 이 운동은 미얀마의 관광산업에 결정적인 타격을 가했다. 굳이 좋게 보자면, 어차피 찾아올 사람들을 미뤄뒀으니 후일 언젠가 그들이 한꺼번에 몰려오면 전화위복이 될지도 모르겠다.

쉐다곤 파고다를 떠나 긴 계단을 내려와 차량이 붐비는 로터리에 오니 이미 저물었다. 택시를 잡아타고 '365 카페'로 가자고 했다.

에드워드는 50대 후반의 미얀마 사업가다. 젊은 시절 단련한 근육은 여전히 탄탄해 보이나 반백의 머리는 눈에 띄게 숱이 옅어졌다. 싱가포르에서 엔지니어로 오래 일하다가 고향인 양곤에 돌아온 지 그리 오래되지 않았다. 에드워드에게도 물론 미얀마 이름이 있지만, 그 세대 그 계층 사람들이 흔히 그랬듯이 학교에서 지어준 영어 이름을 대외명으로 쓴다. 미얀마 이름은 공문서상에, 그리고 새로 사람을 만나면 쓰는 이름이다. 옛 친구들에게는 그냥 '에드워드'다. 그는 우리 집안의 옛 친구다.

에드워드가 먼저 와 있었다. 하와이 스타일 셔츠에 론지를 입었는데 폴리네시아 사람처럼 넓적한 얼굴은 햇볕에 그을려 보기 좋았다. 우리는 영어와 미얀마어를 섞어가며 대화를 나눴다.

"사업이 엉망이야."

다짜고짜 그가 입을 열었다.

"돌아온 게 실수였어. 싱가포르에 그대로 있거나 미국으로 갔어야 했어. 자네도 알다시피 내 형이 샌디에이고에 살지 않나? 일자리를 찾아 줄 테니 그리 오라고 했어. 그때 안 간 건 큰 실수였어."

약속장소를 '365 카페'로 정한 건 에드워드였다. 시내 한가운데 따마다 호텔 1층에 있는 카페였다. 외국 분위기를 물씬 풍기고 인조가죽이나마 푹신한 의자가 있었다. 주메뉴는 샌드위치지만 여러 아시아 음식도 제공했다. 한쪽 벽은 전면 유리였다. 유리를 통해 낡은 주차된 일본제 자동차 몇 대와 그 옆에서 트럭이 오렌지 음료 상자를 부리는 것이 보였다. 주차장 너머 큰길 건너 높은 담장이 쳐진 속에 붉은 벽돌로 지은 교회 건물이 보였다. 영국의 작은 도시에 있는 교회와 똑같았다.

"이 나라엔 비즈니스 환경이라는 게 없다네."

에드워드가 말을 이었다.

"금융체계라는 게 아예 없어. 부패는 만연하고, 게다가 제재까지 있잖아!"

서방국가 정부들이 군부정권에 민주화 개혁을 요구하며 취한 경제제재를 말하는 것이었다. 세계 어느 나라에 취해진 제재에 못지않게 강한 제재였다. 미얀마산 물품은 미국 시장으로 수출할 수 없었다. 미얀마는 세계은행이나 국제통화기금 즉 IMF에서 돈을 빌릴 수 없었다. 금융이 막히니 미얀마의 사업가들은 서방의 국가들과 전혀 거래할 수 없었다. 싱가포르에서 돌아온 다음 에드워드는 이런저런 사업을 했다. 가구공장도 해봤고 작은 호텔도 운영해봤다.

"높은 놈들은 여전히 잘 먹고 잘살지. 우리한텐 꿈같은 이야기야. 아니, 정부 때문에 이미 먹고 살기 힘든데 왜 제재까지 해서 더 힘들게 만드는 거야?"

호주 외교부 장관 알렉산더 다우너(Alexander Downer)가 미얀마의 정치 발전은 마치 계곡을 따라 흘러내리는 '물'이 아니라 끈적끈적한 '풀'과 같다고 한 적이 있다.[3] 서방의 언론에서 국제면이 좋은 뉴스를 전하는 일은 별로 없으나 미얀마는 특히 그랬다. 1988년 민주화 시위가 폭력으로 진압됐다. 이후 (재집권한) 군사정권은 2년 후 약속한 총선거를 시행했다가 결과가 야당의 압승으로 나타나자 그냥 무시했다. 미얀마 소식이 신문의 일면을 장식하는 일은 거의 없지만 그나마 있으면 미얀마 민주화 및 인권운동의 상징이 된 아웅산수치의 가택연금과 관련된 뉴스였다. 2007년에 또 다른 시위가 있었다. 그해 말, 국제사면기구(Amnesty International)는 미얀마에 최소 2천 명의 정치범이 갇혀 있다고 했다. 이듬해 2008년에는 초대형 태풍 나르기스호(Cyclone Nargis)가 미얀마를 덮쳐 최소 10만 명이 사망했다. 내가 에드워드를 만난 것은 그 해 말이었으니 미얀마의 분위기가 가라앉아 있을 때였다. 적으나마 있던 외국 관광객도 사라졌다. 게다가 미국발 금융위기에 따른 세계경기 침체가 막 시작되고 있었다.

그런데 중국과 인도는 어떻소? 하고 물었다. 이 두 나라 경제는 거의 빛의

속도로 성장했고 세계 불황에도 불구하고 여전히 잘 나가고 있지 않소? 이 잘 나가는 두 경제 대국이 미얀마를 통해 막 연결되려는 참이라고, 그런 계획이 있다고 하던데? 에드워드는 그건 미처 생각지 못했다고 했다. 그는 '서방의 인물'이었다. 조부와 부친은 영국에서 교육을 받았다. 에드워드도 해외를 자주 들락거렸다. 그러나 싱가포르와 방콕을 제외하면 모두 서방 즉 미국이나 유럽이었다. 중국이나 인도에는 전혀 발을 들여놓지 않았다. 미국 영화를 보고 영어로 된 책을 읽고 애들을 미국 대학에 보낼 생각이었다. 세계 경제의 중심이 동쪽으로, 아시아로 옮겨 오고 있다는 데는 동의했지만, 도대체 이러한 사실이 미얀마에 어떤 영향을 줄지는 전혀 짐작할 수 없다고 했다. 그만이 아니었다. 양곤에서 만난 많은 사람이 같은 반응을 보였다. 지도를 들여다보고 큰 그림을 그리는 사람은 없었다.

 그러나 지도를 들여다보고 감상만 하는 게 아니라 그 지도를 바꿀 계획을 세운 사람들이 있었다.

백 년도 더 된 일이다. 그때 지도를 들여다보면서 아시아의 미래를 꿈꾼 사람들이 있었다. 바로 영국인들이었다. 영국인들은 1852년 미얀마로부터 양곤 지역을 빼앗았다. 그리고 런던과 캘커타(=콜카타)의 클럽에서 큰 소리로 떠들며, 혹은 회의실에서 지도를 펼쳐놓고 '이라와디의 꿈'을 꾸기 시작했다. 즉 양곤을 기점으로 중국의 시장을 공략할 '뒷문'을 열겠다는 꿈이었다. 그때 양곤은 쉐다곤 파고다 덕분에 먹고 사는 작은 마을에 불과했다. 그러나 세계를 경영한 영국인이 보기에는 어마어마한 잠재력을 가지고 있었다. 양곤은 이라와디강 하류의 한 지류를 점하고 있었다. 이라와디강은 눈 덮인 히말라야산맥에서 발원하여 장장 1천 마일, 1천6백 킬로미터를 흘러 양곤 근처에서 벵골만으로 흘러 들어가는 큰 강이었다.

당시 영국은 인도를 지배하고 있었다. 마드라스(=첸나이), 벵골, 봄베이(=뭄바이)를 지배한 동인도 회사는 인도라는, 대륙에 버금가는 엄청난 영토에서 경쟁세력을 밀어내고 독점적이고 패권적인 지위를 굳히고 있었다. 이미 중국과 무역을 통해 많은 이득을 보고 있었다. 인도에서 재배한 아편을 중국에 팔아 은(銀)을 벌어들이고 있었다. 그런데 그 정도로 만족할 수 없었다. 이제 막 장악한 미얀마는 그들이 지배하는 인도와 엄청난 인구 즉 시장을 자랑하는 중국 사이에 자리 잡고 있었다. 미얀마를 통해 접근할 수 있는 중국내륙은 미개척 시장이었다. 싱가포르를 돌아가는 항로는 이미 장악했지만, 미얀마를 통하는 육로라면 시간도 절약할뿐더러 그 미개척 시장을 장악할 수 있을 터였다. 엄청난 부가 눈앞에 아른거렸다. 이후 수십 년 동안 군인이 앞장서고 과학자와 탐험가들이 뒤따르며 개척지를 밟아 나갔다. 새로운 길을 찾아 지도에 표기하고 처음 보는 부족을 만나면 인사를 나누고 친분을 맺었다.

중국이 주는 유혹은 당시에도 대단했다. 1890년대 탐험가이자 여행작가 아치볼드 콜큔(Archibald Ross Colquhoun)이 몇 권의 책을 냈다. 『크리세를 넘어: 광둥에서 만달레이까지 남중국 국경지방을 통해 간 탐험기』와 런던에서 베스트셀러가 된 『변환하는 중국』과 같은 책이다. 그는 "중국은 멀지 않아 세계적인 강대국으로 꼽힐 것"'라고 말하며 영국은 이 엄청난 나라의 중심부로 들어가기 위해 '버마'에서 길을 찾아야 한다고 주장했다.[4] 국가 정보국에서 일했던 작가 데이비스(H. R. Davies)도 비슷하게 주장했다.

"철도를 통해 지구상의 가장 외진 곳까지 들어갈 수 있는 시대에 세계에서 가장 인구가 많은 두 나라 인도와 중국이 철도로 연결되지 않는 것은 상상하기 어렵다."[5]

잘 나가던 빅토리아 시절의 영국인들은 큰 꿈을 꾸었다. 정글을 뚫고 콜카타와 중국 양쯔강 유역의 대도시를 직접 연결하는 '고가도로'를 건설하자는 이야기도 나왔다.

프랑스 사람들도 같은 꿈을 꾸었다. 이미 한 세대 전 탐험가 에르네 두다르 드 라그레(Ernest Doudart de Lagrée)와 프랑시 가르니에(Francis Garnier)가 함께 사이공에서 메콩강을 따라 상류로 올라갔다. 중국내륙으로 들어가는 길을 찾겠다는 생각이었는데, 결국 실패하고 실망하고 돌아왔다. 두다르 드 라그레는 탈진한 나머지 사망했다. 각종 풍토병으로 여러 차례 앓던 끝이었다. 지도상으로 볼 때는 메콩강을 따라 올라가면 될 것 같았지만 그 강이 까마득한 절벽 아래를 흐르기도 하고, 잔잔하던 물길이 급류로 바뀌고 갑자기 폭포로 나타나니 도대체 방법이 없었다.[6]

프랑스인이 포기한 자연적인 장애가 영국인이라고 예외일 리 없었다. 콜카타에서 육지로 직행로를 건설하겠다는 계획은 몽상이라는 것이 곧 드러났다. 벵골에서 브라마푸트라강을 따라 동북쪽으로 수백 마일을 가는 것은 어찌해 볼 수 있을지 몰랐다. 그런데 거기서 이라와디강 상류로 가서 중국으로 들어가는 것도, 어쩌면 최신식 기술로 가능할지 몰랐다. 그런데 비용이 엄청났다.

그런데 군이 브라마푸트라강에서 이라와디강으로 넘어갈 필요가 있는가? 아예 이라와디강 따라 올라가면 되는 게 아닌가? 첸나이와 콜카타에서 배로 출항하여 새로 얻은 양곤을 지나 강을 따라갈 수 있는 곳까지 가서 거기서부터는 철도를 놓아 중국으로 들어가면 되는 게 아닌가? 그에 따라 1885년 영국군은 미얀마 마지막 왕조의 마지막 왕 띠버(Thibaw)의 병력을 짓밟고 미얀마 모든 지역을 차지했다. 양곤에서 출발한 철도가 구 왕국의 수도 만달레이로 연장되고 동쪽 중국을 향해 건설됐다. 이제 중국은 눈앞에 보였다.

프랑스 탐험가 앙리 도를레앙(Henri d'Orléans) 왕자도 그 가능성을 읽었다. 그래서 영국인들이 보물상자를 손에 넣기 직전이라고 경고했다. 그는 (1830

년 7월 혁명으로 왕위에 올랐다가 1848년 2월 혁명으로 쫓겨난) 루이 필립 왕의 손자로 철저한 반영국주의자였다. 이탈리아 왕자 비토리오 에마누엘과 (그 앞에서 아비시니아[=에티오피아]에 파병된 이탈리아 군인들이 비겁자라고 했다가) 일대일 결투를 벌여 유럽에서는 매우 유명한 인사가 됐다. 1890년대 앙리 왕자는 시베리아에서 태국까지, 나아가 아프리카까지 여행했다. 다시 아시아로 와서 이번에는 중국-미얀마-인도 국경 부분을 도보로 여행했다. 지구상에서 가장 인구가 많은 두 나라 사이에 있는 이 땅은 언젠가 매우 중요한 지역이 될 게 분명했다. 그런데 그 중요한 지역 미얀마를 프랑스가 아닌 영국이 차지한 것이 너무 원통했다.

그러나 영국은 중국을 지척에 두고도 실망하지 않을 수 없었다. 지리적인 이유와 정치적 이유가 있었다. 말이 좋아 중국이지 그들이 생각하는 거대시장 중국은 아직도 수백 마일 밖에 있었다. 그들의 눈앞에 나타난 것은 대도시가 아니라 여전히 정글이 울창한 윈난(雲南)이었다. 높은 산과 빠른 강, 깊은 협곡을 뚫고 파리에서 로마까지에 해당하는 거리를 가야만 이렇다 할 사람 사는 동네가 나왔다.

정치적으로도 중국은 혼란스러웠다. 여러 차례의 반란이 일어나 과장이 아니라 그야말로 수천만 명이 죽었다. 만주족 혹은 청나라는 이제 빈사지경이었다. 1850~60년대 태평천국의 난이 일어났다. (하나님을 믿고 예수님을 믿으며 스스로 예수의 '동생'을 자처한) 홍슈취안(洪秀全)이 일으킨 이 난으로 청 왕조는 뿌리째 흔들렸다. 미얀마와 연결되는 남서쪽 윈난에서는 '판데의 난'이라고 불린 무슬림의 봉기가 있었다. 이들은 나라를 세우고 왕을 자처하며 이 지역을 수년 동안 통치했다. 이후 베이징의 청나라 왕조는 더는 지방을 통제하지 못했다. 관복을 입은 중앙정부의 관리가 사라지고 그 자리를 군벌이 채웠다.

미얀마는 중국의 뒷문이 아니었다. 적어도 아직은 아니었다.

20세기 초가 되자 중국으로 길을 놓겠다는 생각은 뇌리에서 사라졌다.7 미얀마에도 먹을 것이 많았다. 양곤은 쌀과 목재, 또 석유 수출항으로 급부상했다. 그러면서 부유한 도시가 됐다. 쉐다곤이 여전히 도시의 중심에 자리 잡은 가운데 양곤은 빠르게 커지고 발전했다. 대로가 놓이고 가로수가 심어졌다. 호수도 생기고 정원도 생겼으며 멋진 집이 줄을 이어 들어섰다. 영국인 관리와 사업가들의 집이었다. 남쪽으로 강을 따라 도심지가 생겨났다. 가로세로 깨끗이 구획된 도로를 따라 정부의 관청과 기업체의 사무실, 상가와 호텔이 들어섰고 아파트 단지도 생겼다. 잉글랜드에서 온 관리들이 행정을 맡았다. 스코틀랜드에서 온 상인들이 경제를 챙겼다. '스틸 브라더스'(쌀), '봄베이 버마 상사'(목재), '버마 석유회사', '이라와디 기선회사' 등은 모두 글래스고에서 온 스코틀랜드 상인 소유였다. 그리고 수백만 명의 인도인들이 거대한 인도 아대륙 곳곳에서 새로운 삶과 기회를 찾아 양곤으로 몰려왔다.

영국인들은 처음에는 미얀마를 중국으로 가는 뒷문으로 생각했다. 그러나 미얀마 사람들이 볼 때는 영국이 미얀마를 인도로 끌고 갔다. 한때 독립왕국이었던 미얀마를 실론(=스리랑카)처럼 독자적인 식민지로 취급하지 않고 대신 영국령 인도의 일부로 편입했다. 미얀마는 벵골이나 펀자브처럼 인도의 한 지방으로 전락했다.

21세기 초 미얀마는 인도보다 더 부유하고 인구밀도도 낮았다. 경제가 성장하자 값싼 노동력이 필요했다. 물론 고급인력도 필요했다. 이 모든 인력이 인도에서 충당됐다. 1920년대 말 양곤은 뉴욕을 제치고 세계 제1의 이민자 항구가 됐다. 양곤은 인도인의 도시가 됐고 그 속에서 미얀마인은 소수 인종으로 떨어졌다. 인도의 온갖 지역에서 온갖 직업군의 사람이 왔다. 벵골에서 온 교사, 구자라티에서 온 은행가, 시크에서 온 경찰관, 타밀에서 온 상인 등. 물론 중국인도 있었고 유럽인도 있었으며 미국인도 있었다. (칠레의 유명한 시인 파블로 네루다가 1920년대 양곤에서 살았듯이) 라틴 아메리카에서 온 사람도 있었다. 케임브리지 출신 정치경제학자로 미얀마에서 공무원 생활을 오래 한 퍼니벌(J. S. Furnivall)은 양곤을 염두에 두고 '다원적 사회'(plural society)라는 개념을 개발했다. 기선이 콜카타와 양곤 사이를 부지런히 오갔다. 그러다 항공여행이 발달하면서 양곤 공항이 아시아의 허브가 됐다. 런던에서 시드니로 가는 대영제국 항공사의 항공기와 암스테르담에서 자카르타로 가는 KLM 항공기가 모두 양곤에 기착했다. 세계적 수준의 학교와 대학교들이 생겨나면서 세계주의적 문화를 함양하고 정치적으로 활발한 중산층을 양성했다.

그런데 그런 세계가 무너져 내렸다. 일본군이 쳐들어오면서 양곤을 폭격하고 파괴했다. 영국군이 후퇴하면서 초토화 전술에 따라 거듭 파괴했다. 4년 후 연합군이 다시 쳐들어오면서 폭격하고 파괴했다. 일본군이 후퇴하면서 또 파괴했다. 수십만 명의 인도인이 공포에 질려 떠나갔다. 1948년 미얀마는 영국으로부터 독립했다. 독립과 더불어 내전이 발생하였고 한때는 양곤이 반군에 점령될 위기에 처하기도 했다. 1962년에 군사쿠데타가 일어났다. 선거로 집권한 정부를 무너뜨리고 대문을 걸어 잠갔다. 남아있던 인도인, 특히 전문가와 기업가들이 추방됐다. 이렇게 스스로 택한 국제적 고립이 4반세기 간 지속했다. 그러면서 양곤은 세계적인 중심도시에서 세계적인 벽촌으로 전락했다. 낡았으나마 웅장한 모습을 유지한 건축물만이 한때 잘나가던 때가 있었다는 것을 말해줄 따름이다.

나는 양곤을 통해 아시아를 처음 접했다. 1974년 할아버지의 장례식에 참석하기 위해 양곤을 간 것이 최초의 아시아 여행이었다. 그때 8살이었는데 뉴욕에서 가족과 함께 살았다. 그때 미얀마는 네윈의 '버마식 사회주의'에 갇혀 있었다. 나라는 고립되고 낙후된 가운데 네윈의 군대는 이곳저곳에서 반군과 싸우고 있었다. 이렇게 물꼬를 튼 후 미얀마를 자주 갔다. 1~2주일씩 있을 때도 있었고 여름 석 달을 모두 보낸 적도 있었다. 있을 곳은 많았다. 양곤에 외가가 있었고 만달레이에는 친가가 있었다.

그 무렵, 즉 1980년을 앞뒤로 수년간 양곤은 20세기 말엽의 세계와 완전히 단절된 것 같았다.[8] 전화를 쓰기도 어려웠고 길거리엔 차도 거의 없었다. (하루에 두어 시간 방송을 보자고) 비싼 텔레비전을 사는 이도 없었다. 슈퍼마켓? 현대식 가게? 그런 것은 눈을 씻고 보아도 없었다. 그때는 차라리 식민지 시대가 어땠을까 상상하기가 쉬웠다. 피체 광장 옆에는 붉은 벽돌로 된 고등재판소 건물이 있었다. 성 트리니티 대성당이 근처에 있었다. 동쪽으로 더 가면 거대한 정부청사 건물이 있었고 신 팔라디오 양식으로 지어진 세관이 있었다. 영국의 주부들이 즐겨 찾던 '로&Co.' 백화점이 있던 건물이 버려진 채 있었다. 존 길구드가 햄릿을 열연하던'제국극장'이 있었다. "인도 전역에서 유일한 프랑스 요리사"가 있다고 자랑하던 '민토 맨션스' 호텔은 2차대전 중 폭격으로 무너졌지만, 경쟁하던 '스트랜드 호텔'은 몇 안 되는 손님들에게 20달러*에 방을 제공하며 영업을 계속하고 있었다. '파이어 가(街)'와 '머천트 가'가 만나는 곳에는 '로이드 은행', '홍콩 상하이 은행', '토머스 쿡', '이라와디 기선회사' 등이 입주해있던 거대한 에드워드 풍의 건물들이 들어차 있었는데 여전히 잘 보존돼있었다. 식민지 시대의 유적이 그처럼 잘 보존된 지역은 아마 세계 어디에도 드물 것이었다.

양곤은 마치 주연 배우는 모두 떠나고 조연만 남은 썰렁한 영화촬영장 같았다. 이제 새로운 영화가 촬영되기를 기다리고 있는 …….

---

* 달러라고 하고 달리 표기가 없으면 미국 달러(US$)를 말한다 — 옮긴 이.

1988년 전국적으로 민주화를 요구하는 대규모 시위가 일어나 군사정권이 붕괴하기 직전까지 갔다. 수십만 군중의 시위 앞에 4반세기를 지배한 군사정권은 무력해 보였다. 그런데 그 군사정권이 다시 무력으로 치고 나와 유혈로 시위를 진압했다.[9] 새로운 집권 군부(*junta*)가 들어와 다시 철권으로 통치했다. 그래도 구정권의 폐쇄경제정책을 포기하고 조심스럽게나마 개방정책을 펼쳤다. 1962년 이래 26년간 나라를 통치하면서 나라를 망쳤던 네윈 장군은 조용히 뒤로 물러났다. 새로운 지도자 딴슈웨(Than Shwe) 장군이 권력 기반을 다졌다. 네윈이 주창한 '버마식 사회주의'는 죽었다. 다음엔 뭐가 올 것인가?

1988년 민주화 시위 직후 새로운 정치세력이 등장했다. 1990년 다양한 정치세력이 —군부정권에 대한 적대감을 매개로— 새로운 정당을 결성했다.[10] 아웅산 수치가 이끄는 '민주주의 국민연맹'(National League for Democracy, NLD)이었다. 1988년 민주화 시위가 절정에 달했을 때 네윈 정권은 '다당제 민주주의를 위한 선거'를 약속했다. 그리고 1990년 약속을 지켰다. 정권이 왜 그랬는지는 여전히 수수께끼다. 그 무렵 야당은 크게 기세를 얻고 있었고 군부에 대한 보복과 처벌을 공공연하게 언급하고 있었다. 아마 '그래 봤자 별수 없다'라고 무시했거나, '어쩔 수 없다'라고 포기했을지 모르겠다. 또는 의회가 여러 세력으로 분열되어 군부가 배후에서 통제할 수 있을 것으로 생각했을 수도 있다. 그러나 NLD가 득표율 60%로 승리하자 놀란 군부는 얼렁뚱땅 넘어가려고 했다. 뚜렷한 계획도 없이 단지 권력을 넘길 수 없다고만 생각했다.

   선거가 끝난 이듬해 NLD의 지도자, 40대의 아웅산 수치가 노벨평화상을 받으면서 일약 세계의 주목을 한몸에 모았다. 미얀마의 민족주의 지도자이자 순국한 영웅 아웅산 장군의 딸이었지만, 옥스퍼드에서 평범한 가정주부로 살던 그녀가 하필 그 격변기에 미얀마에 있었던 것은 어쩌면 운명의 장난이었는지 모른다. 1988년의 시위가 일어나기 직전 모친을 간호하기 위해 미얀마로 돌아왔다. 시위의 초기엔 마지못해 참가했지만 일단 참가하자 누구보다 열정적으로 활동했다. 그녀는 마하트마 간디와 마틴 루서 킹 목사에서 영감을 얻었다. 즉 평화적인 시위가 궁극적으로는 군부의 억지를 누를 수 있다고 믿었다. '국민의 단결'과 '제2의 독립을 위한 투쟁'을 외쳤다. 군부에 대한 경제제재를 주장하고 서방 세계가 응답했다. 동시에 군부 지도부에 대화를 요구했다. 이후 20년간 수백 명의 지지자가 체포 구금됐다. 자신도 오랜 기간 가택연금 상태에서 지내야 했다.

아웅산 수치가 자유로울 때 수많은 군중이 그녀에게 몰려 이야기를 듣고자 했다. 정치적 자유와 기본적 인권의 존중이 왜 중요한지에 대해 차분하고 간단명료하게 설명했다. 나는 대학졸업반이던 1987년 옥스퍼드에서 아웅산 수치를 만났다. 우리는 영화 이야기와 서로 알고 지내는 가족 이야기로 시간을 보냈다. 작은 거실에서였다. 주위엔 책이 널려있었고 둘째 아들 킴이 옆에서 놀고 있었다. 그때 이미 그녀의 카리스마와 자신감을 느낄 수 있었다. 1990년대 중반 아웅산 수치는 세계적인 명사가 됐다. 이후 다시는 미얀마를 벗어나지 못했지만, 아시아의 민주주의가 서양에서 이식한 것이 아니라 자체로서 생장할 수 있다는 것을 보여 주는 상징, 혹은 잔혹하고 음흉한 폭정에 대해 도덕의 힘으로 맞서는 투사로 떠오른 것이었다.

그러나 군부는 요지부동이었다. 서방국가들이 경제제재를 단행하고 외교 관계가 불편해졌으나 '장군님들'을 설득하기엔 역부족이었다. 그러면서 정치는 권위주의, 경제는 아시아의 패턴으로 오해받는 소위 '연줄 자본주의'(crony capitalism)의 형태로 고착되었다. 서방국가와의 거래는 줄어든 반면 빠르게 성장하는 아시아 국가들과 거래하면서 명맥을 유지했다. 저 멀리 런던에서 또 워싱턴에서 변화를 요구하는 소리가 있었으나 귀를 막았다.

양곤은 점차 정상적인 도시가 되는 듯했다. 2000년대 초 5성급 호텔도 생겨났다. '르 플랑되르'니 '오페라'와 같이 서양식 이름을 단 카페와 식당도 생겼다. 건물은 식민지 시절의 것을 재건축한 것이었지만 메뉴는 이탈리아 음식에서 한국 음식까지 다양해졌다. 국제공항도 새로 지었다. 밝은 유리 건물에 바닥도 깨끗해 웬만한 나라의 공항에 뒤지지 않았다. 냉방이 된 영화관에서는 최신 할리우드 영화를 상영했고 새로 생긴 슈퍼마켓과 쇼핑몰에서는 세계의 유행을 따라가는 수입명품을 팔았다. '50번가 바&그릴', '긴키 키즈'라는 이름의 바도 생겼다. 벽에 (미국의 록스타) 커트 코베인(Kurt Cobain)의 사진을 크게 걸고 태국식 안주와 생맥주를 팔았다. 위성TV를 쉽게 시청할 수 있었고 인터넷 카페가 우후죽순처럼 들어섰다. 다만 이 모든 것은 일부 소수만이 누릴 수 있었다.

양곤은 여전히 가난한 도시였다. 차는 많아졌으나 진즉에 폐차장에 갔어야 할 1980년식 닛산이나 토요타 등이 대부분이었다. 도로는 곳곳에 포장이 패여 있었다. 식민지 시절의 건물은 낡았으나마 여전히 웅장했지만 새로 지은 건물은 디자인이라고는 모르는 날림이었다. 도심을 벗어나면 근대식 행정이라곤 찾아볼 수 없었다. 상수도와 하수도, 청소차도 제대로 없었다. 하루에 전기가 들어오지 않는 때가 더 많았다.

그래도 가난으로 굶어 죽을 정도는 아니었다. 길거리에 거지나 노숙자는 거의 없었다. 사람들은 다른 나라 도시나 마찬가지로 걸어서 혹은 버스로 출퇴근했다. 집 근처 찻집에서 이웃이나 친구들과 어울렸다. 학부모는 하교 시간이 되면 학교 앞에서 기다리다 애들을 데려왔다. 가만있어도 먹을 것이 지천인 나라에서 가난이란, 그냥 뭐라 설명할 수 없는 그런 가난이었다.

그런데 엄청난 비극이 덮쳤다.

2008년 5월 2일, 사상 최대의 태풍(cyclone)이 양곤과 주변의 저지대를 덮쳤다. 나르기스(Nargis) 호로 명명된 그 태풍은 벵골만에서 세력을 키워 시속 2백 킬로미터가 넘는 강풍으로 발전하여 엄청난 물보라를 몰고 이라와디강 하류 삼각주 일대를 강타했다.11 2004년 소위 '박싱데이' 해일이 (인도네시아의) 아체 지역을 덮친 것에 비교될 정도였다. 그 결과는 미얀마 역사상 최악의 재앙으로 기록됐다. 최소 십만 명의 사망자와 실종자가 나왔다. 수백만이 이재민이 됐다. 양곤 시내에는 사망자는 많지 않았지만 1만 그루가 넘는 고목이 뿌리째 뽑히고 지붕이 날아가고 전선이 절단됐다.

    미국과 영국, 그리고 프랑스의 해군함정이 며칠이면 도착할 수 있는 거리에 있었다. 엄청난 재앙이 닥치자 다들 도와주겠다고 했다. 그러나 수십 년간 경제제재를 가하고 외교적으로 비난하고 반대세력을 지지해 온 서방의 군사적 지원을 받는다는 것은 군부로서 내키지 않는 일이었다. 게다가 재앙이 일어난 지 48시간도 되지 않아 미국의 부시 대통령과 영부인 로라 부시 여사가 번갈아 가며 정권을 비난했다. 원조하겠다는 서방국가들과 받지 않겠다는 군사정권 사이의 줄다리기가 3주일이 넘도록 계속됐다. 미얀마 국민만 구호물자를 전달할 수 있었다. 해외 원조는 (인도와 같이) 우호적인 나라의 것만 받았다. 서방국가는 재난 지역에 얼씬도 못 하게 했다. 가장 절실하게 필요한 전문지식과 경험을 지닌 유엔 재난구호팀도 마찬가지였다. 군사정권에는 수백만 이재민의 생명보다 정권의 안위가 더 중요하다는 것이 만천하에 드러났다. 국제적인 외교활동이 전개되는 가운데 군사력을 사용해서라도 구호품을 전달해야 한다는 주장까지 나왔다. 마침내 군부는 자체 조직과 유엔, 그리고 동남아 국가연합(ASEAN) 즉 아세안으로 구성된 구호팀을 구성하는 데 동의했다. 체면을 살리는 동시에 서방국가의 군대가 미얀마에 발을 딛지 못하게 하려는 조치이기도 했다. 수십 개의 유엔기구와 국제자선단체들이 음식과 약품을 이재민에게 직접 전달했다. 천만다행으로 수인성 질환으로 인한 '제2의 재앙'은 발생하지 않았다.

"미얀마에 대한 자금지원이 이토록 낮은 것은 정말 부끄러운 일일세."
양곤에서 오랫동안 원조 관련 일을 해 온 한 지인이 내게 말했다. 미얀마는 세계 개발도상국 중 가장 낮은 수준의 원조를 받고 있다. 일인당 4달러 수준으로 바로 이웃한 공산국가 라오스의 10분의 1에 불과하다. 우리는 나르기스 호의 재앙이 있었던 수개월 후 차트리움 호텔에서 만나고 있었다. 차트리움 호텔에는 유엔 직원과 구호단체 인원들이 묵고 있었는데 좋은 위치에 가격이 저렴하고 무엇보다 인터넷 접속이 괜찮았다. 호텔 옆에 있던 나무 중 가장 큰 것은 태풍에 뿌리째 뽑혀 넘어졌으나 창밖은 여전히 초록 일색이었다. 전방의 게시판에는 '식량 안보'에 관한 회의가 3시에 대회의실에서 예정돼 있다고 쓰여있었다.

"해마다 수만 명의 사람이 치료만 받으면 나을 질병으로 죽어가고 있다네"라고 그가 말했다.

"물론 정부야 독재정권이지만 독재국가가 세상에 어디 한둘인가? 그런데도 우린 많은 액수의 인도적 지원을 하고 있지 않은가?"

과연 그랬다. 그처럼 처참한 재앙이 닥친 이후에도 이재민에 대한 지원은 적었다. 도와야 한다, 그런데 썩을 정부가 말을 안 듣는다, 차라리 군대를 동원해서라도 돕자며 아우성칠 때는 언제고, 막상 도울 수 있게 되자 지원금을 내는 이는 드물었다. 나르기스 호 이재민에게 전달된 구호물자는 액수로 따지면 총 5억 달러 정도였다. '박싱데이 해일' 이후 아체에 전달된 구호물자와 재건에 대한 원조는 100억 달러가 넘었다. 미얀마의 최 빈민층에 대한 인도적 지원이 필요하다고 누구나 말한다. 그러나 서방 정부들은 외면하고 있다.

그런데 2009년부터 변화의 조짐이 보이기 시작했다. (2003년) 군부는 소위 '민주주의 로드맵'을 발표했었다. 그에 따라 2009년 군부는 조심스러운 문구로 작성된 새로운 헌법을 채택하고 일 년 안에 새로운 선거를 시행하겠다고 했다. NLD는 즉각 이 헌법을 거부했다. 민주적이지 못하고 군부독재를 끝내기 위한 것이 아니라 정당화하기 위한 것이라고 비판했다. 과거 인도네시아와 태국의 헌법처럼 이 신헌법은 의회 의석 25%를 군부에 할당했다. 군부가 의회에서 사실상 거부권을 행사할 수 있는 장치였다. 대통령은 의회에서 간접선거로 뽑을 것이며 주요 안보 관련 부처의 장관은 군부에서 직접 임명하게 되어있었다. 이 헌법안이 공포되자 많은 논쟁이 뒤따랐다. 일반인들이 그랬다는 것은 아니다. 그들은 정부와 군부의 눈에 띄지 않는 데 급급했으므로 침묵했다. 정부 관리와 반체제 운동가, 원조단체 직원들, 기타 지식인들, 그리고 망명이나 추방으로 해외에 살다가 귀국한 사람들 사이에 그랬다.

일부는 이 헌법이 군부독재를 지속하기 위한 명분에 불과하다고 격앙됐다.

"그들을 어떻게 믿을 수 있는가? 일단 정당성만 확보하고 영원히 권력을 내려놓지 않을 것이 분명하다. 우리가 어떻게 투쟁해 왔는데. 이따위 허접스러운 헌법 하나 얻으려고 우리가 투쟁해 온 명분과 원칙을 포기하라고? 어림도 없다."

조심스럽지만 변화의 가능성을 보는 이도 있었다.

"군부-민간 합동 정부면 어떤가? 군부가 100% 지배하는 지금보다는 낫지 않은가?"

한 대학교수는 이렇게 주장했다.

"대안이 뭔가? 혁명? 여기서 혁명이란 불가능하다. 현실을 직시하자. 한 발짝씩, 조금씩 정부에 민간의 참여를 확대하고 새로운 사람을 정부에 집어

넣고 현실정책에 초점을 맞추자. 군부도 함께 가야지. 즉각 민주주의가 온다고 생각해서는 아무 곳도 가지 못한다."

이 무렵 양곤을 방문할 때마다 이런 주장을 들었다. 한 사람이 아니라 만나는 사람마다 그렇게 말했다. 양곤주재 외교관들도 있었고 유엔 관리도 있었고 많지는 않으나 현지 지식인들도 있었다. 회의장과 연회 테이블, 만찬장에서 모이기만 하면 이렇게 떠들었다. 군부가 취한 최근 행동의 의미는 뭔가? 다음 순서는 뭐지? 군부에 대한 불신이 너무나 크고 깊어 온갖 추측이 난무했다. 그러나 1988년 이후 집권한 신군부도 이제 나이가 들었다. 60대 후반 많게는 70대도 있었다. 그리고 현실이든 아니든 선거 이야기도 하고 신정부 이야기도 나오고 있었다. 곧 변화가 있을 것이라는 소리였다.

이처럼 미얀마 정치의 세세한 점까지 많은 이야기가 오갔지만 정작 크고 중요한 문제에 관한 이야기는 없었다. 저 멀리 유럽과 미국에서는 '인도와 중국의 부상(浮上)'에 대한 이야기가 한창이었다. 그것이 기후변화나 고용시장, 더 일반적으로는 세계 경제와 정치 질서에 어떤 영향을 미칠지를 논쟁하고 있었다. 수 세기 동안 이어진 서방의 패권적 지배가 마침내 끝나는지, 그래서 유럽과 미국인들이 새로운 가치체계와 새로운 우선순위에 적응해야 할지, 조금은 우려 섞인 목소리도 생겨나고 있었다. 서방국가들이 이슬람 세계와 얽히고, 테러리즘이 주요 관심사로 떠오름에 따라 외교·안보 분야의 관심은 조금 옅어졌다. 그러나 재계, 그리고 장기적이고 전략적인 문제에 관심이 있는 사람들 사이에는 인도, 무엇보다 중국의 근대화는 이 시대를 결정짓는 중대사로 자리 잡았다. 어느 날 밤 호텔 방에서 CNN이 방영한 토론 프로그램에서 출연자들이 중국과 인도의 지속적인 경제성장이 어떠한 세계사적 의미가 있는지를 놓고 벌인 토론을 지켜봤다. 그러면서 그것이 세계가 아니라 미얀마에 어떤 의미가 있는지를 생각했다. 바로 그 시간 양곤에는 국내정치에 온

통 관심이 집중돼 있었지만 다른 곳에는 미얀마를 전혀 다른 각도에서 보고 있는 이들이 있었다.

양곤의 도심 한가운데 강물이 바로 보이는 곳에 '무갈 가'라는 이름의 거리가 있다.**12** 1858년 '세포이의 반란'—인도인들은 '제1차 독립전쟁'이라고 한다—이 진압된 다음 무굴제국의 마지막 황제 바하두르 샤 자파르가 양곤으로 유배됐다. 그곳에서 황제는 쉐다곤 파고다 근처에 있는 작은 집에서 살다가 4년 후 죽었다. 그의 무덤은 '수피파의 사당'이 되어 많은 순례자가 찾는 곳이 됐다. 나아가 인도와 파키스탄, 방글라데시의 고관이 양곤을 방문하면 반드시 찾는 정치적 명소가 됐다. 황제는 수십 명의 시종과 하인을 데리고 왔는데 무갈 가에서 가게를 열고 있거나 사는 인도계 사람들은 바로 그들의 후손이라고 주장한다. 강을 향해 넓게 뻗은 무갈 가에서는 얼굴을 가린 어린 소녀, 챙 없는 흰색 모자를 쓴 어린 소년이 (이슬람교 사원에서 운영하는 학교) 마드라사로 가는 모습, (인도식 꼬치 요리) 케밥 가게, (이슬람식으로 도축한 육류를 파는) 할랄 음식점, 그리고 신기하게도 많은 시력검사소를 볼 수 있다. 어느 날 아침 그 일대를 산책하면서 작은 의원(醫院)을 봤는데 입구에 "에든버러에서 공부함"이라고 적혀있었다. 아마 나이 든 분이 분명할 이 의사 선생님은 스코틀랜드에서 보낸 젊은 시절에 대해 무슨 기억을 간직하고 있을까 궁금했다.

크지 않은 이 지역은 크고 다양한 인도의 모든 부분이 집중돼있다는 점에서 인도의 전시장이라고 해도 과언이 아니다. 지금 양곤에 사는 인도 인구는 과거에 비하면 지극히 작지만, 과거의 유산이 고스란히 살아있는 일종의 박물관이기도 하다. 힌두교의 '하누만' 신과 '라마' 신, 그리고 '시타' 여신의 조각과 그림이 거대한 보리수 옆에 있다. 조금 더 가면 '무굴 시아파' 사원과 몇 개의 '수니파' 사원이 나란히 있다. 벵골과 타밀 출신의 무슬림이 가는 곳이다. 18세기에 지어진 아르메니아 교회도 있고 '자이나교'의 사원도 있으며 (인도의 유대인) 팔시교도가 가는 배화(拜火) 신전도 있다. 밀교의 여신 칼리에게 바친 사원도 있고 코끼리의 형상을 한 힌두교 '가네슈' 신을 모시는 형형색색의 사원도 있다.

심지어 유대교의 회당(synagogue)도 있다.13 '무스메아 여호수아'라는 이름으로 무슬림 거주지 한 가운데 있다. 2차 대전이 일어나기 전까지 양곤에는 (50만 명의 인구 중) 2천 명이 넘는 유대인이 살았다. 소파에르 가(家), 코언 가(家), 사순 가(家) 등이 대표적인 가문이었는데 인도의 유대인들과 마찬가지로 동유럽 또는 스페인계 유대인을 배경으로 한다. 그러나 미얀마로 온 것은 19세기 말 바그다드로부터였다. 양곤에 '유다 에제킬 가'가 있었는데 최초 유대인의 이름을 딴 길이였다. 1930년대 양곤의 시장을 지낸 다비드 소파에르도 유대인이었다. 2천 명이 넘던 유대인은 지금은 거의 미국이나 이스라엘로 떠나고 20명 남짓 남았다. 그러나 회당은 그대로 있고 최근에 재건축했다. 어느 비 오는 날 오후 유대교 회당의 관리인 모세스 새뮤얼스씨는 내게 두 권의 유대교 경전을 자랑스럽게 보여주었다. (수십 권이 더 있었는데 그동안 조금씩 이스라엘로 옮겨갔다고 했다). 아들 새미 새뮤얼스도 소개했다. 뉴욕에 있는 예시바대학교를 금방 졸업하고 돌아왔다고 했다.

양곤에는 오래된 중국인 사회도 있다. 주민도 최근에 이민 온 사람들이 아니라 오래전 바다와 육지 두 갈래의 경로로 와서 정착한 사람들의 후예다. 바다를 통해서 온 이들은 싱가포르에서 샌 프란시스코까지 넓게 퍼져있는 화교들과 같은 부류다. 주로 중국 동남쪽의 광동성(廣東省)에서 와서 말도 관화(官話)가 아니라 광둥(廣東)어나 푸젠(福建)어, 혹은 그와 유사한 방언을 쓴다. 양곤에 정착한 광둥인들은 주로 예술과 기술계에 종사하여 '짧은 소매'라는 뜻으로 '렛토' 중국인이라고 불린다. 푸젠에서 온 사람들은 주로 상인인데 '긴 소매'라는 뜻으로 '렛셰이' 중국인이라고 불린다. 그 이상 그들의 배경을 파고드는 미얀마 사람은 없다. 세계 어느 곳에서도 그렇듯이 중국인들은 부지런하고 상재(商材)가 뛰어나다는 평판을 받는다. 최초의 이민이 도착했을 때는 대부분 독신이었기 때문에 정착하여 미얀마 여성을 아내로 얻었다. 그건 특히 금기시되거나 흉볼 일이 아니었고 수 세기가 흐르면서 핏줄에 중국 피가 섞여 있다는 것을 거리낌 없이 말하는 사람도 많다. 백 년도 더 된 과거에 미얀마에 주재한 한 영국 고위관리가 이런 기록을 남겼다.

"동양의 혼혈은 부모의 나쁜 점만 물려받는 경우가 많은데 (중국-미얀마계 혼혈은) 부계와 모계의 좋은 점만 물려받는 모양이다. 똑똑하고 끈질기고 부지런하다. 순수 미얀마 혈통보다 월등히 낫다."[14]

그러나 중국인과 중국계 혼혈을 제외하면 당시 양곤에서 중국계에 대해 신경을 쓰는 사람은 거의 없었다. 학교에서 중국에 대해 가르치지도 않았고, 중국의 문화는 그냥 신기할 따름이었다.

지금 양곤의 도심에서 인도인과 중국인이 충돌하고 있다. 케밥 가게와 인도 사원, 그곳을 드나드는 턱수염을 기른 남자, 사리를 두른 여인들이 중국식 사당, 헐렁한 반바지, 중국어로 된 간판을 단 가게에 밀리고 있다. 인도인 거리와 차이나타운은 바로 이웃하고 있다. 접점에는 인도식 가게와 중국식 가게가 섞여 있기도 하다. 세계 여느 곳과 마찬가지로 양곤의 차이나타운은 시끄럽고 복작거린다. 푸젠식 사원 사이로 가라오케도 많고 그사이에 침술원도 있고 타이완이나 홍콩행 항공표를 놀랄 만큼 싸게 파는 여행사도 있다.

양곤에서 인도와 중국이 '충돌'한다는 앞의 표현은 과장이다. 함께 어울려 경쟁한다는 표현이 맞다. 서로 적대적이지 않고 다문화적(cosmopolitan)이다. 그런데 인도와 중국이 훨씬 더 큰 규모로 새로 충돌하고 있다. 아직은 적대적이라기보다는 우호적이다. 그러나 갈등의 소지는 크다.

백 년도 더 지난 과거에 영국의 전략가들이 지도를 펼쳐놓고 대전략을 구상했었다. 이제는 중국이 그렇게 한다. 중국의 발전은 베이징과 톈진에서 출발하여 상하이를 지나 홍콩에 이르는 해안을 따라 이루어졌다. 내륙지방 혹은 서부지방은 여전히 가난하고 낙후하며 한족(漢族)이 아닌 소수 인종이 많이 사는 지역이다. 중국의 전략가들이 가장 고심하는 부분이 바로 해안과 내륙 사이 격차다. 미국과 비교하면 중국에 없는 것이 있다. 바로 '캘리포니아'다. 달리 말하면 미국의 캘리포니아와 같은 서해안이다. 그게 없으니 내륙지방이 진출할 방법이 없다. 중국의 학계는 가끔 '2대양' 정책에 대해 논문을 발표했다.[15] 제1대양은 태평양이다. 제2대양은 인도양이다. 미얀마가 중국의 캘리포니아가 돼야 한다는 식의 말은 하지 않는다. 그러나 미얀마가 벵골만 나아가 인도양에 진출하는 관문이라고 보는 것은 분명하다.

'말라카 딜레마'에 대해서도 많은 논문이 나왔다.[16] 산업화의 젖줄은 여전히 석유고 중국은 수입 석유에 대한 의존이 매우 높다. 그리고 수입 석유의 80%가 아프리카와 중동 등 서쪽 지방에서 믈라카해협을 통과한다. 싱가포르에 인접한 믈라카해협은 세계에서 가장 붐비는 해로인데 좁은 곳은 폭이 3km가 못 된다. 전략가의 눈으로 봤을 때 그러한 해협은 자연적 요충이다. 누구든 적대 세력이 못된 마음을 품으면 중국의 젖줄인 석유 수입을 차단할 수 있다. 다른 항로 또는 경로를 찾아야 한다. 그렇다. 바로 미얀마. 미얀마는 출구일 수도 있고 입구일 수도 있다.

양곤에서는 중국이 남쪽으로 밀고 내려오는 충격을 별로 실감하지 못한다. 2008년 말 태국에서 양곤으로 가는 항공기 속에서 북경어를 사용하는 중년의 중국인, 그것도 많은 중국인 사이에 앉았다. 서로 사진을 찍어주기도 하고 기내 면세점 목록을 뒤적거리기도 했다. (그중 한 사람은 손목시계를 샀는데,

해외여행을 많이 했으나 기내에서 손목시계를 사는 사람은 처음 봤다) 음료수와 간식이 제공되자 다들 환호하며 즐겼다. 몇 시간 후 호텔에서 바로 그 그룹을 만났다. 러시아에 가까운 만주의 북부도시 하얼빈시에서 온 고위간부였다. 호텔 입구에 이렇게 적혀있어서 알았다.

"환영! 헤이룽장성(黑龍江省) 부성장 각하 일행."

그들은 접수처 라운지에서 담배를 피우며 떠들고 있었다. '중화인민공화국'에서 온 사람은 많이 보지 못했다. '인민공화국'의 고위관리의 방문에 관한 기사는 많이 봤다. 내 눈으로 그들을 보기는 처음이었다.

미얀마를 중국의 출구와 입구로 삼는다는 것은 단순히 아이디어 차원의 일이 아니다.17 1990년대 초 수십 년간 막혀 있던 중국과 미얀마의 국경무역이 재개됐다. 그 이후 1백만 또는 2백만의 중국인들이 미얀마의 북부 및 동북부 지방에 —일시적으로 또는 영구적으로— 거주하기 시작했다. 중국의 비즈니스가 그 지역 경제를 지배하기 시작했다. 작은 구멍가게로부터 대형 광산과 건축업이 중국인의 수중에 들어갔다. 중국의 국경도시와 이라와디강의 계곡, 나아가 그 너머 도시를 연결하는 도로가 건설됐다. 그보다 더 거대한 계획도 추진 중이다. 인도양에서 출발하여 중국으로 들어가겠다던 영국의 계획을 뒤집어 중국에서 출발하여 인도양으로 나가겠다는 계획이 진행 중이다. 고속철도를 건설하여 중국 내륙지방에서 생산한 공산품을 직접 인도양으로 수송하겠다고 한다. 이라와디강 상류에 유명한 싼샤(三峽) 댐에 버금가는 대형 댐을 건설하여 전기를 생산하겠다는 계획도 있다. 그 전기는 물론 대부분 중국으로 갈 것이었다. 무엇보다 중요한 것은 원유와 천연가스를 수송할 파이프라인의 건설이다. 중국이 애써 확보한 아프리카와 중동산 원유와 미얀마에서 최근 발견된 해상 가스전에서 생산된 천연가스가 그 파이프라인을 통해 중국으로 수송될 것이다. 말라카 딜레마를 염두에 둔 위험분산 전략

곧 헤징 전략이지만 그 부수적 효과는 엄청날 것이다. 중국이 유사 이래 처음으로 인도양에 직접적인 정치적 영향력을 구축하게 되는 것이다.

아시아에서 빠르게 부상하는 또 하나의 국가인 인도의 뉴델리에서 전략가와 공무원, 정치인들이 걱정하기 시작했다. 인도는 이념적으로 또는 정서적으로 미얀마의 민주화 세력을 지원했다. 그런데 1990년대 중반에 그 정책을 뒤집었다. 중국이 미얀마 군부와 급속히 가까워지는 데 놀란 것이다. 미국과 영국이 주도한 경제제재로 인하여 서방국가들은 게임의 국외자가 됐다. 그래도 괜찮다고 생각했으니 제재를 가한 것이었다. 그러나 인도에는 그래도 괜찮은 것이 아니었다. 중국이 지배하는 미얀마라니! 있을 수 없는 일이었다. 그래서 인도는 중국의 접근과 영향력을 견제하기 시작했다.

미얀마 사람들에게 인도는 중국보다 가까웠다. 지리적, 경제적으로가 아니라 문화적, 종교적으로 그랬다. 최근 나이 든 친척 아주머니 한 분이 평생의 소원을 풀었다. 아끼고 모아둔 돈을 풀어 인도의 불교 성지 순례를 다녀온 것이다. 비행기를 타고 콜카타로 가서 다른 순례자들과 함께 버스로 석가모니 부처님의 탄생, 해탈, 가르침의 현장을 돌아봤다. 다녀와서 이생의 꿈이 이뤄졌다고 했다. 그런 끌림이 중국에는 없다. 그러나 그런 정서적 요소가 큰 변수가 될지는 장담하기 어렵다. 인도도 도로를 닦고 투자를 약속했다. 무역도 상당히 늘었다. 그러나 그 규모에서 중국과 비교할 수 없다. 지금 바람은 베이징에서 불어오고 있다.

그 찻집은 1920년대에 지어진 사무실 건물의 1층에 있었다. 그 옆은 서점이었는데 오바마(Barack Obama)가 쓴 『내 아버지로부터의 꿈』(*Dreams from My Father*)과 파리드 자카리아(Fareed Zakaria)가 쓴 『포스트 아메리카 월드』(*The Post-American World*), 프리드먼(Thomas Friedman)이 쓴 『뜨겁고 평평하고 복잡하다』(Hot, Flat and Crowded)의 미얀마 번역본을 알리는 광고판이 있었다. 서점 앞 노점에는 한 젊은이가 진열대 위에 종류별로 잘 정돈된 DVD를 팔고 있었고 그 옆에는 한 여인이 바닥에 오래된 <라이프>와 <내셔널 지오그래픽> 잡지를 팔고 있었다. 낡은 버스가 지나가면서 디젤 매연을 뿜었다. 신선한 사과 냄새가 나서 돌아봤더니 큰 바구니 두 개에 샨고원에서 막 가져온 신선한 사과를 팔고 있었다. 바구니 하나당 미국 돈 50센트라고 했다.

나는 어릴 적 친구들을 만나러 그 찻집에 왔다. 미얀마의 거의 모든 남자가 그렇듯 영국 프리미어 리그의 열광적 팬으로 대화 도중 찻집 저쪽 끝에 놓인 작은 TV 화면을 힐끔거렸다. 아스널과 맨체스터 시티 경기를 중계하고 있었다. 안부를 묻고 과거 추억을 나눈 다음 인도와 중국과의 관계를 화제에 올렸다. 이구동성으로 중국이 정부 차원에서, 또 경제적으로 더 큰 영향력을 행사하고 있다고 했다. 그러나 앞으로는 어떻게 될지 잘 모르겠다고 했다. 학자인 친구는 이렇게 말했다:

"나도 온갖 계획에 대해서 읽어봤는데 양곤에는 어떠한 변화도 주고 있지 않아. 우리는 아직 전기나 수도도 제대로 없잖아! 인도와 중국 사이에 있는 것이 도움이 될 수 있겠지. 도움이 되면 좋겠지. 그런데 우선 풀어야 할 우리 문제가 너무 많아!"

거리 때문에 그리고 오랜 고립 때문에 아시아의 다른 곳에서 일어나고 있는 일은 아직 제대로 느끼지 못하고 있는 것이 분명했다. 인도는 영국식민지 시대 유물 이상의 의미가 없었다. 인도가 세계 소프트웨어 시장을 석권하고 각종 문학상을 휩쓰는 작가의 나라라는 걸 아는 사람은 없었다. 양곤에 있는 중국인 사회는 19세기에 이민 온 화교 사회일 뿐 지금 급속히 성장하는 초강대국 중국과는 아직 거리가 있었다. 미얀마 사람들은 아직도 내부지향적이다. 과거에는 선택할 수 있는 옵션이었는지 몰라도 이제는 선택지가 아니게 될 것이다. 새로운 중국과 새로운 인도의 힘과 에너지가 서로 접근하여 좋든 싫든 큰 충격을 줄 날이 머지않았다.

그래도 다들 만달레이 이야기는 했다.

"만달레이는 이제 중국 땅이야."

한 친구가 말했다. 믿기 어려운 말이었다. 나도 만달레이에 여러 차례 갔았다. 마지막으로 간 것은 2004년의 일이었다. 그곳은 미얀마의 왕도였다. 그리고 2004년에는 잠들어 있는 도시였다.

"넌 믿지 못할 거야. 중국놈들이 다 집어삼켰어."

나는 그때 이미 만달레이를 방문할 계획이 있었다. 그곳에서 출발하여 샨고원을 지나 중국 국경까지 갈 계획이었다. 과거 '버마 로드'라고 불리던 길을 따라서.

제 2 장

사촌 형제

만달레이

어렸을 때 나는 휴가철에 부모님과 함께 미얀마를 찾으면 양곤에서 기차를 타고 만달레이로 가곤 했다. 기관차는 구형 디젤엔진이었고 객석은 나무로 돼 있었으며 바람이 들어오라고 창은 항상 열어두었다. 창밖을 내다보면 저 멀리 마을이 보였다. 얼핏 보아서는 마을이라고 보기 어려웠다. 대나무로 구조를 세우고 풀잎을 엮어 벽을 세우고 나뭇잎으로 지붕을 덮은 집들은 마을을 둘러싼 높은 나무들에 둘러싸여 잘 보이지 않았기 때문이다. 들판에 가끔 나타나는 초록색 덩어리라는 표현이 적당할 것 같다. 역에 정차할 때마다 색이 바랜 론지를 입은 남녀들이 창문으로 간식과 음료수를 팔려고 달려들었다. 우리도 가끔 바나나 잎에 싸인 비리야니 쌀밥을 사서 먹었다. 양곤에서 만달레이까지 5백 마일을 가는데 최소한 열네 시간이 걸렸다. 그런데 우리가 탄 기차의 이름이 '만달레이 급행'이었던 것을 보면 그것보다 더 오래 걸리는 '완행'도 있는 모양이었다.

2009년 지금 나는 새로 생긴 항공사 '에어 만달레이'가 운영하는 작은 프로펠러 비행기를 타고 갔다. 비행기에 탑승했을 때 이미 3명의 선객이 탑승해 있었다. 둘은 제복을 입은 육군 장교였고 다른 하나는 승려였다. 이 두 계층은 미얀마 여행업계의 분류에 따르면 자동 승급의 혜택을 받는 특수층이다. 다른 승객들도 물론 많았고, 말하는 것으로 미루어 보아 그중 최소한 둘은 중국인이었다. 20대로 보이는 미얀마 소녀도 있었는데 머리를 파란색으로 물들이고 미니스커트를 입었다. 보수적인 미얀마에서 상당히 특이한 일이었다. 다른 사람들은 대개 사업가 혹은 회사원으로 서류 가방을 들고 있었다. 적갈색 제복을 깔끔하게 차려입은 승무원이 정부 기관지 <미얀마의 새 빛>(*New Light of Myanmar*)을 나눠주고 작은 샌드위치와 콜라 또는 스프라이트를 작은 플라스틱 컵에 따라주었다.

    미얀마는 큰 나라다. 영토로 따지면 프랑스와 영국을 합친 것만 하다. 아래를 내려다보니 넓디넓은 논이 점차 뒤로 물러나고 짙은 숲이 등장했다. 그리고 곧 넓은 초원과 황무지로 바뀌었다.

    50여 분 후 비행기는 '만달레이 국제공항'에 안착했다. 국제공항의 '국제'는 사실을 말하는 것이 아니라 희망 사항을 말하는 것에 가깝다. 거대한 공항 건물은 대부분 비어 있었다. 짐이 나오는 곳에는 수취대 세 개가 동시에 돌아가며 우리가 타고 온 항공기의 수화물을 내리고 있었다. 짐이 많아서가 아니라 짐이 그것밖에 없어서였다. 출발·도착 예정표를 보니 우리 이후에는 일정이 없었다. 짐을 기다리고 있는 사이 기내에서 보았던 두 명의 중국인이 조니워커 블랙라벨 위스키 상자와 두 개의 골프채 가방을 챙기더니 대기하고 있던 토요타 랜드크루저를 타고 건조하고 먼지 많은 대기 속으로 사라졌다.

    중국인이 어쩌고저쩌고해서 걱정했었는데 다시 본 만달레이는 크게 달라진 것이 없는 것 같아 마음이 놓였다. 공항에서 택시를 타고 조용한 주택가에 자리한 호텔로 갔다. 짐을 풀고 만달레이 성벽을 따라 먼 거리를 걸었다. 만달레이는 서쪽으로는 이라와디강을 끼고 동쪽으로는 샨고원을 둔 사이 넓은 평지에 자리 잡고 있다. 만달레이 '궁'(宮)은 2차 대전 때 파괴됐지만 만달레이 '성'

(城)은 남아있다. 가로세로 1마일 거리의 정방형이다. 성곽은 넓은 해자로 둘러싸여 있고 그 바깥을 흰색의 포장도로와 높은 가로수가 둘러싸고 있다. 지난번에 왔을 때 해자를 따라 빨간색의 큰 사인이 쓰여 있는 것을 봤었다. 영어와 미얀마어로 함께 적혀있었는데 내용은 '인민의 욕구'였다. (작은 글씨로 '모든 내부적 외부적 파괴요소를 격멸하라' 그리고 내가 좋아하는 말 '부정적 생각을 하는 사람을 반대하라'라고 적혀있었다). 이제 그 글씨는 잡초와 나뭇잎에 가려 잘 보이지 않았다.

해자의 한쪽 구석에 거대한 체스판이 놓여있고 몇 사람이 모여 게임을 지켜보는 것이 보였다. 몇 대의 자동차와 자전거에 달린 인력거가 거리를 지나가고 있었고 멀지 않은 곳에 낡은 집들이 보였다. 새로 지은 건물도 더러 보였는데 주거지가 아니라 가게나 식당이었다. 붉은 벽돌로 지은 침례교회는 그대로였다. 1860년대 민돈 왕이 왕자 몇을 보내 공부시켰던 성공회당도 그대로였다. 체격이 좋고 검게 탄 두 명의 남자가 상의를 벗고 운동복 하의를 입은 채 달리기를 하며 지나갔다.

오전 늦은 시간 대규모 행렬을 봤다. 맨 앞에는 세 명의 어린 소년이 왕자처럼 차려입고 트럭을 타고 지나갔다. 그 뒤를 따르는 트럭에는 10여 명의 사람이 타고 전통악기를 연주하고 있었다. 나팔을 불고 북을 쳤는데 안 그래도 시끄러운 소리가 스피커를 통해 더욱 크게 들렸다. 사원에 가는 모양이었다. 세 명의 어린 '왕자'는 수습 승려로 짧게는 며칠 길게는 몇 주일 사원에서 지낼 것이었다. 미얀마에서 불교를 믿는 집안의 아이들이 치러야 하는 성장의식이었다. 부모와 친척·친지들이 여남은 대의 차에 나눠타고 천천히 그 뒤를 따르고 있었다.

북쪽으로 몇 마일만 가면 '만달레이 산'이 나온다. 유서 깊은 종교 성지로 만달레이 성보다 훨씬 더 오래된 것이다. 온통 평지인 곳에 고깔처럼 3백 미터 이상 우뚝 솟아 있는 모습만으로도 신비로운데 온갖 종교유적이 있다. 정상에 오르려면 1,729개의 나무계단을 걸어 올라야 한다. 그사이 많은 공간이 있고 불탑이나 사원이 있어 명상하거나 기도를 올릴 수 있다. 여인들이 작은 탁자를 놓고 불전에 바칠 꽃, 그리고 많지 않은 관광객들을 상대로 그림엽서를 판다. 휴게소에 이르면 새빨간 꽃이 만발한 불꽃 나무가 있는 사이로 벽에 지옥도가 그려져 있다. 19세기의 작품으로 끓는 물에 빠져 허우적거리는 모습과 선인장 같은 가시나무를 타고 오르는 모습이 생생한 색채로 그려져 있다. 정상부근에 거대한 불상이 있다. 산 아래 만달레이 시내를 굽어보며 손을 뻗은 모습이다. 전설에 따르면 부처님이 직접 이곳에 현신하여 저 아래 커다란 불국 정토가 들어설 것이라고 예언했다고 한다.

만달레이 주변에는 차로 하루 거리에 많은 역사적, 종교적 유적이 있다. 만달레이라는 도시 자체가 수백 년간 여러 왕조가 자리를 잡았던 그 지역 한 가운데 있기 때문이다. 그 이전 미얀마의 고대사는 별로 밝혀진 것이 없다.[1] 그러나 최근 고고학적 연구에 따르면 이라와디 분지 중간 부분에는 기원전 2천 년 전부터 사람이 살았던 흔적이 있다. 청동기 문명을 이루고 벼농사를 지었으며 닭과 돼지를 사육했다. 기원전 5세기 무렵에는 철기 문명의 흔적이 보이며 그로부터 수 세기 이후에는 관개농업을 한 흔적도 보인다. 그 정도가 되면 고대국가가 생길 때가 됐다. 만달레이에서 이라와디강을 따라 2백 마일을 내려가면 강이 굽이치는 만곡부가 나타난다. 미얀마 최초의 통일왕조가 있었던 바간이 그곳에 있는데 지금도 과장이 아니라 진짜 수천 개의 사원과 사탑이 거의 사막과 같은 평지에 수 마일에 걸쳐 남아있다.

미얀마의 역사와 문명에 미친 영향은 사방에서 왔다. 기원후 첫 천 년에 이르면서 북방 즉 지금 중국의 윈난성 방향으로 교류가 활발했다. (유럽사에는 '암흑기'로 기록된 무렵) 중국에는 당(唐)나라가 있었는데 그 당나라의 기록에 이라와디 분지에서 온 사절단에 관한 것이 있다. 기원 800년 무렵 미얀마에서 악단(樂團)이 당나라 조정에 와서 '산양의 승리'니 '공작(孔雀) 왕'과 같은 노래를 연주했다고 한다. 그 무렵 당 조정은 신기한 것을 좋아해서 멀리 남쪽 바다에서 온 흑인 난쟁이나 터키와 일본에서 온 무희(舞姬) 그리고 미얀마에서 온 악단의 공연을 즐겼다는 것이다.

그런데 이런 중국과의 교류보다 미얀마의 문명에 더 큰 영향을 준 것은 인도였다. 먼 거리는 비행기로 가까운 거리는 자동차로 여행하는 데 익숙하고 배를 타고 멀리 여행하는 일은 한가한 사람이나 한다고 생각하는 현대인이 쉽게 잊어버리는 사실이 한 가지 있다. 즉 고대에는 육로가 아니라 해로로 여행하는 것이 훨씬 더 빠르고 안전했다는 사실이다. 아주 최근까지 미얀마에서 중국의 큰 도시까지 육로로 걷거나 노새를 끌고 가려면 수개월이 걸렸다. 힘들 뿐만 아니라 위험했다. 육로를 통해 인도로 가려고 해도 힘들고 위험하긴 마찬가지였다. 그런데 인도는 해로를 통해서도 갈 수 있었다. 빠르고 덜 위험했다. 그러니 자연히 항구에는 사람이 몰리고 그럴수록 해상교통은 왕성해졌다. 벵골과 오릿사, 코로만델 해안 등에 문명이 꽃피었다. 그 문명이—실용적 기술, 수학과 천문학과 같은 지식, 왕국이라는 정치적 사상, 나아가 종교로서 불교까지— 해로를 통해 쉽사리 전파되고 열심히 수용했다. 대학을 뜻하는 미얀마 말은 '텍카도'인데 그 말의 어원은 '탁실라'이다. 바로 지금은 탈레반이 활동하지만, 한때 헬레니즘과 불교가 만나 위대한 문명을 이루었던 파키스탄의 '스왓'계곡에 있던 도시의 이름이다.

해로가 육로보다 편했다는 것 말고도 주목해야 할 것은 과거에는 지금과 같은 국경은 개념도 현실도 없었다는 점이다. 지금 지도를 보면 인도·중국·미얀마는 모두 국경을 접하고 있다. 그러나 영국이 쳐들어오기 전까지 중국과 인도를 나누는 광대한 대지를 장악한 국가가 없었다. 왕국이라고 하지만 미얀마는 이라와디 분지에 있는 작은 국가였고 그 사방 1천 마일 주변에는 그냥 사람들이 조그만 부족이나 종족을 이루며 살 따름이었다. 그 위에 모셔야 할 제국 같은 것은 아예 몰랐다.

인도의 문명과 교류하면서 미얀마의 왕들은 주변 산악지대에서 글자도 모르고 살던 부족보다 유리한 위치를 차지했다. 그리고 세상은 넓고 자신들은 그 일부라는 관념도 얻게 됐다. 19세기에 들어와 인도의 영향이 쇠퇴하고 영국이 지배했다. 독립한 다음에는 오래 스스로 고립을 택했다. 이제 다시 세계로 나선 미얀마가 발을 디딜 나라는 중국인가, 아니면 인도인가?

친척 한 분을 만났다. 50대의 교사로 검게 탄 얼굴에 밝은 갈색 눈을 하고 나이보다 수척해 보였다. 조상은 미얀마의 마지막 왕 시절 조정에 출사한 대신이었다. 그랬거나 말거나 지금은 곤궁하게 살고 있었다. 교사 월급 30달러로 가족을 먹여 살리는 것은 어림도 없었다. 그래서 물리와 화학 개인 교습을 통해 한 달에 1백 달러 정도를 번다. 왕성의 해자 바로 근처에 있는 아주 작은 집에 살고 있는데 내가 찾아갔을 때 마침 한 학생이 나무 아래 평상에서 책상다리하고 앉아 개인 교습을 받고 있었다. 학생이 곧 일어나 가고 우리는 집 안으로 들어가 차를 마시며 이야기를 나눴다. 집안은 맨 마룻바닥이었고 깨진 텔레비전과 선풍기가 근대식 장비의 전부였다. 곧 부서질 것 같은 책꽂이에 너덜거리는 미얀마어와 영어로 쓰인 책이 가득 차 있었다. 책은 대부분 마스킹 테이프로 붙여져 있었다.

만달레이에 중국인들이 많다면서요? 하고 이야기를 꺼냈다. 중국인이 이민 오면서 많은 변화가 일어났다고 대답했다. 가게가 많이 생기고 경제가 활기를 띠었다고 했다. 그러나 대부분 미얀마 사람들은 아무런 변화를 느끼지 못한다고 했다. 그래서 일종의 소외감도 느낀다고 했다.

중국인들이 이사 오고 미얀마인들은 이사 갔네. 중국인이 아니라면 도심지에 살 생각은 버려야 한다네. 중국인들은 토지를 매입하여 있던 건물을 헐고 새로 건물을 짓고 있어. 그들은 (미얀마인과 어울리지 않고) 따로 살고 싶은 모양이야.

공항에서 오는 길에 크게 새로 지은 집들을 많이 봤다. 다들 높은 담을 쌓고 담 위에는 새로 설치한 듯 아직도 번쩍거리는 철조망이 둘려 있었다. 지나치면서 얼핏 들여다보니 잘 관리된 잔디 위에 둥근 위성 안테나가 놓여 있었다.

중국인들은 빈손으로 오는 예도 없지 않아. 길거리에서 국수를 팔면서 돈을 모아 기반을 마련하기도 하지. 그런데 대부분은 많은 이점을 안고 온다네. 현금도 있고 아는 사람도 많고 그 연줄을 통해 쉽게 돈을 빌릴 수 있어. 그러니 그들은 아무 문제가 없다네. 문제는 그들과 같은 조건이 없는 우리라네.

이처럼 잘 나가는 중국인들은 모두 영어학교에 애들을 보낸다고 했다. 미얀마인 교사도 있지만, 그들도 학교에서는 영어만 써야 한다. 나도 지역 신문에서 이런 광고를 봤다. '케임브리지 조기 교육 프로그램.' 또 '프라이드 국제교육센터' 즉 'PIEC'. 'PIEC는 성공을 보장합니다.' '싱가포르식 교과과정'이라는 광고도 있었다. 학교 사진 옆에 키플링이 쓴 『정글북』의 주인공 모글리의 그림이 있다. 그리고 '우리 아이를 이렇게 키우시겠습니까?'라고 적혀있었다. 아저씨는 중국인들을 탓할 생각은 없었다. 다만 전체적인 체제가 불공정하다고 했다. 1870년대 한 영국인이 쓴 기록이 생각났다.

"상업지역에 가면 많은 돈이 굴러다닌다. 그런데 그 돈은 중국인과 무굴인의 수중에 있다. 왕도 그들과 거래하는 것은 꺼린다. 그러니 버마 사람이 안전하게 돈을 벌 방법이 없다."

확실히 만달레이에는 양곤에서는 볼 수 없었던 활력이 느껴졌다. 만달레이산을 내려와 구 상업지역으로 가는 길에 있는 상점들은 모두 북적였다. 화려하게 채색한 지프들이 돌아다니고 양곤에는 금지된 모터사이클과 스쿠터가 즐비했다. 사람들의 얼굴에는 북인도 계열, 어찌 보면 중동 나아가 지중해 색채가 있었다. 전체적으로 인종은 놀랄 만큼 다양했다. 저 사람은 한국인이고, 저 사람은 남유럽 출신 같다고 생각했다. 아! 방금 지나간 부부는 호주 사람이겠군. 경찰관이 하얀 장갑을 끼고 교통을 정리하고 있었다. 칠기(漆器) 파라솔을 든 여승 일행이 지나갔다. 밝은 주황색 터번을 두른 시크교도가 지나갔다. 그리고 여윌 대로 여윈 수행자가 지나갔다. 누더기 같은 커피색 승복을 입고 듬성듬성한 턱수염을 길렀는데 마치 중세기 동화에 나오는 사람 같았다.

중앙시장은 복잡하고 지저분했다. 19세기 중반 만달레이가 처음 지어졌을 때 이 지역은 윈난성에서 은과 비단을 싣고 와 미얀마의 면화와 바꾸려는 대상(隊商)들이 노숙하던 곳이었다. 20세기에 들어오면서 이탈리아 건축가가 예술적으로 아름다운 지붕 있는 시장을 건축했다. 이 아름다운 건축물은 2차 대전의 폭격에도 살아남았고 그 흔한 화재도 견뎠다. 그러나 1990년대 헐리고 흉측한 콘크리트 건물로 대체됐다. 그 속에 지저분한 노점과 좁은 상점이 바글거린다.

샛길에는 간단한 요리와 음료를 채소와 함께 파는 노점들이 들어서 있었다. 한쪽에는 길가에 건축자재를 쌓아놓은 가게 몇이 나란히 있었는데, '골든 라이언 전선', '아시아 금속회사', '미얀마 목재 코팅'이라고 적힌 간판을 달고 있었다. 자그마한 좌판 네 개가 있었는데 콘돔과 기타 성(性) 도구를 팔고 있었다. 바람을 불어넣은 인형도 있었고 한약 정력제도 있었다. 일부는 낡은 골판지 상자에 담겨 있었고, 어떤 것들은 포장지에 해리 트루먼(Harry Truman, 미국의 제33대[1945~53] 대통령 — 옮긴 이)의 사진이 있었다. 도대체 무슨 일인지 도저히 이해가 가지 않았다.

CD와 DVD를 파는 가게는 많았다. 그중 하나를 골라 들어가니 미얀마 음악이나 서양 음악 외에 승려들의 설교를 녹음한 CD를 파는 매장이 따로 있었다. 만달레이는 여전히 미얀마 불교의 중심지라는 게 실감이 났다. 만달레이와 주변 도시, 예컨대 만달레이와 이라와디강을 사이에 두고 마주 보는 사가잉에는 큰 사원이 많이, 아주 많이 있다. 미얀마에서 가장 큰 사원이 사가잉에 있다. (전에 가본 적이 있는데) 사원이니 물론 기도실과 명상실이 많이 있지만, 그 외 교육과 연구 센터가 있고 심지어 1백 개 병상을 갖춘 병원도 있다. 거의 종합대학 수준이다. 이런 대사원의 주지 스님은 말하자면 큰스님이다. 미얀마 전국에 심지어 해외에 사는 교포들에게까지도 널리 알려져 있다. 세계 각지를 다니면서 설교를 하는데 그들의 설교는 CD로 들을 수 있다. 텔레비전에 나와서 설교할 때도 있다. 한번은 공항에서 큰 스님 한 분을 본 적이 있다. 많은 사람이 그 스님을 기다리고 있는 가운데 우연히 마주친 승객들 심지어 공항직원들도 달려 나와 절을 하는 모습을 봤다.

만달레이 도심은 이 구 상업지역으로부터 대로—78번가—를 따라 남쪽으로 수 마일 이어진다. 78번가는 원래 장인(匠人)의 거리였다.[2] 주로 18세기 전쟁에서 져서 샴(=태국)에서 끌려 온 장인의 후손이었다. 이 구역이 이제 중국인 거리가 됐다. 장인의 거리였다는 흔적은 깡그리 사라진 채 왕복 4차로의 대로가 되고 곳곳의 건축현장에서 날아오는 먼지가 질주하는 트럭과 버스를 따라 휘도는 곳이 됐다. 내 기억으로 1980년대 이곳에 있었던 목조 상가건물은 간데없고 창문은 거의 없이 파란색 유리로 정문을 장식한 몇 층짜리 흉측한 건물이 있었다. 보기에 흉측할뿐더러 태양열을 안으로 가두어 엄청 더울 것이 분명했다. 그 건물 중 하나가 장성(長城) 호텔이었다. 내가 묵는 호텔과 달리 이곳에는 서양 관광객은 전혀 없었고 부착된 표시는 모두 중국어로 돼 있었다. 접수 데스크 뒤에 여러 직원이 있었는데 그중 한 사람이 하룻밤 숙박료는 22달러이고 앞에 보이는 '발 마사지 센터'에서 마사지를 무료로 받을 수 있다고 설명했다. 길 건너 맞은 편에는 '중국동방항공'의 광고판이 크게 있었는데 주 3회 운항하는 쿤밍-만달레이 직항이 곧 취항을 시작한다고 적혀 있었다. 그보다 더 큰 광고판에는 2010년 말 완공이라는 글귀와 함께 주상 복합아파트를 선전하고 있었다. 그 대형 간판으로 가려진 뒤에는 지하공사를 하느라 판 공간이 있었다. 간판에는 또 계획 중인 건물의 조감도가 있었는데 깨끗하게 포장된 길 위에 몇 대의 스포츠카가 주차해 있는 모습이 그려져 있었다. 대로변의 큰 건물 뒤로는 작은 공장과 보세창고들이 늘어서 있었다. 공항까지 가는 거의 모든 길이 그랬다. 차로 45분 걸리는 거리다. 만달레이는 아직 '중국 땅'은 아니었다. 그러나 중국의 입김이 강하게 느껴지는 것은 사실이었다. 양곤과는 크게 달랐다.

만달레이에는 세 개의 대형 쇼핑몰이 있었다. 몇 년 전까지만 해도 양곤에서도 볼 수 없었던 것이었다. 그중 하나는 다층 건물이었는데 냉방이 잘 돼 시원했고 층은 자동계단으로 이어져 있었다. 꼭대기 층에 의류 판매장과 먹거리 장터를 지나 '넷 어딕트'(Net Addict)라는 간판을 단 인터넷 카페가 있었다. 1층에는 슈퍼마켓이 있었다. 매장의 밝기나 상품이 진열된 모습은 전 세계 어느 곳의 슈퍼마켓 못지않았다. 많은 인구가 전기와 수도도 없이 살며 쇼핑이란 노천시장에 가는 것이 전부인 나라에서 이런 모습은 참으로 생소할 것이었다. 슈퍼마켓 내부는 미국이나 영국의 슈퍼마켓과 다를 바가 없었다. 온갖 상표를 단 시리얼과 통조림, 그리고 신선한 육류와 채소와 과일이 있었고 한쪽에 가면 가벼운 소설류와 패션잡지를 파는 서점도 있었다. 그런데 미국이

나 영국의 슈퍼마켓에서 볼 수 없는 풍경이 있었다. 바로 깔끔하게 포장되어 버드나무 바구니에 담아진 승복을 파는 매장이었다. 물론 승려들이 사러 오는 것은 아니다. (미얀마에서 승려는 쇼핑몰을 찾지 못하는 것은 물론이거니와 돈도 만지지 못하게 돼 있다) 신도들이 공양으로 사 가는 것이다. 어떤 사람이 내가 보는 앞에서 승복 한 벌과 다이어트 콜라 6캔을 사 갔다.

이 슈퍼마켓 옆에 있는 작은 카페에서 한 중국인을 만나기로 약속이 돼 있었다. 최근에 이민 온 중국인은 아니고 중국인을 부모로 두고 미얀마에서 태어난 사람으로 먼 사돈뻘인 사람이었다. 홀쭉한 체구에 거북 뿔테 안경을 쓰고 나직나직 말하는 스타일이었는데 직업은 의사였다. 1967년 중국인을 상대로 한 폭동이 일어났을 때 양곤에 있었다. 그때와 같은 일이 일어날까 봐 걱정했다.

내 생각으로 만달레이 인구 1백만 중 3분의 1이 중국인이지 싶네. 20년 전만 해도 우리[중국계]는 5%가 안 됐지. 우리 집은 미얀마에서 몇 대를 살았어. 여기에 가까운 친구도 있고 친척도 있네. 여긴 우리가 사랑하는 조국이야. 새로 온 중국인 중에는 국경 근처에 살다가 넘어온 사람도 있고, 좀 더 멀리 윈난성 내부에서 온 사람도 있네. 더 멀리 푸젠성(福建省)이나 장시성(江西省)에서 온 사람도 많지. 해안에서 왔더라도 옛날과 달리 육로로 왔어. 이들이 여기서 많은 공장을 소유하고 있네. 설탕공장도 있고 금속 냄비나 팬을 만드는 공장을 운영해. 그냥 기본적인 것들.

어색하게 웃더니 로봇이나 초음속 항공기를 만드는 공장은 없다고 했다.

벌목사업이나 광산사업을 하는 사람도 많네. 멀리 중국 본토에서 제대로 서류를 갖추어서 오는 사람들은 우리하고도 어울리려고 하지 않네. 그러니 미얀마 사람과는 말할 것도 없지.

우리는 '오늘의 특선'으로 2달러에 판다며 권하는 '냉커피와 블루베리 치즈케이크'를 마다하고 카푸치노를 주문했다.

만달레이의 큰 손 중에는 물론 미얀마인들이 많네. 큰 병원을 두 개 소유한 사람도 있지. 인도 사람도 있어. 마르와리나 펀자브, 타밀 출신으로 여기서 산 지가 백 년이 넘었지. 그런데 이 모든 것이 바뀔 걸세. 돈이 갈수록 중국에서 쏟아져 들어오거든. 그 사람들은 여기서 사업하는 방법을 알아. 왠지 아나? 이곳의 사업이 바로 중국식이 되어 버렸거든. 중국인들은 맨날 이렇게 말하지. 중국인과 미얀마인은 조상이 같은 '빠욱-퍼'(pauk-phaw) 곧 사촌이라고. 그러나 나는 우리 중국인들이 사이좋은 친척처럼 행동하는지 자신이 없네. 나는 걱정되네. 뭔가 일이 일어나면 미얀마 사람들이 우리에게 화살을 돌릴 것 같아.

우리가 마시고 있는 2달러짜리 카푸치노는 만달레이에 사는 일반인들은 감히 꿈도 꾸어보지 못하는 것이었다. 2달러라면 만달레이 사람의 하루 평균 임금이었다. 선생님을 하고 과외를 하는 우리 아저씨는 그보다 많이 벌지만 이런 카페에 오는 것은 상상하기 어려운 사치였다. 5년 만에 다시 찾은 만달레이는 불평등의 도시가 돼 있었다. 외지에서 새로 온 중국인들이 그 정점에 있었다.

만달레이에는 과거와 현재가 공존하고 있었다. 그날 저녁 걸어서 호텔로 돌아가던 중 밝게 불이 켜진 노키아 휴대전화 매점을 지나쳤다. 손님들이 꽉 차서 최신형 모델을 들여다보고 만져보고 하고 있었는데 대부분 중국인이었다. 거길 지나쳐 조금 더 가자 비포장도로가 시작됐다. 갑자기 21세기는 간

곳이 없었다. 전기도 없이 촛불을 켠 집 밖 우물가에서 한 젊은 여자가 치마(=론지)를 끌어 올려 가슴을 가린 채 목욕을 하고 있었다. 그 옆에는 주인 없는 떠돌이 개가 있었다.

내가 만달레이에서 본 것은 중국의 중소도시에서 일어나고 있다고 들은 일과는 거리가 멀었다. 그곳에는 만달레이에서 본 쇼핑몰 같은 것은 하룻밤 사이에도 몇 개가 생긴다고 들었다. 그런데 사실 만달레이에서 일어나고 있는 일은 중국에서 일어나고 있는 일의 연장선이었다. 산을 넘어서 오는 일종의 전파(spill-over)효과라고나 할까? 중국에서 오는 전파효과는 마치 조수를 타고 오는 파도처럼 미얀마를, 그리고 만달레이를 덮쳤다. 그 파장은 방파제가 없음으로써 더욱 크게 느껴졌다. 미얀마의 경제가 튼실했으면 그리고 서방의 기업이 들어와 있었으면 달라질 수 있었다. 그러나 그런 방파제는 서방 국가들의 공식적인 경제제재와 비공식적인 거부 운동으로 아예 없었다. '스타벅스'도 없고 '맥도널드'도 없고 '애플컴퓨터' 매장도 없다. '쉐라톤' 호텔도 없고 '셸' 주유소도 없다. 미얀마인이 소유하고 운영하는 기업도 거의 없다. 중국이 그렇게 들어와 돈을 버는 것을 나쁘다고 비난할 수는 없다. 누구나 그렇게 돈을 버니까. 걱정되는 것은 의도가 아니라 결과다. 중국은 거의 진공상태의 미얀마에 들어왔다. 한때 전통을 자랑하는 왕국의 수도였고 나중에 영국령 인도의 대표적 도시의 하나였던 것이 갑자기 세계에서 가장 큰 산업혁명의 전초기지가 됐다. 사회는 급속하게 불평등한 사회로 바뀌고 있다. 그 결과가 어떻게 될지는 자신 있게 말하기 어렵다.

만달레이는 말하자면 반란의 도시였다.[3] 미얀마 왕국이 영국과의 두 차례 전쟁으로 큰 상처를 입은 후 1850년대 왕의 이복동생이 요샛말로 하자면 쿠데타를 일으켜 왕권을 장악했다. 그가 마지막에서 두 번째 왕, 그러나 마지막 '대왕' 민돈 왕이였다. 민돈은 그나마 남은 왕국의 영토를 추슬러 근대화를 통해 독립을 유지해보고자 무진 애를 썼다. 젊은 인재를 인도와 유럽으로 유학 보내고 기선을 수입하고 근대식 공장을 짓고 전선(電線)을 깔고 미얀마어 모스부호를 개발했다. 직업군인으로 구성된 상비군을 건설하고 현대식 관료제도를 도입하여 족장이나 추장을 통한 간접지배, 즉 일종의 봉건제도를 개혁하고자 했다. 서방국가에 사절단을 보내고 대사관을 개설하여 우호조약을 체결하고자 했다. 이집트의 모하메드 알리가, 일본의 메이지 정권이, 이웃하고 있는 샴에서 (<왕과 나>의 왕) 몽구트 왕이 같은 노력을 기울이고 있었다.

민돈은 영국이 두 번이나 침공하여 영토를 앗아갔음에도 불구하고 골수 반영국주의자는 아니었다. 오로지 개혁을 통해 유럽의 침략에 맞설 수 있기만을 바랐다. 집권 직후에 만달레이로 천도를 하겠다고 선언하여 20km 정도 남쪽에 있는 아마라뿌라에 안주하던 대신들을 충격에 빠뜨렸다. 군사적 고려가 컸다. 아마라뿌라는 강가에 바로 붙어 있었던 반면 만달레이 성은 최소한 강에서 3km 이상 떨어져 있었다. 영국이 함포를 쏴도 닿지 않을 거리였다. 해자를 깊이 파고 그 흙으로 성곽을 높이 쌓아 올렸다. 그 성곽이 근 백 년 후 2차 대전에서도 포격과 폭격을 견뎠듯이 영국군이 감히 넘보지 못할 억제력을 가질 것이라고 기대했다.

민돈 왕은 근대주의자였지만 동시에 전통주의자였다. 독실한 불교도였지만 모든 종교를 지원했다. 불교도로서 그는 사원에 넉넉한 지원을 했고 많은 불사(佛事)를 일으켰으며 세계 불교대회를 개최하고 불경을 새로 해석하고 집필했다. 불교의 기준에서 보면 많은 선행을 한 것이다. 궁정의 의식과 예식은 전통을 복구하여 근대 군주라는 느낌을 전혀 주지 않았다. 만달레이 성과 궁도 미얀마의 전통을 충실히, 아마 과거 어떤 궁보다도 더 충실히 따라 그 전통이 빅토리아 영국의 파도를 견딜 수 있기를 희망했다.

유감스럽게도 그의 희망은 실천되지 못했다. 1885년 영국군이 왕실 군대를 가볍게 이기고 왕국을 병합했다.[4] 이어 일어날지도, 그렇게 거셀지도 예상하지 못했던 게릴라식 저항을 어렵사리 진압한 후 천년 왕국을 아예 지워 버렸다. 양곤이 전체 미얀마의 수도가 되고 모든 관심의 초점은 상업과 통상으로 모였으며 만달레이는 저 멀리 있는 아무런 전략적 가치가 없는 촌 동네로 전락했다. 튼튼한 성곽으로 지어진 만달레이 성은 '듀퍼린 요새'로 이름을 바꿔 작은 규모의 군대가 주둔했다. 궁궐 안에 '상 버마 클럽'(Upper Burma Club)이라는 클럽도 만들어 술을 마시고 당구를 치고 여자를 끌어들이는 장소로 사용했다. 얼마 지나지 않아 그 궁궐에서 근무하면서 왕국을 통치하던 귀족층은 해체되고 영국에서 온 재판관과 세리(稅吏), 경찰 간부가 그 자리를 차지했다.

1920년대 초 (『동물농장』, 『1984년』의 작가) 조지 오웰이 만달레이에서 살았다.[5] 이튼 스쿨을 갓 졸업하고 제국 경찰에 배속되면서였다. 그의 임무는 주변의 범죄조직에 관한 정보를 모으는 일이었다. (당시 미얀마의 범죄율은 대영제국 어디보다 높았다. 일부 학자들은 전통적인 종교 및 교육체계가 무너진 탓이라고 했으나 대다수 일반인은 미얀마인이 '악질'이기 때문이라고 했다). 오웰은 만달레이에서 살면서도 그곳이 사람 살 곳이 못 된다고 말해 만달레이는 그의 명성만큼이나 사람 살 곳이 못 되는 곳으로 유명해졌다.

"이곳은 먼지만 날리고 참을 수 없을 만큼 덥다. 이곳이 자랑하는 다섯 가지 상품이 있는데 모두 'P'로 시작한다, 즉 사탑(pagodas), 부랑자(pariahs), 돼지(pigs), 승려(priests), 그리고 창녀(prostitutes)다."

그 무렵 만달레이에 살던 영국인 중에 허버트 레지날드 로빈슨 대위라고 있었다.[6] '만달레이에서 사는 영국인 중 가장 지저분한 사람'으로 오웰의 친구였다. 대위라고 하지만 은퇴한 다음이고 그때 그는 아편 중독자였다. 가끔은 불교 승려 행세도 했다. 아편에 취하면 우주의 신비를 발견했다고 주장하곤 했는데 깨고 나면 모두 잊어버렸다. 하루는 아편에 취한 환각 상태에서 그가 발견한 '우주의 신비'를 종이에 적을 수 있었다. 다음날 깨서 보니 이렇게 적혀있었다.

"바나나는 맛있다. 껍질은 더 맛있다."

로빈슨은 가난하게 살다가 자살을 택했다. 머리에 권총을 대고 쏘았는데 눈만 멀고 살아남았다. 이후 영국으로 돌아가 '시각장애인을 위한 국립 안마학교'에서 재활 훈련을 받고 투팅이라는 곳에서 안마사로 살다가 생을 마쳤다.

지금의 만달레이에는 민돈 시절의 것이든, 오웰과 로빈슨 시절의 것이든, 남아있는 것이 거의 없다. 1942년 4월 4일 일본군 폭격기가 이 고도(古都)를 잿더미로 만들었다. 일본군은 그 3개월 전에 동남아 전역에 전개한 대공세의 한 부분으로 미얀마를 침공했다. 그에 따라 영국군은 산을 넘어 인도까지 길고 긴 후퇴 길에 올랐다. <타임>과 <라이프>라는 유명한 잡지의 발행인 헨리 루스(Henry Luce)가 그때 미얀마에 주둔하던 기자였다. 그의 부인이 바로 그 이틀 후 만달레이를 방문했다. 그리고 이런 기록을 남겼다.

집이란 집은 모두 불타 무너지거나 아직 불타거나 불은 꺼졌어도 연기를 피우고 있었다. 부서진 벽돌과 무너진 벽, 일그러진 양철지붕 사이에 끼어있는 2천 구의 시체에서 참을 수 없는 악취가 풍겼다. 그을린 코끼리의 석상만 남아 온통 파인 만달레이 대로를 지키는 가운데 하늘에는 성찬을 기대하는 독수리와 까마귀가 맴돌고 있었다. 시체는 지천으로 널려있었다. 아직 성한 성벽 아래 해자의 잔잔한 녹색 물속에도 시체가 썩은 사과처럼 떠올랐다 가라앉기를 반복하고 있었다.[7]

영국군은 저항을 포기하고 인도로 달아났다. 그리고 3년 후 돌아왔다. 슬림(William Slim) 장군이 이끄는 대영육군 제14군이 일본군의 치열한 저항을 뚫고 만달레이를 점령했다. 그 제14군은 영국인·인도인·구르카인·아프리카인으로 구성된 혼성군이었는데 그 병력 중에는 후일 우간다의 독재자가 된 이디 아민과 미래 미국 대통령이 될 버락 오바마의 아버지도 있었다. 미영 연합군의 공군이 폭격을 퍼붓는 가운데 제14군의 3개 사단이 만달레이를 포위하고 시가전을 전개했다. 절망에 빠진 일본군은 저격병을 보내 영국군 장교의 머리를 향해 조준 사격을 했다.

1948년 독립 이후 만달레이는 일부 재건됐다. 그러나 네윈 장군의 '버마식 사회주의' 체제에서 만달레이는 양곤처럼 빠르게 무너져 내리고 가라앉았다. 개발이든 부흥이든 없었다. 망가진 도로는 그대로였고 만달레이는 크기만 컸지 벽지의 마을과 다를 바가 없었다. 건물은 모두 날림으로 지은 목조건물이었고 도로는 쓰레기로 가득 차 있었다. 내가 1980년대 만달레이를 처음 방문했을 때 그곳은 완전히 버려진 도시였다. 성을 둘러싼 해자는 수련(水蓮)으로 빽빽하여 해자인지 알아보기도 힘들었다. 2차대전 때나 탔을 법한 낡은 차가 더러 돌아다녔지만, 그보다 걸어 다니는 승려의 숫자가 훨씬 더 많았다. 택시도 없었고 우리는 먼 거리를 걸어 다녀야 했다. 도저히 참을 수 없게 되면 마차를 빌리기도 했는데 도로는 철분이 섞인 먼지로 말미암아 거의 붉은 색이었다.

이후 만달레이에 주둔하던 군부 지도자들이 무너진 궁전을 재건할 계획을 세웠다. 궁전은 가로세로 1마일의 정방형 성곽 안에 자리했다.* 어쨌거나 궁궐은 궁궐이니 정무를 보는 정전(正殿) 외에도 왕의 침소와 사저, 왕실이 사는 곳으로 많은 건물이 있었다. 거의 모든 건물은 티크 목으로 지어졌고 예

---

* 1제곱마일이니 80만 평 정도의 대지이다 — 옮긴 이.

술적으로 조각됐다. 내부는 금박과 칠기와 페르시아제 카펫과 모자이크로 화려하게 장식됐다. 이 모든 것은 대왕국의 주권자 왕을 위한 것이었다. 민돈 왕 시절에, 그리고 그 후계자 시절에 그 궁궐은 비단으로 된 정복을 입고 공단으로 만들어진 슬리퍼를 신은 대신과 내관들이 바쁜 걸음으로 돌아다녔던 곳이었다. 19세기에 그 궁을 방문한 영국인이 다음과 같이 기록했다.

"왕이 앉아 있는 아래로 화려한 색깔의 의상을 입고 높은 관을 쓰고 앉아 있는 대신을 보노라면 마치 바람에 흔들리는 튤립정원을 보는 것 같다."[8]

다른 이는 또 이렇게 기록했다.

왕은 짙은 색 높은 천장을 받치고 있는 거대한 티크 기둥 사이의 옥좌에 높이 앉아 있다. 그의 앞에 많은 왕자와 대신이 엎드려 절한다. 관악기와 타악기로 연주하는 곡이 울려 퍼진다. 저 멀리 푸른 산을 배경으로 하면 그는 마치 동화 속에 나오는 숲속 영주와 같다.

궁궐을 재건하기로 한 것은 군부독재 시절이었다. 즉흥적이든 심사숙고를 한 것이든 장군이 명령을 내리면 그냥 집행되는 시절이었다. 그래서 만달레이 궁은 2년 만에 재건됐다. 티크 목으로 만들었던 거대한 기둥과 서까래는 콘크리트로 대체됐다. 붉은색과 황금색 페인트를 덧칠하니 얼핏 봐서는 나무인지 콘크리트인지 알 도리가 없다. 평계가 좋다. 콘크리트는 더 단단하고 그래서 더 오래간다고 평계를 댄다. 나머지 건물도 기록에 따라 재건됐다. 그 결과는 참담하다. 콘크리트로 지어지고 거주하는 사람도 없고 도대체 어울리지 않는 내부장식에서 과거 왕궁의 웅장함은 눈을 씻고 보아도 찾을 길이 없다. 정전이라고 지어놓은 건물 뒤쪽으로 돌아가면 명색이 박물관이 있다. 과거 왕실 정복 몇 점이 유리 상자 안에 보관돼 있고 여러 왕자와 대신의 사진이 전시되어있다. 그런데 만달레이 궁의 재건은 나중에 다가올 한 흐름의 전조였다. 즉 군사정권은 과거를 반추하고 낡은 궁궐을 재건하고 과거 위대한 왕의 동상을 곳곳에 세우고 새로운 고고학적 발견이 있으면 즉각 과장해서 선전했다.

그러다 보니 이렇게 됐는지 이러기 위해서 그렇게 했는지, 좌우간 이렇게 됐다. 오래된 왕도인 만달레이 남쪽 2백 마일 지점에, 또 식민지 시절 건설된 제1의 도시이자 독립 미얀마 수도인 양곤의 북쪽 2백 마일 지점에 완전히 새로운 도읍을 짓기로 한 것이다. 2004년 무렵부터 거대한 건물을 짓기 시작했다. 대통령궁과 의회, 많은 정부 부처 건물과 하급 관리를 위한 아파트촌, 고급 관리를 위한 관저, 쇼핑센터, 정원과 공원, 스코틀랜드 상인들이 발을 디딘 이래 모든 도시의 정형이 된 골프코스, 심지어 동물원까지 지었다.

군부의 최고 지도자 딴슈웨 장군은 민돈 왕이 '만달레이의 창건자'로 기록되듯이 신도시의 창건자로 기록되고 싶었을 게다. 물론 다른 이유도 있었다. 미얀마어로 정확히 '수도'(首都)라는 의미의 네피더(Nay Pyi Taw)는 양곤과 달리 나라의 한 가운데에 있다는 것이 공개적인 이유였다. 맞는 말이긴 하다. 정확히 만달레이와 양곤의 중간지점에 있고 샨고원으로부터도 가깝다. 그곳에서 각지로 가기 위한 도로도 건설했다. 군사적 이유도 있다. 해안에서 멀기 때문에 미 해군의 공격으로부터도 안전하다. 외국군의 공격만이 아니라 안, 즉 반군이나 반란에서도 안전하다. 그래서 서양의 언론은 네피더를 미얀마의 '정글 속 수도' 혹은 '정글 속 도피처'라고 부르기도 했다. 그러나 정글은커녕 허허벌판에 있다. 영국이 벌목한 목재를 실어가기 위해 건설했던 핀마나 역이 바로 근처에 있다.

수도 이전은 아무런 사전예고 없이 이루어졌다. 2005년 11월 6일 오전 부로 모든 공무원이 짐을 싸서 출발하라는 명령을, 바로 그 전날 들었다. 어딘가 행정도시가 건설된다는 소문은 들었지만 그게 전부였다. 베이징의 중국 정부도 전혀 몰랐다. 신수도를 건설하는 것은 굳이 따지면 그럴만한 이유가 있다고 치자. 갑자기 통보한 것은 비밀을 중요시하는 군부의 속성에다 수십 년간 쌓인 권력자의 오만이라고 치자. 그런데 거의 유일한 우방인 중국에 사전 통보를 하지 않은 것은 그냥 체질적으로 했다기보다 전략적으로 했다는 느낌이 든다. 중국에 '우리는 당신들의 부하가 아니오'라는 신호를 보낸 것이 아니었을까? 중국이 볼 때 미얀마는 미국이 앞장서고 유럽이 뒤따르고 일본과 한국 마지못해 동참하는 등 온갖 서방국가가 제재하고 소외시켜버린, 말하자면 굴러온 떡이었다. 어!? 그런데 그게 아니었던가?

지금 중국과 미얀마 정부 사이의 관계는 좋다. 적어도 표면적으로는 그렇다. 그러나 과거를 돌아보면 좋지 않을 때가 더욱 많았다. 1940년대 말과 1950년대 초 미얀마 지도부는 중국(그때는 중공)에 큰 기대를 걸었다. 소련 진영 밖의 국가로서 중화인민공화국을 가장 먼저 승인한 국가가 미얀마였다. 미얀마가 (지도층 중에는 과거 사회주의나 공산주의에 경도된 사람이 많았지만) 무슨 공산주의나 사회주의 국가라서가 아니었다. 거의 본능적인 행동이었다. 덩치로 봐서 중국은 항상 어쩔 수 없이 큰 형님이었다. 분열되고 약할 때는 몰라도 일단 통일이 됐으니 …… 잘 보여야 했다. 중국과의 국경은 영국이 제멋대로 정한 것이나 다름없었다. 북쪽과 동북쪽 중국과의 국경 지역에서 무슨 일이 일어날지 몰랐다.

 1949년 마오쩌둥(毛澤東)의 군대에 패한 장제스(蔣介石)의 군대 대부분은 바다 건너 타이완으로 갔으나 일부 병력이 미얀마로 들어와 그곳을 발판으로 재기를 도모하려고 했다. 양곤의 미얀마 정부는 중공이 어떻게 할까 두려웠다. 그래서 국민당 기지를 공격하고 그곳에 군사기지를 건설했다. 중공으로서는 자신이 할 일을 대신 해주니 고마운 노릇이었다. 그래서 외교적 협상을 통해 국민당군 때문에 양국의 외교적 관계가 나빠지는 일이 없도록 하자고 다짐했다. 1960년대에는 미얀마군과 중국의 인민해방군이 공동작전을 통해 국민당군을 공격하여 무력하게 만들었다.

그러나 1960년대 후반에 들어와 관계가 급격히 나빠졌다.[9] 1960년대 중반 중국은 문화혁명의 광풍에 빠져있었다. 그 광풍에 취한 '혁명'세력은 아시아 다른 곳의 공산세력을 적극적으로 지원했다. 미얀마에는 독립 이후 줄곧 독자적인 공산 반군이 활동하고 있었으나, 1960년대에는 그 세력이 현저하게 약해졌다. 중국의 혁명세력이 그것을 바꾸고자 했다. 중국이 사주하여, 마치 중국 정권 내부에서 그랬던 것처럼 '버마 공산당' 안에 권력투쟁이 일어났고 그 결과 버마 공산당은 모택동주의자로 거듭났다. 중국에서 훈련받은 신세대 공산주의자들이 버마 공산당을 채웠다. 양곤에 주재한 중국대사관이 선동하여 미얀마 내 중국인 사회를 뒤흔들었다. 양곤의 중국계 학교에 마오(毛)식 교육을 주입했다. 중국대사관 직원들이 나서서 『모택동 어록』을 나눠주었다. 고무된 중국계 청년들이 양곤의 거리를 행진하고 다녔다. 이제는 정부 차원의 갈등이 아니었다. 국민 차원의 갈등이 생겼다.

1967년 6월 중국 학생이 미얀마 교사를 폭행했다는 소문이 돌았다. 흥분한 미얀마 사람들이 들고일어났다. 중국학교에 불을 질렀다. 중국문화원에도 불을 질렀다. 중국 사람을 폭행하고 중국인 가게를 약탈하고 파괴했다. 사흘 동안 이 같은 폭력이 계속됐다. 중국계 원조 대원이 칼에 찔렸다. 수천 명의 군중 혹은 폭도가 중국대사관으로 몰려갔다. 마침내 정부가 경찰을 보내 저지했다. 그 과정에서 시위하던 9명이 총에 맞았다. 종국에는 군대가 장갑차에 기관총을 탑재하고 들어와 서야 진정됐다.

중국 측의 반응도 빨랐다. (미얀마는 도저히 동원할 수 없는) 무려 30만 명의 시위대가 폭우가 쏟아지는데도 베이징 주재 미얀마 대사관 앞에 모여 '미얀마 파시스트 정권 타도!'를 외쳤다. 그건 정치적인 압력이지만 실질적인 압력도 있었다. 버마 공산당과 반군에 대한 중국의 지원이 배가된 것이다. 1968년 초 사실상 중국군 장교가 지휘하는 버마 공산 반군이 윈난성 국경을 넘어 쳐들어와 미얀마 영토의 상당 부분을 점령했다. 중국의 침략전쟁이나 마찬가지였다. 이 병력이 한때는 만달레이 근교까지 쳐들어왔다. 미얀마군이 죽을 힘을 다해서 간신히 막았다. 이후 20년 동안 미얀마 정부군과 공산 반군 사이에 전쟁이 계속됐다. 무고한 시민만 죽어났다. 1970년대 말에 들어와서야 진정 국면을 맞았다. 문화혁명의 광풍이 가라앉고 마오쩌둥이 죽고 덩샤오핑이라는 실용주의자가 권력을 잡은 덕분이었다. 1980년대 중반 무역을 재개하기 위한 대화가 시작됐고 중국의 경제사절단이 최초로 만달레이를 방문했다. 이후 양국 관계 특히 경제 관계는 빠르게 성장했다. 그러나 과거의 그림자는 여전히 드리워져 있었다.

만달레이를 찾아온 새로운 중국인들은 새로 열린 기회를 장악하려는 기업가들이었다. 이후 며칠간 나는 가는 곳마다 그들을 만났다. 고급상가에서 쇼핑하는 모습이나 시내 곳곳에 널린 중국식당에서 대규모로 모여 식사하는 모습을 봤다. 밤이 되면 중국인(남자)들은 78번가 근처에 우후죽순처럼 생겨난 가라오케 바와 안마시술소를 찾았다. 중국인과 미얀마인을 구별하기는 쉽지 않다. 미얀마인의 피부색이 더 검고 눈이 더 둥글거나 깊고 코가 더 뾰족한 경향이 있지만, 그 차이는 미세하다. 게다가 중국도 미얀마도 인종이 다양하고 혼혈이 많아서 더욱 그렇다. 그러나 이렇게 새로 몰려온 중국인들을 알아보기는 쉽다. 이들은 (미얀마에서 태어난 중국계와는 달리) 절대 론지를 입지 않는다. 중국화된 헐렁한 서양식 옷을 입는다.

그런 중국인 한 사람을 우연히 친구의 사무실에서 만났다. 친구는 작은 무역상을 하고 있었는데, 내가 갔을 때 이 중국인 사업가는 함박웃음을 짓고 절을 하며 막 떠나려던 참이었다. 영어를 좀 했는데 만달레이에 온 지 몇 달밖에 안 됐지만 기대가 아주 크다고 했다. 새로 도로를 닦고 철도를 놓으면 양국 관계는 더욱 가까워지고 사업적 유대와 협력도 더 증진될 것이라고 했다. 원래 미얀마산 목재와 보석을 수입하는 일을 했는데 이제는 (무슨 공장인지는 말하지 않고) 공장에 투자할 생각이라고 했다. "중국-미얀마 관계가 황금기를 맞았지요"라고 했다.

그에게는 역사가 그들 편에 서 있다는 생각에서 자신감이 넘쳐 흘렀다. 중국의 방식이 미얀마의 방식보다 월등하다는 것이 입증됐다는 자신감도 함께 넘쳐 흘렀다. 바로 얼마 전 만달레이에 '공자학원'이 개설됐다. 중국어와 중국문화를 가르치는 이 학원은 미얀마에 이미 여러 개 있다. 과거 서양사람들이 미얀마의 행정과 경제를 보고 잘못됐다고 생각하고 서양의 방식이 해결책이라고 했던 것과 똑같이 중국인들도 그렇게 생각하고 말하는 것이다. 만달레이 외곽에 있는 19세기 중국식 사원에 새겨져 있는 글을 본 기억이 났다. 아마 지금도 있을 것이다.

"해탈은 화외(化外)의 야만인도 가리지 않는다."[10]

중국인과 중국 투자가 물밀듯 쳐들어오는 것은 백 년 전 인도인들이 (아마 수적으로는 더 많이) 쳐들어왔던 것과 닮았다. 지금 중국인들은 미얀마가 절실히 필요한 자본과 기술을 가지고 온다. 미얀마가 빠르게 성장하는 이웃 나라와 관계를 맺고 그로부터 덕을 볼 수 있다는 것은 의심의 여지가 없다. 백 년 전 인도인들과 똑같이 21세기의 중국인들도 미얀마로 기회의 땅으로 여긴다. 그들은 무슨 대전략이나 정치적 고려에 따라 움직이지 않는다. 많은 이들은 부유하지도 않다. 바로 그래서 알고 있는 유일한 방법 즉 기회의 땅을 찾아 삶을 개선해보려고 하는 것이다. 그러나 그 규모가 클 때는 상황이 달라진다.

현지 사람들이 가지고 있는 거부감의 강도가 생각보다 커서 조만간 모종의 반발이 있을 것 같은 예감이다. 백 년 전 인도인들은 영국 식민지배를 틈타서 들어왔다. 중국인들은 지금은 독립 국가지만 정치적 자유가 없는 나라에 들어오고 있다. 그때나 지금이나 현지 사람들은 무력감에 시달린다. 그러나 때를 기다린다.

만달레이를 중심으로 반경 7백 마일의 원을 그리면 그 속에 방글라데시·인도의 고원지대·아삼·서벵골·오릿사·비하르가 포함된다. 북과 동쪽으로는 중국의 윈난성과 쓰촨성, 그리고 티베트 일부가 포함된다. 남쪽으로는 태국과 라오스가 포함된다. 이 원 안에 6억의 인구, 곧 지구상 인구의 거의 10%가 산다. 대부분 가난하다. 이 6억의 가난한 인구는 사하라 이남 아프리카의 가난한 인구와 맞먹는다. 그러나 동시에 활력이 있고 이동이 있고 변화가 있다. 중국 쪽의 빈곤율은 빠르게 떨어지고 있다. 돈이 생기고 있다. 이 원을 중심으로 델리와 베이징은 거의 정반대 쪽에 있다. 지금 만달레이에는 의심할 여지 없이 중국이 대세를 타고 있다.

   2010년대가 시작되면서 이미 송유관과 가스관, 도로와 철도 공사는 크게 진척되어 만달레이를 지나 서쪽으로 가고 있다. 이제 중국 전략가들의 눈에 지도가 조만간 돌이킬 수 없게 바뀔 것으로 보인다. 그러나 미얀마의 정부와 군부도 그렇게 생각하는가? 서방 언론에 미얀마 군부는 베이징의 집사처럼 비친다. 중국 사람과 물자의 흐름을 허용하고 거기서 떨어지는 고물을 주워 먹으며 웃는 사람. 그런가? 이 관계는 그처럼 간단하지 않다.

제 3 장

버마 로드

핀우린(Pyin Oo Lwin)

만달레이의 서쪽에는 이라와디강이 있다. 동쪽으로는 거대한 석회암 고원이 있다. 이 고원은 갑자기 고도가 높아지며 1천 마일 밖에 있는 양쯔강의 상류, 즉 중국 내륙지방까지 이어진다.

나는 운전사 딸린 자동차를 빌렸다. 차는 1980년대식 혼다로 낡았으나 기사는 젊었다. 경주용 자동차 장갑을 끼고 내내 미얀마 랩 음악을 불렀다. 미얀마에 랩 음악이 유행하는지는 나도 처음 알았다. 사실 최신 가요에 관한 관심은 1980년대 말 대학을 졸업하며 사라졌다. 그래서 서양의 랩에도 무지하니 미얀마의 랩에 대해서는 어떠한 판단도 내릴 수 없었다. 이후 수 주일 동안 나는 그 랩 음악을 계속 들었다. 찻집에서, 또 식당에서. 그제야 그게 미얀마에 매우 인기가 높고 스타급 가수가 공연할 때면 수백 명 때로는 수천 명의 청중이 몰려든다는 것도 알게 됐다.

몇 마일을 가자 만달레이 구역을 벗어나 시골길로 들어섰다. 잎이 많은 가로수 아래 도로는 덜컹거렸다. 몇 개의 작은 마을을 지나자 넓은 들판이 나왔다. 막 추수가 끝난 후라 들판은 갈색이었다. 갑자기 오르막이 시작됐다. 우리가 가려고 하는 핀우린까지의 거리는 40마일, 70km가 채 못 되지만 고도 4천 피트 즉 1천 미터가 넘는다. 길은 깊은 계곡을 끼고 산기슭을 따라 돌고 돌았다. 뒤를 돌아보니 저 멀리 넓은 이라와디의 평원이 보인다. 만달레이도 보이고 주변의 작은 도시도 보인다. 수많은 파고다가 오후 햇살에 금빛으로 빛나는 모습도 보인다. 중간쯤에 차를 멈추고 전망을 즐길만한 곳이 있다. '21마일'이라는 무미건조한 이름이 붙어 있다. 거기서 한 미얀마 가족이 차를 세우고 아름다운 풍경을 배경으로 하여 서로 사진을 찍어주고 있었다.

마르코 폴로는 미얀마에 와 본 적이 없지만 전해 들은 말로 이렇게 기록했다.

"좀처럼 가지 않는, 코끼리와 유니콘, 기타 야수들만 설치는 숲의 나라."

낮은 지방의 미얀마는 이제 눈앞에서 사라지고 소나무와 붉은 철쭉꽃이 나타났다. 또 말뚝으로 담장을 치고 좀 더 풍요해 보이는 농장도 눈에 띈다. 그 무덥던 공기도 맑은 하늘과 시원한 산들바람으로 대체됐다.

캔더크렉 호텔은 십수 년 전에 내가 봤던 것과 정확히 같은 모습을 유지하고 있었다. 튜더 풍의 큰 건물과 자잘 깔린 입구, 그리고 깨끗이 관리된 정원. 아마 그 모습은 백 년 전에도 마찬가지였을 것이다. 그러나 용도는 달랐다. 그때 이곳은 호텔이 아니라 미얀마에서 벌목사업을 하던 '봄베이 버마 상사'의 독신자 숙소였다.

멋들어진 미닫이문을 열고 들어가니 화분 몇 개가 놓인 사이로 티크 목으로 된 계단이 나타났다. 그 계단을 올라가면 침실 여섯 개가 있는 2층이다. 1층에는 한쪽으로 식당이 있고 다른 쪽에는 작은 바가 있다. 바 쪽 문을 열고 나가니 밖에 잘 관리된 테니스 코트가 있다. 나중에 중년의 미얀마 남성 넷이 흰색 테니스복을 차려입고 복식경기를 하는 것을 봤다. 객실은 엄청나게 넓었다. 거의 맨해튼의 작은 아파트 크기였다. 새로 제작한 듯한 별로 예쁘지 않은 목제가구와 벽난로, 그리고 삐걱거리는 침대가 있었고 녹슨 욕실이 붙어 있었다. 텔레비전과 같은 문명의 이기는 전혀 없었다. 갑자기 21세기는커녕 20세기 이전으로 돌아간 것 같았다. 매우 조용했다. 열린 창문으로 들려오는 소리라곤 창밖으로 보이는 높은 나무의 잎이 바람에 서로 스치는 소리가 전부였다. 그날 밤 그 호텔에 묵는 손님은 나밖에 없었다.

도착 시각이 일렀기에 짐을 푼 다음 걸어서 시내 중심가로 갔다. 2마일은 족히 되는 거리였다. '파크 로드'라고 불리던 길을 따라가면서 과거 집주인들이 '오크 허스트', '레인라', '이스트 리지', '펜질' 등으로 이름 지었던 주택들을 지났다. 그런 집 이름이 아직도 남아있는 곳이 있었다. 다른 이름은 핀우륀의 옛날 지도에서 확인했다. 모두 대지가 1에이커(=1224평)가 넘는 엄청 큰 집이었는데 대부분 붉은 벽돌로 된 튜더 풍이였다. 그중 몇 집은 잘 관리가 되어있었다. 다른 몇 집은 오랫동안 사람이 살지 않은 듯했다.

백 년 전 어느 영국 작가가 이렇게 썼다.

"평지에 사는 버마인은 이곳 기후가 맞지 않는다. 그러나 의상과 주택에 신경을 쓰는 북인도 출신, 구르카, 그리고 유럽사람들은 건강에 매우 좋은 기후다."

(조상 덕에) 버마인인 나에게도 그곳 기후는 완벽했다. 맑고 시원했다. 기온은 화씨로 60도, 섭씨로 15~6도 정도였다. 영국인들은 이곳에서 고향을 모습을 찾으려고 애썼으나 그곳은 영국이 아니라 미얀마였다. 수목은 유칼립투스나 부겐빌레아와 같은 아열대성이었고 작은 도마뱀이 벽을 타고 오르내렸다. 핀우륀은 영국인들의 노력에도 불구하고 영국이 아니라, 영국을 그대로 옮겨 심으려고 했던 북미대륙이나, 호주, 뉴질랜드와 더 많이 닮아 있었다.

나는 1931년 헨리 모어셰드 대령이라는 영국인 장교가 미제 사건으로 남은 살인을 당한 바로 그 근처를 걷고 있었다. 모어셰드 대령은 프랑스와 파키스탄의 와자리스탄에서 근무했고 에베레스트 탐험대에도 근무했던 사람이다. 1931년 당시에는 '인도 측량국'의 국장으로 버마에서 근무했다. 휴가를 맞아 핀우륀을 찾았던 어느 날 아침 작은 조랑말을 타고 산책하러 나갔다. 한 시간쯤 지나 말만 홀로 피를 묻힌 채 돌아왔다. 즉시 수색대가 나서고 이어 군대를 동원한 대규모 수색이 벌어졌다. 대령의 시체는 두 발의 권총 자국과 함께 발견됐다. 산적의 소행인가 했지만 끝내 미제 사건으로 처리됐다. 제프리 아처(Jeffrey Archer)가 쓴 최근(2009년) 소설 『영광으로 가는 길』(Paths to Glory)에 모어셰드가 등장한다. 소설의 마지막 부분에 모어셰드는 핀우륀에서 살해당하는데 범인은 아내의 파키스탄인 정부였다.

이제 '크래덕 코트'와 '크록스턴'을 지났다. 둘 다 지금은 호텔이 됐는데, 그중 크록스턴은 원래 봄베이 버마 상사가 독신자 숙소로 지은 캔더크랙과 더불어 '가족 휴양소'로 지은 것이었다. 그 무렵의 사진을 본 적이 있었다. 다들 검정 넥타이 정장을 하고 있었고 아이들은 파티복을 입고 참석한 만찬 장면이었다. 핀우륀에는 폴로 경기도 있었고 '메이묘 체육클럽'도 있었다. 아마추어 배우들이 연극도 했고 특히 휴가철이 되면 파티가 끊이지 않았다.

나를 제외한 다른 사람이라곤 나무 울타리를 다듬는, 신장이 매우 작고 인도계로 보이는 남성이 전부인 조용한 '크록스턴' 앞에 그 시절을 그려보았다. 굳이 '머천트 & 아이보리'사의 영화가 아니더라도 어려운 일은 아니었다. 검정 넥타이 정장을 차려입고 만찬 모임에 참석하고 나무계단을 걸어올라. 녹슨 욕실이 있는 방의 삐걱거리는 침대에 몸을 눕히면서 나는 그 시대에 살고 있었다.

영국인에게 미얀마는 그 자체로서보다는 그 지리에 기인한 전략적 가치 때문에 중요했다.[1] 곧 인도의 동쪽 방어 요새였다. 1820년대 미얀마에는 호전적이고 팽창적인 작은 제국이 있었다. 이 나라는 (오늘날 인도의 '동북지방'에 해당하는) 아삼과 마니푸르를 점령하고 벵골지방을 넘보면서 마찬가지로 팽창적인 동인도 회사의 영역을 위협하고 있었다. 영국이 미얀마와 싸우고 미얀마에 진출한 것은 처음에는 스스로 원했다기보다 미얀마의 팽창에 대응한 결과였다. 그러나 곧 미얀마 전역을 점령하고 그 자체를 인도 방어에 필수적인 지역으로 다시 정의하기에 이르렀다. 인도를 넘보는 세력은 많았다. 메콩 유역을 점령한 프랑스도 있었고 중국도 있었다.

　점령하고 보니 미얀마는 돈이 되는 곳이었다. 저지대의 쌀과 티크 목재, 석유도 탐나는 자원이었지만 고지대는 더욱 그랬다. 텅스텐·은·납·주석·구리·아연 등 지하자원이 풍부했다. 스코틀랜드 출신 상인들이 압도적으로 많았지만, 그 외 온갖 지역에서 온갖 사람이 돈 냄새를 맡고 몰려들었다. 허버트 후버(Herbert Hoover)도 있었다. 후일 미국 대통령이 된 후버는 그 20년 전 한 광산회사의 투자자로 미얀마에 왔다. 핀우륀에 거처를 마련하고 자신의 광산회사를 차려 중국과의 국경 지역에 발견된 대규모 은광에 투자했다. 그는 미얀마 사람들이 "아시아에서 진정 행복하고 발랄한 유일한 인종"이라고 기록했다. 그 자신이 수백만 금을 벌었으니 그렇게 느꼈는지도 모른다.

　영국이 들어오기 전 인도와 중국은 지리학적으로 또 인구학적으로 멀리 떨어진 나라였다. 이 두 거대 문명 사이에 있는 넓은 대지는 산과 정글만 무성했다. 사는 사람은 많지 않았다. 그러나 20세기에 들어와 급격히 바뀌었다. 인구가 많아지며 그 지역을 채우기 시작했다. 기술이 발달하면서 자연 정복이 쉬워졌다. 미얀마가 중국에 진출하는 뒷문이라는 생각은 사라진 지 오래였다. 그런데 1930년대가 되면서 상황이 급변했다. 일본군이 중국 국민당군을 해변 지역에서 쫓아내 내륙지방으로 몰아붙였다. 갑자기 버마가 중국의 뒷문이라는 점이 부각했다. 연합군은 '버마 로드'와 '스틸웰 로드'을 닦아 인도와 중국을 연결하고 중국군에 대한 병참선을 유지하려고 했다.[2] 바로 그 도로가 지금 전혀 다른 이유로 포장되고 있다.

중국의 시각에서 볼 때 '중원'(中原)에서 출발하여 핀우륀을 거쳐 미얀마의 평원에 이르는 길은 오래전부터 나름대로 중요성이 있었다. 하나는 경제적인 이유였다. 아주 오래전에 미얀마는 보석 ―호박과 비취― 산지였다. 미얀마의 마지막 왕조 시대, 즉 19세기 후반에는 미얀마산 면화와 차(茶)가 대량으로 중국에 수입됐다. 차는 핀우륀 바로 동북쪽에 대량으로 자생하는 주산물이었다. 19세기 초 영국이 중국에 차가 많이 난다고 하자 미얀마의 한 대신은 '터무니없는 소리!'라고 일갈했다. 다른 하나는 군사적인 이유였다. 13세기 몽골이 바로 이 길로 미얀마를 침공했다. 17세기에는 명나라 마지막 황제가 그 길로 도주하고 그 황제를 쫓아 청나라 군대가 침공했다. 18세기에는 청 제국이 전력을 다해 이 길로 침공했다. 한 번이 아니라 네 번이었다. 그럴 때마다 결기에 찬 미얀마군은 그들을 물리쳤다.3

영국이 미얀마를 지배할 때 중국은 내란과 군벌의 할거로 나라 밖에 신경을 쓸 틈이 없었다. 그러나 1930년대 일본군이 중국의 동쪽 해안지방을 점령하면서 미얀마의 군사적 가치가 급등했다. 중국만 그런 게 아니라 일본의 팽창과 맞서고 있던 서방국가들 모두에게 그랬다. 뒷전에 머물러있던 것이 하루아침에 한가운데 자리한 것이었다. 영국의 관점에서 미얀마를 지키지 못하면 인도가 바로 일본군에게 노출되는 상황이었다. 미국의 관점에서 미얀마는 중국에 이르는, 그리하여 장제스(蔣介石)의 국민당군을 지원할 수 있는 유일한 통로였다. 일본의 관점에서 미얀마는 인도를 점령하여 마침내 아시아 제패를 완성할 수 있는 교두보였다.

1930년대 일본군은 북으로는 만주, 남으로는 홍콩에 이르는 중국의 해안지방을 완전히 장악했다.4 1937년 치열한 전투 끝에 20만 명에 달하는 일본군과 해상 항공대가 (외국 조차지[租借地]를 제외한) 상하이를 점령했다. 같은 해 말에는 중화민국의 수도인 난징(南京)을 점령하고 남녀노소 10만 명을 학살했다. 산업 중심지 우한(武漢) 일대도 점령했다. 장제스는 충칭(重慶)으로 후퇴하여 저항을 계속했다. 이어 마오쩌둥의 공산당과 국공합작을 통해 일본군 20개 사단을 묶어두었다. 참전이 불가피할 것으로 보이자, 미국은 중국이 어떻게든 일본에 계속 저항하는 것이 매우 중요하다고 생각했다. 일본이 해안선을 장악하고 있는 한 그쪽에서 내륙지방으로 몰린 국민당군을 지원하는 것은 불가능했다. 양곤으로 들어가는 후문이 유일한 문이 됐고 그래서 '버마 로드'가 탄생했다.

양곤에 하역한 미국의 전쟁물자는 트럭과 기차로 만달레이로 보내졌다. 만달레이에서 핀우륀을 거쳐 철도의 종착역이 있는 라시오까지 갔다. 그곳에서 장제스가 점령하고 있던 쿤밍(昆明)까지 5백 마일을 연결하는 길이 바로 버마 로드였다. 그 도로는 정말 번개 같은 속도로 건설됐다. 20만 명의 중국 노무자가 동원됐다. 삽을 든 수작업이었다. 때로는 맨손을 쓰기도 했다. 최소 2천 명이 사망한 것으로 기록됐다. 그렇게 하여 1938년 군용트럭이 지나갈 수 있는 길이 생긴 것이다.

그런데 전쟁은 전혀 다른 방향에서 미얀마를 덮쳤다. 1941년 12월 히로히토(裕仁) 일왕의 군대가 마닐라에서 자카르타와 싱가포르에 이르는 동남아를 휩쓸었다. 일본에는 버마 로드를 차단하여 중국 국민당군에 대한 지원을 중단시키는 것이 급선무였다. 그래서 태국에서 출발하여 양곤을 거쳐 1942년 3월 미얀마의 대부분을 점령했다. 그런 방향으로의 공격을 전혀 예상하지 못하고 그래서 준비도 못 했던 영국은 결국 북쪽으로 기나긴 후퇴 길에 나서야 했다.

1942년 4월 5일 미국의 조지프 '비니거' 스틸웰(Joseph 'Vinegar' Stilwell) 장군이 핀우륀에서 장제스를 만났다.[5] 루스 여사가 <라이프>지 표지 기사를 위해 스틸웰 장군을 인터뷰하려고 그곳에 와있었다. 영국인들은 의장대와 백파이프를 동원하여 중국의 지도자와 그 부인, 미국 웰즐리 대학을 나온 쑹메이링(宋美齡) 여사를 환영했다. 중국의 제5, 제6, 제66군이 버마 로드를 넘어 중국으로 들어왔다. 그중 5만 명이 전사했다. 스틸웰 장군이 장제스의 참모총장으로 임명되어 중국군대를 지휘했다. 미국의 언론은 '중국의 기병대가 일본의 기갑 부대를 격파하다', '히로히토 조심해'라는 제목의 기사를 실었지만, 사실은 그 후 며칠 후 만달레이는 일본군의 수중에 떨어지고 영국군은 전면 후퇴에 들어갔다. 핀우륀과 라시오도 일본군에게 점령됐고 버마 로드는 폐쇄됐다.

극동의 대영제국이 그토록 쉽게 무너진 것은 영국의 자존심에 큰 상처를 주었다. 그래서 영국은 버마를 수복하고 그것을 발판으로 말라야와 싱가포르를 수복할 계획을 세웠다. 그러나 후퇴할 때 사용했던 길, 즉 인도 동북방 육로를 통해 미얀마를 재정복하는 것이 가능하리라고 생각하는 사람은 거의 없었다. 그래서 양곤에 상륙하는 전략을 마련했다. 정확히 1824년 영국의 동인도 회사가 사용하여 미얀마 왕을 기습했던 그 전략이었다. 윈스턴 처칠이 동맹국 회의에서 그 안을 밀어붙였다. 미국의 공군과 해군이 지원이 없다면 불가능한 전략이었기 때문이었다. 그러나 미국은 관심이 없었다. 인도의 독립을 지원했던 루스벨트 대통령은 미얀마를 싫어했다. 처칠에게 이렇게 말했다:

> 나는 한 번도 버마 또는 버마인을 좋아한 적이 없소. 아마 당신네 영국인들도 지난 50년간 그들과 어울리느라 엄청나게 고생했을 거요. …… 나는 당신이 버마인들을 프라이팬에 놓고 뚜껑을 덮고 끓여 나온 국물로 찌개를 요리하면 좋겠소.[6]

미국은 미얀마를 해방하는 데는 관심이 없었다. 오로지 버마 로드를 재개하는 데만 관심이 있었다. 그때 미국은 태평양에서 일본과 해전을 벌이고 있었고 중국이 계속 버틸 수 있게 하는 것이 무엇보다 중요했던 것이었다. 그 무렵 장제스의 군대가 완전히 고립된 것은 아니었다. 미국 공군이 '오버 더 험프', 즉 콜카타에서 출발하여 히말라야산맥을 넘어 윈난성으로 전쟁물자를 계속 공급하고 있었다. 그래도 그 방법은 위험했다. 또 그렇게 공수하는 물자는 한계가 있었다. 그래서 지상을 통한 공급로를 확보하는 것이 시급했으나 그렇더라도 굳이 양곤을 정복할 필요는 없었다. 그래서 미국은 아삼의 레도에서 출발하여 미얀마의 북쪽 지방을 지나 윈난으로 가는 새로운 길을 뚫고자 했다. 아삼 지방은 여전히 영국군의 수중에 있었고 그곳에서 미얀마 국경까지 철도가 놓여있었다. 문제는 그곳에서 윈난까지 가는 빽빽한 정글과 높은 산을 어떻게 넘는지였다.

그래서 이후 18개월 동안 수천 명의 민간인과 군인이 동원되어 밤낮으로 일했다. 폭우가 쏟아지고 온갖 종류의 날벌레가 달려들고 거머리가 피를 빨고 각종 질병에 시달리면서도 '레도 로드' 또는 '스틸웰 로드'를 완성했다. 이제 인도에서 중국으로 직접 가는 길이 마련된 것이었다. 이처럼 힘들고 별로 생색도 안 나는 일에 동원된 미군 병사는 주로 흑인이었다. 백인 지휘관이 흑인이 야안(夜眼)을 타고나서 정글 속 어둠 속에서도 일을 더 잘할 수 있다고 생각한 때문이었다. 그들이 아마 이 머나먼 히말라야산맥 아래까지 온 최초의 아프리카계 인물이 아니었을까 싶다. 어쩌면 최초의 미국인이었을지도 모른다. 나가 지방의 인도사람들은 한동안 모든 미국인이 흑인인 줄 알았다.

그러는 한편 영국의 탁월한 지휘관 슬림 장군이 영국군 제14군을 지휘하여 마니푸르에서 동쪽으로 진군해 나갔다.[7] 1943년 8월 퀘벡 회담에서 루스벨트와 처칠이 버마 로드를 재개하는 데 합의했다. 그렇더라도 버마의 수복 계획이 마련된 것은 아니었다. 그런데 1944년 일본이 먼저 선수를 쳤다. 즉 미얀마-인도 국경에 대규모 공격을 단행한 것이었다. 슬림 장군은 이 절체절명의 순간을 기회로 만들었다. 마니푸르의 수도 임팔을 방어하고 보급선이 길어진 일본군의 약점을 활용하여 대파했다. 나아가 후퇴하는 일본군을 추격하여 친드윈강을 건너고 이라와디강을 건너 만달레이를 포위했다. 마침내 만달레이를 수복하고 구르카 용병을 앞세워 핀우륀도 탈환했다. 일본군은 분풀이하듯이 핀우륀에 있던 총독의 관사를 파괴하고 달아났다.

마침내 스틸웰 로드가 완공되고 버마 로드가 재개되면서 인도에서 중국으로 가는 길이 완성됐다. 그런데 쓸모가 없게 됐다. 1945년 5월 인도군 제17사단 병력이 전투 없이 양곤으로 들어갔다. 3개월 후 히로시마와 나가사키에 처음이자 마지막으로 원자폭탄이 투하됐다. 일본제국이 무너졌다.

전쟁이 끝난 후 만 3년이 되기 전에 영국이 미얀마를 떠났다. 인도가 독립하면서 인도의 방파제로서 미얀마의 가치는 사라졌다. 전쟁으로 경제는 파탄 나고 주요 기반시설은 파괴됐다. 말라야와 싱가포르, 홍콩만으로도 경제적 이익은 충분하다고 판단했다. 그래도 다른 변수가 생기지 않았더라면 영국은 여전히 미얀마에 남아있었을 것이었다. 다른 변수란 바로 무슨 수를 쓰더라도 영국인을 몰아내겠다는 강력하고도 급진적인 민족주의 운동이었다. 공산주의자들도 있었다. 다수는 일본과 협력했다가 막판에 돌아섰다. 전쟁의 끝이고 미얀마가 주전장이었던 터라 곳곳에 무기가 넘쳐났다. 젊은 민족주의자들이 그 무기로 무장하고 행동에 나설 준비가 됐다. 반면 영국은 골치 아픈 일이 많았다. 인도에서 국민회의가 무슬림 연맹이 다투고 분열되면서 수백 만의 사상자가 나왔다. (전시 약속대로) 이스라엘을 건국했으나 중동의 상황은 엉망이었다. 국내경제도 엉망이고 민심은 더 나빴다. 미얀마가 독립투쟁을 하겠다고 무기를 들어도 맞서 싸울 생각이 없었다. 인도의 초대 총리로 집권한 판디트 네루는 미얀마의 봉기를 진압하는 일에 인도군을 동원할 생각이 없다고 잘라 말했다. 클리먼트 애틀리 노동당 정부는 결국 미얀마에서 철수하기로 했다. 1948년 1월 4일 미얀마는 독립 공화국이 됐다. 이어 이 신생 공화국은 내전에 빠졌다. 12년 후 군부가 권력을 장악했다. 이후 군사독재가 수십 년간 지속했다.

1960년대 인도와 미얀마, 중국은 모두 고립을 택했다. 스틸웰 로드는 다시 정글이 됐다. 중국과 미얀마의 국경이 폐쇄됐기 때문에 버마 로드는 더는 통로가 아니었다. 아시아의 경제가 등장하고 성장하면서 이 길이 새로 열렸다. 근 반세기 만의 일이었다.

내가 묵던 캔더크랙 호텔에서 시내까지 걸어서 30분 정도 걸렸다. 그곳에는 미국 침례교회에서 세운 교회가 있고 이어 성공회 교당이 나온다. 그곳에서는 커다란 석판이 있고 다음과 같은 글이 새겨져 있다.

> 하나님께 영광을. 구 버마 제10 소총부대이자 제10 구르카 연대를 기념하여 세운다. 동료 장교, 친척, 친구 일동.

기타 영국 연대— 더햄 경보병, 웰링턴 공작 연대, 국경 연대 등—와 왕립공군의 부대 휘장이 새겨진 기념패도 부착돼 있었다. 그 뒤로 돌아가니 신자 몇 명이 차를 준비하고 있었다. 그중 챙이 넓은 모자를 쓰고 샌들을 신은 작달막한 남자가 교회가 건립된 것이 1912년이었다고 말해줬다. 한 70명 정도가 매주 일요일 예배에 나온다고 했다. 대부분 미얀마인이지만 혼혈도 많이 있다고 했다. 영국인과 버마인 혼혈이나 영국인과 인도인 혼혈. 자신은 아일랜드와 인도의 혈통을 이었다고 했다.

그 교회는 '더 몰'(The Mall)이라고 부르는 도심 한복판에 자리 잡고 있었다. 그 도심은 일 마일 정도의 길이였다. 나는 영국식민지 시절의 '더 몰'이 그려진 그림엽서를 본 적이 있었다. 가운데 시계탑을 두고 둘러싼 낮은 목조건물 상점 사이로 마차가 지나가는 그림이었다. 지금도 거의 달라지지 않았다. 거리에 사람들이 더 많고 목조 상가 뒤로 더 높이 솟은 건물이 몇 개 새로 들어선 정도가 달랐다. '퍼셀 시계탑'이라는 이름이 있는 시계탑은 여전했다. 작은 마차도 여전하고 '팬시 상품'이라는 낡은 간판도 그대로였다. 먼지 많은 길가로 목조건물이 들어선 핀우륀의 도심은 마치 서부극에 나오는 곳 같았다.

'더 몰' 옆에 커다란 수니(Sunni)파 모스크가 있었다. 거리는 대체로 북쪽의 분위기를 풍겼다. 달리 말하자면 방콕이나 자카르타에서 볼 수 있는 동남아시아의 분위기는 절대 아니었다. 북인도와 네팔, 중국, 미얀마가 뒤섞인 분위기였다. 네팔계 사람들은 영국군 일부로 왔다가 정착한 구르카 용병들의 후손들과 별도로 히말라야산맥에서 아삼을 거쳐 미얀마로 온 사람들로 이루어져 있었다. 핀우륀이 과거 유럽인들이 즐겨 찾던 휴양지였기 때문에 생겨난 유럽의 분위기도 완연했다.

핀우륀은 (도심을 벗어나자마자 시작되는) 딸기농장으로 유명했다. 곳곳에서 딸기와 사과를 팔았는데 그런 과일은 망고나 파파야, 두리안과 같은 열대과일의 나라인 미얀마에서는 상당히 이국적으로 보였다. '건강을 위해 매일 우유를 드세요'라는 문구가 한 우유 가게에 쓰여 있었다. 미얀마 사람들은 우유를 잘 마시지 않기 때문에 주인이 네팔계로 보이는 이 가게도 이국적이었다. 이제 시간은 정오에 가까웠고 사람들이 늘어나며 거리와 가게를 채웠다. 거리를 질주하는 스쿠터와 자전거도 늘어났다. 커다란 세움 간판이 '아이언 크로스'의 '알파인 투어'를 광고하고 있었다. '아이언 크로스'는 미얀마에서 가장 유명한 (헤비메탈) 밴드이다. '알파인'은 이 지역 생수 회사의 이름이니 아마 이 회사가 그 콘서트를 후원하는 것으로 짐작했다. 길가 노점의 좌판에는 인스턴트커피며 가루비누를 팔고 있었다. 길 한쪽에는 인도계 몇 명이 모여 팩스기 같은 것을 들여다보고 있었다. 미얀마에는 이런 장면이 익숙했다. 어디를 가건 기계가 고장 나면 부품을 사서 고치고 그래도 안 되면 해체해서 부품으로 판다. 그래서 하나의 물건에 여러 물건의 부품이 함께 있는 경우가 허다한 것이 이 나라의 경제였다. 그나마 핀우륀은, 특히 '더 몰'에서 봤을 때는, 다른 곳보다 뭔가 나아 보였다. 그래도 가난은 여전했다. 두어 명의 어린아이들이 구걸하며 다니고 있었다. 히말라야 쪽 사람처럼 보이는 여인들이 더럽고 낡은 전통의상을 입고 길 구석에 앉아 아기들을 돌보고 있었다.

두어 시간 더 돌아다닌 다음 호텔로 돌아가기로 했다. 걸어가는 대신 시계탑에서 마차를 탔다. 마부는 자기가 파키스탄-아프가니스탄 접경지역에서 온 파탄족이라고 했다. 말은 자갈길을 종종걸음으로 달려 금방 호텔로 데려다주었다. 나는 호텔 직원에게 안에서 저녁을 먹겠다고 했다. 20년 전 이 호텔의 주인은 버나드 씨였는데 식민지 시대부터 이 호텔에서 일한 인도계 크리스천이었다. 그때 그가 준비해 준 로스트비프와 요크 샤이어 푸딩이 맛있었던 기억이 났기 때문이었다. 그러나 버나드 씨는 돌아간 지 오래됐고 미얀마인 직원은 밥과 카레 요리밖에 할 줄 몰랐다. 나는 해가 떨어질 무렵 이른 저녁을 먹었다. 멀리 모스크에서 들려오는 기도 소리 외에는 모든 것이 조용했다.

이틀째가 돼서야 핀우륀이 변한 모습이 눈에 들어오기 시작했다. 캔더크랙 북쪽으로 가니 새 호텔 몇 개가 있었다. 그중 하나의 이름은 '거버너스 하우스'인데 일본군이 파괴하고 떠난 총독의 여름별장을 재건한 것이었다. "1920~30년대의 전설적인 매력과 멋을 복구했다"라고 선전했다. 언덕 위에 있었는데 손님이 없었기 때문에 한 번 돌아보게 해달라고 부탁했다. 재건축은 제법 충실한 것으로 보였다. 지은 지 1~2년밖에 되지 않았으나 꽤 고풍스러웠다. 오래된 흑백사진이 벽에 걸려있고 아마 다른 용도로 쓰였을 큰 홀은 실내수영장으로 쓰이고 있었다. 로비에는 실물 크기의 마네킹이 줄지어 있었는데 과거 영국의 버마 총독의 모습이었다. 하코트 버틀러 경과 찰스 이네스 경의 마네킹이 당시의 정장에 높은 모자를 쓴 모습으로 있었다. 조금 떨어진 곳에는 사나운 표정을 한 일본군이 총검을 겨누는 모습도 있었다. 미얀마 사람들은 한때 폐가였던 이곳을 피해 다녔다는 이야기를 나중에 들었다. 밤에 늙은 영국인의 유령이 출몰한다는 소문이 돌았기 때문이라고 했다.

가까운 곳에 ('골든 트라이앵글'이라는 상호를 붙인) 신식 카페가 있었다. 미얀마 농장에서 재배한 원두로 끓인 커피를 팔고 있었는데 아주 맛이 좋았다. 도심에서 멀어지는 방향으로 더 올라가니 크고 새로 지은 집이 보였다. 만달레이에서 본 중국인들의 집과 별반 다르지 않았다. '주말 스파 패키지'를 제공하는 '리조트' 호텔도 있었다. 영국인들이 휴양도시로 삼았던 핀우륀의 좋은 날씨를 미얀마 사람이라고 싫어할 리 없다. 미얀마의 상류층과 장군, 기업가, 영화배우 등이 찾아온다. 주말이 되면 특히 붐비는 곳이 있다. 바로 '식물원'이다. 150에이커 즉 근 20만 평 가까운 대지에 3백 종이 넘는 난(蘭)과 그 외 수백 종의 식물이 있다. 20세기 초 런던의 '큐 왕립식물원'을 본떠 아마추어 식물학자 샬로트 휠러 큐페 여사가 설계했다. 짓기는 1차대전 때 사로잡힌 터키 포로가 했다.

핀우륀에서 머무른 마지막 날은 일요일이었다. 교외에 있는 국방 아카데미, 즉 미얀마의 '육군사관학교'의 생도에겐 휴일이었다. 그날 핀우륀 시내에는 어딜 가든 생도들이 보였다. 잘 다린 짙은 녹색 제복을 입고 반짝거리는 군화를 신고 짧게 깎은 머리를 하고 검정 서류 가방을 들고 찰칵거리는 소리를 내며 시내를 활보했다. 이발하는 생도도 있었고 사진관에서 사진을 찍는 생도도 있었다. 작은 가게에서 장거리 전화가 됐는데 다들 줄을 길게 서서 집에 전화할 차례를 기다리고 있었다. 그들을 노린 행상이 파는 구두약과 솔 등 군용 도구상자를 들여다보는 생도도 있었다. 내가 점심을 하려고 한 중국식당에 갔을 때 거기에도 한 무리의 생도들이 웃고 떠들며 있었다. 벽에 이렇게 쓰여 있었다.

"생도 절대 (절대!) 음주 금지!"

아하! 누군가 술 마시고 사고를 쳤었나 보다. 그래도 거기에 있는 생도들은 모두 얌전하고 동시에 생도로서 자부심이 강해 사고 칠 것 같지 않았다.

거대한 건물을 자랑하는 국방 아카데미는 미얀마 군부가 자랑하는 최정예 사관학교였다.8 미국의 '웨스트포인트', 영국의 '샌드허스트'에 해당한다고 하겠는데 4년제 대학에 해당하는 학위를 줬다. 건물은 마치 미국의 도시 교외에 있는 사무실 건물과 같았다. 잔디는 잘 깎여져 있고 콘크리트와 유리로 지은 건물은 깨끗하게 청소돼 있었다. 입구에는 강철과 화강암으로 만든 거대한 교문이 있는데 영어로 "미래의 엘리트를 양성한다"라고 적혀있다.* 누가 뭐래도 군부는 물러나지 않겠다는 다짐처럼 느껴졌다.

미얀마의 군부독재는 전 세계에서 가장 오래된 것이다. 그리고 미얀마는 참으로 희한한 고립주의 국가다. 이렇게 표현한 이유는 1962년 쿠데타로 선거를 통해 집권한 민간정부를 무너뜨리고 집권한 군부가 스스로 고립을 택한 이후 몇 차례의 변신을 하면서 진화해 왔기 때문이다. 쿠데타 직후 네윈 장군이 이끄는 '혁명위원회'는 나라를 망쳤다고밖에 표현할 수 없는 '버마식 사회주의' 정책을 폈다. 세계와의 거래를 거의 단절하고 인도의 중산층을 모두 추방하고 거의 모든 산업을 국유화했다. 바로 그때부터 다른 아시아 국가들이 치고 나가기 시작했다. 남들이 앞으로 나갈 때 뒷걸음을 쳤으니 순식간에 격차가 벌어졌다. 1975년, 13년 만에야 혁명위원회를 해체하고 헌법을 채택했다. 그

---

* 2019년 1월 옮긴 이가 방문했을 때 "미래의 상승 엘리트"(Triumphant Elite of the Future)라고 쓰여있었다.

제3장 버마 로드

러나 그것은 버마가 '사회주의 공화국'임을 선언한 소련식 헌법이었다. 네윈은 혁명위원회 위원장 자리를 내려놓았지만 유일한 합법 정당의 '위원장'을 맡아서 여전히 독재자로 군림했다. 그래도 일부 극단적인 외국배척정책은 수정했다. 1988년 민주화 시위가 실패로 끝난 이후 헌법과 사회주의라는 이름은 버렸다. 신군부가 등장하여 새로운 혁명위원회를 구성했는데 이름을 '국가 법 및 질서 회복위원회'(State Law and Order Restoration Council; SLORC)라고 지었다. (발음하기도 힘든 약어 SLORC는 스탈린이 만들고 이안 플레밍의 소설 007 제임스 본드의 숙적으로 나오는 SMERSH 만큼이나 이상했다). 나중에 (1997년) 그나마 보기 좋고 듣기 좋은 '국가 평화 및 발전위원회'(State Peace and Development Council; SPDC)로 바뀌었다.

새로 집권한 군부는 26년간 지속해 온 고립정책을 전환했다. 한 세대 동안 독재를 해 온 네윈 장군도 뒷전으로 물러났다. (말년에는 거의 가택연금상태에 지내다가 2002년 사망했다). 미국과 영국에서 유학했던 장군들이 포함된 신군부는 시장 지향적이고 친서방적 정책으로 전환, 최소한 시도는, 했다. 그들은 물론 민주주의자가 아니었다. 그래도 나라를 망친 경제정책만은 바꾸어보고자 했다.

국가재정이 엉망이었다. 외화 보유액이 바닥나서 자연자원 특히 벌목권을 태국기업에 팔아넘겨서 겨우 국가 부도를 면했다. 이후 무역 및 투자를 자유화하고 그에 따라 새로운 투자가 미국과 유럽, 그리고 아시아 이웃 국가에서 들어오기 시작했다. 관광산업을 촉진하여 호텔이 우후죽순처럼 생겨났다. 1990년대 초 무렵으로 (한국 · 타이완 · 싱가포르 · 홍콩 등, 또 말레이시아 · 태국 · 인도네시아 등) '아시아의 호랑이'에 대한 찬사가 자자하고 미얀마보다 별로 나을 것이 없던 인도와 태국이 막 경제 자유화를 시도하고 있던 때였다.

그런데 미얀마는 단단한 벽에 정면으로 충돌했다. 정부의 정책도 책임이 있었다. 그 자유화라는 것이 제대로 시행되지 않았다. 게다가 군부가 민간전문가 특히 외국에서 훈련받은 민간인을 믿지 못했다. 이것이 군부독재를 유지하면서도 민간전문가의 의견을 존중했던 한국이나 인도네시아 등과 가장 크게 다른 점이었다. 그런데 가장 큰 문제는 서방의 경제제재였다. 처음에는 미얀마와 거래하지 말라는 민간운동과 압력으로 시작됐다가 점차 정부의 공식 정책이 됐다. 미얀마의 민주화를 지지하는 서방 사람들은 경제제재가 군부에 압력을 가할 수 있는 유일한 방법이라고 믿었다. 그런데 미얀마는 오랜 고립에서 막 벗어나려던 참이었다. 해외의 경제제재와 거부 운동이 어떤 효과를 가질지 제대로 몰랐다. 속으로야 골병이 들겠지만, 일단 외상은 없으니 고통도 크지 않았다. 다만 그 제재에 따라 모든 개발원조가 중단되어 경제개혁을 매우 어렵게 만들었다. 1990년대 중반 몇 안 되던 서방 기업이 압력에 못 이겨 철수하고, 투자를 고려하던 기업이 포기했다. 1997년 미국 정부가 공식적으로 미얀마에 대한 신규투자를 금지했을 때 아시아 금융위기가 터졌다. 외화가 말랐다.

중국이 유일한 예외였다. 미얀마와 중국 사이의 양자 관계는 1980년대부터 회복되더니 급속히 가속도가 붙었다. 국경이 수십 년 만에 개방되어 국경무역이 시작됐다. 1990년대 초 중국 정부는 총 10억 달러가 넘는 신용을 제공하여 무기나 기타 장비를 살 수 있도록 했다. 중국의 기업은 미얀마의 민주화니 NLD니 하는 것은 신경 쓰지 않았다. 아시아 금융위기가 중국을 비껴가지는 않았으나 중국과 미얀마 사이의 무역은 빠른 속도로 증가했다.

심리적 안도감도 중요한 역할을 했다. 서방국가들이 외교 관계를 축소하고 공관 주재 무관(military attaché)을 철수하는 등 군사협력 관계를 줄여나가고 미국의 군함이 양곤 근해에 출몰할 무렵이었다. 서방국가들이 즉각적인 민주화를 요구할 때 중국은 양국 사이의 우호를 강조하고 국내문제에 대한 불간섭의 원칙을 천명했다. 고맙기 이를 데 없었다. 영국과 미국이 유엔에서 미얀마 정권을 비난할수록 중국의 외교적 보호가 더욱 절실해졌다.

미얀마의 장군들은 중국의 호의가 고마웠다. 그러나 그 장군들이 바로 평생을 중국이 지원한 공산 반군―그리고 아마 중국 정규군―과 싸웠던 바로 그 사람들이었다. 그 전투에서 동료와 부하들이 수백 명씩 눈앞에서 죽어가는 것을 본 바로 그들이었다. 그들 중 일부는 서방에서 훈련받고 미국에서 지내던 시절을 그리워하기도 했다. 그들 마음속에 뭔가 편치 않았다. 중국은 새로 수립된 우호 관계가 경제적 통합으로 이어지길 원했지만, 장군들은 뭔가 다른 게 필요하다고 느꼈다.

두려움이라는 표현은 너무 강할지 모르겠다. 불편은 조금 약하고 아마 불안이라는 표현이 맞을 것 같다. 중국에 대한 불안감은 미얀마 정서에 깊이 녹아있다. 중국이 도대체 몇 차례나 침공했던가? 아이들은 학교에서 '타욱-피-민' 즉 '중국을 피해 도망친 왕'이라는 말을 노래처럼 배운다. 중국(원나라)의 침공이 두려워 왕성을 버리고 도망친 중세 바간 왕조의 왕을 조롱하는 말이다. 18세기 중국(청나라)의 침공을 물리친 꼰바웅 왕조는 노래와 시로 찬양한다. 사실 미얀마를 본격적으로 침공했던 중국의 왕조는 중국 한(漢)족이 아니라 몽골족과 만주족이었지만 그건 알 바 아니다. 중국이나 중국인을 특별히 싫어하지도 않는다. 싫어한다는 감정은 잘 알 때 생기는 법이니까. 바로 이웃에 있는 나라가 갈수록 커지고 갈수록 힘이 세어질 때 느끼는 막연한 불안감이다. 그 나라에서 내전이 일어나거나 정변이 일어날 때마다 이 서남쪽의 작은 나라가 큰 홍역을 치르지 않았는가 말이다.

1990년대 미국과 유럽과의 관계개선은 요원해 보였다.[9] 1990년 선거결과는 사람들의 마음속에 여전히 유효했다. 1995년 아웅산 수치가 수년간의 가택연금에서 풀려났다. 선거결과를 존중하여 정부를 NLD에 이양하라고 다시 주장했다. 그렇게 되지는 않았지만 아웅산 수치를 지지하는 서방 사람들이 정권을 비난하고 제재를 주문했다. 이런 상황에서 서방과의 관계개선은 불가능했다. 반면 중국은 한결 너그러워졌다. 무기를 판매하고 대규모 협력사업을 제안하고 있었다.

군부는 중국에 치우친 국제관계를 개선하고자 우선 인도를 찾았다. '세계 최대의 민주주의 국가' 인도도 미국과 마찬가지로 미얀마의 민주화 세력을 지지했다. 그러나 이제 바뀌고 있었다. 싸늘했던 관계가 점차 녹으면서 1995년에는 '황금새 작전'이라는 군사작전을 함께 했다. 양국 국경 미얀마 쪽 영토에 자리를 잡고 반정부 군사 활동을 하는 인도 반군을 소탕하기 위한 작전이었다. 그것이 계기가 되어 군사협력이 한 단계 올라섰다. 무역도 크게 늘었는데 그 패턴은 중국과 정반대였다. 중국과의 무역은 크게 적자였다. 생필품의 거의 전부를 중국에서 수입하는 한편 목재와 보석, 헤로인과 같은 마약을 수출했다. 마약은 당연하거니와 보석도 금수품이니 공식통계에 잡힐 리가 없었다. 반면 인도와는 큰 흑자를 보고 있었다. 인도 주식인 '달'의 원료가 되는 콩을 대규모로 경작하여 인도에 수출했다. 2000년대 초 콩 수출대금만 10억 달러에 이르렀다.

동남방의 이웃 국가 즉 태국·말레이시아·싱가포르·인도네시아 등에도 손을 내밀었다. 이들은 아세안의 주역이었다. 이들 국가 또한 중국이 미얀마를 잠식하는 데 대해 불안하게 생각하고 있었다. 미얀마가 아세안 가입을 신청했고 이들은 수락했다. 이로써 아세안 국가들의 투자가 크게 늘 것으로 기대했고 아세안은 미얀마 군부가 반대세력과 타협하여 미얀마로 인한 서방의 압력이 완화하기를 바랐다. 전자, 즉 아세안의 투자는 동아시아 금융위기로 실현되지 않았다. 후자, 즉 정치적 타협도 일어나지 않았다. 군부가 그럴 생각이 없었기 때문이다.

그런 중에 에너지 분야에서 대박이 터졌다. 천연가스였다. 미얀마는 중동에서 석유가 발견되기 전에 이미 상당한 석유 생산국이었다. 오늘날 세계 굴지의 석유회사 BP(British Petroleum)는 원래 '버마 석유회사'(Burmah Oil Company)로 출발했다. 그러나 1950년대에 이르면서 미얀마의 유정(油井)은 고갈되고 네윈 장군의 고립주의 정권은 새로 유전을 발굴하라고 외국인을 불러들일 생각이 추호도 없었다. 1990년대 초 유전탐사가 재개됐고 해상에서 대규모—유전이 아니라— 가스전이 발견된 것이었다. 확인된 매장량만도 최소 10조, 최고 90조 세제곱피트로 추산됐다. 그렇다면 미얀마는 세계 10대 가스 생산국이 되어 조 단위의 외화를 벌어들일 수 있을 것이었다.

대규모 에너지 회사들이 줄을 섰다. 태국이 제일 먼저였다. 프랑스 석유회사 토탈(Total)과 함께 남쪽 바닷가 가스전을 개발하여 파이프라인을 통해 방콕으로 수송하여 전기를 생산했다. 이것으로 미얀마 군사정부는 2006년까지 매년 20억 달러를 벌었다. 경쟁이 치열해지고 탐사지역도 확대됐다. 인도와 한국의 기업이 합작으로 라카인주 서쪽 해상 탐사와 채굴에 나섰다. 판로는 결정하지 않은 상태에서였다.

한국 기업은 그 가스를 액화하여 세계시장에 내놓고 싶어 했다. 인도는 파이프라인을 통해 동북지방으로 보내거나 아니면 방글라데시를 통해 콜카타로 가져오고 싶어 했다. 중국도 한발 걸쳐 파이프라인을 통해 윈난성으로 가져가고 싶어 했다. 협상이 계속되면서 미얀마 정부는 한국 또는 인도로 기울었다. 중국은 직접적인 이해당사자가 아니던 것이다. 그런데 이상한 일이 생겼다. 2006년 1월 미국과 영국이 미얀마 군부의 인권탄압을 비난하고 아웅산 수치의 석방을 요구하는 결의안을 유엔 안전보장이사회(안보리)에 제출했다. 지금까지 미얀마에 대한 비난이나 제재는 양자 제재였지 유엔을 통한 다자 제재가 아니었던 터라 미얀마 정부로서는 가볍게 생각할 일이 아니었다. 고맙게도 중국이 거부권을 행사했다. 2년 후 새로운 가스 파이프라인이 중국으로 놓인다는 뉴스가 나왔다.

그러나 미얀마의 중국 편향이 완전히 굳혀진 것은 아니었다. 지금 미얀마에 나라가 중국의 피후견 국가가 되는 것을 좋아하는 사람은 없다. 지도층에는 중국보다는 서방과 인연이 있는 사람이 훨씬 많다. 지식인 사이에서 영어는 널리 쓰이지만, 중국어를 아는 사람은, 적어도 내가 아는 사람들 사이에는, 없다. 미국 영화를 보고 돈 있는 사람들은 애들을 미국과 영국, 호주로 유학 보내고자 한다. 그 나라에 친척이 사는 사람도 많다.

2008년 말부터 워싱턴과 군부가 대화를 시작했다. 태풍 나르기스 호를 계기로 시작됐다. 미군 수송기가 구호물자를 싣고 양곤 공항에 도착했을 때 함께 온 사람은 구호팀장만이 아니었다. 미군 태평양 사령관 티머시 키팅 제독도 함께 타고 있었다. 제2차 세계대전이 끝난 후 미얀마를 찾은 미군 중 계급이 가장 높은 사람이었다. 미국 쪽에서도, 특히 군인들 사이에는 중국의 영향력이 점차 커지고 미국의 영향력이 감소하고 있다는 것을 모르거나 간과하지 않았다.

오바마 행정부는 '제재'는 '관여'와 함께 가야 한다고 말했다. 미얀마 군부는 수백 명의 정치범을 석방했다. 미국 측 고위대표단이 아웅산 수치를 만나는 것을 허락했다. 미국도 작으나마 화답했다. 오바마 대통령이 동아시아 정상회의에서 미얀마 총리를 만나 악수를 한 것이다. 중국과의 관계가 분수령을 넘기 직전인 시점에 미국과의 관계 정상화가 가능한지 그러기 위해 무엇이 필요한지 따져보기 시작했다. 그러나 양측의 입장 사이에 여전히 큰 거리가 있었다. 그리고 그럴 필요가 있는지에 대한 회의도 완전히 사라지지 않았다.

워싱턴의 관점에서 군부가 형식적으로라도 아웅산 수치와 대화를 하지 않으면 제재 해제의 '해'자도 꺼낼 수 있는 분위기가 아니었다. 그러나 군부는 그럴 생각이 전혀 없었다.

"우리도 인도로는 중국을 제대로 균형 잡을 수 없다는 것을 안다"라며 한 퇴역 장교가 내게 이렇게 말했다.

> 미국과 관계개선을 하고 싶소. 그런데 그들이 '레짐체인지'(정권교체, 그는 이 말을 영어로 했다)에만 관심이 있는 한 이야기할 여지가 없소. 그들은 이렇게 말하오. '아웅산 수치를 석방해라, 이걸 해라, 저걸 해라, 그러면 우리가 어떻게 관계를 개선할 수 있을지 어떻게 제재를 낮출 수 있을지 생각해보겠다.' 우리도 제재는 싫소. 그래도 살 수는 있소. 그런데 우리보고 막연한 보상을 할 테니 위험한 양보를 하라고 하오. 글쎄, 다른 나라라면 통할지 몰라도 우리한테는 안 통합니다.

거의 유행어가 된 (미국과 유럽 등) 서방의 상대적 쇠퇴는 과장된 측면이 많다. 서방은 아직 훨씬 더 부유하다. 대학은 그 누구도 따라가지 못한다. 미국의 군사력은 무적이다. 그렇더라도 이곳, 아시아의 한 구석진 곳, 그러나 전략적으로 중요한 곳에는 '탈서양 세계'가 두드러진다. 핀우륀을 돌아보니 과연 서양은 과거의 기억일 뿐 현실에서는 저 멀리 떨어져 있다. 제재와 거부 운동으로 서양 기업인과 원조 프로그램이 접근하지 못하는 사이 이 무주공산을 누군가 요리하고 있다. 돈을 벌고 두려움을 달래고 그러기 위해 관계를 맺어야 할 나라는 결국 가까운 곳 아시아밖에 없다.

이 아시아의 세계에 중국의 존재는 압도적이다. 인도든 동남아시아든 중국이 약속하고 중국이 제공하는 것에 필적할 수 없다. 만달레이에서, 아니 그보다 먼 핀우륀에서 따져도 인도는 중국보다 더 멀리 떨어져 있지 않다. 그러나 현재 인도의 존재감은 거의 제로에 가깝다. 미얀마 지도부는 중국이 헤어 날 수 없는 늪이 아닐까 회의하고 다른 곳에 발을 걸치고자 하지만 그런데도 중국 경제의 늪에 빨려 들어가고 있다. 이 흐름이 계속될 것인가? 인도가 이 지역에서 중국에 대한 '균형자'가 될 수 있을 것인가? 군부를 껴안으려는 미국의 시도가 성공할까? 멀리서 보면 중국과 인도가 바로 이웃한 미얀마에 대해 더 밀접한 관계를 맺겠다고 하는 것은 너무나 분명하다. 누가 더 잘하는지가 향후 3국 사이의 관계를 결정할 것으로 보인다. 그러나 가까이 가서 보면 델리와 베이징만 주체가 아니다. 미얀마의 두려움과 열망이 또 하나의 주요 변수가 될 것이다.

그 위에 한 가지 더 있다. 독립 이후 지금까지 이어진 내전이다.

제 4 장

석양의 군주들

씨퍼(Hsipaw)

캔더크랙 호텔 직원에게 동쪽에 있는 작은 도시 씨퍼(Hsipaw)로 가려고 하니 차와 기사를 주선해 달라고 부탁했다. 처음에는 기차를 탈 생각이었으나 포기했다. 미얀마의 기차여행은 너무 느리고 연발과 연착이 잦았다. 실내는 너무 덥고 습하거나, 냉방차의 경우 너무 추웠다. 그래도 아쉬웠던 것은 핀우륀에서 씨퍼로 가는 철도는 한때 유명했던 '곡테익 철교'(Gokteik Viaduct)를 지난다는 점이었다. 백 년 전 '펜실베이니아 스틸'이 지은 이 철교는 길이 7백 미터, 높이 1백 미터로 당시로는 해외토픽감의 장관이었다. 그 철교를 지나가 보고 싶은 욕심이 생겼지만 결국 자동차로 가기로 했다. 차를 타고 가면서 가끔 멈추어 서서 더 많은 것을 볼 수 있을 것으로 기대했다.

다음날 1960년대식 검정 벤츠가 왔다. 기사는 반백의 인도계 남성이었다. 요금으로 1만 짯, 그때 환율로 10달러 정도를 주기로 했다. 40년 된 차니 당연히 낡았지만 그래도 고급 차답게 승차감이 좋았다. 이번에는 아마추어 젊은 이가 랩을 웅얼거리는 것을 들어야 하는 고역은 없었다. 핀우륀을 떠나며 돌아본 주변 지역은 너무 좋았다. 높이 솟은 나무와 굽이쳐 보이는 산, 그리고 시원하고 신선한 공기. 인도계 수녀 여러 명이 걸어가는 옆을 지나쳤다. 길가에는 작은 가게들이 줄을 지어 있었다. 가게를 지키는 이는 거의 전부 북인도계로 보이는 깨끗한 차림의 여성이었다. 하의는 바지, 상의는 허리 아래로 내려오는 블라우스를 입었다. 네팔계 힌두교 사원도 지나쳤다. (나중에 그 지역에 상당수의 네팔인이 산다는 이야기를 들었다). 전통 의상을 차려입은 네팔계 남녀들이 걸어가고 있었는데 어디 축제라도 가는 분위기였다. 무슬림 가족이 운영하는 '할랄'(halal) 식당에서 아침을 먹었다.* 식당 안에는 대형 포스터가 2개 걸려있었다. 하나는 이슬람의 성지 '메카'의 사진이었다. 다른 하나는 지중해 스타일 빌라촌의 모습이었는데 빨간색 스포츠카가 진입로에 그려져 있었다. 중국에서 자동차로 하루 거리 안에 들어왔으나 아직 '중국적'인 것은 눈에 띄지 않았다. 사람들의 얼굴에서 이 지역이 한때 영국령 인도의 일부였다는 기억은 되살릴 수 있었다.

한 시간쯤 지나 마침내 '곡테익 계곡'에 도착했다. 거대한 계곡이었다. 한쪽으로 절벽을, 다른 쪽으로 산기슭을 끼고 구불구불 기다시피 수 마일을 내려갔다. 차는 때로 180도 가까이 회전하기도 했다. 아래에 도착하니 강은 넓지 않았고 목제 다리가 놓여있었다. 이번엔 다시 구불구불 기어올랐다. 강 자체의 위치도 해발 6백 미터 높이인데 그 옆의 산은 거기에 3~6백 미터의 높이를 더했다. 곳곳에 바나나 나무가 상록수 사이에 자라고 있었다. 바퀴가 16개 달린 대형 트럭과 승용차, 스쿠터가 오갔다. 특히 위험하다 싶은 곳에는 작은 사당들이 세워져 있었다. 생화를 꽂고 향을 피운 곳도 있었다. 숨 졸이며 운전한 사람들에게 숨돌릴 틈을 주니 고마웠다. 강가에서 올려다보니 저 멀리 거대한 철교가 보였다. 이제 '버마'를 떠나 샨고원에 들어온 것이다. 평화롭고 목가적인 샨족의 나라, 그러나 수십 년간 크고 작은 전쟁으로 폐허가 된 곳.

미얀마의 역사와 복잡한 인종구성을 이해하고 그 미래를 짐작해 보려면 그

---

* 할랄 식당 : 이슬람 의식에 따라 도축한 육류로 요리하는 식당 — 옮긴 이.

지리를 아는 것이 무엇보다 중요하다. 크기로 따지면 절반, 인구로 따지면 3분의 2 정도가 사는 중앙은 평평하게 길게 뻗은 이라와디 분지이다. 여기에 미얀마 불교도 혹은 '버마족'의 대부분이 산다. 분지의 북쪽 끝에서 남쪽 삼각주까지 따지면 1천 마일, 1천 6백 킬로미터에 달하는 거리다. 서쪽과 북쪽으로는 산악지대가 히말라야산맥까지 이어진다. 그곳에는 '나가'족이니 '카친'족이니 하는 소수 인종이 사는데 대부분 기독교를 믿는다. 동쪽으로 샨고원이 있다. 거의 잉글랜드만큼 큰 곳으로 대부분 산이지만 곳곳에 분지도 있다. 불교를 믿는 '샨'족이 이 지역의 다수인종이다. 나라 전체로 '버마'족 다음으로 많다. 그 외에도 많은 소수 인종이 있다. 더 높은 곳에 사는 '와'족이나 '팔라웅'족 등이 그 소수에 포함된다.

영국의 식민지배가 시작되기 전 오늘날 미얀마-중국 국경에 가까운 곳에 있던 샨족 족장들은 상대적으로 가까운 버마 왕국과 저 멀리 중국 제국에 모두 조공을 바쳤다. 이곳에는 지금 무수한 숫자의 소수 인종이 그들 수만큼 많은 방언(方言)을 사용하며 이렇다 할 교류 없이 살고 있다. 그들에게서 미얀마 민족주의 혹은 자체적인 민족주의를 기대하기는 어렵다. 외부에서 압력이 오자 전에 살던 대로 사는 것이 '자치'라고 생각하고 그것을 요구하는 정도다.

미얀마의 인구는 총 6천만 명 정도로 추산되나 정확히 알기는 어렵다.* 도대체 얼마나 많은 인종이 살고 그 인종을 어떻게 구별해야 하는지도 알기 어렵다. 정치적, 때로는 군사적으로 서로 싸우다 보니 서로의 규모를 과장하거나 축소하는 경우가 많아서 더욱 그렇다. 식민지 시대에는 10년 단위로 (버마를 포함한) 영국령 인도 전체에 대해 인구조사를 시행했다. 마지막으로

---

* 2013년까지 미얀마의 총인구는 6천만 명 정도로 추산됐다. 그러나 2014년 8월에 발표된 총 인구조사 결과 놀랍게도 5천2백만 수준이었다. 이후 2018년 유엔은 미얀마의 인구를 5천5백만 정도로 추산한다 ─ 옮긴 이.

1931년에 실시된 것이 체계적인 인구조사로는 마지막이었다. 물론 독립 이후에도 주기적으로 인구조사를 했으나 내전이 곳곳에서 진행 중이었으므로 제대로 된 적은 한 번도 없었다.

전체 인구가 6천만이라고 할 때 그 중 정확히 얼마가 '버마족'이고 얼마가 '샨족'인지를 아는 것은 더욱 어렵다. 아예 불가능하다. 나의 부모는 모두 버마족이다. 조부모 네 분 모두 버마족이다. 모두 버마어를 사용하고 불교를 믿었다. 그것이 버마족의 기준이라면 버마족이 맞다. 그런데 그게 전부가 아니다. 증조부 윗대로 올라가면 인도에서 오신 분도 있고 중국에서 오신 분도 있다. 불교도도 있고 무슬림도 있으며 중국에 가까운 샨족도 있고 (또 다른 주요 소수 인종인) 몬족도 있다. 지금 인구조사를 하면 나는 '버마족'이라고 분류되겠지만 작위적인 면이 없지 않다.

인종은 또 선택하기 나름이다. 하나 이상의 언어 예컨대 버마어와 몬어를 사용하거나, 하나 이상의 이름 예컨대 버마식 이름과 중국식 이름을 쓰는 사람도 많다. 어느 나라나 그렇겠지만 종교가 다르거나 인종이 다르면 결혼에 문제가 생긴다. 그래도 힌두교와 불교, 또는 중국계 종교 사이에서 큰 문제가 되는 일은 별로 없다. 문화적으로 별 차이가 없기 때문이다. 이슬람과 기독교만이 차이가 크고 그래서 문제가 생기는 경우가 더러 있다.

미얀마의 경우 예나 지금이나 인종이 다르다고 성관계를 맺거나 결혼하는 데 문제가 되는 일은 거의 없다. 부모가 싫어하는 때는 있겠지만 공식적인 금지나 금기는 없다. 미얀마로 몰려왔던 외국 이민들 즉 인도계와 중국계, 유럽계는 거의 전부 남성이었고 대부분 미혼이었다. 현지에서 부인을 얻고 아이를 낳아 키우며 자연스럽게 현지 사회에 녹아들었다. 독자성을 유지하는 때도 있었다. 과거 아르메니아인과 일본의 '낭인'들과 포르투갈인, 그리고 나포당한 프랑스 해군 선박의 선원들이 모여 산 적이 있지만 크게 보면 모두 미얀마라는 인종 용광로에 용해됐다. 적어도 이라와디 분지 지역의 경우는 그랬다.

그런데 산악지대로 올라가면 다르다.¹ 지형이 험준하니 소통이 어렵고 소통이 어려우니 동네는 각자 고립됐다. 조금만 벗어나면 말도 옷도 풍습도 다른 마을이 나타난다. 내가 지금 여행하는 지역은 어쩌면 세계에서 가장 인종적으로 또 언어적으로 다양한 곳일지 모른다. 인종과 언어의 뿌리가 전혀 다른 수십 개의 종족이 있던 위에 그 사이에 또 분화가 이루어져 수백 개가 됐다. 말하자면 영어와 에스토니아어처럼 다른 언어가 있는데 그 사이에 바벨 산이 있어서 어떠한 통합도 이루어지지 않는 것 같은 상황이다.

(이라와디 분지를 말하는) '버마' 지역의 인종이 언제 하나가 됐는지 분명하지 않듯이 '샨' 지역의 초기 역사도 분명하지 않다.² 샨의 역사책에는 과거에 하나의 민족이 있었다고 하지만 기록된 역사는 중세 이후의 것만 있다. 그 전의 것이라면 중국의 기록인데 이 지역에 말을 듣지 않아 골치 아픈 족속이 사는데 계피를 재배하고 비취를 채굴하고 원숭이 가죽을 덮어쓰고 사냥을 한다는 정도다. 식인풍습이 있었다는 기록도 있다.

'샨'(Shan)을 미얀마어로 표기하면 'Syam'으로 표기된다. 과거 태국을 부를 때 쓰던 '샴'(Siam)과 같다. 샴은 스스로는 '타이'(Tai)라고 부르는 사람들을 버마에서 부른 이름이다. '타이'(Tai)는 곧 '타이'(Thai)와 같고 그것이 태국(타일랜드, Thailand)의 타이다. 중국에는 지금 미얀마 근처 윈난성에 비슷한 언어를 쓰는 소수민족 '다이'(Dai, 傣) 족이 있다. 헷갈리겠지만 핵심은 이렇다. 태국에서 말하는 '타이', 중국에서 말하는 '다이', 미얀마에서 말하는 '샨'은 언어 구조학적으로 거의 같은 말을 쓰고 (언어가 인종을 가르는 기준이 된다면) 거의 같은 인종이라는 것이다. 그들 사이에 언어로 서로 소통되지 않을 때도 많지만 그 차이라는 것이 로마어 계통의 스페인어와 프랑스어, 이탈리아어 사이의 차이로 생각하면 대체로 맞다. 방콕에서 통용되는 타이어와 라오스에서 통용되는 라오어 사이의 차이가 거의 그렇다. 또 미얀마에 사는 샨족 사람이 말하는 샨어와 태국 북부지방의 방언 그리고 중국 '다이' 소수민족의 언어가 그렇다.

　샨에 전해 오는 이야기에 따르면 아주 오래전, 천년도 더 된 옛날에 '쿤룽'과 '쿤라이'라는 이름을 가진 형제가 하늘에서 내려와 산과 골이 가득한 이곳 한 고을의 왕이 됐다. 그 후손이 번창하면서 이웃 고을의 지배자가 되고 그 후손이 번창하여 동북으로는 중국-베트남 경계의 흑하(黑河), 서북으로는 인도 아삼 지방의 브라마푸트라강까지 강역을 넓혔다고 한다. 그리하여 샨은 미얀마의 '바간'과 중국의 '다리'(大理)국, 그리고 캄보디아의 '앙코르' 제국에 맞서는 제국을 구축했다는 것이다. 그 샨족이 14세기에 이르러 남쪽으로 팽창해 지금의 방콕까지 이르면서 오늘날의 타일랜드 즉 '타이족의 땅'을 확보했다는 이야기다.

　이처럼 샨족의 강역이 과연 인도차이나반도 혹은 동남아시아 전역으로 확대된 적이 있더라도 샨족이 하나의 통일왕조 또는 제국을 이룬 적은 없다. 그냥 수십 개 부족의 연합체였다. 버마 왕국과 대등한 위치에서 동맹을 맺은 적도 있고 조공을 바친 적도 있고 그냥 모르고 지낸 적도 있었다. 중국에 가까운 부족은 중국 황제에게 조공을 바치고 높은 칭호를 받고 좋아하기도 했다. 전체적으로 그들은 큰 세력 사이에 위치하여 그 사이의 균형을 유지하는, 말하자면 세력균형의 달인이었다.

　샨 부족의 족장들은 스스로 '사오파' 즉 '하늘의 영주'라고 불렸다. 미얀마 말로는 '서브와'(*sawbwa*)다. 미얀마의 궁정에서는 그들 중 크고 중요한 곳을 '네이윈 베이윈'(*naywin baywin*) 즉 '석양(夕陽)의 군주'라고 불렀다. 이 '석양의 군주'들은 아들을 미얀마 왕국의 수도, 즉 아바와 아마라푸라, 나중에는 만달레이에 보내 공부시키고 딸들은 미얀마 왕의 비빈(妃嬪) 또는 후궁으로 보냈다. 이렇게 하여 미얀마 왕국과 (특히 그쪽에 가까운) 샨 부족 사이에 문화적, 인적 유대관계가 형성됐다. 그러면서 샨족의 정치 체제와 궁궐 모습도 미얀마 왕국의 축소판처럼 닮아갔다.

영국이 미얀마 왕국을 무너뜨리고 샨고원에 들어왔을 때 그곳에는 그처럼 작은 샨족 왕국이 수십 개 자리 잡고 있었다. 그중 하나가 씨퍼(Hsipaw)였다.

씨퍼 중심도로는 강에서 사원으로 이르는 길이었는데 양쪽에 스무 개, 많아야 서른 개 정도의 상점이 있었다. 작은 식당도 몇 개 있었고 넓게 터져서 안팎의 구분이 별로 없는 공간에서 사람들이 마시고 담배 피우고 이야기를 나누고 있었다. 한 식당에는 놀랍게도 당구대가 두 개 있었다. 사실 '도타와디 테니스 클럽'(도타와디가 씨퍼의 옛 이름이었다)도 있으니 당구대가 있다고 놀랄 일은 아니었다. 그러나 테니스 코트는 한 면에 불과했고 둘러싼 벤치는 거의 부서지기 직전이었다. 한쪽 가판대에서 불법복제 DVD를 개당 일 달러에 팔고 있었는데 가까이 가서 보니 <허트 로커>(*the Hurt Locker*, 2008) 와 <천사와 악마>(*Angels and Demons*, 2009)를 판다는 광고도 있었다.

도읍(都邑)으로서 씨퍼는 1636년에 창건됐다.[3] 19세기 말 영국인들이 들어와 정글에 묻힌 성벽과 해자를 복구했다는 기록이 있다. 그런데 지금 봐서 그곳이 4백 년 가까이 된 고도라는 느낌은 전혀 받을 수 없다. 도심에 있는 건물은 작고 거의 가건물에 가까웠다. 목재와 대나무 그리고 풀, 그게 전부였다. 나는 집수리조차 제대로 해본 적이 없지만 그런 집은 나도 지을 수 있을 것 같았다.

중심도로의 끝부분에 가니 작은 극장이 있었다. 건물 높이가 3m나 될까, 그나마 도로가 입구보다 높으니 거의 반지하 벙커처럼 보이는 건물이었다.

제4장 석양의 군주들

입구든 출구든 하나밖에 없는 문에서 입장권을 팔고 있었다. 마침 문이 활짝 열려있어서 내부를 봤는데 한쪽에 피아노가 있었다. 그 피아노 소리에 맞추어 다른 쪽에서 변사(辯士)가 떠들던 무성영화 시대의 극장이 이러지 않았을까 상상도 해봤다. 좀 더 걸어가니 시내에 하나밖에 없는 서점이 있었다. NLD 지부라는 간판도 같이 붙어 있었다. 서점이 아니라 그냥 책장처럼 보였다. 영어책 수십 권과 미얀마어책 다수가 꽂혀 있었다. 뒤로 돌아가면 더 많은 책을 사거나 '대여'할 수 있다고 했다. 믿거나 말거나 미얀마 사람들은 독서광이다. 서가에는 소설이며 전기, 심지어 시사 관련 책까지 꽂혀 있었다. 싸구려 종이에 마스킹 테이프로 제본한 것 같았지만 많은 손을 거쳐 간 흔적이 있었다. 영어책 중에는 조지 오웰이 쓴 『버마 시절』(Burmese Days)의 펭귄 문고판이 꽂혀 있었다. 기타 영어로 된 미얀마 소개서와 관광 안내 책자가 꽂혀 있었는데 언제 제대로 된 독자가 나타날까 궁금했다.

씨퍼에서 며칠을 머물면서, 어쩌다 보니 식사는 같은 식당에서 계속하게 됐다. 시내에서 가장 큰 식당이었는데 도시의 중심도로와 중국으로 가는 국도가 만나는 곳에 있었다. 그래서 그 식당을 정한 것은 아니었다. 정말 어쩌다 보니 그랬다. 늘 앉던, 밖이 보이는 자리에 앉았다. 바깥으로 분주한 교차로가 있고 길 건너 도로 표지판에 양곤과 만달레이 등 주요 도시까지의 거리가 마일과 펄롱(furlong; 1/8마일)으로 적혀있었다. 미얀마는 아직도 (영국도 포기한) 영국식 도량형을 쓰는 세 나라—다른 두 나라는 미국과 아프리카의 라이베리아다— 중 하나다.

사실 한 무리의 중년 이탈리아 사람을 따라오다 보니 이 식당에 들어오게 되었다. 젊은 미얀마 여성이 유창한 이탈리아어로 안내를 하고 있었다. 막 해질 녘이었고 그녀가 어디로 안내하나 싶어 따라갔던 것이었다. 먼저 한 식당에 갔는데 마침 내가 묵던 게스트하우스에서 추천한 곳과 같았다. 그런데 그 식당이 문을 닫아 계속 걸어간 끝에 이 식당에 이른 것이다. 론지를 입고 슬리퍼를 신은 내 모습은 현지인과 전혀 다르지 않았다. 계속 따라오는 나를 보고 정부 정보원으로 생각했을지도 모르겠다. 옆자리에 앉은 관계로 그들이 하는 말이 모두 들렸다. 그래 봤자 이탈리아어를 하지 못하니 알아들을 수는 없고 손짓을 보니 음식 칭찬하는 것 같았다. 식당 앞 도로를 거대한 목재를 실은 트럭이 자주 지나가며 식당을 흔들었다. 가는 방향은 몇 시간이면 도착하는 중국과의 국경 쪽이었다.

씨퍼는 조용했다. 미얀마의 20세기를 지배한 폭력과 혼란과는 아무런 상관이 없어 보였다. 그러나 사실은 그와 정반대였다. 2차 대전 중에 일본군과 중국군, 영국군, 심지어 미국군까지 이곳을 행군해 지나갔다. 그리고 1960년대 이후에는 내전의 전장이었다. 정부군과 자주 또는 독립을 요구하는 샨 반군, 그리고 정부군과 '버마 인민공화국'을 외치는 공산 반군과의 전쟁. 이 도시가 이처럼 뒤떨어진 것이 바로 그 이유, 즉 수십 년간의 내전 때문이었다. 여기서 걸어서 하루 거리에는 아직도 반군이 장악하고 있는 지역이 있다. 마침내 휴전되어 이처럼 외부인이 와서 구경할 수 있을 따름이었다. 전체적으로 내전은 마무리 국면으로 들어간 것 같은데 아직 끝나지는 않았다. 중국의 진출이 내전을 끝내는 데 도움이 될까? 아니면 새로운 갈등의 씨를 뿌리고 있는가? 내전의 뿌리는 인종적 정체성과 민족주의에 있다. 물론 식민지배의 유산도 빼놓을 수 없다.

영국의 식민지배는 두 가지 방식으로 이루어졌다. '버마족'이 사는 저지대—이라와디 계곡과 해안지대—는 직접 통치했다. 왕을 없애고 총독을 세우고, 대신들 자리에 고위 공무원을 앉히고 지방 유지들 자리에 서기들을 앉혔다. 1920년대부터는 일종의 자치정부를 세웠다. 자치의 정도는 낮았지만, 의회도 있었고 선거를 통해 의원도 뽑았다. 정당도 생겼다. 1935년에는 독자적인 헌법을 제정하고 상당한 정도의 자치권도 부여했다. 인도의 독립 일정에 따른 것이었다. 1948년 독립됐을 때 저지대는 어느 정도 정당정치와 의회정치의 경험을 쌓은 다음이었다.

고지대는 전혀 달랐다. 세습적인 족장체제를 유지했다. 식민지배에 저항한 이들은 제거했으나 나머지는 그 권한을 오히려 강화했다. 영국의 정치고문이 파견되어 주먹구구식이던 구체제를 체계적으로 바꾸었다. 20세기 초가 되어 샨 지역은 34명의 '서브와'가 지배하는 체제가 됐고, 그 34인 사이에 엄격한 서열이 정해졌다. 더 높은 지역으로 올라가면 작은 규모의 부족 그래서 낮은 급의 족장들이 있었다. 동쪽 끝의 '와'족과 북쪽 끝의 '카친'족이 대표적인 예다. 영국은 그들의 지배와 권력 유지를 도왔고 그들은 충성과 세금으로 보답했다. 그 외 삶은 달라진 것이 없었다. 기독교 선교사들이 들어와 학교를 짓고 선교를 통해 기독교를 심었다. 버마족 못지않게 독실한 불교도였던 샨족은 예외였지만 기타 전통종교를 믿던 부족은 모두 개종했다. 경제적 발전도 없었다. 만달레이에서 라시오로 철도를 놓은 것 외에는 신작로도 놓지 않았다. 저지대 버마는 공산주의니 사회주의니 또는 민족주의를 외치며 정치로 시끄러웠으나 산악지대는 조용하고 평화로웠다. 영국인들은 조용한, 이제는 기독교도가 된 산악지대 사람들을 좋아했다. 버마인들에게는 적용하지 않았던 정책을 썼다. 즉 그들을 군과 경찰로 뽑았다. 그렇게 하여 미얀마에 살던 많은 사람, 인종, 지역은 전혀 다른 식민지배를 경험했다. 독립할 때 이들은 서로 불신했다. 그러다가 결국 서로 싸웠다. 내전이었다.

영국인이 씨퍼에 처음 모습을 나타낸 것은 1886년 초의 일이었다. 만달레이를 막 접수한 영국군은 샨족 지도자들의 충성을 확보하고자 안달이었다. 그때 씨퍼의 서브와는 싸오 쿤쎙이라는 사람이었다. 몇 년 전 만달레이가 온

통 혼란에 빠지고 그러면서 가혹한 세금을 요구하자 태국으로 몸을 피했었다. 그러나 돌아가는 분위기를 제대로 읽고 귀국하여 부족을 장악하고 영국에 충성을 맹세하고 인정을 받았다. 마침 영국은 생각지도 않았던 (왕실 후예들이 주도하는) 미얀마인들의 거센 저항에 시달리던 터라 그런 싸오 쿤쌩이 그가 매우 고마웠다. 그래서 그에게 주변의 영토를 더 주고 런던으로 초청하여 여왕을 알현하게 했다.

    그가 죽자 아들 싸오 케가 승계했다. 싸오 케는 어린 시절 만달레이에서 교육을 받고 나중에 영국으로 가서 공부했다. 싸오 케는 근대와 전근대 두 세계를 경험하고 나서 버마의 작은 산 동네에서 사는 삶이 무척 싫었다. 유럽인이나 미국인이 찾아오면 영어를 쓰는 사람이 한 사람도 없고, "영국의 가게 주인만도 못한 소득"으로 사는 것이 너무나 비참하다며 불평했다. 옷은 샨 전통의상—머리에 터번을 두르고 달라붙는 상의에 헐렁한 바지—을 입었으나 신발은 전통적으로 신던 우단 슬리퍼를 벗고 영국식 단화를 신었다. 1905년 미국에서 (나중에 미국의 31대[1929~33] 대통령이 된) 허버트 후버라는 사람이 찾아왔다.[4] 근처에서 하던 은광사업에 서브와의 도움이 필요해서였다. 후버는 싸오 케의 거처가 "롱 아일랜드의 분위기를 풍기는…… 골조식 건물"이었다고 기록했다. 그리고 이 젊은 왕자는 동양과 서양 사이에 끼어 사는 불쌍한 사람처럼 보였고 영국인 감독관이 아닌 외부 사람과 영어로 이야기하는 것을 너무 좋아했다고 했다. 싸오 케는 나중에 영국에서 기사 작위를 받았다.

    1928년 싸오 케가 사망한 뒤 그의 아들 싸오 온짜가 자리를 이어받았다. 온짜는 옥스퍼드에서 공부했다. 그 무렵이 되자 샨 지역의 거의 모든 서브와가 영국에서 교육받았고 미얀마의 유일한 귀족계급으로 남았다. 그들은 서로 결혼하고 일부는 독립 후 외교관 또는 학자로 이름을 떨쳤다. 영국의 감독관들은 다들 서브와와 그 가족들을 좋아했다. 그리고 샨 지역 자체를 좋아했다. 그들이 보기에 샨은 "동양의 스위스"요 "아시아의 아르카디아"였다.*

영국은 1948년 미얀마를 떠나면서 그 나라를 불과 10년 전까지 학생운동을 하던 젊은 민족주의자들의 손에 넘겨주었다. 그들은 모두 종교로는 불교 인종적으로는 버마족이었다. 일본이 쳐들어오기 전까지 딱히 중요한 인물은 아니었다. 그러나 전쟁으로 사회가 과격해지면서 이들이 기회를 잡았다. 처음에는 일본과 손을 잡고 영국군을 몰아내는 데 앞장섰다. 그러다가 1945년 3월 다시 일본에 등으로 돌리고 영국군을 맞았다. 조금만 늦었더라면 부역죄 또는 반역죄로 체포되어 사형당했을 것이다. 그중에 아웅산 수치의 아버지 아웅산도 있었다. 그들은 대단한 대중적 인기와 지지를 누렸다. 아직 20대 후반 기껏해야 30대 초반이었지만 "머뭇거렸던" 구시대 정치인들을 누르고 시대의 총아로 떠올랐다. 아웅산과 그 동료들은 1947년 여전히 의문이 남는 총격으로 암살됐다. 그러나 나머지 학생운동가들이 독립 국가의 정부를 구성했다. 그들은 영연방에서 탈퇴하고 나라를 불행한 방향으로 이끌었다.

영국인들 중 독립 후 미얀마에서 샨을 비롯한 소수 인종의 지위를 걱정하여 그들을 따로 영국식민지로 두자고 주장하는 이들이 있었다. 특히 카친족과 카렌족은 영국과 함께 일본을 상대로 용감하게 싸웠던 인종이었다. 1946년 '비(非)버마족' 지역의 미래를 위한 자문위원회가 구성됐다. 그 위원회가 중국 국경에 근접한, 접근하기도 어려운 곳에 사는 '야만인 와'족에게 그들의 생각을 물었다. 위원회는 다음과 같은 기록을 남겼다.[5]

문: "다른 사람들과 함께 어울리고 싶소?"
답: "우리는 과거 매우 독립적이었기 때문에 남들과 함께 하는 것을 싫어하오."

---

* Arcadia: 고대 그리스의 산속 이상향 — 옮긴 이.

문: "'와 주의 미래가 어떻게 되었으면 좋겠소?"
답: "우리는 야만인이기 때문에 그것에 대해서는 별로 생각해 본 적이 없소. 우리는 행정 따위는 절대 생각하지 않았소. 우리는 우리 자신만 생각할 따름이오."

문: "교육, 의복, 좋은 음식, 좋은 집, 병원 이런 것들을 원하지 않소?"
답: "우리는 야만인이오. 그딴 것들은 우리에게 아무런 의미가 없소."

다른 소수민족, 예컨대 샨족은 덜 야만적이었고 생각도 많았다. 그들과 위원회와 양곤의 주류가 함께 연구하여 하나의 안을 만들었다. 고원지대의 소수민족은 상당한 자율을 누리고 중앙정부에 대표도 보내기로 했다. 평등하고 포괄적인 민주주의를 약속했다.

그러나 나라는 금방 영국이 떠나기가 무섭게 내전에 휩쓸렸다.[6] 시작은 인종분규가 아니었다. 함께 학생운동을 하던 중 정권에 참여하여 집권한 정부군과 그에 반기를 든 공산당 반군 사이의 내전이었다. 그런데 곧 그것이 다른 파벌 사이로 확대됐다. 영국군에 복무하던 카렌족 군인들과 동파키스탄 가까운 지역에 독립 국가를 요구하는 이슬람 '무자헤딘' 반군 등이 반기를 들었다. 1949년 초 독립한 지 정확히 일 년 만에 신생국 정부는 붕괴 직전에 몰렸다. 양곤 부근만 간신히 점거할 뿐 이라와디 분지의 나머지 부분은 온갖 종류의 반군과 민병대가 지배하는 사실상 무정부 상태가 됐다.

샨은 처음에는 이 모든 것에서 초연하여 평화로웠다. 그런데 역사에서 자주 그랬듯이 국경 너머 중국의 문제가 산을 넘어 밀어닥쳤다. 1949년 말 국공내전에서 패한 장제스의 국민당군이 정신없이 후퇴했다. 장제스의 본류는 해협을 넘어 타이완으로 도주했다. 해안으로 출구가 막힌 세력은 서남쪽 윈난성으로 후퇴한 끝에 산을 넘어 미얀마로 들어왔다. 근 3백 년 전에 있었던 일이 정확히 재연됐다. 그때 만주군에 밀린 명나라의 황자 계왕(桂王) 혹은 마지막 황제 영력제(永曆帝)가 당시의 수도 아바에 망명을 구했다. 한동안 망명처를 제공했지만 배반한 명나라 장군 오삼계(吳三桂)가 대규모 병력을 이끌고 쳐들어오자 결국 그를 내주고 말았다. 오삼계는 직접 황제의 목을 활의 시위로 졸라 살해했다.

그런데 이번에는 다른 점이 있었다. 패잔병은 허락을 구하지도 않고 받지도 않은 채 미얀마로 들어왔다. 중국 국경 근처에 자리를 잡고 미국의 중앙정보국(CIA)과 태국 반공 우익정부의 도움을 받았다. 장제스와 미국 정부는 여전히 본토 수복을 포기하지 않았고 따라서 미얀마의 기지가 더없이 소중했다. 곧 샨 지역의 넓은 땅이 국민당 잔당의 지배하에 들어갔다. 심지어 공항을 지어 타이완과 집적 인력과 물자를 주고받았다. 미얀마 정부가 격분했다. 유엔에 호소했으나 미국과 타이완이 안보리 상임이사국이니 소용이 없었다. 마침내 미얀마군대가 직접 행동에 나섰다. 샨의 동쪽 지방이 전쟁터가 됐다.

그렇게 시작된 전쟁이 수십 년을 이어갔다. CIA와 태국의 지원은 1960년대까지 계속됐다. 그때 온 국민당의 군인들이 그냥 주민이 됐다. 일부는 타이완으로 가고 다수는 남아서 그 주변의 여자들과 결혼하여 자리를 잡았다. 생업은 양귀비재배와 헤로인 제조 및 유통이었다.[7] 1960년대 말부터 1970년대까지 중국-샨 혼혈 쿤사와 북부 카친주 중국인촌 코캉에서 내려온 로싱한이 세계적인 마약 대부로 떠올랐다. 이들은 한편으로는 미얀마군과 싸우면서 다른 한편으로는 소위 '황금의 삼각지대'(the Golden Triangle)을 제패하기 위해 서로 싸웠다.

그때는 샨족도 인종적인 이유로 총을 든 다음이었다. 영국에서 독립하기 전에 샨의 서브와들은 상당한 정도의 자치, 그리고 무엇보다 10년 후 분리독립의 자유를 조건으로 '미얀마 연방'에 동참하기로 합의했다. 한동안은 잘 돌아갔다. 샨의 엘리트들은 양곤의 중심에서 의원으로, 장관으로, 존경받는 학자로, 혹은 기타 전문가로서 자리 잡고 활동했다. 요웅훼의 서브와는 (실권은 없지만) 초대대통령까지 했다. 또 다른 서브와는 외교장관을 지냈다. 그런데 문제가 생기기 시작했다. 중국 국민당군과 싸움으로 샨주가 군사화되고 군인들이 민간인을 괴롭혔다. 동시에 샨주에도 젊은 좌파가 구질서 즉 서브와 중심의 귀족체계에 도전장을 내밀었다. 그러던 중 1962년 양곤에서 쿠데타가 발생했다. 모든 서브와는 체포되고 미국에서 교육받은 씨퍼의 젊은 서브와 싸오 짜쎙은 행방불명된 후 영영 소식이 없었다. 서브와의 후예들은 나라를 떠나 지금까지 망명객으로 살고 있다. 나머지는 마침내 총을 들고 샨족 반군이 됐다. 마을마다 민병대가 조직됐다. 이리 뭉치고 저리 뭉치며 베트남에서 싸우고 있는 미군 혹은 기타 관련 조직을 통해 미국으로 팔려간 마약이 뿌리는 돈을 좇아 뛰었다.

 1970년대 중국이 직접 개입했다. 미얀마의 공산 반군을 공개적으로 또 열정적으로 지지했다. 직접 전투에 참여하기도 했다. 소위 '해방구'는 중국과 직접 국경을 접하고 있었고 그곳을 통해 무기와 탄약, 그리고 '인민지원군'을 제공했다. 냉전의 와중이니 이번에는 미국이 미얀마군을 도왔다. 수십 대의 헬리콥터와 수송기를 제공하고 미얀마군 장교들을 미국으로 불러 훈련했다. 전투는 치열했다. 수만 명의 민간인이 피난길에 나서고 뒤에 남은 집은 포격으로 부서졌다. 1979~80년 작전명 '정복왕'을 통해 미얀마군 연대병력이 살원강을 건너 반군을 추격하다가 눈 덮인 산 위에서 거센 반격을 받고 5천 명의 사상자를 내기도 했다. 공산군은 1만5천 명이 넘는 병력으로 반격에 나서 샨에 있는 두 도시 무세와 몽요웅을 점령했다. 중국은 여전히 미얀마와 외교관계를 유지하면서 '국가 대 국가' 관계와 '당 대 당'의 관계는 별개라고 우겼다.

군사비가 정부 예산의 3분의 1을 차지했다. 미얀마의 많지 않은 외화 보유액은 빠르게 줄어들었다.

마침내 미얀마군이 승기를 잡았다. 1980년대 말 몇 차례의 치열한 전투를 통해 반군의 기지를 차례로 점령하고 중국 국경 지역까지 수복하는 데 성공했다. 그런데 그때는 중국에서 덩샤오핑이 시작한 개혁이 이미 한창 진행되고 있었다. 윈난성의 당 간부와 돈 버는데 맛이 들인 사업가들이 미얀마의 시장을 노리고 있었다. 미얀마와의 국경 지역에 수백 개의 공장이 들어섰다. 미얀마의 소비자를 위한 물품을 생산하기 위해서였다. 그때까지 미얀마의 소비재는 태국에서 들어왔다. 이제 그것이 곧 바뀔 것이었다. 중국기업들은 미얀마의 경쟁자들을 미얀마인 외국인 할 것 없이 모두 무너뜨릴 것이었다.

1989년 3월 '버마 공산당'이 무너졌다. 반세기를 이어 온 무장투쟁이 끝났다. 붕괴는 코캉에 자리 잡고 있던 공산당조직의 내부반란으로 시작됐다. 중국계 공산군 지도자 펑쟈성이 주도했다. 펑은 공산주의자라기보다 마약상이었고 투사라기보다 용병이었다. 그런 식의 반란은 순식간에 다른 공산군 기지로 번져 4월 중반이 되자 펑쟈성과 그의 동지들이 공산 반군의 본부와 라디오 방송국을 점령했다. 공산 반군은 네 개로 쪼개졌다. 미얀마군도 발 빠르게 움직였다. 군 정보사령관 킨늇 장군은 마약왕 로싱한과 코캉의 여전사 올리브 양을 포섭했다. 그들을 통해 협상에 들어가 네 개의 반군조직과 휴전에 합의했다. 베를린 장벽이 무너지고 소련이 해제되던 그즈음이었다. 그것에 주목한 외국 언론은 없었다. 그러나 그것은 아마 지구상에서 가장 길었던 전쟁의 종식이라고 해도 과언이 아니었다. 1990년대 중반 국내 다른 인종 반군과도 휴전에 들어갔다.

이제 전투는 없었다. 그러나 평화도 없었다. 휴전에 합의하면서 미얀마의 군사정부는 고원지대를 개발하겠다고 약속했다. 그러나 유엔, 세계은행 등

국제기구의 원조가 끊기고 서방국가들이 제재를 가하면서 그 약속을 지키기 힘들어졌다. 바로 그런 상황에서 중국의 상인과 기업가, 기술자들이 대거 몰려들었다.

씨퍼의 도심을 조금 벗어나면 아름다운 사칸다 궁이 나타난다. 1910년대 씨퍼의 서브와가 지었던 크림색 빌라로 이제는 아무도 살지 않는다. 잡초만 무성했다. 도심에 좀 더 가깝게 접근하니 영국식 대형주택인 새로운 궁이 나타났는데 조금은 나아 보였다. 그러나 대문에는 자물쇠가 굳혀 잠겨 있고 사람이 사는 흔적은 보이지 않는다. 얼마 전까지 마지막 서브와의 친척이 살고 있었는데 2006년 샨의 불만 세력을 일제히 검거할 때 체포됐다.

씨퍼는 수 세대 동안 샨 왕조 문화의 중심지였다. 영국식민지 시절에도 과거의 전통 특히 사라진 미얀마 궁정의 의례를 지키고 있었다. 그러니 이제 씨퍼에 샨의 문화란 찾기 어렵다. 모든 간판은 미얀마어로 적혀있고 길거리에서 만난 모든 사람은 미얀마어를 썼다. 다들 미얀마식 론지를 입었다. 아니면 중국제 평복을 입었지, 면으로 된 헐렁한 바지 즉 샨의 전통의상을 입은 사람은 아무도 없었다.

씨퍼 외곽에 오래된 버조(Bawgyo) 사탑이 있다. 매년 3월 축제 시기가 되면 깊이 모셔진 불상 네 개를 밖으로 가지고 나온다. 많은 사람이 절을 하고 달라붙어 금박을 입힌다. 그러나 그 방식은 과거 서브와 시절의 풍습과 매우 다르다. 다른 곳도 마찬가지다. 1990년대 초 샨에서 가장 큰 도시 중 하나인 켄퉁에 있던 오랜 궁궐이 파괴됐다. 문화 파괴였다.[8]

집권 군부가 휴전을 택한 것은 완전한 군사적 해법이 적어도 당분간은 어렵다는 현실 인식에서 나온 것이었지 통일 미얀마를 수립하겠다는 계획을 포기하는 것은 결코 아니었다. 일종의 연방제 즉 소수 인종이 느슨한 연방 속에서 상당한 자율을 누리는 것은 군부로서는 생각하기조차 싫은 일이었다. 그들은 미얀마가 인종을 단위로 분열되는 것이 현실적인 위협이자 최악의 시나리오라고 배우며 자랐다. 지방분권을 전제로 하는 연방주의는 바로 그 시작이라고 믿었다. 그러므로 휴전은 전술적 조치 그 이상은 결코 아니었다.

군부는 휴전을 통해 미얀마 국가의 경계를 확대하고 지역경제를 중앙경제에 묶고 주류 문화의 범위를 넓힐 수 있다고 믿었다. 모든 것이 연계돼 있다. 길을 닦고 통상을 늘리면 소수 인종은 자연히 흡수되고 소멸할 것이다. '버마화' 혹은 '미얀마화'가 안전한 국가를 만드는 최고의 전략이다.

괜히 그러는 게 아니라 역사적 근거가 있다. 지금의 미얀마어 또는 버마어는 이라와디 분지의 중간 부분에서 스리랑카에서 들어온 보수적인 소승불교와 일체를 이루어 점차 그 영역을 확대해 나갔다. 카냔족이나 퓨족, 뗏족 등은 역사기록에는 있으나 현실에는 없다. 모두 버마족 주류에 흡수됐다. 18세기 버마족 왕은 그때 양곤 부근에 군림하던 몬족 왕국을 병합했다. 이후 몬족은 갈수록 축소되는 소수 인종이 됐다. 말하자면 버마족의 문화적 경계가 있고 군부는 그 경계를 나라의 지리적 경계로 확대하고자 하는 것이다.

그런데 국경 너머에 중국이 있다. 미얀마의 군부정권은 새로 길을 놓아 고원지대에 미얀마의 군사적, 경제적 지배를 굳히고자 하지만 중국도 수문을 열었다. 권력과 돈과 영향력이 반대 방향에서 쏟아져 들어오고 있다. 하나의 경계가 다른 것과 겹치고 있다.

내가 묵은 게스트하우스의 주인은 코캉 출신 중국인이었다. 코캉은 지도상으로는 미얀마에 속하나 인구는 수 세기 전 중국에서 넘어온 후손들로 구성돼 있다. 그들은 원래 노새를 끌고 다니는 대상(隊商)이었다. 지금은 모두 자동차를 소유하고 트럭을 굴리고 만달레이와 중국을 부지런히 오가면서 돈을 번다. 게스트하우스의 주인도 몇 개의 사업체를 소유하고 있었다. 게스트하우스도 그중 하나로 잘 되고 있었다. 서양에서 온 여행객들에게 깨끗한 침실과 입에 맞는 아침 식사와 시원한 맥주, 길잡이 등을 제공했다.

씨퍼에서 마지막 날 나는 호텔에서 우연히 만난 한 남성과 길게 이야기를 나눴다. 30대 후반으로 얼굴이 희고 야구모자를 쓰고 가죽점퍼를 입었다. 샨족-카친족이 섞인 혈통을 지니고 씨퍼에서 태어났다. 부친은 중국과 통상하는 기업가였는데 아들에게 버마어와 샨어 외에도 반드시 중국어를 익히라고 닦달했다. 학교를 마치고 장학금을 받아 중국 윈난성으로 유학 갔다. 거기서 직장을 잡고 잠시 일하다가 미얀마로 돌아왔다. 만달레이에 가게를 소유하고 있는데 직접 중국으로 가서 전자제품을 사서 가게에서 판다. 가게는 잘 된다고 했다. 그에게 있어 중국은 문제나 위협이 아니라 엄청난 기회다. 스스로 반은 중국 사람이 됐다고 했다. 윈난성 억양이 섞인 중국말을 완벽하게 구사하며 국경을 넘나드는데 공식서류 따위는 필요가 없다고 했다. 이름이 세 개라고 했다. 샨, 미얀마, 그리고 중국 이름.

"만달레이에서 나는 론지를 입어요. 미얀마 음악을 듣고 미얀마 음식을 먹으면 집에 온 것 같죠. 여기 씨퍼에 오면 어린 시절 친구들과 만나 샨어로 떠들어요. 중국이요? 하하. 다들 내가 중국 사람인 줄 알죠."

이 국경지대에 사는 사람들은 복잡한 인종지도를 따라 능숙하게 움직인다. 인종적 정체성? 그런 것에 적응하기는 아주 쉽다. 버마족이 보기에 중국인은 100% 외국인이다. 샨족이 보기에 중국은 그리 멀지 않다. 멀리서 큰 그림으로 보면 중국과 인도 사이에 미얀마의 위치는 사소하게 보인다. 그런데 확대해서 보면 미얀마 사람들과 미얀마의 군부가 가진 두려움과 욕망이, 과거에 생기고 현재에 확대된 그 두려움과 욕망의 중요성이 뚜렷하게 보인다. 이제 추가적인 복합성이 연출되고 있다. 미얀마는 거대한 두 나라 속에 끼어있는 작은 나라만이 아니다. 거대한 인종의 모자이크 위에 다른 인구를 포괄하여 나름의 방식으로 빠르게 변하는 환경에 적응하고 또 바꾸고 있다. 휴전이 되고 새로운 국경이 열리면서 전혀 새롭고도 이상한 풍경이 나타나고 있다. 겹치는 인종과 새로운 군벌, 그리고 어쩌면 새로운 아시아의 미래를 여는 열쇠가 나타나고 있다.

제 5 장

새로운 변경

라시오(Lashio)

씨퍼에서 북쪽으로 카친 고원이 시작된다. 이 고원은 5백 마일을 뻗어 티베트 고원으로 이어진다. 북쪽 국경 지역은 카친독립군(the Kachin Independence Army; KIA)이 장악하고 있다. 전에 나도 그곳에 가본 적이 있다. 1991년 크리스마스 무렵이었는데 미얀마 정부군과 카친족 반군 사이의 전투가 한창이었다. 지금 생각하면 철없고 겁 없던 젊은 시절의 치기였을 지도 모르겠다. 그때 나는 25살 대학원생이었다. 그곳에 몰래 그리고 심지어 '불법'으로 갔다. 중국에서 출발하여 천으로 가린 트럭 속에 숨어서 갔다. 카친 점령지역에 도착한 다음 지금이라면 도저히 할 것 같지 않은 무모한 행동도 했다. 여권이며 신용카드 등 내 신분을 증명할 모든 것을 카친 사람에게 맡긴 것이었다. 그들이 그것을 별생각 없이 어느 집에 던져 넣고 문을 잠그는 것을 불안스럽게 지켜보았다. 그 집은 내 혼자의 힘으로는 백만 년을 찾아도 찾지 못할 그런 집이었다.

그때 중국에는 외국인의 여행을 금지하는 곳이 많았다. 카친에 가려면 그런 '접근금지' 지역을 몇 군데 지나야 했다. 카친족 사람들이 자신들의 이름으로 신분증을 만들어주고, 검문에 걸리면 미얀마의 상인인데 며칠간 중국을 방문하는 중이라고 말하라고 했다. 이처럼 마음을 졸이며 며칠을 여행한 끝에 반군의 본부가 있는 파자우에 도착했다. 한쪽은 중국, 다른 한쪽은 미얀마

땅인 정확히 국경의 언덕 위에 그 본부가 있었다. 본부라고 해봤자 통나무와 대나무로 엮은 그런 집이었다.

 카친족은 대부분 독실한 크리스천이다. 주로 침례교와 로마 가톨릭이다. 나는 그들이 준비한 크리스마스 파티에 참석했다. 예수 탄생 연극을 관람하고 성가대가 부르는 캐럴을 들었다. 옆자리에는 녹색 전투복을 입은 반군 전사가 부인과 아이들과 함께 앉아 있었다. 반군지도부는 내게 독립 국가의 수립이 그들의 목표가 아니라고 했다. 인종 간 차별을 없애고 최소한도의 자치권을 보장받는 것이라고 했다. 그리고 이렇게 투쟁하며 사는 얼마나 비참한지 아느냐고 격정적으로 물었다. 그러나 그들은 앞으로는 어떻게 해야 할지는 모르는 것 같았다. 빠르게 변하는 중국을 보며 진로에 대해 깊이 고민하고 있었다.

 그들은 나에게 주변 풍경을 구경시켜 주었다. 정말이지 너무나 아름다웠다. 푸른 계곡 사이로 흐르는 수정처럼 맑은 물. 사방으로 우뚝우뚝 솟은 높은 산. 그런데 추웠다. 밤에는 엄청 추웠다. 영국에서 두꺼운 외투를 가져 왔으나 반군 제복과 중국제 군용외투와 바꾸어 입어야 했다. (나를 안내해 온 사람의 말에 따르면) 그 덕에 이곳까지 몰래 들어올 수 있었다. 한쪽 언덕에 올라가니 멀리 미치나가 보였다. 미치나는 이 지역 최대 도시로 정부군이 주둔하고 있는 곳이었다. 또 저 멀리 엔마이카강과 말리카강이 합류하여 이라와디강으로 흘러 들어가는 모습도 보였다. 그곳에서 3주일을 체류했는데 마지막 무렵에 조랑말을 타고 중국과의 국경에 있는 오래된 도시 바머에 갔다. 더 서쪽으로 가면 비취광산으로 유명한 파칸트가 있는데 반군의 군자금이 나오는 곳이었다. 커다란 비취 원석을 구경했다.

 KIA가 지배하는 지역은 대단히 넓으나 북쪽으로 수백 마일을 더 가면 너무 멀고 높아 정부군이든 반군이든 들어갈 수 없다고 했다. 파자우의 오두막에 있으면서 세상의 끝에 소외돼 있다는 느낌이 들었다. 그런데 산속 더 깊이 들어가면 정부라는 것 자체를 모르는 사람들이 있는데 그들의 삶은 도대체 어떨까 상상해봤다. 예컨대 라왕(Rawang)족이 있다. 버마어보다는 티베트어에 가까운 말을 쓰면서 쇠뇌로 사냥하는 수렵인이다. 문명의 기준으로 보면 라왕족은 먹고 살기에 급급한 극도로 가난한 인종이다. 소금이 황금보다 귀하다. 한 줌의 소금을 얻기 위해 몇 마리 남지 않은 호랑이를 사냥하여 호피를 벗기고 고기를 저며 소금장수를 기다린다. 땅 넓이 및 인구와 비교하면 해안선이 짧은 중국은 예로부터 소금이 귀했다. 정부에서 전매했다. 그 틈을 노려 밀매를 통해 폭리를 취하는 악덕 염상(鹽商)이 있었다. 그 염상이 아직도 있어 얼음산을 넘어 그 먼 곳까지 찾아가서 시장 논리로는 상상도 할 수 없는 폭리를 취한다.

그 북쪽 먼 곳에는 타론(Taron)족도 산다. 타론족은 아시아 대륙에 사는 유일한 피그미족이다. 성인 남성의 평균 신장이 4피트 11인치(150cm)에 불과하고 여성은 그보다 몇 인치 작다. 영국의 식물학자 프랭크 킹던-워드가 1934년 야생 난(蘭)을 찾다가 타론족을 만나 이렇게 묘사했다.

"자연의 실패작!"[1]

오늘날 타론족은 미얀마에 많아야 수십 명 남은 것으로 알려졌는데 '순수한 혈통'은 아마 열이 채 되지 않을 것이다.

내가 카친을 방문한 지 얼마 지나지 않은 1993년 KIA는 정부와 휴전에 합의했다. 이후 KIA의 지도부가 하산하여 라이자에 새로운 본부를 차렸다. 작은 마을이었던 그곳은 곧 번창한 국경도시로 성장했다. 휴전 합의에 따라 KIA는 총기 소유를 허락받았고 그에 따라 그들이 지배하는 지역은 여전히 불안한 변방으로 남았다. 항구적인 평화를 위한 협상은 아직 성공하지 못했다. 미얀마 정부군도 멀지 않은 곳에 진주하고 있어서, 때로 양쪽의 무장병력이 서로 섞여 지내기도 한다. 정치적 변방이라고 해서 장사를 안 하는 것은 아니다. 특히 중국과의 무역이 번성하다. 비취를 채굴하고 티크 나무를 벌목하여 중국에 팔고 도로 통행료를 받아 챙김으로써 실권자들은 배부르고 행복하다. 중국이 성장하면서 국경 양쪽에 새로운 정치 경제적 현상이 생겨나고 있다.

이번에 나는 북쪽 카친을 향해 가지 않고 버마 로드를 따라 계속 동쪽으로 갔다. 이곳은 1960년대부터 1990년대 초 휴전이 이루어질 때까지 4반세기 동안 내전의 주전장이었다. 온갖 종류의 무장세력이 설쳤다. 일부는 독립 국가를 세우겠다는 샨 민족주의자들이었다. 다른 일부는 아편 군벌이었다. 다수는 이것도 저것도 아닌 혹은 이랬다가 저랬다가 하는 그런 조직이었다. 친정부와 반정부를 오갔다. 그 기준은 돈이었다. 그 조직 중 가장 큰 것은 역시 버마 공산당 군대였다. 중국과의 국경 지역은 대개 그들이 장악했다. 지금은 이곳에도 카친 고원과 마찬가지로 총성이 들리지 않는다. 그래도 카친 고원과 마찬가지로 안정은 없다. 어쩌면 더 복잡한 무장세력 사이의 일시적 유대만 있을 따름이다.

라시오(Lashio)는 그 지방의 중심도시이다. 중국 국경에서 1백 마일 정도 떨어져 있다. 영국이 건설한 철도의 종착지로 씨퍼에 비해 훨씬 더 큰 도시다. 과거에는 버마 로드의 중간기착지로 번성했고 존 웨인(John Wayne)이 주연한 영화 <플라잉 타이거스>(*Flying Tigers*)의 무대였다. 사실 그 영화는 일본군을 상대로 한 싸운 미군의 용감성을 주제로 했으나 역사적 사실과 전적으로 일치하는 것은 아니었다.

나는 십 대 소년일 때 자주 만달레이를 왔었다. 그때마다 먼 친척이 살고 있다는 라시오를 가보고 싶었으나 결국 한 번도 가보지 못했다. 갈 수 있는 곳이 아니었다. 기차는 운행하는지 하지 않는지도 몰랐고 일부 군 장교와 마약 장수들만 자동차로 이동했다. 공산 반군과 샨 민족주의군, 마약 집단 등이 모두 무장을 하고 라시오 일대를 점거하고 있었다. 정부군이 라시오에 주둔하고 있었으나 그들이 통제하는 영역은 그야말로 라시오에 한정됐다. 조금만 벗어나면 반군의 영역이었다.

씨퍼에서 라시오로 가는 길에는 택시를 합승했다. 도로는 잘 포장돼 있었고 나는 운전석 옆자리에 앉았다. 뒷자리에는 중국인 중년 여성이 두 아이와 함께 앉았다. 만달레이를 사흘 동안 여행하고 라시오에 있는 집으로 돌아가는 길이라고 했다. 그 여성은 얼굴이 희고 깔끔한 모습이었는데 떠듬거리며 몇 마디 미얀마어를 할 줄 알았다. 운전 기사에게 존댓말 샨어로 이야기를 했고 기사는 껄껄거리며 애들을 놀리기도 했다. 만달레이에는 친척이 살고 있는데 쇼핑도 했다고 했다. 내가 만달레이에서 봤던 쇼핑몰과 슈퍼마켓, 그리고 그곳에서 쇼핑에 정신이 없었을 그녀를 떠올리며 미소를 지었다. 그들의 짐이 많아 —여행 가방 몇 개에 플라스틱으로 만든 장난감 비행기도 있었다— 내 작은 가방을 트렁크에 쑤셔 넣느라 고생했다. 아이들은 얌전했다. 운동복 상의에 반바지를 입었다. 중간에 '더 판다'라는 이름의 식당에 잠시 들렀다. 그녀는 10년 전 남편과 함께 윈난에서 왔다고 했다. 그곳에서 앞이 보이지 않는 삶을 살다가 새로운 기회를 찾아서, 그리고 아이들의 미래를 위해 이주해 왔다고 했다. 남편은 '사고파는' 사업가라고 했다. 내가 1990년대 초에 윈난을 방문했을 때 그것은 완전히 촌 동네였다. 지금 그들은 그때와는 달리 한결 세련된 모습이었다.

라시오에 도착하자 과연 중국 냄새가 물씬 풍겼다. 음력 설날 곧 중국의 춘절(春節)이 막 지난 무렵이었다. 어느 주택가를 지나는 데 집 집마다 새해를 축하하는 말이 붉은색 바탕에 노란색 글자로 쓰여 있는 것을 볼 수 있었다. 택시는 그런 주택가의 한 곳에 들어가 아담한 단층주택 앞에 멈춰 섰다. 작은 나무가 있는 정원이 잘 꾸며져 있었다. 앞에 세발자전거가 있었고 집안에는 텔레비전 화면이 켜져 있었다. 나이든 남자와 젊은 여자가 함박웃음을 지으며 달려와 아이들을 안아주고 짐을 내리는 것을 거들었다.

택시는 나를 태우고 학교, 병원, 그리고 정부가 운영하는 통신센터를 지나 달렸다. 길은 넓고 포장이 잘 되어있었고 가로수도 잘 자라있었다. 교회도 여럿 봤다. 샨족은 버마족과 마찬가지로 불교를 믿으나 라시오에는 카친족도 많이 산다. 붉은 벽돌로 지은 침례교회를 지나는 데 크리스마스트리 장식이 아직 있었다. 성당도 지났다. 20세기 초 이 지역에는 선교 활동이 매우 활발했다. 가톨릭교회가 특히 그랬는데 1930년대 이탈리아에서 온 신부들이, 나중에는 수녀들도 와서 라시오를 전진기지로 삼아 학교와 유치원, 병원을 운영했다. 그리고 살윈강을 건너고 산을 넘어 중국까지 진출하여 선교 활동을 했다. 미얀마 군부독재 시절에도 이들의 활동은 여전히 활발했다. 1975년 바티칸은 라시오를 살레지아 교단에 포함하고, 1990년에는 미얀마인 신부 찰스 보(Charles Bo)를 라시오 교구 초대 주교로 임명했다.

몇 개의 교회와 불교 사원과 파고다를 제외하면 라시오에는 1970년 이전에 지은 건물이 별로 없다. 1988년에 일어난, 아마도 20세기 최악의 화재의 하나로 기록될 대형화재 때문이다. 그 무렵 라시오는 상주인구 20만 명의 중형도시였다. 어느 집 부엌에서 일어난 불이 2시간 만에 2천 채 이상의 건물을 태웠다. 당시의 건물은 대부분 목재였으니 화재에 취약할 만도 했다. 113명이 사망하고 수만 명이 다치고 집을 잃은 엄청난 재난이었다.

비가 오는 가운데 도착한 라시오 시내는 화재 이후 서둘러 지어서였는지 볼품이 없었다. 도로포장 상태도 엉망이었고 곳곳에 쓰레기가 널려있는데 청소도 안 하는 것 같았다. 시장통에는 2층짜리 상가건물이 늘어서서 싸구려 중국제 물건과 중고물품을 팔고 있었다. 화장품 가게가 하나 있었는데 미백

(美白)용 화장품 '징론'을 선전하는 포스터가 걸려있었다. 징론은 중국제품이다. 일본의 교토나 파키스탄의 카라치 등 아시아 어느 도시에 가더라도 세계적인 브랜드 '녹세도'를 쉽게 살 수 있는데 이곳에는 '징론'이 최고였다. 흰 얼굴은 아시아 모든 여성의 꿈이다. 피부색이 다양한 미얀마에는 더욱 그렇다. 멜라닌을 억제하는 크림은 이곳 라시오에서도 인기가 있었다.

낡은 전통의상을 입은 한 여성이 아기 둘을 데리고 가게 앞에 서서 한 뭉치의 지폐를 세는 것을 봤다. 지폐는 모두 소액권이라서 다 합쳐봤자 1달러가 될까 말까였다. 화장품 가게에서는 아무리 싸도 적어도 그녀가 가진 돈 몇 배는 돼야 했다. 마침 가게 앞에 노점이 있었다. 낡은 옷가지도 팔고 (미얀마에서는 '타나카'라고 부르는 일종의 재래식 선크림인) 얼굴에 바르는 백단향 묶음도 팔고 있었다. 그녀는 이것저것 한참을 들여보다가 결국 아무것도 사지 않고 갔다.

시내로 들어가는 도중에 유엔 '세계 식량 프로그램'(World Food Program), 즉 WFP라고 쓰인 토요타 랜드크루저를 봤다. WFP는 자연재해나 전쟁 등 인재(人災)로 긴급하게 식량이 필요한 지역을 돕는 국제기구다. WFP가 라시오 일대에서 활동을 한다는 것은 의미심장한 일이었다. 서방국가가 지배하는 WFP가 미얀마에서 그런 활동을 할 의지가 생겼다는 것도 그렇고, 군사정부가 그 활동을 허락했다는 것도 그렇다. 20년 전에 '유엔 아동기금'(United Nations International Children's Emergency Fund) 즉 UNICEF 미얀마 지부장이 미얀마의 '조용한 위기'에 대해 경고한 바 있었다.[2] 이 나라의 어린이들이 위기에 처해 있으며 극빈층 특히 아이들을 돕는 것은 민주화를 기다릴 여유가 없다고 주장했다. 누구도 귀를 기울이지 않았다. 그때 그리고 그 이후에도 오랫동안 서방의 정부는 미얀마에 대한 원조를 외면했다. 원조는 원조고 제재는 제재지만 상관하지 않았다. 미얀마 군사정권은 외국인 특히 서양인이 원조를 빙자하여 지방, 특히 반군이 지배하는 곳 가까이 가는 것을 싫어했다.

그런 생각이 바뀌기까지 오래 걸렸다. 미얀마의 상황이 그야말로 인도적 위기를 운위할 정도라는 것에 대한 인식이 생겨야 했고 그 인식을 바탕으로 서방의 정부를 설득해야 했다. 많은 사람이 굶주리는 것과 민주화는 별도로 취급돼야 했다. 6천만에 달하는 미얀마 인구의 3분의 1은 하루 1달러 이하로 살아간다. 다른 3분의 1도 크게 낫지 않다. 수백만이 영양실조에 걸려있고 수백만 어린이의 성장이 멈췄다. 그런 상황에 있는 다른 나라라면 훨씬 많은 원조를 받았을 것이다.

미얀마 정권도 개발원조를 좋아했다. 그런데 그 원조라는 것은 새로 길을 뚫고 다리를 놓고 학교를 짓고 병원을 짓는 식의 큰 사업을 의미했다. 반면 '인도적 지원'은 꼭 '인도적 개입'처럼 들렸다. 자연히 거부감이 생길 수밖에 없었다. 그래도 시간이 가면서 내부적 문제의 심각성을 깨닫고 WFP와 같은 기구와 함께 일하는 것에 대해 거부감이 약해졌다. 유엔의 조사에 의하면 미얀마 곳곳에 절망적으로 가난한 사람들이 많다. 바로 그 절망적으로 가난한 사람, 가난한 중에 더 가난한 사람들이 바로 라시오의 동쪽 산악지대, 한때 내전의 전장이었다가 지금은 중국의 문전이 된 곳에 몰려있다.

중국은 한때 미얀마보다 못 살았다. 1930년대 미얀마의 일인당 GDP는 최소 중국의 두 배였다. 1960년대부터 중국이 따라잡기 시작했다. 지금 중국의 일인당 소득은 적어도 미얀마의 여섯 배에 달한다. 서방국가의 투자도 없고 그들과 무역도 없는 지금 중국이 미얀마의 경제발전을 주도하고 있다. 정부의 제재로 인해 미국과 유럽인의 존재는 그야말로 인도적 지원의 범위를 넘지 못한다. 중국은 국제적으로도 국내정치적으로도 아무런 제약이 없다. 도로와 댐을 짓고 티크 나무숲을 베어 넘기고 비취 광산을 파헤치고 싸구려 소비재를 판다. 그래도 미얀마에 일자리는 생기지 않는다. 그냥 불평등한 사회만 생기고 그 불평등이 심해질 따름이다.

군부가 라시오에서 자랑하는 것은 쉐다곤 파고다의 복제물을 이곳에 지은 것이다. 도시 외곽에 새로 지은 이 건물은 양곤에 있는 쉐다곤 파고다와 똑같이 생겼다. 다만 조금 작을 뿐이다. 또 그 외부로 다수의 작은 불탑이나 사원이 있지도 않다. 석가모니 부처님의 머리칼이 소장되지도 않았다. 안에 들어가면 조명이 매우 밝은 불당이다. 바닥에는 카펫이 깔려 있고 벽에는 미얀마 각지의 유명한 불교 구조물 그림이 그려져 있다. 마치 유치원의 벽에 그려진 벽화 같다. 그 벽화의 끝에 흰색 액자가 걸려있다. 그 안에는 '위대한 종교 구조물'이라는 큰 제목 아래 종교 구조물의 목록이 사진과 함께 적혀있다. 연대순으로 나열되어 중세 바간의 것에서 시작하여 아바 시절을 거쳐 지금 군사정부 시절에 건축된 것의 순으로 되어있다. 최근에 새로 건축된 것이 가장 많다. 그것이 전하는 메시지는 분명하다.

"이 정부는 불교를 지원하는 정부다. 그 점에서는 과거 어떤 정부보다 낫다."

그 메시지는 계속된다. 부처의 생애를 그린 그림들이 있다. 그건 어느 파고다나 사원에도 마찬가지니 특별한 것이 없다. 그러나 한가운데 가면 열 개 정도의 금불상이 안치돼 있다. 각 불상 앞에 신도들이 엎드려 절할 수 있도록 방석이 놓여 있다. 절을 하고 일어나 앉으면 불상 아래 그 불상을 기증한 장군과 부인의 이름이 새겨져 있는 것을 볼 수 있다. 아마 기증식은 대단한 행사로 치러졌을 것이고 텔레비전으로 중계되었을 것이다. 그들의 불심이 얼마나 깊은지 대중에게 알릴 기회이자 내생을 위해 공덕을 쌓을 기회이다.

다른 측면에서 보면 파고다 복제는 곧 국가건설 사업이다. 스탈린이 모든 소비에트 사회주의 공화국에 오페라 하우스를 짓게 했던 것과 같은 맥락이다. 오늘날 미얀마에서 쉐다곤을 복제하여 건설하는 것은 먼 지방의 도시에 대한 정권의 생각을 반영한다. 군부정권은 '버마식' 불교를 소수 인종이 사는 지역까지 확대하여 그들을 '개화'하는 동시에 국가 차원의 제도 망에 포함하고자 하는 것이다.

복제사업은 달리 표현하자면 전투에서 승리한 곳에 승전비를 세우는 것과도 같다. 라시오는 수십 년 동안 대 반군 작전의 중심지였다. 오늘날 미얀마의 최고위급 장성들이 이곳에서 동료 장교와 휘하 병사들이 처참하게 죽어가는 것을 지켜보며 성장했다. 나라 밖에서는 거의 몰랐던 이 처절한 전투는 이들의 마음속에는 생생하게 각인돼 있다. 장군들이 보기에 30년 전 거의 무정부 상태였던 샨과 지금 총성이 들리지 않는 샨의 차이는 너무나 두드러지고 그런 만큼 그들은 자랑스럽다. 여기 한때 반란군에 포위됐던 이 도시를 굽어보는 산 위에 인종적 정체성과 반공주의를 상징하는 표상이 우뚝 서 있는 것이다. 라시오에 새로 지은 이 파고다의 이름은 '얀테잉-아웅'이다. 굳이 번역하자면 이렇다.

"우리는 모든 전투에서 승리한다."

라시오가 자리 잡은 계곡은 해발 2천5백 피트 즉 750m 고지대다. 한때 매우 번창했던 곳으로 영국이 들어오기 전에는 왕실 권위의 상징이기도 했다. 조정에서 파견한 총독이 저 언덕 위에서 군림했다. 그때 중국내륙에서 출발하여 만달레이로 가는 대상이 노새를 끌고 수주일 심지어 수개월 걸어와서 지친 다리를 쉬게 하던 곳이기도 했다. 차(茶)와 은(銀)이 시장에 널렸었다. 19세기 중반에 아편이 들어오기 시작했다. 양귀비는 이 지역 식물이 아니라 외래종이었다. 아주 오래전 로마 시대에 서유럽에서 자생하던 것이었다. 아랍인들이 8세기에 아시아로 가져왔고 그로부터 천년 후 영국인이 인도에서 재배한 아편을 중국으로 가져가 팔았다. 그때 미얀마에도 아편이 들어왔다. 금지상품이었지만 대체로 눈감아 주었다.

1880년대 영국인이 처음 들어왔을 때 이 지역은 거의 완전한 폐허였다. 산악지역 부족들이 수년에 걸쳐 꼰바웅 왕조에 반란을 일으키고 공격한 결과였다. 그래도 이곳은 지방의 거점 도시로서 적격이었다. 그래서 영국 식민당국은 이곳을 '북샨주'(Northern Shan States)의 본부로 설정하고 감독부를 설치했다. 대개 젊은 영국인이 맡은 '북샨주'의 감독관(superintendent)이 헌병대와 인도부대를 거느리고 이곳에 주둔했다. 그의 임무는 평화를 유지하고 샨족의 추장들이 복종하고 세금을 바치도록 감독하며 가끔 중국과의 국경으로 가서 대영제국의 국기를 게양하는 정도였다.

20세기 초 라시오는 별로 중요한 도시가 아니었다.[3] 중국이 1백 마일 정도 떨어진 영국령 인도의 '동북'쪽 변경지역이었지만 '서북'쪽 변경지역과는 전혀 딴판이었다. 아프가니스탄에 접한 서북쪽 변경은 과거로부터 대규모의 기병이 침범해 들어오고 19세기에는 러시아와의 '거대경기'를 생각하게 하는 역동적 중요성이 있었다. 그러나 이 동쪽 변경은 일종의 막다른 골목이었다. 전략적으로 고려해야 할 위협 따위는 존재하지 않았다. 드문드문 있는 소규모 부족 사이로 대상이 노새를 끌고 오솔길 같은 길을 따라 지나갈 따름이었다.

이런 풍경이 일본군이 쳐들어오면서 바뀌었다. 버마 로드의 한 가운데 있는 라시오의 전략적 중요성이 드러난 것이다. 일본군이 이 도시를 점령한 것은 1942년 4월 말이었다. 3년 후 연합군이 새로 공세를 취해서 내려올 때 라시오는 만달레이로 가는 중간지점이 됐다. 미국 미시시피주 옥스퍼드 출신인 대니얼 술탄 중장이 중국군을 지휘하여 이곳에서 불과 22마일 떨어진 곳에 있던, 은과 납을 생산하던 볼드윈 광산을 점령했다. 이 광산은 전쟁 중 일본군이 필요로 하는 모든 납을 생산하여 공급했다. 라시오 자체에 대해서는 미국 공군이 공습(空襲)하고 이어 인도병력으로 구성된 영국군이 지상 전투를 통해 탈환했다. 1945년 4월의 일이다. 그 이후 라시오와 그 주변 지역은 금방 뇌리에서 사라졌다.

버마 로드를 건설한 후 70년이 지난 지금 이 일대가 중국의 부상과 더불어 주목을 받고 있다. 중국 수입원유의 20%가 지나가는 송유관과 유럽으로 수출되는 중국의 공산품을 수송할 기차가 라시오를 지나갈 것이다. 그런 곳에서 반군과의 전투가 재발하면 난리가 날 것이다. 지금 라시오에는 미얀마 육군의 '동북지역사령부'가 주둔하고 있다. 소장 계급의 사령관이 예하 사단뿐만 아니라 주변의 다양한 반군을 관리한다. 만일 미얀마 정부군이 결심하여 반군에 대해 공세를 취한다면 그 또한 라시오에서 시작될 것이다.

휴전에 합의하면서 인종 반군의 지도부는 뭔가 타협을 기대했다. 과거에는 완전 독립을 주장하기도 했지만, 지금은 모든 인종이 평등하고 각 인종이 어느 정도의 자치권을 보장받는 일종의 '연방 체제'로 기대 또는 요구 수준을 낮추었다. 그러나 '연방주의'(federalism) 라는 단어는 그 구체적 내용이야 어떻든 군부가 절대 받아들일 수 없는 종류의 것이다. 연방주의란 연약(軟弱)과 동의어다. 나라를 쪼개고 말 위험천만한 단어다.

연방제를 택하면 이 나라는 10년 안에 분열하고 말 것이다. 지도를 봐라! 우리는 작은 나라다. 이 작은 나라를 왜 더 작은 1백 개의 조각으로 나눠야 한단 말이냐? 많은 나라가 힘으로 단합을 유지했다. 우리도 그래야만 산다. 그렇지 않으면 중국이 우리를 삼키고 말 것이다. 외국인들은 우리를 비판하는데 그건 위선이다. 그들도 과거에 다 그렇게 하지 않았나 말이다.

최근 전역한 한 육군 대령이 내게 한 말이다. 얼굴은 타서 검고 피부는 두꺼웠다. 손은 솥뚜껑 같았다. 그때 그는 색이 바랜 파란색의 셔츠와 낡은 론지를 입고 있었다. 그래도 그가 전투복을 입고 부대를 지휘하는 모습을 연상하는 것은 어렵지 않았다. 대령은 내전을 끝내려면 인종 간 차이를 인정하고 용인할 것이 아니라 동화시켜야 한다고 굳게 믿고 있었다. 도로와 철도가 중요했다. 시장과 교육을 통합해야 했다. 그러면 서서히, 그러나 확실히 인종 사이의 차이와 갈등은 줄어들 것이고 미얀마는 하나로 통합될 것이다. 이것이 그의 확고한 생각이었다.

지금 미얀마 군부가 인종 반군에 대해 하는 정책은 서방 각국의 정부가 미얀마 군부를 상대로 하는 정책과 정반대다. 서방 정부는 경제제재를 가하고 외교적으로 고립시키는 정책을 쓴다. 이렇게 미얀마의 장군들을 소외시키면 그들이 숙이고 들어올 것으로 생각한다. 그런데 그 정책은 실패했다. 반면 미얀마 군부는 내부적으로 전혀 다른 정책을 쓴다. 그들은 과거의 적을 환대한다. '미얀마 민족을 구성하는 여러 인종의 지도자'라고 높여 부른다. 이 과거의 적을 대도시로 데리고 가서 다른 세상을 보여주고 다른 꿈을 꾸게 한다. 그리고 그들이 부자가 되도록 만든다. 불법적이나마 사업을 하도록 한다. 그러면 전사로서의 투지가 사그라질 것을 알기 때문이다. 그 정책은 성공했다. 2010년을 기준으로 미얀마 군부는 처음 휴전을 시작했을 때에 비해 훨씬 더 우월한 지위를 확보했다.

(2008년에 채택된) 신헌법에 따르면 약간의 권력이 지방정부로 이전된다. 예컨대 지방의회가 설립된다. 물론 중앙정부의 권력이 여전히 압도적이니 연방제와는 거리가 멀다. 그래도 자결을 위해 평생을 싸워온 반군 지도자들에 대한 일말의 배려라면 배려다.

또 반군세력의 '무장'에 대해서도 복안이 있다. 반군 무장세력을 '국경수

비대'(Border Guard Force)에 편입시키고 부분적으로나마 정부군 장교의 지휘를 따르게 한다. 그러면 궁극적으로 정부군에게 복속될 것이다. 반군 지도자들에게는 대신 짭짤한 사업체를 제공한다. 그들은 모두 새로운 질서 속에 자리 잡게 될 것이다. 지금까지 반군은 그 유혹에 넘어가지 않고 있다.

그 결과 지난 20년 동안 등장한 현상은 전쟁도 평화도 아닌 어정쩡한 상태다.[4] 비유적으로 말하자면 중세 서유럽의 봉건질서와 같다. 많은 봉건영주가 상하로 엮이고 좌우로 싸운다. 국가가 절대주권을 자랑하는 근대국가의 형성은 아직 요원하다.

라시오에서 동남쪽으로 가면 '연합 와국 군대'(United Wa State Army; UWSA)가 지배하는 지역이 있다. 병력 3만에 장갑차와 대포, 심지어 지대공 미사일까지 갖춘 정예조직이다. 와족은 원래 라왕족 만큼이나 벽지의 종족이었다. 1930년대 말까지도 영국은 이들을 완전히 통제하지 못했다. 영국인들은 와족을 '길이 든' 와족과 '야만적' 와족으로 분류했다. 야만적 와족은 거의 옷을 입지 않고 인두(人頭)를 수집하는 야만족 풍습으로 유명했다. 높은 산 정상부근에 동굴을 파서 살았다. 그런데 지금 이 와족이 미얀마-중국 국경지대에서 큰 손이 됐다. 와족의 무장세력은 사병(私兵)으로서는 전 세계에서 가장 큰 규모를 자랑한다. 거의 탈레반과 같은 수준이다. 장악한 지역의 크기는 벨기에 영토보다 크다. 1990년대에는 세계 최대의 헤로인 생산자로, 지금은 필로폰의 생산자로 사실상의 국가처럼 군림한다.

와족은 이제 산꼭대기 동굴에서 살지 않는다. 초강대국으로 성장한 중국의 국경에 붙어 큰 도시를 형성하고 산다. 미얀마 정부와 휴전협정에 합의하면서 무장을 유지한 채 자치를 얻어냈다. 미얀마 쪽에서 와족 지역으로 들어가는 입구에는 검문소가 있고 미얀마 군인은 들어가지 못한다. 중국 쪽에서는 경계가 없다. 라시오에서 출발하여 두 시간 정도 비포장도로를 달려가면 잘 포장된 중국 측 고속도로가 나온다. 와족 지역은 중국의 전기와 인터넷, 무선통신망에 연결돼 있다. 블랙베리 스마트폰은 양곤에서는 사용하지 못하지만 여기서는 사용할 수 있다. 그 상류층은 대부분 중국에서 태어난 와족이다. (중국에도 와족이 있다). 중국식 이름을 가지고 애들도 중국학교에 보낸다. 다들 부유하고 중국당국의 암묵적 지지를 받는다. 미얀마에서 가장 벽지(僻地)였던 곳이 새로운 부의 중심에 가장 가까운 곳이 됐으니 참으로 놀라운 반전이다. 산 위에 초라하게 있던 초가집 동네가 한때 싱가포르와 견주던 양곤보다 더 번화해졌다.

이처럼 놀랍고 신기한 것이 와족의 변신이지만 더욱 신기하고 이상한 곳이 있다.5 더 남쪽으로 내려가 메콩강을 따라 라오스와의 접경지역에 있는 '몽라'라는 도시다. 원래 공산 반군 기지의 하나였던 것이 버마 공산당이 붕괴한 1989년 이후 1990년대 중국인들의 값싼 관광지로 떠올랐다. 도박장, (남녀가 옷을 바꿔입고 들어가는) 성도착증 카바레, 24시간 영업하는 식당과 나이트클럽, 아시아 전역 심지어 러시아와 우크라이나에서 온 매춘부가 있는 집창촌 등이 있는 세계적인 환락 도시가 됐다. 이 지역의 공식 주소는 미얀마 연방공화국 샨주 제4 특별지역이다. 이곳을 지배하는 사람은 린밍샨이라는 이름의 중국인인데 중국 문화혁명 시절 홍위병 출신이다. 이후 버마 공산당에 '지원병'으로 참가하여 '835전역(戰域)'의 사령관까지 올라갔다. 휴전이 이루어지자 휘하의 병력을 유지한 채 나름 새로운 시장을 개척하려고 노력했다. 그 노력이 결실을 보아 2000년대 초 하루에도 수천 명의 중국인이 국경을 건너 몰려와 돈을 쓰고 가는 황금알을 낳는 거위 몽라를 건설했다.

린밍샨은 도시를 내려다보는 절벽 위에 파스텔 색조로 마이애미 해변식 맨션을 짓고 산다. 중국인과 미얀마인 VIP가 찾아오면 직접 거대한 카지노

홀에서 접대한다. 4~50년 된 낡은 차가 즐비한 양곤의 거리와 달리 이곳에는 최신형 SUV가 즐비하다. 매춘이 주요 사업의 하나지만 관리를 철저히 한다. 별도로 홍등가를 만들어 관리하고 매춘부들은 정기적으로 건강검진을 받도록 한다. 러시아 여자는 중국과 미얀마 여자보다 50% 높은 화대를 받는다. 마약상을 했던 과거를 청산했다는 것을 보여주기 위해서인지 밝은 분홍빛 건물로 마약퇴치 박물관을 지었다. '와족' 지역과 마찬가지로 이곳도 '원더랜드의 엘리스'다. 산골 중의 산골이 갑자기 작으나마 초현대식 도시가 됐다.

제대로 된 국가지도자라면 이런 변태적 도시가 달가울 리 없다. 베이징의 최고위층은 얼굴을 찌푸렸다. 정부 관리들이 일은 안 하고 도박장에서 살다시피 하면서 돈을 쓰고 또 잃는다. 그 돈은 장부를 조작하여 빼돌린 정부 예산이다. 그렇게 넘어간 돈이 수천만, 어쩌면 수억 달러에 이른다. 당 고위간부의 딸이 주말을 즐기러 몽라에 갔다가 25만 달러의 돈을 잃고 돌아왔다. 베이징은 마침내 제재 명령을 내렸다.

2005년 1월 중국인민해방군이 (작전명 '청시'[青矢]에 따라) 몽라로 진입했다. 카지노를 폐쇄하고 국경을 봉쇄했다. 그러나 린밍샨은 역시 대단했다. 타고난 기업가 정신을 발휘하여 위기를 기회로 바꾸었다. 사업을 온라인으로 전환하여 오히려 더 큰 돈을 번 것이다. 2007년 몽라 주변에 수십 개의 카지노를 새로 만들고 그것을 카메라를 통해 초고속 인터넷망에 연결했다. 이제 중국인들은 굳이 몽라까지 멀리 가지 않고도 수백만 달러짜리 도박을 즐길 수 있게 됐다.

중국이 미얀마로 깊숙이 침투해 올 수 있었던 것은 폭력이 난무하는 가운데 분열되어 서로 불신하는 사회적 조건이 있었기 때문이었다. 작은 군벌과 사업가, 인종지도자, 군인들이 서로 이익을 추구한 결과였다. 1980년대 중국과의 국경이 열렸을 때 처음 들어 온 것은 라시오를 거쳐 만달레이에 깔린 중국제 저가 공산품이었다. 이어 벌목공들이 들어왔다. 미얀마의 북쪽과 동쪽의 산은 하루에도 수백 대씩 이동하는 트럭을 채우느라 금방 민둥산이 됐다. 카친의 높고 깊은 산은 비취의 주산지로 옥(玉)을 좋아하는 중국인들이 오래 탐내던 곳이다. 카친에 휴전이 시행되면서 마구잡이로 채취된 비취가 윈난성과 홍콩으로 팔려나갔다. 2010년 한 해 동안 중국으로 팔려간 미얀마산 옥의 가치는 40억 달러를 넘었다. 물론 마약을 빼놓을 수 없다. '황금의 삼각지대'의 등록상표였던 헤로인은 갈수록 많은 중국인을 중독시키고 갈수록 많이 팔렸다.

중국인들은 농장도 사들였다. 주로 고무농장이지만 사탕수수·멜론·파인애플 농장이 우후죽순처럼 생겨났다. 각기 백만 평이 넘는 대규모였다. 중국인들이 사들였다는 말은 어폐가 있다. 지방정부 혹은 군으로부터 '장기임대'형식을 취했기 때문이다. 사들였건 장기임대를 했건 그곳에 살며 농사짓던 버마족과 카친족, 샨족은 쥐 꼬리 만한 보상금만 들고 고향을 등져야 했다. 그렇게 집을 떠난 토착민의 수가 얼마나 되는지, 수천 명인지 수만 명인지 수십만 명인지는 알 수 없다.

미얀마에는 다른 상품도 많았다. 중국인들은 로마인들처럼 뭐든지 다 먹는 것으로 유명하다. 이상할수록 처음 보는 것일수록 더 좋아한다. 몸에 좋다며, 정력에 좋다며 온갖 희귀한 동물을 다 잡아먹는다. 미얀마 숲속 깊숙이에는 설표(雪豹)와 코뿔소처럼 멸종위기에 처한 동물들이 있다. 희귀하니 돈이 되고 그것을 잡아 일확천금을 노리는 사람들이 득실거린다. 뉴욕의 환경주의자 알란 라비노위츠 씨가 얼마 남지 않은 미얀마 호랑이를 살리고자 열심히 뛴 결과 정부는 최북단의 넓은 지역을 자연보호구역으로 지정했다. 그럴수록 값이 더 뛰니 그것을 제대로 이행하기란 불가능했다. 이렇게 상품화된 희귀물품이 주로 몽라에서 거래됐다. 야생동물 불법 거래를 막고자 결성된 국제 네트워크 TRAFFIC에 따르면 몽라의 시장에서 구름표범의 가죽, 코끼리 가죽, 살아있는 곰에서 채취한 웅담, 죽은 흰 꿩(백한[白鵬])을 발견했다. 호랑이는 샅샅이 해체되어 호피는 물론이고 호골, 발톱 달린 앞발, 성기, 그리고 이빨까지 따로 팔았다. 개인이 소장하거나 복용하고자 하는 '실소비자'도 있지만 다른데 팔고자 하는 상인도 많았다. 호골주(虎骨酒)는 몸에 좋다며 작은 병 하나에 88달러에 팔리고 있었다. 직접 오지 못하면 국경 건너 중국 도시 다루오(打洛)에서 전화로 배달 주문도 할 수 있었다.

여자도 물건으로 거래된다.[6] 중국에서는 1978년부터 철저한 산아제한정책, 즉 1가구 1자녀 정책을 폈다. 남아선호가 심한 중국이니 태아가 여아로 판별되거나 의심되면 낙태도 서슴지 않았다. 그 정책을 한 세대 동안 실시한 결과 심각한 남초 현상이 생겼다. 남성이 여성보다 4천만 명이나 많아졌다. 결혼하려면 나라 밖에서 배우자를 찾아야 하는 남자가 4천만 명이라는 소리다. (남아선호가 없는) 미얀마에는 이것 또한 사업—물론 불법이지만—이 됐다. 중국의 가난한 농촌 청년은 미얀마 신부를 2만 위안에서 4만 위안, 미화로 따지면 3천 달러에서 6천 달러를 주면 살 수 있다. 어마어마한 지참금에 비하면 껌값이다. 미얀마 여성들은 대개 취직시켜준다는 꼬임에 넘어가서 팔려간다. 그랬다가 도망쳐 돌아온 이들도 더러 있다.

모두 무시할 수 없는 일이지만 규모로 따지면 이들과 비교할 수 없는 것이 있다. 세계의 공장이라는 거대한 산업화를 통해 경제성장에 매진하는 중국이 나라 밖에서 가장 절실하게 필요한 것이 있다. 바로 에너지다.

조만간 완공될 파이프라인을 통해 석유와 가스가 중국으로 흘러 들어갈 것이다. 또 미얀마에는 큰 강이 여럿 있다. 히말라야와 티베트에서 발원하여 벵골만으로 흘러나가는 이라와디강과 살윈강이 대표적이다. 이 두 개의 강에는 아직 댐이 건설되지 않았다. 살윈강은 아직 사람 손을 타지 않은, 세계에서 가장 긴 강으로 그 주위에 있는 동식물에 관한 연구가 이제 막 시작됐다. 그런데 그 연구를 계속할 시간이 없을 것 같다. 중국의 국영기업이 미얀마 군부와 협상하여 살윈강 상류에 90억 달러를 들여 발전용량 7.1 기가와트의 대형수력발전소를 짓기로 한 것이다.[7] 또 이라와디강 상류 미치나 북쪽에는 이미 댐이 건설되고 있다. 1만 명에 가까운 중국 노동자들이 몰려와 작은 임시막사에서 머물며 공사를 진행하고 있다. 살윈강 남쪽에도 댐을 건설할 계획이 진행 중이다. 모두 완공된다면 20기가와트의 전기를 생산하게 된다. 20기가와트가 얼마인지 감이 잘 가지 않으면 이렇게 생각하면 된다. 현재 미얀마 사용하는 전기의 총량은 그것의 10분의 1에도 미치지 못한다. 미얀마보다 인구도 많고 발전수준이 높은 태국에서 사용하는 전기의 총량이 20기가와트 정도이다. 그 전기의 일부분은 미얀마에 남겠지만 대부분은 중국으로 갈 것이다. 세계은행의 지원을 받아 댐을 짓는 경우 매우 세밀한 환경평가가 필수적이다. 그러나 서방 정부의 제재로 인해 미얀마는 세계은행의 자금을 이용할 수 없다. 미얀마가 전기를 절실히 필요로 한다는 것은 두말할 필요도 없다. 또 전기를 팔면 큰돈이 들어오는 것도 사실이다. 그러나 잠재적인 환경 파괴와 그로 인한 피해는 이루 말할 수 없을 것이다. 댐이 건설되는 지역만이 아니다. 이 두 강은 미얀마의 젖줄이다. 그것을 통해 수천만의 인구가 먹고 산다. 그들의 삶이 어떻게 변할지 따져본 사람은 없다.

라시오에 지어진 관음사(觀音寺)는 미얀마에 있는 중국식 사찰 중 가장 크다. 이 절에서 모시는 관세음보살은 대승불교에서 자비의 보살이다. 내가 찾은 날은 마침 휴일이어서 경내는 많은 사람으로 북적거렸다. 그냥 산책 온 사람도 있었고 버선을 신고 법당을 오가는 이도 많았다. 머리를 민 스님과 동자승도 여럿 있었다. 승복은 자주 보던 어깨에 걸치는 적갈색이 아니라 양팔을 꿰는 일본의 기모노 같은 형태의 회색이었다. 몇 단의 넓은 계단이 몇 차례 거듭되면서 법당으로 연결됐다. 법당은 이중 지붕으로 된 거대한 건물이었는데 안에는 대형 관세음보살상 셋이 있었다. 보살상 앞에서는 많은 중국인 남녀가 향을 피우고 양초를 밝힌 후 눈을 감고 기도를 하고 있었다. 향과 촛불에서 가끔 검은 연기가 피어올랐다가 공중에서 흩어졌다. 법당 옆에는 조상전(祖上殿)이 있었다. 벽에는 손오공의 이야기가 그림으로 그려져 있었다.

아래 광장에는 작은 회전목마가 있었다. 애들이 이리 뛰고 저리 뛰며 놀고 있었다. 남자아이들을 모두 장난감 총을 들고 있었다. 분홍색 공주 차림을 한 여자아이들도 있었다. 부모들은 아이들에게 빙과를 사주고 자신들은 사탕수수 주스를 사 마셨다. 수박은 누구나 먹었다. 회색 승복을 입은 동자승들도 뛰어놀고 있었다. 다만 손에 총은 들고 있지 않았다. 너무 시끄러우면 스님 한 분이 다가와 나지막하게 야단을 쳤다. 부유해 보이는 사람들은 아예 카메라를 가지고 왔는데 저 멀리 푸른 샨고원을 배경을 가족사진을 찍었다.

나는 절에서 택시를 타고 시내로 갔다. 만달레이에서 소개받고 연락처를 얻은 한 중국인 사업가를 만나기 위해서였다. 라시오에 거주하는 사람은 아니지만 지금 플라스틱 공장을 짓느라 몇 주 동안 와 있다고 했다. 그는 이렇게 말했다.

"서방 정부의 경제제재가 영원히 계속됐으면 좋겠소."

이 중국인 사업가는 작달막하고, 통통하며 중국인 특유의 동그란 얼굴이었다. 밖은 어두워지고 있었고 우리는 작은 식당에서 조니워커 위스키에 얼음을 타서 마셨다. 안주로 작은 접시에 볶은 땅콩이 나왔다.

아, 물론 나쁜 일인 줄 알아요. 그러나 우리한테는 큰 도움이 되거든. 지금 라시오에는 중국 사람이 무척 많이 살고 있어요. 공자학원이 곧 생긴다는 말도 있지요. 그러면 좋죠. 미얀마의 정치 발전에도 도움이 될 겁니다. 미얀마는 민주주의가 필요 없어요. 적어도 당분간은. 그래도 정부는 더 좋아져야죠. 유교가 큰 도움이 될 겁니다. 암, 그럼요.

그는 원래 중국내륙에 있는 후베이(湖北) 출신으로 미얀마가 후진국이지만 잠재력이 큰 나라라고 생각하고 있었다. 우리가 헤어지려고 일어났을 때 이렇게 말했다.

"이거 알아요? 나는 이제 이 나라에서 제법 오래 살았어요. 그래서 이 나라 사람들에 대한 애정이 있어요. 미얀마는 이보다 더 잘 살아야 마땅해요. 자격이 있어요."

지금까지의 중국을 어떻게 평가할 것인가? 책임 있는 이웃 나라로서 이 나라의 오랜 내전을 끝내는 것을 배후에서 돕고 기반시설을 짓고 경제에 투자하고 그리하여 미얀마를 21세기로 이끌어 왔는가? 아니면 눈에 띄는 것은 무엇이든 먹어 치우고 환경이니 개인이나 공동체의 권리 따위는 아랑곳하지 않는 불가사리와 같은 괴물이었는가? 미얀마와 같이 작고 못사는 나라가 중국과 같은 세계적인 경제 대국 옆에 있는 것은 커다란 이점이 될 것이라고 하는 사람들이 있는데 과연 그런가? 중국의 영향력이 세계로 뻗어 나가고 있는 지금 미얀마는 어쩌면 탄광 속 카나리아와 같은 존재인지도 모르겠다.

몇 년 전 내가 지도를 보면서 생각한 것은 중국과 인도가 서로 접근하면서 그 사이 미얀마를 통과한다는 그냥 단순한 산술과 같은 것이었다. 그런데 미얀마는 그렇게 단순한 객체가 아니었다. 미얀마 내부의 상황도 복잡하기 짝이 없고 그 복잡함이 미래의 방향에 큰 영향을 미칠 것이었다. 서방의 경제제재로 말미암아 미얀마 군부는 중국으로 끌려 혹은 밀려가지 않을 수 없었고

제5장 새로운 변경

그에 따라 중국은 절호의 사업기회를 만났다. 미얀마 정부가 중국과 손을 잡은 것은 외교적 필요에 따른 전술적인 것이 틀림없었다. 그러나 정부가 모든 것을 통제할 수 있는 것은 아니다. 그 결과로서 미얀마가 중국에 원자재를 공급하는 의존관계에 항구적으로 안착할 것인가? 이곳, 중국과 미얀마가 만나는 새로운 접점의 상황은 엄청나게 복잡하고 복합적이다. 여전히 많은 단체가 무장하고 있다. 휴전은 아직 평화로 바뀌지 않았다. 중국이 기반시설 건설에 수십억 달러를 쏟아부어도 상황은 달라지지 않았다. 이 복잡한 미얀마의 정치적 상황을 어떻게 자국에 유리하도록 이끌어갈 것인가? 과연 가능할 것인가?

미국이 주위를 맴돌고 있다. 아직 미국과 미얀마의 대화는 이렇다 할 결과를 가져오지 못했다. 오바마 대통령은 집권 초기에 중국과 새로운 동반자 관계를 구축하겠다고 했다. 그러나 2010년이 되면서 그 관계는 껄끄러워지기 시작했다. 곳곳에서 경쟁이 시작됐다. 미얀마는 미국의 안중에 없었고 따라서 중국이 미얀마의 상황을 주도한 것은 놀랄 일이 아니다. 물론 상황은 변할 수 있다. 그러나 미얀마야말로 아시아에서 미국의 영향력이 쇠퇴하고 있다는 것을 보여 주는 단적인 예다.

그러면 인도는 어떤가? 중국만큼 빠른 속도는 아니나 미얀마와 인도의 무역도 빠르게 증가해왔다. 그러나 이 무역은 내용 면에서 중국과 크게 다르다. 미얀마는 인도로 연간 10억 달러어치의 대두를 비롯한 곡물을 수출하고 인도에서 약품류가 주종인 공산품을 수입한다. 이 무역은 육로가 아닌 해로로 양곤 항을 통해 이루어진다. 양국 정부는 국경을 잇는 도로망을 개선하고, 인도가 미얀마의 항구를 건설하는 문제를 논의했다. 그러나 그야말로 '말'뿐 행동으로 이어지지는 않고 있다. 현재 미얀마-인도 관계는 미얀마-중국 관계와 크게 다르다. 왜 그런지 뒤에 분석할 것이다.

그런데 더 중요한 요소로 중국 자체의 문제가 있다. 도대체 중국이 원하는 것이 무엇인지 아직도 알 수 없다. 미얀마와 접하는 중국의 지방 윈난(雲南)의 역사에 대해서는 아는 바가 있다. 그런데 내가 알고 있는 윈난의 다양하고 화려하고 낭만적인 역사가 지금 그곳에서 넘어오는 공격적이고 추악한 자본주의의 물결과 어떻게 어울리는지 도저히 감이 오지 않는다.

 라시오부터 도로포장 상태가 급격히 좋아졌다. 국경도시 무세까지 이르는 길은 고속도로 수준이었다. 그 길은 '아시아 월드'라는 기업이 건설하고 이용료를 받는 민자(民資) 도로인데 그 회사의 소유주는 다름 아닌, 1970년대 마약왕이자 군벌이었던 로싱한의 손자다. 곳곳에 검문소가 있었다. 새로 개척한 농장에서 재배한 수박을 가득 실은 트럭이 동쪽으로 달려갔다. 무세는 국경도시이다. 미얀마 쪽에는 지붕을 녹색으로 칠한 거대한 창고가 줄을 이었고 그 옆에 세관이 있다. 중국 쪽 도시 루이리(瑞麗; 瑞丽)에는 높은 사무실 건물과 호텔이 하늘을 찌른다. 밤에도 휘황찬란하다. 나는 거기서 발길을 돌려야 했다. 국경을 건널 수 있는 증명서가 없었기 때문이다. 그래서 일단 양곤으로 돌아가서 비행기를 타고 베이징으로 갔다가 바로 눈앞에 보이는 저곳 중국 쪽 국경에 올 것이다. 그리고 윈난성을 여행할 계획이다. 윈난성은 전에, 근 20년 전에 와 본 적이 있다. 그 외에도 꼭 가보고 싶었던 곳이 있다. 잊힌 왕국과 사라진 문명의 그 땅!

제 2 부

남서쪽의 오랑캐들(西南夷)

[중국]

제 1 장

말라카 딜레마

베이징(北京)

 알렉산드로스 대왕이 세계정복에 나설 무렵, 즉 기원전 4세기 중국은 전국시대였다. 전국시대의 여러 나라 중 하나가 진(秦)나라였는데 그때 왕은 효문공(孝文公)이었다. 알렉산드로스만큼은 아니었으나 그도 정복 전쟁에 나서 후대 진시황(秦始皇)이 최초로 중국을 통일하고 오늘까지 이어지는 중화(中華)제국의 기초를 닦았다. 진나라는 황하의 상류, 고비사막에 인접한 마르고 척박한 땅에 있었다. 그 남쪽 지금의 쓰촨성(四川省)에 촉(蜀)나라가 있었다. 비옥하고 풍요한 곳이었다. 자체의 언어와 풍습 즉 독자적인 문명이 있는 나라였다. 촉나라는 전국칠웅(戰國七雄)에 속하지 않았고 진나라에 위협이 되지도 않았다. 반대로 진나라의 시각에서 볼 때 촉을 정복하면 국력이 증진되어 쟁패(爭霸)에 도움이 될 수 있었다. 그래서 촉을 정벌하기로 했다. 문제는 진나라와 촉나라 사이에 있는 높고 험준한 산이었다. 그 사이의 길은 대군을 이끌고는 도저히 갈 수 없었다.[1]

 그래서 계략이 필요했다. 그때 진나라는 촉에 후궁을 진상하는 등 촉과 교류가 있었다. 그 무렵 촉나라의 왕은 남색(男色)에 빠져있었는데 최근 애인을 잃고 크게 상심하고 있었다. 평소에도 촉왕은 방탕하고 난폭하여 민심을 잃었다. 진왕 효문공은 돌로 소의 모습(石牛)을 제작하여 촉나라의 사신이 오가는 길에서 보이도록 두었다. 그리고 주위에 금을 쌓아두어 마치 소가 금으로 된 똥을 누는 것처럼 보이게 했다. 그 소문을 듣고 탐심이 생긴 촉왕이 그 소를 보내 달라고 요구했다. 효문공은 기꺼이 보내드리고 싶지만 무겁고 귀한 석우를 보낼 길이 마땅치 않다고 했다. 그래서 촉왕은 장사들을 보내 잔도(棧道)를 내게 했다. 효문공은 그 잔도를 이용해 촉을 정복했다. 그때 이후 쓰촨 지방은 중국 역대왕조의 직할 영토가 됐다.

1970년대 말 중국공산당이 대규모 개혁을 단행했다.[2] 정치적 통제를 강화하되 경제는 자유화하는 개혁이었다. 이 개혁이 시장의 무한한 잠재력을 풀어놓았다. 그 잠재력을 십분 활용하여 중국이 세계적인 경제 대국으로 자랐다. 덩샤오핑(鄧小平)의 지도에 따라 집단농장을 해체하고 사기업을 장려했다. 거주이전의 자유가 없던 중국인들은 이제 살던 곳을 떠나 마음대로 여행하며 직장을 찾을 수 있게 됐다. '경제특구'를 설치하여 해외투자를 유치했다. 1990년대 초 덩샤오핑은 보수주의자들의 반발을 제압하고 '부자가 되는 것은 영광스러운 일'(致富光榮)이라며 시장개혁에 채찍을 가했다. 이후 30년 중국경제는 숨 가쁘게 달려 지금에 이르렀다.

    중국 경제개혁의 성과는 너무나 잘 알려져 있다.[3] 세계시장을 노린 제조업은 끝없이 성장했다. 공식통계에 따르면 중국의 수출주도형 경제는 8~15%대의 성장률을 보였다. 2008년 세계경제위기도 중국 경제성장의 발목을 잡지 못했다. 2010년 일본을 따라잡고 미국에 이어 세계 제2의 경제 대국이 됐다. 외화 보유액은 2조 달러를 훌쩍 넘겼고 일인당 국민소득도 20년 사이 20배 증가했다. 1978년 64%에 달하던 빈곤층 이하 인구의 비중은 이제 10%로 줄었다. 기대수명도 극적으로 늘었고, 한때 80%에 달하던 문맹률이 10% 이하로 떨어졌다.

수억 명의 인구가 지방으로부터 이주하여 동남해안의 거대도시로 몰렸다. 인류 역사상 가장 큰 규모의 인구 이동이었다. 이제 도시지역에 거주하는 인구의 비중은 18%에서 39%로 늘어났다. 1978년에 인구 2천 명당 1대꼴이었던 전화는 2011년 전체 인구 83%가 소유하게 됐다. 그때 텔레비전은 3천 명당 1대꼴이었지만 2011년에는 인구의 3분의 1이 인터넷을 사용한다. 사회 기반시설 구축에도 공을 들여 중국의 고속철도는 세계에서 가장 빠른 속도를 자랑한다. 수십 개 세계수준의 공항을 새로 지었다. 일부 도시는 완전히 새로 건설하기도 했다. 덩샤오핑이 개혁을 시작했을 때 상하이에는 20층 이상의 건물이 단 세 개 있었다. 지금은 2천 개가 넘는다. 지금까지 한 번도 없었던 규모와 속도의 산업혁명이 중화인민공화국에 사는 13억 인구의 삶을 지금도 바꾸고 있다.

나는 어렸을 때부터 중국을 동경(憧憬)했다. 자라면서 태국에서 몇 년 동안 살았다. 그때 가족과 더불어 동남아 여러 도시를 여행했다. 싱가포르와 페낭과 같은 도시에 갔을 때 중국의 문화가 그대로 남아있는 것을 봤다. 바로 화교(華僑)의 세계였다. 전 세계적으로 6천만 명에 달한다는 화교는 대부분 중국 동남해안지방 출신이었다. 예컨대 현재 미국에 있는 중국계는 거의 전부 (광저우[廣州]와 홍콩 근처에 있는) 주강(珠江) 삼각주에 있는 작은 곳에서 온 사람들의 후손이다. 말하자면 전 세계에 퍼져 사는 유럽인이 모두 노르웨이나 포르투갈에서 온 사람들의 후손이라는 식이니 얼마나 비상한 일인지 알 것이다. 태국에 살면서 나는 중국의 이 부분과 친숙해졌다. 음식과 억양, 사람들의 외양. 그런데 중국이라는 그 거대한 나라의 다른 부분은 몰랐다. 그때 중국은 문화혁명의 끝 무렵, 덩샤오핑이 개혁을 막 시작하던 무렵이었다. 중국을 관광하는 것은 거의 불가능할 때였다.

미국에서 대학을 다니면서 중국의 역사와 정치에 대해 여러 과목을 수강했다. 집중 중국어 과목도 들었다. 내가 중국 본토를 처음 간 것은 1991년의 일이었다. 바로 미얀마 국경의 카친 지역을 가는 길에 윈난성을 들렀었다. 베이징을 비롯한 중국의 큰 도시를 찾아간 것은 2000년 이후의 일이었다. 그때는 이미 중국이 초고속성장을 하고 있을 때였다. 이제 2009년에 다시 왔다. 그사이 일어난 변화의 폭과 속도에 그저 입을 벌리고 감탄만 할 따름이었다.

베이징의 신공항은 넓고 매우 효율적이었다. 입국 심사를 하는 이민국 직원도 너무나 친절하여 도대체 지금 공식적인 질문을 받는 건지 그냥 안내를 받는 건지 구별이 안 될 정도였다.

"얼마나 계실 건가요?"

"어느 나라에서 오셨나요?"

"중국은 처음인가요?"

"좋은 시간 되세요."

2008년 베이징 올림픽에 맞추어 건설한 신공항은 런던 히스로 공항에 있는 터미널 5개를 합친 것보다 컸다. 여행전문잡지 <콩데 나스트 트레블러>(Conde Nast Traveller)가 '세계 최고의 공항'으로 선정했다. 올림픽을 치르느라 사용한 공사비만 3백억 달러였다. 9만 명의 관중을 수용할 수 있는, 생긴 모습 때문에 '둥지'(鳥巢)라는 별명이 있는 국립경기장을 새로 지었다. 외관은 4만 2천 톤의 강철, 내관은 비와 바람과 자외선을 차단하도록 이중 플라스틱으로 돼 있다. 옆에는 베이징 수영장(北京国家游泳中心)이 있다. 물방울처럼 생긴 3천 5백 개의 반투명 외벽으로 장식되어 매우 아름답다. 그리고 물로 둘러싸인 거대한 달걀 모양의 '국립극장'도 있다. 도착한 다음 날 아침 나는 넓고 깨끗하게 포장된 대로를 따라서 오래 걸었다. 대형광장과 쇼핑몰, 사무실 건물이 줄을 이어 있었다. 많은 자동차와 보행자가 있었지만 거대한 건축물에 가려져서 존재감을 느끼기 어려웠다.

베이징의 지리적 위치는 중국의 외곽에 가깝다. 남쪽으로는 다양한 방언(方言)—거의 프랑스어와 스페인어만큼이나 서로 달라서 방언이라기보다 차라리 별개의 언어라고 하는 게 나을지 모른다—을 사용하는 사람들이 황하로부터 베트남과 미얀마 국경까지 2천 마일이 넘는 거리, 파리에서 카이로까지의 거리에 걸쳐 살고 있다. 그런데 북쪽으로는 1백 마일만 올라가면 고비사막이나 만리장성과 같은 변경에 이른다. 그 바깥쪽 광대한 몽골의 초원에는 몽골어나 터키어처럼 같은 계통의 언어를 사용하는 사람들이 북극해에서 에게해에 걸쳐 살고 있다.

베이징은 또 오래된 도시다.[4] 북방으로부터 중국을 정복했던 몽골 곧 원(元)나라가 이 도시를 처음으로 수도로 삼았다. 원나라를 몰아내고 나라를 세운 명(明)나라는 북쪽에서 나라를 통치하기로 하고 15세기 초 현재의 베이징을 건설했다. 북쪽 수도라는 뜻의 베이징(北京)은 내란 등으로 잠시 떠났던 때를 제외하면 그때 이후 지금까지 줄곧 수도였다. 이 광대한 제국 혹은 공화국을 통치하는 행정부의 중심이자 세계에서 가장 인구가 많은 도시 중 하나다. 지금 베이징의 도심은 크기는 광역의 뉴욕만하고 인구는 2천 2백만이다.

그런데 지금의 베이징은 오래된 도시 또는 오래된 도심 주위로 자연스럽게 팽창해 온 도시라는 느낌이 들지 않았다. 처음부터 먼 미래를 내다보고 계획한 도시라는 느낌이 압도적이었다. 지금 내가 묵고 있는 호텔의 주변은 금융가로 1천 개가 넘는 기업이 입주해있다. 철강과 유리로 지은 건물들이 마치 행진을 하듯 늘어서 있는 속에 미국의 골드만 삭스나 스위스의 UBS와 같은 국제적 기업이 중국의 인민은행과 나란히 있다. 뉴욕의 맨해튼이나 런던 중심부에는 수백 년 된 건물과 현대의 건물이 섞여 있으나 이곳은 다르다. 1950년대 옛날 건물을 헐고 잿빛 콘크리트로 네모반듯하게 소련식 건물을 세웠다. 이후 더 많은 건물을 부수고 새로 지어, 지금 있는 건물을 모두 수십 년 안에 지어진 비교적 새 건물이다.

중심의 상업 거리는 왕푸징(王府井)을 따라 있다. 뉴욕의 '5번가', 런던의 '본드가'에 해당한다. 중국의 거리라면 많은 사람이 밀고 어깨를 부딪치며 복작거리는 것을 상상하겠지만 이곳은 다르다. 보행자 전용의 넓은 거리에는 잘 차려입은 쇼핑객이 띄엄띄엄 보일 뿐이다. 이곳은 이름이 암시하듯 수백 년 동안 왕족과 귀족의 거주지였다. 지금은 고급상가로 가득 차 있다. '망고'나 '프렌치 커넥션'과 같은 상표를 앞세운 가게와 각종 패션쇼를 알리는 전광판 등을 지나 걸었다. 이어 거대한 쇼핑몰이 나왔다. 그 안에는 '구찌'니 '코치'니 '마르크 제이컵스'니 하는 명품가게가 입점해 있었다. 각종 음식을 파는 스낵거리가 따로 있었는데 바삭거리는 참깨 과자며 '누에고치 꼬치'나 '상어 기름에 튀긴 불가사리' 같은 것도 팔고 있었다. 처음 보는 음식이 입에 맞지 않으면 맥도널드나 켄터키프라이드치킨(KFC)도 있었다. (KFC가 중국에서 가장 인기 있는 즉석 음식 가맹점이다). 아직 쌀쌀한 봄날이었는데도 거리의 여인들은 양산을 들고 있었다. 여기서도 흰 얼굴이 여성의 매력 중 하나였다.

남쪽으로 가면 천안문 광장이 있다.[5] 마오쩌둥 주석의 초상화가 아직도 크게 걸려있다. 이 광장은 1950년대 군대의 사열과 열병을 위해 확장됐다. 1960년대 말 문화혁명 때 수십만 명의 사람들이 마오쩌둥의 인민복을 입고 『모택동 어록』을 손에 들고 주석에 대한 지지를 외쳤던 곳이다. 1989년 수십만 명의 사람들이 모여 민주적 변화를 외쳤던 곳이기도 하다. 20년 전 문화혁명과는 달리 이 시위는 탱크와 자동화기로 무장한 군대에 의해 진압됐다.

이튿날 자금성에서 다른 쪽 천안문 광장 옆 특별장소에 안치된 마오 주석의 시신을 보러 갔다. 많은 사람이 줄을 서서 기다리고 있었다. 마치 영화관에 들어가듯 입장권을 사서 큰 홀로 들어갔다. 수십 개의 화환이 있었다. 입장객은 소규모로 나뉘어 시신이 안치된 방으로 들어갔다. 어두운 조명 속에 "위대한 조타수"가 누워있었다.* 옆에서 한 여인이 조용히 흐느끼고 있었다. 각자 몇 초씩 시신에 대해 묵념을 하고 뒷문으로 나왔다. 밝은 태양에 눈이 부셨다.

　베이징은 과거의 냄새를 풍기지 않지만 그래도 의도적으로 과거의 흔적을 보존한 곳이 몇 군데 있었다. 천안문 광장에 크게 걸려있는 마오 주석의 사진이 그중 하나다. (나는 중국 다른 어디에서도 그의 사진이 걸려있는 것을 보지 못했다). 그의 시신을 보존하고 공개하는 것이 다른 하나다. 19세기 말과 20세기 초의 '선량한' 작가들의 집은 박물관으로 보존돼 있다. 그리고 자금성(紫禁城)이 있다. 짙은 황색 기와지붕에 붉은색 담벼락을 한 거대한 건물이다. 한편으로 이제는 사라진 '봉건적 잔재'지만 다른 한편으로는 이 나라 위대한 제국의 기억이다. 그리고 중국 문명의 오래됨을 자랑하고자 하는 흔적도 있다. 왕푸징이 끝나는 곳에 동방신천지(東方新天地; Oriental Plaza)가 있다. '도시 속 도시'라고 불린다. 여러 개의 쇼핑몰과 하얏트 호텔이 있다. 이곳이 건설될 무렵 유에 셴양이라는 이름의 눈 밝은 베이징대 대학원생이 건설현장을 지나다가 석탄처럼 검은 무언가를 발견했다. 그 주변을 파헤치자 동물의 유골과 석기(石器)가 나왔다. 그 자리에 작은 박물관을 짓고 출토된 유물을 전시하고 있다. 건물 옆에는 피부는 검지만 골격은 중국인을 닮은 여인의 실측 모형이 있다. 가죽으로 된 옷을 걸치듯 만듯하고 가슴을 드러내 아기에게 젖을 물린 모습이다. 내가 받은 팸플릿에는 이렇게 기록돼 있었다.

　"왕푸징에서 신석기시대 유물을 발견한 것은 국제적인 거대도시 한가운데서 신석기시대 유물이 출토된 세계 최초의 사례임. …… 손대지 마시오."

---

* 『위대한 조타수』(The Great Helmsman)는 마오 주석을 소재로 한 미국 극작가 데이비드 헨리 황(David Henry Hwang)이 쓴 극본의 제목이다.

2006년 11월 중국 국영 텔레비전 방송(CCTV)은 '강대국의 부상'(大國崛起)이라는 제목으로 12편의 시리즈를 방영했다.6 역사학 연구팀이 작성한 보고서에 기초하여 제작된 것으로 역사 속 여러 나라가 어떻게 '강대국'이 되었는지에 대한 이야기를 담았다. 중국이 이 방송의 제작과 방영을 허락한 것은 뭔가 새로운 정책을 예고하는 것으로 생각됐다. 그때까지만 해도 중국은 강대국화의 느낌을 주는 행보는 철저히 통제했기 때문이다. 불과 2년 전 후진타오(胡錦濤) 주석이 '평화적 부상'(和平崛起)을 언급했을 때 그조차도 도전적인 언사로 평가되던 분위기가 있었다. 이 시리즈는 15세기 포르투갈이 어떻게 강대국으로 부상했는지의 이야기로 시작해 오늘날 미국의 이야기로 끝을 맺었다. 웅장한 배경음악을 깔고 저음의 해설자가 독일과 일본이 저질렀던 실수에 대해 경고하고 배워야 할 교훈을 강조했다. 예컨대 영국이 세계적인 제국으로 성장한 배경에 무역과 해군이 어떻게 상호작용을 했는지 강조했다. 이사벨라 여왕의 담대함도 강조했고 '민족의 일체성'을 지키기 위한 에이브러햄 링컨의 결단을 높이 평가했다. 연구팀은 중국공산당 정치국에 출석하여 연구결과를 발표했다고 한다.

중국의 경제가 세계시장을 바꾸고 있다. 그에 따라 안보환경도 바꾸고 있다. 중국은 전통적으로 '대륙 국가'였다. 해양력을 게을리한 결과 아편전쟁에서 영국의 함대에 철저히 당하고 홍콩을 할양해야만 했다. 중국은 1433년 정화(鄭和)가 대함대를 이끌고 믈라카해협을 지나 인도양을 항해한 이후 더는 대양해군을 키우지 않았다. 에센 타이시가 이끄는 오이라트가 만리장성을 넘보는 등 내부의 문제가 더 시급했다. 모든 관심이 안으로 모이고 밖으로는 해금정책(海禁政策)이 시행됐다. 한편 1497~9년 바스쿠 다가마가 희망봉을 도는 항로를 발견한 이후 유럽이 아시아의 바다를 지배하기 시작했다. 포르투갈·네덜란드·프랑스·영국, 그리고 미국이 차례로 지배했다. 그런데 마침내 21세기의 중국이 바다를 지향하기 시작했다. 냉전이 끝난 이래 동해에서 페르시아만에 이르는 모든 해역을 지배한 것은 하와이에 본부를 둔 미국 태평양 함대였다. 이제 새로 부상한 중국이 그 판을 뒤집을 것인가? 미국의 걱정이 커졌다.

내가 베이징에 가기 직전 미국의 해군함정 '임페커블'(USS Impeccable) 함과 중국 선박이 다섯 척이 중국의 동남쪽 해상에서 희한한 대치극을 벌였다. 미국은 그 무렵 중국의 잠수함에 대한 추적을 강화하고 있었는데 — 임페커블 함은 잠수함 추적함이었다 — 그로 인해 중국이 화가 난 것이었다. 이 5척의 중국 선박은 임페커블 함에 위험할 정도로 가까이 기동하면서 중국의 국기를 흔들고 그 해역을 떠나라고 요구했다. 미군 함정은 접근을 막으려고 호스로 물을 뿌렸다. 그러자 갑판의 중국 선원들이 (수압을 견디기 위해서였는지?) 아랫도리를 벗어던지고 계속 추격했다. 미국국방부 펜타곤의 대변인은 중국이 국제법을 위반했다고 항의했다. 중국은 사과하지 않았다. 중국의 <인민일보>는 해군 부제독 진마오의 말을 인용하여 임페커블 함이 첩보함으로 나쁜 짓을 하고 있었다고 보도했다. "마치 전과자가 가정집 대문 앞을 얼쩡거리는 것과 같다"라는 것이 그 제독의 표현이었다.7 중국의 웹사이트 <단웨이>(單位, Danwei)는 한술 더 떠서 임페커블 함이 "007 영화에 나오는, 세계 제패를 꿈꾸는 악당" 같다고 했다.

인도도 중국이 군사 강국이 되는 것에 대해 우려가 크다. 중국과 인도는 원래 사이가 좋지 않았다. 히말라야산맥을 따라 정해진 양국의 국경을 둘러싼 분쟁이 있다. 중국은 인도의 동북쪽 지방 아루나찰 프라데시가 '남(南)티베트'이며, 따라서 중국의 영토라고 주장한다. 또 인도가 달라이 라마와 티베트 망명정부를 지원하는 데 대해 날을 세운다. 중국의 병력은 2백만이 넘는다.

인도의 병력도 1백만이 넘는다. 양국은 모두 핵무기를 보유하고 있다.

미국이 서태평양에서의 중국의 해군 활동을 우려하고 있는 데 반해 인도는 인도양에서의 중국의 해군 활동을 걱정한다. 중국에 있을 때 '델리 정책연구센터'의 전략전문가 브라마 첼라니가 <가디언>(*Guardian*)에 투고한 글을 읽었다. 이렇게 쓰고 있었다.

> 중국은 아시아에서 독보적인 강대국이 되고자 한다. 미래의 아시아 질서가 다극 질서가 될지 단극 질서가 될지는 인도양에서 결정될 것이다. 현재 그곳에는 힘의 공백 상태가 있고 중국이 바로 그 공백을 메우려고 한다.[8]

최근 시사주간지 <타임>(*Time*)은 '버마 : 새로운 거대경기'(Burma: The New Great Game)라는 제목의 특집을 실었다. 요지는 이렇다. 19세기 말~20세기 초 영국과 러시아가 중앙아시아에서 거대경기를 벌였던 이후 처음으로 새로운 거대경기가 진행되고 있다. 그때와 비슷한 '어둠 속의 대결'이 지금은 인도양에서 펼쳐지고 있다. 인도와 중국의 승부다. 인도 주변에 있는 파키스탄·스리랑카·방글라데시·네팔, 나아가 미얀마는 원래 인도의 텃밭이었다. 그 텃밭을 중국이 개간하고 있다. 통상을 늘리고 도로를 닦고 항구를 짓는다. 국기(國旗)가 무역을 뒤따르는 것이 과거 강대국 정치의 전형이었다. 국기란 곧 군대다. 중국이 서태평양에서 미국을 밀어내고 제1의 해양대국이 되는 것은 시간문제라고 주장하는 사람들이 있다. 인도양도 마찬가지다.

한 중국인 학자에게 어떻게 생각하냐고 물었다. 그는 픽 웃고 이렇게 말했다.

> 지금은 1914년의 유럽이 아니요. 서양의 강대국들이 서로 경쟁하고 전쟁한 경험을 반복할 필요가 없소. 중국은 여전히 가난한 나라요. 인도도 가난한

나라요. 주변의 모든 나라, 네팔, 방글라데시 등도 가난하오. 지금은 발전할 때요. 협력을 생각해야지 경쟁을 생각할 때가 아니오.

그러나 직설적인 사람도 있다.9 한 중국인 친구는 "미국이 중국을 깔아뭉개려고 한다"라고 말했다. 런던에서 공부하고 지금 다국적 기업에서 일하는 친구다. 50대에 장신인 친구는 청바지를 입고 랄프 로렌 스웨터를 입은 모습이 30대처럼 보인다. 우리는 싼리툰(三裏屯)에 있는 고급식당 중팔루(中八楼; the Middle 8th)에서 식사 중이다. 베이징 중심부 서쪽에 있는 싼리툰은 1990년대부터 나이트클럽으로 유명한 거리다. (미니스커트를 입고 호객행위를 하던 몽골과 러시아에서 온 미녀들은 2008년 올림픽으로 모두 추방됐다). 이 거리는 바와 카페, 식당으로 가득 차 있다. 길가에 플라스틱 테이블과 의자를 놓고 장사를 하는 곳도 있다. 우리가 간 식당은 윈난 음식 전문점으로 코스요리를 시켰더니 몇 종류의 버섯요리가 나왔다. 밝고 시끄러웠다. 젊고 옷을 잘 입은 중국인과 서양인들로 성황이었다.

'새우와 볶은 그물버섯'을 먹으며 친구가 말을 이었다. 미국은 중국에 대해 선입견이 있다. 중국을 지레 미래의 적으로 간주하고 그렇게 행동한다. 일본과 기타 태평양 국가들과 관계를 강화하고 인도를 끌어들이고 타이완에 최신형 무기를 판매한다. 미국은 전 세계에 함대와 기지를 두고 마음대로 침략하고, 세계 다른 모든 나라를 합한 것만큼이나 많은 군사비를 지출한다. 그런데 어떻게 중국이 미국보다 더 위험한 나라인가?

베이징에서 만난 다른 사람들도 이와 생각이 같았다. 2009년 미국의 군사비 지출은 (국방부와 국토안보부를 포함하여) 7천 380억 달러였다. 중국의 경우 적게는 695억 달러, 많아봤자 1천5백억 달러로 추정된다. 중국이 다른 나라에 위협이 된다는 생각은 황당할 따름이다. 중국은 오로지 '평화적 부상' 즉 화평굴기'를 추구할 뿐이라고 항변한다. 나는 덩샤오핑이 중국공산당에 남겼다는 유명한 말 '능력을 감추고 때를 기다려라'(韜光養晦)라는 말을 언급했다. 많은 나라 사람들이 중국이 그 능력을 감출 필요가 없게 되면 무슨 일이 생길지 우려한다고 말했다. 그러나 중국인들은 새로운 제국주의는 없을 것이라고 장담했다. 그저 중국인들이 지금보다 더 잘 사는 것, 그게 중국이 원하는 전부라고 했다. 중국이 다른 나라 시장을 열고 다른 나라 정부와 유대를 강화하는 것은 바로 그것을 위해 중국이 알아서 하는 일이다. 그렇게 해서 세상이 바뀌면 다들 그 새로운 세상에 적응하면 된다. 그것은 그들이 알아서 할 일이다.

중국의 대외정책이 팽창적인지를 둘러싼 논쟁과는 별도로 한 가지 확실한 것이 있다. 2000년대 말 지금 시점에서 중국 지도부가 지금까지의 성취가 계속될지에 대해 매우 우려하고 있다는 점이다. 2008년의 세계금융위기가 중국에 준 타격은 다른 나라와 비교해 확실히 작았고 그래서 중국의 미래에 대한 낙관론의 한 근거가 됐다. 그러나 표면에 드러나지 않은 것들이 있다. 정부에 만연한 부패가 그중 하나다. 중국의 가장 큰 시장인 미국 경제가 휘청거리는 것이 다른 하나다. 그런데 더 근본적인 문제가 두 가지 있다.

첫째는 불평등이다.**10** 두 가지 측면이다. 하나는 어느 나라나 있는 개인 사이의 빈부격차다. 다른 하나는 중국에서 독특한 것으로 동부 해안지방과 내륙지방 사이의 빈부격차다. 중국의 소득을 성(省)별로 따져보면 그것이 잘 드러난다. 잘 사는 순으로 봤을 때 홍콩이 가장 위에 있다. 일인당 소득이 4만 4천 달러 수준이다. 참고로 전국 평균은 6천 달러다. 홍콩의 소득수준은 미국을 비롯한 선진국과 거의 차이가 없다. 다음으로 베이징이나 상하이 같은 국제적 대도시의 평균 소득은 홍콩의 반이 채 안 되지만 여전히 높은 1만8천 달러로 대체로 폴란드나 헝가리 수준이다. 개방을 가장 먼저 한 해안지방 광둥(廣東)의 경우 브라질과 비슷한 1만 달러 수준이다.

그러나 내륙으로 들어가면 그 숫자는 크게 달라진다. 산시성(山西省)의 경우 전국 평균과 같다. 대체로 이집트나 과테말라와 같다. 그런데 매우 못사는 지방이 있다. 모두 서쪽과 서남쪽에 몰려있다. 윈난성은 밑에서 세 번째인 3천4백 달러로 베트남이나 필리핀 수준이다. 가장 밑을 차지한 성은 윈난에 이웃한 ―귀하다는 이름에 어울리지 않게― 구이저우성(貴州省)이다.

다시 말하자면 동쪽에서 서쪽으로 가면서 미국 수준의 소득이 동남아 가장 못사는 나라 수준의 소득으로 급전직하하는 것이다. 중국 정부의 전략가들에게 있어 동서 간의 빈부격차를 줄이는 것이 가장 시급한 일인 것이 당연하다. 지도를 보면 그 동서 간의 격차는 바로 바다와의 거리 때문이다. 바다에서 멀다는 것은 바로 국제무역에서 멀다는 뜻이다. 외국인 투자의 90% 정도가 해안 도시에 집중됐다. 그리고 바로 그 도시들이 발전했다. 앞으로도 발전하려면 공항을 짓고 도로를 닦아 내륙지방을 동해안으로 연결해야 한다.

그런데 이 해안-내륙의 격차를 줄이는 또 다른 방법이 있다. 바로 중국을 (미국처럼) '두 개의 해안을 가진' 나라로 만드는 것이다. 중국은 1999년 '서부 대개발 전략'을 공식적으로 천명했다. 미얀마를 통한 인도양으로의 진출은 바로 이 전략의 일부다. 그 생각은 학계에서 처음 주창한 후 정부가 공식 채택했다. 서부를 개발하려면 사회 기간시설에 대한 대규모 투자가 있어야 했고 그래서 이미 수백억 달러가 사용됐다. 인도양에 진출할 수 있다면 금상첨화다. 누구나 다 수긍하는 부분이다. 그런데 어떻게 할 것인가? 우선 미얀마의 군부정권을 끌어안아야 했다.

중국이 처한 두 번째 문제는 '인종 문제'다. 멀리서 보면 중국은 거대한 단일 국가처럼 보인다. 물론 티베트가 중화인민공화국의 가장 서쪽에 있다는 정도는 알고 북서쪽에는 위구르족이 사는데 최근 그 위구르족과 한족이 충돌했다는 소식 정도는 들었을지 모른다. 그러나 중국의 인종 문제가 얼마나 복잡한지 또 중국 지도부가 인종 문제를 얼마나 심각하게 생각하는지는 잘 알지 못한다. 경제개발로 인해 급속한 사회적, 경제적 변화가 진행되고 있는 시점에 이 다양한 인종 집단을 통합해 나가는 것은 중국 지도부가 가장 중요하게 생각하는 문제 중 하나인 것이다. 중국의 한(漢)족은 과거 한나라 혹은 그 이전 중국의 본류를 이어 온 단일한(혹은 방언을 생각하면 다양한) 중국어를 사용하는 사람을 말한다. 그런데 다른 언어를 사용하고 역사의 뿌리도 다른 곳에서 찾는 많은 소수민족이 있다. 이들 소수민족 또는 인종이 전체 인구의 7% 정도를 차지한다. 에계! '겨우 7%?'가 아니다. 1억이 넘는다. 프랑스와 스페인의 인구를 합친 인구와 맞먹는다. 땅으로 따지면 중국 영토 절반 이상의 땅에서 이들은 '소수'가 아니라 '다수' 인종이다.

서쪽 끝에는 석유와 천연가스가 풍부하게 매장된 신장(新疆) 지방이 있다. 그리고 거대한 티베트 고원이 있다. '티베트 자치구'만을 말하는 것이 아니다. 칭하이(靑海)성, 그리고 전통적으로 티베트어를 사용하는 사람들이 사는 쓰촨성, 윈난성, 구이저우성 일부도 티베트 고원에 포함된다. 그리고 서남쪽의 윈난성 전체, 광시(廣西), 광둥(廣東)의 일부 지역이 포함되는데 전체로서 4천만이 넘는 비(非) 한족 중국인이 산다. 나시족(納西族)이니 이족(彝族)이니 다이족(傣族)이니 하는 서방에서는 이름도 들어보지 못한 인종이 있다.

중국의 지도부는 여전히 오래지 않은 과거의 아픈 기억을 간직하고 있다. 중국이 여러 군벌 그리고 기타 인종들 사이에 쪼개져 있었던 과거이다. 역사적으로 인종 분열이 다양한 양태로 나타났던 만큼 그에 대한 대응도 다양한 방식으로 이루어졌었다. 그러나 지금은 만병통치약이 있다. 바로 지속적인 경제성장이다. 더 좋은 일자리를 더 많이 만들면 그런 문제는 일단 잠복했다가 장차 사라질 것이었다. 미얀마는 중국의 소수민족이 가장 많이 밀집된 윈난의 옆에 자리 잡고 있다. 중국의 미얀마 정책은 무엇보다 윈난의 경제를 일군다는 목적에 종속된다. 그러기 위해서도 미얀마의 군부를 끌어안아야 했다.

서양 장기 체스는 원래 서양이 아니라 동양, 즉 인도에서 만들어져서 유럽으로 수출된 것이다. 중국의 주요 반상(盤床) 경기는 '웨이치'(圍碁) 곧 바둑이다. 일본과 서양에서는 통상적으로 고(碁; Go)라고 부른다. 바둑에서 이기려면 상대의 돌을 포위해서 잡아야 한다. 중국은 내부적인 여러 문제를 해결하기 위해 다시 버마 로드로 나아가고 있다. 그러나 중국이 '아무런 생각 없이' 혹은 '어쩌다 보니'(fit of absent-mindedness) 아프리카를 정복했던 유럽처럼 언젠가 인도의 동쪽 끝 세계 주요 해로의 한 부분에 홀연히 등장할 것인가?*

지난 20년 동안 중국은 과연 미얀마 정부의 제1의 우방이자 후견(後見)국으로 부상했다.11 항공기와 탱크를 포함하여 수억 달러어치의 무기를 제공했다. 유엔을 비롯한 국제무대에서 미얀마 지키기에 앞장섰다. 양국 사이의 무역은 유사 이래 최고 수준에 이르렀다. 공식통계로 양자 무역의 액수는 연 20억 달러를 넘어섰다. 마약 등 금수품, 기타 밀수를 포함하면 그보다 훨씬 더 클 것이 분명하다. 투자는 갈수록 늘어나고 있다. 그 결과 미얀마의 경제는 중국 경제에 과거 어떤 때보다도 깊이 의존하고 있다. 중국의 당 간부며 군 장성, 정부의 고위인사들이 정기적으로 미얀마를 방문한다. 미얀마의 군 수뇌부가 중국의 주요 도시를 방문하는 장면이 가끔 뉴스에 나온다.

---

* Fit of absent-mindness란 영국의 역사학자 씰리가 영국이 세계제국을 건설한 것이 잘 기획되고 계획된 정책의 결과가 아니라 흐름을 따라간 결과 그렇게 됐다고 주장하면서 쓴 말이다. "We seem, as it were, to have conquered half the world in a fit of absence of mind." John R. Seeley, *The Expansion of England* (1883).

중국의 미얀마 정책은 경제제재와 외교적 비난 일색인 미국과 유럽의 미얀마 정책과 정반대다. 전혀 놀랄 일이 아니다. 중국이 민주주의의 증진을 외교정책의 목표로 삼는다? 상상하기 어렵다. 냉전기에도 중국과 미국의 미얀마 정책은 정반대였다. 다만 그 내용은 지금과 정반대였다. 특히 1960년대 말과 70년대 미국은 미얀마 군사정권의 가장 큰 우방이자 후견국이었다. 군 장교들을 초청하여 교육하고 독재자 네윈을 워싱턴으로 초대했다. (네윈은 워싱턴에서 존슨 대통령을 잠시 만난 후 일주일 동안 하와이 마우이섬에서 골프만 쳤다). 반대로 중국은 미얀마의 군부를 '파시스트'라고 비난하며 정권의 전복을 노렸다. 지금 미국이 하는 것처럼 경제제재와 외교적 비난만이 아니었다. 공산 반군을 전폭적으로 지원했다. 그때 중국은 문화혁명의 열기 속에서 동남아 전역에 대해 공산주의 운동을 지원했던 것이었다. 덩샤오핑이 집권하고 개혁파가 전면에 등장한 다음에야 혁명의 수출이 아닌 경제개발이 중국 정책의 우선순위가 됐다. 수출시장은 여전히 찾되 수출품은 모택동 사상이 아니라 공산품이 됐다. 중국의 외교에서 인권이 중시된 적은 한 번도 없었다.

중국의 산업혁명에 가속도가 붙으면서 그것을 뒷받침할 자연자원에 대한 갈증이 커져만 갔다. 선진국이 중국의 가장 큰 수출시장이지만 중국이 가장 공을 들이는 것은 (호주처럼 자원 부국을 제외하면) 주로 가난한 나라들이다. 식민지 시대이래 유럽국가의 앞마당이었던 아프리카의 많은 나라에서 중국 기업들은 광산을 사들이고 도로를 놓고 기타 방식으로 수십억 달러를 뿌리고 있다. 서방국가들이 원조의 조건으로 내세우는 '좋은 정부'나 양성평등, 인권 문제 등은 아랑곳하지 않는다.

그런데 미얀마는 그냥 그런 외국이 아니다. 중국의 소수민족이 가장 밀집된 지역에 바로 붙어 있는 핵심적인 나라다. 국경은 느슨하다. 멀고 가까운 시장을 확보하는 것은 중국 지도부에게 여전히 중요하다. 그러나 국내적 안정, 특히 소수민족 지역에서 안정은 그보다 더 중요하다.

중국이 보기에 미국을 비롯한 서방의 미얀마 정책은 위선적일뿐더러 멍청하기 짝이 없다. 이익이 걸려있는 나라라면 미얀마와 비슷한, 어쩌면 더한 독재국가도 내버려 두니 위선적이다. 경제적으로 제재하고 외교적으로 따돌릴수록 외교적 영향력이 줄어드니 멍청하다. 그렇더라도 그들의 정책을 바꾸라고 할 생각은 없다. 물론 경제제재가 통해 결국은 미얀마의 개혁과 개방이 이루어지고, 그에 따라 제재가 해제되고, 결과적으로 미얀마의 경제가, 또 정치가 좋아지면 장기적으로 중국에 이익이 될 테니 굳이 반대할 이유는 없다. 하지만 서방 정부가 경제제재를 가하고 여론이 미얀마를 고립시키면 그것은 그것대로 좋다. 경쟁자가 없어지니까 말이다. 왜 굳이 경쟁자를 불러들일 것인가?

그런데 그런 현실적 고려보다 더 근본적인, 철학적인 배경에 차이가 있다. 서방국가들은 이라크와 아프가니스탄에서의 뼈저린 실패에도 불구하고 내전이나 독재와 같은 세계적인 문제를 자기 일로 생각하고 국제적인 지원으로 해결할 수 있다는 신념을 버리지 않고 있다. 중국은 남의 나라에 깊이 개입해 본 경험이 없다. '외세의 개입'을 당해본 적은 있다. 다른 나라의 일에 간섭하더라도 그것이 통할지에 대해 자신이 없다.

"미얀마에 많은 문제가 있는 것은 안다. 세상에 문제없는 나라가 있나? 자기 문제는 자기가 알아서 하는 것이 순리다. 알아서 하게 내버려 두자. 멀지 않은 과거의 중국을 생각해보라. 외국 정부가 우리 중국에 이래라저래라했더라도 도움이 전혀 되지 않았을 것이다."

한 중국인 전문가가 내게 한 말이다. 어찌 생각하면 냉정하고 이기적인 것 같은 이런 생각이 중국의 정책을 잘 설명해준다.

반면, 최근에는 중국 관리들이 그처럼 무감한 정책을 떠나 온정주의적 태도를 보일 때도 가끔 있다. 어쩌면 미얀마는 다르지 않을까? 미얀마를 도와야 하지 않을까? 2007년 미얀마에서 승려들이 주도한 시위가 일어나고 그 소식이 세계언론을 도배했을 때 중국이 신경을 곤두세운 적이 있다.

"우리나라 지도자들은 이 미얀마 문제를 완전히 해결할 방법을 찾고 싶어 한다."

그때 한 중국 언론인이 내게 한 말이다. 그러나 그 뉴스가 TV 화면에서 사라지자 '일상'으로 돌아갔다.

그런데 그 '일상'에 변화가 생겼다. 2009년의 중국은 1980년대 말 미얀마에 손을 내밀었던 그 중국이 아니다. 2008년 이래 금융위기로 서방 경제는 큰 상처를 입었으나 중국은 별 상처를 입지 않았다. 반면 자신감은 더욱 고양됐다. 은행에 돈이 차고 넘쳤다. 그 돈을 들고 자연자원을 찾아 이리 뛰고 저리 뛰었다. 미얀마와의 경제적 관계는 최고조에 달했다.

2010년 초 중국의 남서지방을 미얀마를 통해 벵골만으로 연결할 송유관과 가스관 공사가 시작됐다. 그 관들은 만달레이에서 루이리(瑞麗)를 거쳐 윈난으로, 나아가 광시(廣西) 자치구 그리고 초대형 도시 충칭(重慶)까지 이어질 것이다. 윈난, 광시, 충칭은 모두 '서부 대개발전략'의 핵심거점이다. 이 송유관과 가스관은 이라와디강과 살윈강 상류에 짓고 있는 거대한 수력발전소와 더불어 중국의 성장하는 경제에 필요한 에너지를 공급하는 대동맥이라고 해도 과언이 아니다. 그 위에 전략적인 고려가 있다. 바로 2003년 후진타오 주석이 '말라카 딜레마'(Malacca Dilemma)라고 불렀던 것과 직접 관련이 있다. 중국의 석유 소비는 날이 갈수록 늘어나고 있다. 아프리카와 중동에서 수입하는 석유는 모두 믈라카해협과 싱가포르해협을 지난다. 중국의 전략가들은 해적들의 준동을 걱정한다. 그거야 모든 나라든 마찬가지지만 더욱 우려스러운 점이 있다. 만일 미국이나 인도와 갈등이 생긴다면 몇 척의 해군함정만으로도 그 석유의 수송로를, 즉 숨통을 틀어막을 수 있다. 미얀마를 통한 파이프라인은 그 딜레마를 해결하는 한 방법이다.

문제는 미얀마 내부사정이 별로 안정적이지 못하다는 점이다. 선거를 통한 민주주의를 약속한 신헌법이 채택됐으나 전반적인 정치적 화해까지는 아직 갈 길이 멀다. 중국의 안보전문가들은 미얀마의 북부와 동부지방을 정부군이 아닌 반군이 지배하고 있다는 사실을 잘 알고 있다. 2009년 중국이 전혀 모르는 사이에 미얀마 정부군이 그 반군 거점 중 하나를 전격적으로 공격했다. 수만 명의 중국계 미얀마 난민이 국경을 넘어 도피했다. 중국이 미래가 불확실한 미얀마와 같은 나라에 전략적 무게와 국제적 위신을 걸 것인가? 중국 전략가들은 별로 걱정하지 않는다. 누가 내게 이렇게 말했다.

"주변국 중 우리가 진정 걱정하는 나라가 있다면 그건 미얀마가 아니라 파키스탄이요."

"미얀마는 형편이 훨씬 더 낫죠."

대체로 일련의 현실적 고려가 중국의 미얀마 정책을 결정한다고 보면 맞을 것 같다. 첫째, 미얀마를 통해 인도양에 진출하면 내부 문제의 한 부분을 해결할 수 있다. 둘째, 서방이 미얀마에 제재를 계속하면 미얀마에서 이권을 챙길 수 있다. 그런데 그 현실적 고려가 단순하지만은 않다. 중국의 남서방 변경지역의 역사는 훨씬 더 복잡다단하기 때문이다.

중국이 '신흥'(초)강대국인가? 신흥(新興)이 아니라 재흥(再興)이라고 해야 맞지 않나? 과연 중국이라는 나라는 적어도 19세기 중반까지 세계에서 가장 큰 나라였다. (예외가 있다면 인도의 무굴제국 정도였다). 그리고 (논쟁의 여지가 있지만) 과학기술에서도 가장 뛰어난 나라였다. 이렇게 봤을 때 지금 일어나고 있는 일은 그냥 과거 '정상상태'(正常狀態)로의 복귀일 따름이다. 많은 중국 사람이 그렇게 생각한다. 중국의 전통은 청동기 시대, 인류 역사에 고대 국가가 생겼던 최초의 시기로 거슬러 간다. 그때 중국 문명은 인류사의 위대한 문명 중 하나 정도가 아니라, 가장 위대한 문명이었다. 그 위대한 문명이 역사에서 가끔 야만인의 득세로 훼손되기도 했다. 특히 최근 서양문명에 압도된 것은 부끄럽고 뼈아픈 기억이다. 그러나 지금은 다시 그 정상을 향해 나아가고 있다.

그러나 중국을 지금 지도에서 보는 영토에 비추어 생각하면 안 된다. 지금의 국경은 대체로 20세기에 그려진 것이고 역사 속의 중국은 그와 크게 달랐다. 그리고 복잡다단한 변경(邊境)의 역사가 있는데 그것이 새로 중요하게 떠오르고 있기 때문이다.

중화 문명은 황하 문명에서 출발했다.[12] 지금의 베이징에서 멀지 않고 몽골의 초원으로 뻗어있었다. 1만 년 전쯤부터 기장 농사를 시작했다. 중국의 한자도 이 바람 많은 황무지에서 시작됐는데 점을 칠 때 사용된 갑골(甲骨)문자가 기원이 됐다고 알려졌다. 진(秦)나라의 효문공을 이은 최초의 황제 즉 시황제(始皇帝)가 기원전 3세기 '중국'을 통일했을 때 그 중국은 지금처럼 크지 않았다. 황화 유역을 중심으로 아마 지금 영토의 4분의 1 정도였을 것이다.

중국의 한자 문명이 어떻게 주위로 전파돼 갔는지에 대해서는 정설이 없다.[13] 아마 농업기술이 뛰어난 결과였을 것이다. 농업기술이 뛰어나다는 것은 많은 사람을 먹여 살릴 수 있다는 뜻이니 결국 더 많은 인구를 의미했다. 그리고 이 춥고 건조한 땅에서 비옥한 양쯔강 유역으로 그리고 더 남쪽으로 한자를 사용하는 사람들이 계속 이주해 갔다. 남쪽의 원주민들은 중국어와 전혀 다른 지금의 태국어, 캄보디아어, 베트남어에 가까운 언어를 사용했다. 예를 들어 지금의 상하이 부근에 있던 오(吳)나라에서는 태국어 혹은 지금 미얀마의 샨족 언어와 비슷한 말을 썼다.[14] 더 남쪽 지금 홍콩 부근에 있었던 월

(越)나라는 베트남어에 가까운 오스트로아시아 어를 썼다. 월나라는 남중국해의 무역을 독점하면서 아프리카산 상아(象牙)나 아라비아산 유향(乳香)을 취급하기도 했다. 중국인이 볼 때 월나라 사람은 바나나 잎을 먹고 장독(瘴毒)이 창궐하는 습지에 사는 외지인 또는 야만인이었다.¹⁵

전성기 한(漢) 제국은 동쪽 해안에서 출발하여 지금 영토의 반 정도를 지배했다. 로마 제국이 융성했던 기원후 1세기의 일이다. 서서히 봉건 제후, 나아가 소수민족의 왕과 지배자가 한 제국에 정치적으로 복속되고 언어적으로 동화됐다. 예를 들면 월나라는 그때 이후 계속하여 중국 제국의 일부였다. 원래의 언어는 지속적인 접촉을 통해 광둥(廣東)어나 푸젠(福建)어와 같은 중국 방언으로 바뀌어 갔다. 한 제국의 최남단이었던 베트남은 (천년 간의 중국 지배를 벗어나) 독립을 쟁취했다. 이후 베트남은 독립을 지키기는 문제라면 누구보다 민감하다.

남서쪽, 즉 미얀마와 티베트는 달랐다. 양쯔강 유역은 상하이 부근에서 거꾸로 올라가면 구불구불 흘러 이창(宜昌)으로 이어진다. 그곳에서 다시 유명한 싼샤(三峽)를 지나 쓰촨(四川) 분지로 간다. 진나라의 효문공이 촉나라의 멍청한 왕을 꾀어 잔도를 건설한 이후 황하와 위수 지방의 혹독한 날씨를 피해 많은 사람이 이 새로운 땅으로 이주했다. 이후 이 지방은 직물과 동광, 철광, 암염(巖鹽)으로 유명한 지방이 됐다. 이후 지금까지 중국 황제의 직할 영토였다.

쓰촨을 벗어나면 산은 더 높아지고 골은 더 깊어진다. 바로 티베트와 미얀마다. 남쪽과 마찬가지로 이 지역도 이렇다 할 경계가 존재하지 않았다. 쓰촨과 남중국은 중세 이후 거의 중국의 일부가 되었으나 남서쪽에 있는, 프랑스의 세 배나 되는 땅은 20세기까지 중국의 직접적인 지배를 벗어나 있었다. 지난 백 년간 이 지방의 역사는 전쟁과 공산당 지배의 역사인 동시에 '중국'에 통합되어 가던 역사였다.

미얀마와의 접경지역에서는 그 과정이 지금도 진행 중이다. 미얀마에서 볼 때 중국은 항상, 현실적으로든 잠재적으로든 압도적인 거인이었다. 큰 그림에서 보면 중국이 미얀마 군부를 안고 가는 모습이 다른 '불량국가' 예컨대 북한이나 수단을 안고 가는 것과 닮아 보일지 모른다. 혹은 인도와의 거대경기, '그레이트 게임'의 한 부분으로 보일 수도 있다. 그런데 그 그림에는 세세한 내용이 빠져있다. 국내 변수는 거의 생략되고 양측에서 일어나고 있는 복잡하고 역동적인 과정도 그려지지 않았다. 그리고 무엇보다 중국의 변경 그리고 윈난성의 역사는 완전히 무시하고 있다.

베이징에서 윈난성의 수도인 쿤밍(昆明)까지는 비행기로 세 시간 거리다. 비행기는 내륙을 향해 갈수록 높아지는 지형을 따라 날아간다. 윈난성은 미얀마에 인접해있다. 인구와 영토의 크기도 서로 비슷하다. 윈난은 중국을 벵골로 끌고 가는 엔진과 같다. 나는 1990년대 초 윈난을 가본 적이 있다. 그때의 모습을 기억한다. 또 역사학자로서 나는 윈난에 있었던 많은 독립왕국, 그리고 산악지대에서 중국의 지배를 거부하며 투쟁했던 종족들의 역사를 알고 있다. 지금 윈난은 미얀마에 대한 중국의 정책에 어떤 역할을 하고 있는가? 그 대답을 찾기 위해 윈난으로 날아간다.

제 2 장

구름의 남쪽(雲南)

쿤밍(昆明)

수 세기 동안 윈난은 중국의 '황량한 서남부'였다. 무법자의 땅이요, 요사한 종교를 믿는 이교도의 땅이요, 한족 이주민과 원시 종족 사이 끊임없는 투쟁의 땅이었다. 정글이 빽빽한 산은 야수가 들끓고 깎아지른 절벽 아래는 급류가 흐른다. 늪지대는 동물과 식물이 썩으면서 풍기는 독기 즉 장독(瘴毒)으로 가득했다. 이러니 엔간한 강심장에 강골이 아니고선 접근할 엄두도 못 내는 곳이었다. 중국인들은 '야만인'들을 두 종류로 분류했다. 하나는 음식을 익혀 먹는 종족(熟番, cooked)으로 중화 문명의 우월함을 인정하고 스스로 동화되기를 원하는 족속이었다. 다른 하나는 음식을 날로 먹는 종족(生番, uncooked)으로 화외(化外)의 족속이었다. 윈난에는 제국의 권위를 인정하지 않고 난잡한 풍습을 가진 야만인 중의 야만인들이 살고 있었다.

'구름의 남쪽'이라는 뜻의 윈난은 지금 중화인민공화국의 한 성(省)이다. 크기는 15만 2천 제곱마일, 또는 39만 4천 제곱킬로미터로 독일보다 조금 더 크다. 인구는 거의 5천만이다. 자연자원이 풍부하고 중국의 다른 성과 비교해 상대적으로 인구밀도가 낮으며 소수민족의 비중이 가장 높다. 윈난성 인구의 근 40%가 소수민족으로 분류된다. 이라와디강과 메콩강, 양쯔강, 그리고 주강이 티베트의 고원에서 흘러 내려와 윈난을 지나간다. 산 높고 물이 많으니 수력발전의 가능성이 매우 크다. 그래서 많은 논란 속에 수력발전소가 지어지고 있다. 또 중국의 최대 연초(煙草) 및 화초 재배지이며 알루미늄과 납, 아연 및 주석의 산지이기도 하다. 13세기 말 윈난을 방문했던 마르코 폴로가 이 지역의 암염(巖鹽)에 대해 언급했는데 실지로 이곳은 암염과 은(銀), 또 아편의 산지로 유명했다. 또 차의 주산지인데 최근에는 커피도 많이 재배한다. 커피는 백 년 전 베트남에 와 있던 프랑스인 신부가 처음 소개했는데 지금은 굴지의 커피회사 '네슬레'와 '맥스웰 하우스'가 구매하고 '스타벅스'에서도 중국에 있는 5백여 개 점포에서 '사우스-오브-더-클라우즈'(South of the Clouds) 곧 윈난 블렌드 커피를 판매한다. 초기 한족 이주자들이 겁이 나서 접근을 꺼렸던 울창한 숲은 대부분 사라졌으나 여전히 산과 계곡, 호수, 그리고 저 멀리 눈 덮인 히말라야산맥이 보이는 아름다운 곳이다.

쿤밍(昆明)이 윈난성의 성도(省都)인데 내가 처음으로 방문했던 중국 도시이기도 하다. 그때 나는 미얀마의 카친족 반군을 찾아가는 길이었다. 절기는 겨울이었는데 쿤밍은 상춘(常春) 지역이지만 그날 날씨는 흐렸고 아침 연무로 인해 그때까지 황량했던 벌판에 막 들어서던 고층건물이나 건축 모습은 잘 보이지 않았다. 찌는 듯한 더위에 복작거리던 방콕을 떠나 쿤밍에 도착했을 때 그 대조적인 모습이란. 쿤밍은 깨끗하고 조용했다. 거리는 자전거로 복잡했고 노인들이 공원 벤치에서 잡담을 나누고 있었으며 가로수는 새로 심은 듯 아직 자라지 않은 상태에서 일정한 간격으로 서 있었다. 서양인은 전혀 보이지 않았고 영어를 사용하는 사람도 만나지 못했다.

쿤밍은 화려하고 풍부한 과거를 가진 도시다.[1] 20세기 초 아시아에 유럽의 세력이 절정에 달했을 때 영국과 세력을 다투던 프랑스가 쿤밍과 베트남의 하이퐁을 잇는 철도를 건설했다. 1930년대 일본이 침공하자 해안지방에서 수천 명이 피난 왔다. 지식인과 전문가, 사업가들이 많았는데 어떤 사람은 해안에 있는 공장을 해체하여 가지고 와 일본군의 공습이 미치지 못하는 곳에 새로 세웠다. 대학이 통째로 옮겨오기도 했다. 그러면서 변방의 작은 도시가 국제적인 색채를 띠기 시작했다. 양곤과 캘커타에서 전쟁물자와 전쟁상인 그리고 첩자들이 버마 로드를 통해 쿤밍으로 들어왔다. 미군 조종사들이 쿤밍을 기지로 삼아 일본군을 공습했다. (CIA의 전신인) OSS의 101파견대가 쿤밍을 출발하여 호찌민이 이끄는 반일 게릴라와 합동전선을 펼쳤다. 그러다가 1949년 공산당 지배가 시작됐다. 외부와의 모든 연결은 단절되어 근 30년간 고립이 이어졌다.

과거의 모습은 거의 사라졌다. 몇 개의 사원과 교회와 모스크는 있으나 나머지는 거의 모두 근대화의 물결에 밀려 해체됐다. 1991년 내가 방문했을 때만 해도 오래된 주택들이 남아있었다. 그런데 1990년대 중반부터 개발이 가속화됐다. 오래된 목조건물로 유명했던 상가(商街) 우청루(武城路)는 해체됐다. 이어 20세기 초 프랑스가 인도차이나에 건설했던 것과 같은 스타일의 건물이 즐비했던 진비루(金馬路)도 해체됐다. 오래된 성당과 예수 성심교당만 남았다.

이제 2009년에 다시 오니 중국의 다른 모든 곳과 마찬가지로 쿤밍도 거의 알아보지 못할 정도로 바뀌었다. 아파트촌과 쇼핑몰, 교통체증 등 전형적 현대식 도시의 모습이었다. 사람도 바뀌었다. 거리엔 짧은 치마에 롱부츠를 신은 젊은 여인들과 신사복 정장이나 가죽점퍼를 입은 젊은이들이 바쁘게 걷고 있었다.

나는 쇼핑몰이 모여 있는 도심광장에 자리 잡은 호텔에 묵었다. 18층에 있는 방에서 넓은 유리창을 통해 밖을 내려다볼 수 있는 것은 전 세계 어느 도시의 호텔이나 다를 바가 없었다. 차이가 있다면 (차를 좋아하는 중국인들을 위한) 보온병과 중국어 방송만 나오는 텔레비전 정도였다. 미얀마와 달리 중국에서는 CNN과 같은 위성채널은 지방의 도시에서 시청할 수 없다. 채널을 돌리다가 게임 쇼를 잠시 보았다. 엄마와 아이들이 슈퍼마켓에서 필요한 물건을 얼마나 빨리 찾아 카트에 담는지를 겨루는 게임이었다.

내방 앞뒤 좌우의 방에는 중국인 대가족이 묵는 모양이었다. 다들 문을 활짝 열어놓고 복도로 서로 큰 소리로 이야기를 하고 있었다. 처음에는 목소리가 하도 커서 비행기나 기차 시간에 늦어 서두르라 그러는 줄 알았다. 나중에 보니 그들을 방을 여러 개 잡아 가족용 콘도처럼 쓰고 있었다. 소리를 지르는 줄 알았던 것은 그냥 일상 대화였다. 승강기를 타러 가면서 방을 슬쩍 들여다봤다. 다양한 나이 층이 모두 있었다. 한 방에는 남자들이 속옷만 입고 소파에 앉아, 눈은 텔레비전 화면에 고정한 채, 후루룩 소리를 내며 국수를 먹고 있었다. 이후 몇 주일 중국을 여행하면서 어디서든 볼 수 있던 풍경이었다.

아침은 일 층에 있는 큰 뷔페식당에서 먹었다. 수십 명의 손님은 대부분 남성이었고 여성은 거의 없었다. (나중에 그 호텔에 묵는 손님 대부분이 윈난성 다른 도시에서 온 사업가들이라고 들었다). 다들 뜨거운 수프와 돼지고기 소를 넣은 빵, 그리고 삶은 달걀을 서둘러 먹고 있었다. 식당에는 창문이 없고 고전풍의 장식을 하고 있었는데 '어메이징 그레이스'(amazing grace)가 배경음악으로 흐르고 있었다. 호텔 기념품 가게에서는 다양한 비취제품을 팔고 있었는데 틀림없이 미얀마산일 것이었다.

밖에 나가니 나이든 여인이 무표정한 모습으로 명함을 내밀었다. 매춘부의 전화번호가 가득 적혀있었다. 담배의 주산지답게 거의 모든 사람이 흡연자였다. 장소를 가리지도 않았다. 호텔 로비, 심지어 승강기 안에서도 담배를 피웠다. 길을 걸어가는 거의 모든 사람이 머리 주변에 흰 담배 연기를 풍기고 있었다. 작은 플라스틱 파이프에 끼워 피우는 사람도 있었고 아편처럼 물뿌리에 넣어 손바닥으로 감싸고 피우는 사람도 있었다.

중심가는 가는 곳마다 쇼핑센터였다. 한쪽에는 'IMAX 멀티플렉스' 공사 현장이라고 간판이 있었는데 반대쪽에 있는 극장에서 <트랜스포머2>를 상영하고 있었다. 조지 소로스의 사진이 걸려있고 그 옆에 '세부 사항을 챙기는 것이 글로벌 비즈니스 스타일'이라고 적혀있었다.

멀지 않은 곳에 고층건물이 양쪽을 채운 대로가 있었고 그 끝에 석조건물이 있었다. 태평양전쟁 중 미국의 스틸웰 장군과 중국의 장제스가 만났던 곳이다. 당시에는 그냥 '더 스톤 하우스'(The Stone House)라고 불리기도 했는데 지금은 식당이었다. 입구에는 '맛있기로 소문난 집'(Known for its Good Food)이라고 영어로 적혀있었다. 작은 연못이 딸린 공원이 있었다. 많은 노인이 벤치에 앉아 조용히 오후 햇살을 즐기고 있었다. 이 석조건물은 1940년대, 그리고 공산화된 이후에도, 한동안 정부 청사로 쓰였다. 지금은 그 옆으로 온갖 명품을 파는 상가가 즐비했다.

그날 저녁 홍콩에서 나를 만나러 날아온 친구가 호텔 바에서 한잔하면서 이렇게 말했다.

30년 전까지만 해도 삶이 얼마나 끔찍했던가? 가는 곳마다 전쟁이고 나라 안에서는 문화혁명의 광풍이 불었지. 이제 나이 든 사람들은 그 끔찍한 과거를 기억하기조차 싫어하고 젊은 사람들은 그 과거를 전혀 모른다네. 마치 2차대전이 끝난 25년 후 1960년대 미국과 유럽과 같다고나 할까? 그때 젊은이들은 삶이 그처럼 비참할 수 있다는 건 상상도 하지 못했지.

지금 내가 있는 곳에서는 '한족의 중국' 이외의 모습은 찾기 힘들었다. 원래 윈난은 무슬림이 많이 살던 곳이었다. 그런데 내가 본 유일한 '모스크'는 큰 빌딩의 꼭대기 층에 있었는데 그 건물에는 어린애들 장난감과 옷을 파는

'디즈니 미키 마우스' 가게도 입점해 있었다. 길에서는 가끔 챙 없는 흰색 모자를 쓰고 터키인 특유의 매부리코를 한 무슬림을 만날 수 있었다. 다른 모스크도 있다고 했다. 과거 몽골이 지배하던 시절에 지었던 모스크를 최근에 재건축하기도 했다고 했다. 그러나 그것들은 모두 교외에 있었다.

거리의 사람들은 고물상에서 산 옷을 골라 입은 듯 아주 창조적인 옷차림을 하고 있었다. 한때 누구나 입던 인민복을 입은 사람은 거의 없었다. 너털거리는 카우보이 가죽 모자를 쓴 사람도 있었다. 낡은 1930년대 스타일 유럽식 양복을 입은 사람도 있었다. 한 노인이 길거리에서 사과를 팔고 있었는데 빛이 바랬지만 봐줄 만한 감청색 정장에 머리에는 기름을 발라 뒤로 붙였다. 마치 다른 시대 영화배우와 같은 모습이었다. 옷을 제일 못 입은 것은 가무잡잡한 피부에 곱슬머리를 한 사람들이었는데, 미얀마에 가까운 산에서 내려온 '와족' 사람들이 틀림없었다. 미국 중서부 도시에 내려온 아메리칸 인디언처럼 색달라 보였다.

이곳저곳에 다양한 과거의 흔적이 보였다. 공항에서 시내로 들어가는 길에는 거대한 청동상을 여럿 세워두었는데 모두 전통의상인 듯 이상한 옷차림이었다. 길의 한쪽에는 미얀마나 태국식 통치마를 입은 여인들의 모습이 그려져 있었다. 내가 묵고 있는 호텔 로비에는 원시시대 악기와 같은 북을 치는 검은색 피부의 원주민 그림이 걸려있었다. 그 뒤로는 가슴을 가리지 않은 여인이 춤을 추고 있었다. 그림 속 남녀들은 모두 근육질의 모습이었다. 그 그림은 과거 이 지역이 다른 나라였다는 것을 보여주기보다는 '귀하는 지금 중국의 이색적인 장소에 와있습니다'라는 메시지를 전하고 있었다. 말하자면 하와이에 도착하면 원주민이 훌라춤을 추는 모습을 보여 주는 것처럼, '여러분은 이색적이지만 여전히 여러분의 나라처럼 안전한 곳에 있습니다'라고 말하는 것이었다.

2천 년 전, 중국 제국의 군대가 이 방향으로 진출할 때 윈난은 알려지지 않은 땅이었다.² 윈난 지방과 진의 효문공이 정벌하기 이전의 쓰촨 지방은 밀접한 교류가 있었다. 북쪽 초원, 황하 상류의 어얼둬쓰(Ordos), 심지어 그 너머 튀르크와 스키티아 지방과도 교류가 있었다. 반대쪽, 즉 남쪽의 미얀마와 태국, 베트남, 라오스 쪽으로도 교류가 있었다. 기원전 1세기 쿤밍 근처 호수 뎬츠(滇池) 호반에서 청동기 시대 유물이 대거 출토되었는데 그와 유사한 유물—예컨대 의례용 대형 청동 징(鉦)—이 윈난 전역과 동남아의 여러 곳에서 출토됐다. 지배층의 무덤은 항아리로 만들어졌고 그 속에서 조개껍데기가 발견됐다. 조개껍데기는 은(銀)이 화폐로 사용되기 전 화폐로 쓰이던 것으로 인도양의 몰디브에서 채취되어 벵골만과 미얀마를 거쳐 들어온 것이었다.

윈난과 중국은 서로 야만인 노예와 조랑말 그리고 쓰촨에서 만든 철기와 무기를 주고받으며 통상했다. 중국의 고전『사기 열전(史記 列傳)』의「서남이(西南夷)」편에 따르면 당시 쿤밍에 살던 사람들은 수천 리 넘게 지금의 인도 국경 가까이 까지 넓게 퍼진 '미모'(靡莫)라고 불린 부족 연맹체를 형성하고 있었다. 남자들은 머리털을 끌어올려 정수리 위에 틀어 올린 추결(魋結; 상투)—미얀마의 성인 남자들도 19세기 말까지 이런 머리 모양을 했다—을 했다. 그곳은 고도로 위계적이고 군사적인 사회였다.³ 상위층은 아시아 내륙 초원지대의 기마민족 상층부와 연결돼 있었는데 구체적으로 어떻게 연결돼 있었는지는 여전히 밝혀지지 않고 있다.

한나라의 위세가 절정에 달했을 때 중국은 이 지역의 군주들을 회유하거나 압도하면서 미얀마 근처를 포함한 곳곳에 '도독부'를 두어 지배했다.⁴ 그러나 군사적으로 완전히 정복한 것은 아니고 토착 군주들이 여전히 있는 가운데 중앙의 권위를 심어두는 정도였다. 쓰촨과 윈난을 연결하는 길은 오척도

(五尺道)라고 불렸는데 나중에 확장되어 서남이도(西南夷道)라고 불렸다. 세계사적으로 보면 그때는 로마가 영국을 지배하던 때였다. 로마인들이 영국에 충격을 주었듯이 중국인들도 우월한 기술, 군사력과 전략, 화려한 생활방식 등으로 윈난의 토착민에게 영향을 주었을 것이다. 그러나 3세기 한나라가 망하자 중국은 완전히 철수하고 이 지방은 온전히 그 '야만인'들의 세상으로 남게 됐다. 영국에 최초의 앵글로-색슨 왕조가 설립된 1백여 년 후 윈난에도 새로운 왕조가 설립됐다. 바로 난자오(南詔)였다. 난자오는 9세기 세계를 호령한 몇 개 제국의 하나로 성장했다.

13세기 마르코 폴로가 쿤밍 지역을 방문하고 나서 그 지역은 중국의 문명권 밖이며 아시아의 다른 지역과 밀접한 관계가 있다는 것을 깨달았다. 폴로는 이 지방의 도시를 '카라장'(Karajang)이라고 부르고 이렇게 묘사했다.[5]

"그곳은 상인과 장인이 많은 크고 멋진 도시였다. 온갖 인종이 모여 살고 있었는데, 사라센인, 우상 숭배자들뿐만 아니라 네스토리우스파 기독교(景敎)도들도 있었다."

당시 네스토리우스파 기독교는 중앙아시아에 널리 퍼져있었고 중국의 서쪽 거란(契丹; Khitan)의 국교이기도 했다. 거란의 왕 옐루다시(耶律大石)가 동방의 기독교 왕으로 이슬람을 멸망시킨 프레스터 존(Prester John)의 전설을 낳았다고 한다. 마르코 폴로는 카라장의 사람들이 '프랑스 사람처럼 오랜 시간 승마를 하고,' '빵을 먹는' 중국인과 달리 '쌀을 주식으로 온갖 음식을 만들어 먹었다'고 기록했다.

마르코 폴로가 윈난을 찾은 것은 세계정복에 나선 몽골의 병참 부대의 일원으로서였다. 몽골군은 윈난의 저항을 가볍게 물리치고 쿤밍 일대를 폴란드에서 동해까지 전개된 거대한 제국 일부로 편입했다. 이후 윈난의 지배층은 몽골과 튀르크족이 차지했다. 1백 년 후 원나라가 망하고 명나라가 들어서면서 윈난은 명나라 일부가 됐다. 명나라는 쿤밍을 그 지역의 수도로 삼고 중앙에서 관리를 파견했다. 15세기 초의 일로 그때부터 윈난에 대한 중국의 지배가 시작됐다.

중국의 지배가 시작됐으나 지역주민은 여전히 중국계가 아니었다. 윈난에 사는 한족은 극소수에 불과했다. 그러나 한족의 숫자는 서남지역 전체에서 급속히 늘어나기 시작했다. 그러면서 중국과 야만인 사이의 경계가 생겼다. 마치 수 세기 후 북미지역에서 백인이 군사기지를 세우고 그 안쪽에 정착촌을 건설한 것과 비슷한 방식이었다.

야오족(瑤族)은 윈난 토착종족의 하나로 원래는 양쯔강 바로 남쪽에 살던 종족이었다.6 12세기 몽골에 밀린 송(宋)나라가 남쪽으로 천도하여 남송(南宋)을 건설하고 그에 따라 한족이 몰려오면서 야오족은 더욱 남쪽으로 밀려나게 됐다. 이제 명대에 들어와 한족이 다시 남으로 몰려오면서 야오족과 충돌했다. 한족 이주민은 숲을 개간하여 논을 만들고 잘라낸 나무로 집을 지었다. 서식지를 잃은 야생 코끼리가 먼저 남으로 이동했다. 한인들은 야오족 부족 족장들을 포섭하여 '투시'(土司)로 삼았다. 그렇게 하여 명 제국의 공식적 강역은 이제 윈난 전역을 포괄하여 미얀마에 근접하게 됐다. 그러나 현실에서 이 지역 대부분 영토는 투시가 이끄는 야만인, 혹은 화외(化外)의 야만인들이 차지하고 있었다.

이 상황이 서서히 바뀌었다. 유럽인들이 아메리카 대륙에 식민지를 건설하기 시작할 무렵, 중국인들도 서남지방에 식민지 건설을 가속했다. 야오족은 지금 광시 자치주에 있는 대협곡에서 최후의 저항을 했다. 1450~6년간 '큰 개' 호우라는 이름의 족장이 이끄는 야오족이 '산속에서 내려와 마을과 관청을 공격, 약탈하고 다시 산속으로 사라졌다.' 현상금을 크게 내걸었으나 소용이 없었다. 병부대신 왕홍은 이렇게 기록했다.

"큰 개 호우를 상대하는 것은 마치 길이 잘못 든 아이를 상대하는 것 같다. 달랠수록 더 큰 소리로 운다. 피멍이 들도록 회초리질을 해야 울음을 그칠 것이다."

결국, 16만 명이 넘는 병력을 동원해서야 그의 본채를 점령할 수 있었다. 1천6백 명의 포로를 잡고 7천 3백 명을 살해했다.

만주족이 세운 청(淸)나라가 들어서면서 서남부에 대한 통제가 강화됐다. 제5대 황제 옹정제(雍正帝, 재위 1722~1735)는 개토귀류(開土歸流) 정책을 통해 변방에 대한 무자비한 통합을 시도했다. 조정의 '긴 채찍이 미치지 않는' 곳은 없어야 한다고 했다. 투시 제도가 폐지되고 중앙정부에서 설치한 주현(州縣)에 의한 직접 지배체제가 도입된 것이다. 야오족 자치군대도 강제로 해산됐다.

먀오족(苗族)도 있었다. 1726년 레이공산(山)의 전투에서 1만 명이 넘는 먀오족 병사의 수급이 날아가고 40만 명이 넘게 굶어 죽었다고 한다. 1797년에는 부이족(布依族)이 반란을 일으켜 수천 명이 화형 또는 참수형을 당했다. 1855년 플로리다에서 아메리칸 인디언 세미놀스가 빌리 로우렉스의 지휘 아래 미국 육군을 상대로 최후의 투쟁을 벌이던 바로 그 해 장슈메이(張秀眉)가 먀오족을 이끌고 구이조우에서 대규모 봉기를 했다. 태평천국 교도들과 연합하여 한때 동남부 귀주 일대를 장악했다. 1872년 최종 진압된 후 수많은 먀오족이 목숨을 잃었다. 먀오족의 봉기는 20세기에 들어와서도 계속됐다. 지금 중국에는 1천만이 넘는 먀오족과 4백만의 야오족이 있다. 스웨덴의 스웨덴인과 덴마크의 덴마크인에 해당하는 숫자지만 10억이 넘는 한족에게 가려 보이지 않는다.

19세기 수십만 명의 한족 이주민이 새로 몰려들었다. 이들은 춥고 황량한 북부지방에서 온 사람들로 지금 표준 중국어, 곧 관화(官話, 만다린)의 원형에 가까운 언어를 사용했다. 지금 관화를 사용하는 사람들은 동남쪽 해안에서 사용하는 광둥어나 푸젠어와 같은 방언을 알아듣지 못한다. 곧 이들 언어는 그 기원에서 크게 다르다는 뜻이다. 그러나 오늘날 베이징에서 사용하는 중국어와 윈난 지방에서 사용하는 중국어는 억양을 빼면 거의 차이가 나지 않는다. 런던과 뉴욕에서 사용하는 영어 차이 정도이다.

이 지역은 변경이었다. 그리고 계속 이동하는 변경이었다. 윈난에서도 토착 인종에 의한 봉기와 반란은 계속됐다.[7] 윈난은 마치 만주벌판과 같았다. 새로운 기회를 찾는 정착촌인 동시에 정치적 세력이 망명처를 구하는 곳이었다. 명나라 때 학자이자 시인으로 문명을 떨쳤던 양셴(楊愼)이 있다. 그는 1524년 신임황제 가정제(嘉靖帝)의 즉위와 관련된 대례의(大禮議) 논쟁에 연루돼 관직을 박탈당하고 윈난으로 유배돼 30년을 살았다. 윈난에서 현지 선비들의 환영을 받고 많은 글을 남겼는데 특히 「점창산지」(點蒼山志)가 유명하다. 이 글에서 그는 이렇게 썼다.

> 중국은 진정 다문화 민족이다. 전 세계 온갖 인종의 후예가 다 있다. 한족은 제국 내 여러 인종집단 중 하나에 불과하다. 우리는 많은 종류의 사람을 모두 포괄한다. 윈난 지방에만도 2천이 넘는 한족이 아닌 인종이 있다. 그들이 황제의 통치를 수용하는 한 모두 중국인이다.[8]

19세기 말과 20세기 초 인도가 중국을 향해 —그 반대가 아니라— 팽창한 적이 있었다. 물론 그때는 영국이 지배하는 인도였으나 인도는 인도였다. 그때 미얀마는 인도제국 일부였고 잠무산맥의 도그라족, 펀자브의 자트족 및 시크족, 네팔의 구르카족으로 구성된 영국-인도병력이 윈난과의 경계에 배치됐다. 양곤과 콜카타를 본부로 한 (구자라트, 타밀, 마르와리 등에서 온) 인도 상인의 네트워크가 중국 통상로를 모색하고 있었다. 영국은 티베트를 자국의 '세력권'의 일부로 간주하고 있었으니 그곳에서 윈난으로 확장하는 것을 당연한 일로 생각했다. 그 무렵 베이징의 청조는 윈난 지역에 대한 통제를 거의 상실했고 이어 세습 족장과 새로운 군벌(軍閥)이 그 지역을 장악했다.

그 무렵 가장 중요한 군벌은 1927~45년간 윈난성 총독을 지낸 룽윈(龍雲)이었다.⁹ 중국은 장제스의 중국 국민당군과 마오쩌둥의 중국공산당 군이 각축하는 가운데 각지에서 군벌이 발호하는 무정부 상태에 있었다. 곧 (춘추전국시대를 방불케 하는) 군벌의 시대였다. 또 하나의 대표적 군벌은 산둥 지방을 지배한 '개고기 장군' 장종창(張宗昌)이었다. 그는 육척장신에 중국인·한국인·일본인·프랑스인·러시아인 첩을 거느렸다. 어느 기자가 '더러운 옷을 입은 여인을 만났는데 스스로 미국인이라고 했다'라는 이야기도 있다.¹⁰ 만주는 아버지 '대원수'(大帥) 장쭤린(張作霖)의 뒤를 이어 '젊은 원수'(少帥)를 자처한 장쉐량(張學良)이 지배했다. 장쉐량은 1936년 장제스를 납치하여 마오쩌둥의 공산당과 합작하여 일본군에 대항하라고 강요한 '시안(西安)사변'을 일으켜 세계적으로 유명한 인물이 됐다. 장쉐량은 가택연금 상태에서 반세기를 보냈다. 이후 하와이로 가서 100세를 일기로 생애를 마쳤다. 그 외에도 화려한 면면을 자랑하는 군벌이 많았다. 전통 유학교육을 받아 '철학자 군벌'로 알려진 우페이푸(吳佩孚), 중국의 올리버 크롬웰이 되고 싶었던 기독교도 장군 펑위샹(馮玉祥)도 있었다.

윈난의 군벌 룽윈은 마른 얼굴에 한쪽 눈이 없어 항상 안경을 낀 모습이었다. '용의 구름'이라는 뜻의 이름을 가진 룽윈은 한족이 아니라 중세 난자오(南詔) 왕조의 정통을 주장하는 흑이족(黑彝族) 귀족 출신이었다. 룽윈은 장제스에 의해 실권하기 전까지 10만 명이 넘는 병력을 거느리고 독자적인 화폐까지 발행했다. 미국이 장제스에 보내는 전쟁물자를 통과시키는 대가로 상당한 이득을 챙겼다. 그리고 당시 세계에서 가장 큰 양귀비 농장을 보유했다.

룽윈은 비판을 참지 못하는 권력자였으나 그래도 전쟁을 피해 쿤밍으로 온 지식인들을 우대했다. 1939년에 유럽으로부터 10만 명의 유대인을 윈난으로 이주시키려는 계획이 있었는데 룽윈은 그것을 긍정적으로 생각하고 적극적으로 응했다. 다만 그 계획을 추진하던 독일인이 지나치게 '이상적'이라고 생각하고 스스로 포기하여 없던 일이 됐다.[11]

룽윈은 1949년에 권력을 잃고 홍콩으로 망명했다가 중국에 공산정권이 수립된 이후 복귀했다. 공산당은 그를 '인민정치협상회의' 위원으로 위촉했다. 아들이 둘 있었는데 모두 미국에 이민 가서 워싱턴과 케임브리지에서 식당을 운영했다. 그 무렵 인민군이 국민당군, 나아가 각지의 군벌에 대한 대대적인 소탕 작전에 나서고 있었다. 그리하여 마침내 베이징의 중앙정부가 미얀마와의 국경지대까지 완벽한 통제권을 수립했다. 그때 국경 너머 미얀마 땅은 더는 영국령 인도가 아니었다. 갓 독립한 미얀마공화국이었다. 그런데 조만간 내전의 소용돌이에 빠져들 것이었다.

중국 한족은 이 지역 토착 인종을 좋게 보지 않았다.[12] "글자라는 게 벌레 기어가는 것 같아 전혀 의미가 없었다"라고 19세기에 누가 썼다. "믿을 수 없을 만큼 악취를 풍겼다," "고기를 익히지 않고 먹고 성질이 급한 것이 늑대와 같다"라고 쓰기도 했다. 그러나 1949년 이후 집권한 공산당은 달랐다. 사연이 있다. 1930년대 중반, 마오쩌둥이 해안지역에서 국민당군에 대패한 이후 내륙지방으로 대장정(大長征)에 나섰다. 수만 리의 길을 국민당군의 추격을 뒤에 달고 지리멸렬 도망가는 길이었다. 그때 그들이 지난 길이 윈난을 포함, 한족이 오히려 소수인 변경이었다. 이 소수민족을 '아우'(弟)로 포섭하여 혁명대열에 참여시켰다. 혁명이 끝난 후 소수민족에 대한 스탈린의 정책을 본 따 소수민족 분류작업에 나서 이들을 포용하는 계획을 세웠다. 이론적으로 그들은 자치의 권리를 가진 독자적인 민족으로 인정받았다. 그러나 현실적으로 이들은 중앙으로부터 내려오는, 과거 어떤 때보다 강력한 통제를 수용하고 적응해야만 했다.

공산당 정부의 소수민족 정책은 처음에는 온건했다.[13] 소수민족 거주지는 권력의 중심으로부터 매우 멀었다. 1950년 쿤밍에서 미얀마 국경으로 여행하려면 풍토병이 창궐하는 길을 따라 한 달을 가야 했다. 한족은 거의 없었다. '자치지구'를 설치하고 독자적인 민병대를 허용했다. 공산당의 역할은 종자(種子)와 농기구를 분배하고 사회기반시설을 확충하는 정도에 그쳤다. 그럼으로써 중앙정부에 대한 지방 소수민족의 마음을 사고자 했다. 소수민족 지도자를 양성하고자 1951년 '소수민족 연구원'을 설립했다. 1953년까지 명·청대의 투시(土司) 제도가 여전히 통용됐다. 그러는 한편 '인민해방군'은 과거와 달리 강력한 직할 체제를 강요하려고 원정에 나서고, 그것을 반대하는 소수민족의 저항이 줄을 이었다.

저항에도 불구하고 직할 체제는 계속 강화됐다.[14] 1957년 집단농장 제도가 시행되면서 투시들은 그나마 남아있던 권력을 모두 빼앗겼다. 소수민족이라고 해서 특별대우는 없었다. 전국적으로 토지개혁이 시행되고 윈난의 사람들도 집단농장에 가담해야 했다. 중국 본토에서는 '대약진운동'이 시작됐다. 농촌을 집단농장화하고 인력을 돌려 산업화에 매진하고자 한 시도였지만, 그 결과는 대재앙이었다. 경제적 혼란과 기근 끝에 수백만 어쩌면 수천만이 죽었다. 윈난 지방도 그 재앙에서 예외가 아니었다. 많은 지도층 인사가 그때까지만 해도 개방과 근대성의 상징처럼 여겨졌던 미얀마로 갔다.

이어 '문화혁명'이 시작됐다.[15] 1960년대 중반, 소수 민족주의에 대한 공격이 시작됐다. 전통의상을 입으면 벌금을 물렸다. 전통 민족행사는 폐지하고 정치집회로 대체하도록 했다. 예컨대 바이족(白族)의 조상을 기리는 '삼일축제'는 마오쩌둥의 어록을 3일 동안 암송하는 축제로 바뀌었다. 이 잔혹한 억압 속에서 수십만 명이 죽었다. 윈난에서만도 50만 명이 투옥되고 7천 명이 '자살하라는 명령'을 받았다.

이처럼 생명을 깃털처럼 가볍게 여겼으니 극단적 생각과 폭력이 난무했다. 주류 문화와 다른 것은 모두 나쁜 것으로 공격을 받았다. 윈난에는 무슬림이 많았는데 모스크에 난입한 공산당원이 '죽을래 아니면 돼지를 기르고 그 고기를 먹을래'하고 강요했다.

마침내 쿤밍에서 멀지 않은 샤뎬(沙甸)에서 반란이 일어났다.16 샤뎬의 주민은 몽골이 윈난을 정복했을 때 쿠빌라이 칸을 따라온 튀르크족으로 이후 농기구와 무기를 제조하는 철제공방을 운영했다. 그곳은 대를 이어 이슬람 학자들을 배출하며 코란을 중국어로 번역하기도 한 이슬람 문화의 본거지였다. 문화혁명 말기 1975년에 이 지역주민은 운영하던 철제공방에서 무기를 자체 제조하여 민병대를 조직했다. 그리고 주변의 한족 민병대와 전투를 벌였다. 경찰이 파견됐으나 오히려 피살됐다. 그해 7월, 중화기로 무장하고 공군의 지원을 받은 인민해방군이 개입했다. 도시는 철저히 파괴되고 남녀노소를 막론한 2천여 명의 주민이 살해됐다. 문화혁명 중 일어난 유일한 인종폭동이었다.

몇 년 후 중국이 개방정책을 시작할 때 윈난에는 소수민족의 불만은 흔적을 찾기 어려웠다. 다들 뭔가 다른 것을 바라고 있었다.

쿤밍에서의 마지막 며칠은 어느 대학에서 열린 미얀마 관련 회의에 참석하면서 보냈다. 미국과 유럽에서도 미얀마 관련 회의에 참석했었다. 그때 회의 제목은 거의 예외 없이 '미얀마 민주주의의 미래'와 같은 것이었다. 그런데 이곳은 달랐다. 미얀마에서 일어나고 있는 일을 지도를 짚어가며 설명하고 이해하려고 들었다. 민주화를 달성하려면 몇 년 전 그때 이렇게 해야 했다, 저렇게 해야 했다고 따지는 서방의 회의와는 거리가 멀었다. 회의에 참석한 중국학자들은 미얀마어에 능통했다. 발표하고 토론하는 주제도 군부의 특정 인물과 특정 무장세력 사이의 관계나 미얀마와 중국 사이 국경 무역의 추세와 같이 매우 구체적이었다. 중국인들은 행동할 준비가 돼 있었다.

대학은 쿤밍시의 외곽에 있었다. 나무가 많고 조용하고 큰 강의실이 줄지어 있고, 그 사이를 학생들이 자전거를 타고 다니는 것이 미국 동부 대학가의 모습과 크게 다르지 않았다. 롱윈이 일본군을 피해온 지식인들을 받아주었던 곳이 바로 이곳이었다. 그들이 이 대학의 전통을 쌓았다. 이곳 학자들은 무척 친절했다. 회의참석자들을 끼니마다 초대하여 접대했다. 끼니마다 마오타이를 마시며 건배를 외쳤다. 서로 짓궂은 농담을 하며 웃고 떠들었다. 그 회의에는 미얀마 학생도 여럿 참석했다. 여러 인종이 섞여 있었는데 모두 장학금을 받고 왔고 중국어를 유창하게 했다. 나를 찾아와 조용히 진로에 대해 상담하려는 학생도 있었다.

일정 중에 관광이 포함돼 있었는데 참석자들을 중국 전통양식의 건물로 안내했다. 수백 년 전에 지어진 수험관(受驗館)이었다. 안에 들어가니 큰 방이 여러 개의 작은 방으로 나누어져 있었고 방마다 실물 크기의 마네킹이 있었다. 검은색 모자를 쓰고 비단옷을 입고 나무 책상 뒤에 앉아 있었다. 며칠에 걸쳐 과거시험을 치는 모습이었다. 방마다 작은 침대와 변기가 있었다.

어느 날 저녁 멀지 않은 곳에 있는 '살바도르'라는 이름의 서양식당에 갔다. 지중해 스타일 샌드위치와 고급 커피를 팔았다. 서양인이 즐겨 찾는 곳이었다. 한 학생이 이렇게 말했다.

윈난은 일종의 도피처입니다. 동부의 극심한 생존경쟁에 지친 사람에겐 천국이죠. 많은 사람이 나처럼 여기 공부하러 왔다가 눌러앉아요. 여긴 물가도

싸고 사람들도 친절하죠. 돈 벌어 오라는 압력도 없어요. 여기선 모두가 편하게 쉬고 있어요.

쉬지 않는 사람도 많았다. 마지막 날 국영기업에서 일하는 사람을 만났다. 40대 초반에 안경을 쓰고 머리숱이 많은데 몸집이 큰 커서 '있어 보이는' 인물이었다. 베이징 옆에 있는 톈진 출신으로 쿤밍에 정착했다. 그는 윈난의 미래에 대해 매우 낙관적이었고 윈난이 미얀마를 포함한 동남아 국가와 관계를 확대하는 데 대해 적극적인 지지를 보내고 있었다. 그 이유를 이렇게 말했다.

"윈난성 정부는 매우 확고한 개발전략을 가지고 있습니다. 윈난은 남아시아와 동남아시아로 나가는 중국의 관문이 될 겁니다."

과연 명확한 설명이었다. 이렇게 부연 설명했다.

윈난성이 지향하는 두 가지 큰 목표가 있다.[17] 첫째는 주민들의 생활 수준을 향상하는 것이다. 둘째는 지역에 사는 소수민족이 만족하고 중국의 경제적 성장에서 혜택을 보고 있다는 인식을 심어주는 것이다. 전통적으로 윈난은 서남쪽에 치우쳐 항구와 멀리 떨어져 있는 지리적 위치가 가장 큰 문제였다. 그 문제를 해결하기 위해 정부는 한편으로는 동쪽 해안으로의 교통을 개선하고 다른 한편으로는 남쪽과의 연결을 확장하고 있다. 그래서 윈난과 남쪽 캄보디아·라오스·베트남·태국·미얀마와의 연결을 확대하고 나아가 서쪽으로 방글라데시와 인도로까지 확장하려는 것이다. 이 모든 것은 결국 사회기반시설에 대한 수십억 달러짜리의 투자가 필요할 것이다. 그 결과 윈난은 중국의 한 중심축이 될 것이다.

그 계획에 철도가 큰 부분을 차지한다. 우선 쿤밍과 상하이 사이 1,240마일을 고속철도로 연결한다. 그를 통해 나라의 중심에서 고립됐던 이 서남지방을 국가 경제의 핵심과 연결한다. 또 기존의 철로를 개선하고 새로운 철로를 놓는다. 그중 하나가 루이리를 지나 양곤으로까지 연결되는 철로다. 하나의 지선을 뽑아 중국이 개발하는 심해항구가 있는 람리섬까지 연결할 것이다. 이 철도도 장기적으로 시속 2백 킬로미터의 고속전철로 개선할 계획이다. (쿤밍에서 양곤까지의 거리는 상하이까지의 거리와 거의 같다).

다른 하나는 더 남쪽으로 가서 라오스의 수도인 비엔티안을 지나 방콕까지 연결하는 것이다. 이 철도들은 지금까지는 접근할 수 없었던 산악지역을 교량과 터널을 통해 통과할 것이다. 총 200억 달러 이상이 필요할 것이다. 2010년 중국과 동남아 국가들과의 연간 무역은 3조 달러에 근접했다. 그런데 그것은 대부분 해상을 통한 것이었다. 미얀마와 라오스, 태국에서 육지를 통해 화물을 운송하면 그 비용과 시간은 크게 줄어들 것이다.

도로와 철로를 지어도 그것을 통해 수송할 것이 없으면 의미가 없다. 윈난은 자체의 산업개발을 통해 도로를 달릴 트럭과 철로를 달릴 기차를 채우고자 한다. 윈난에서 생산한 담배와 철강 등을 미얀마, 나아가 동남아 전역으로 수출한다. 미얀마에서 들어오는 송유관은 쿤밍 교외의 안닝(安寧)에 일단 멈춰 하루 22만 배럴의 원유를 정제할 수 있는 정유공장에 일감을 줄 것이다.

관광도 큰 부분이다. 윈난은 풍경이 아름다운 데다 기후가 좋다. 상춘(常春) 지역이다. 중국 내 다른 지역보다 덜 알려졌고 그만큼 더 깨끗하다. 외국인과 중국인이 모두 몰려올 것이다. 그 친구는 이렇게 말했다.

"주말이나 휴가 때면 사람들이 가족이나 여자 친구와 함께 몰려들 것이요. 윈난에 대해 좋은 감정을 가지고 돌아가서 다시 올 겁니다. 그렇게 윈난에서 돈과 시간을 사용하지요."

생각은 좋은데 과연 그것이 쉽게 이루어질지는 의문이다. 지금까지는 순조롭지만 앞으로 나타날 장애물을 예상하는 것은 어렵지 않다.

내가 중국을 방문할 무렵 (충킹이라고 불리기도 하며) 장제스의 수도였으나 지금은 천지가 개벽한 것처럼 변한 충칭에서 큰 추문이 발생했다.[18] 충칭은 윈난성에 속하지는 않으나 그 북쪽에 바로 접해 있는 도시다. 인구가 3천만으로 숫자로는 세계 최대 도시다. 그 행정구역을 워낙 크게 잡아서 숫자가 부풀려지기는 했으나 좌우간 큰 도시임에는 변함이 없다. 중국의 지도부는 충칭이 상하이에 버금가는 도시로 내륙에서 번창하기를 바라는 마음에서 그렇게 했다. 그런데 2009년 말, 5개월의 수사 끝에 도시 행정 최정점까지 연결된 거대한 범죄조직과 유착관계가 드러났다.

수사를 담당했던 경찰국의 부국장이 포함하여 수십 명의 인사가 체포됐다. 원창(文强)이라는 이 경찰 간부는 범죄조직 두목들의 뒤를 봐 주는 대가로 1천5백만 달러의 뇌물을 받은 것으로 드러났다. 이 경찰 내부의 범죄를 조사하기 위해 외부의 경찰 2만5천 명을 동원했다. 불법무기 제작소를 급습하여 2천 정의 화기를 압수했다. 협박과 공갈, 뇌물과 독직이 복잡하게 얽혀있는 이 사건을 파헤치니 범죄조직뿐만 아니라 공산당 수뇌부도 관련된 것으로 드러났다. 이들은 마치 메리어트 호텔 지하에 있는 '화이트하우스 클럽'과 같은 도박장과 매춘시설을 운영했다. '충칭의 대모(代母)'는 시차이핑(謝才萍)이라는 이름의 50대 여성인데 다름 아닌 구속된 경찰 부국장의 제수(弟嫂)였다. 그녀는 16명의 젊고 잘생긴 청년을 애인으로 거느리고 충칭 시내를 '페라리'나 '람보르기니'와 같은 스포츠카로 누비고 다녔다.

쿤밍에서는 그런 추문이 드러나지 않았다. 그러나 윈난이 범죄로부터 깨끗하다고 믿기는 어렵다. 바로 국경 너머 미얀마에는 반군 출신 범죄조직이 여러 개 있고 그 자체로 깨끗하다고 말하기 어려운 정부가 있다. 수십억 달러 가치의 마약 산업도 있고 인신매매에서 보석밀매까지 온갖 금지 물품이 거래되고 있다. 쿤밍에 있으면서 중국처럼 거대한 나라에서 중앙정부가 모든 구석까지 통제하는 것은 거의 불가능하다는 말을 수차례 들었다. 공무원과 사업가 모두 규제를 피해 하고자 하는 일을 하고 있었다. 그런 곳이라면 범죄조직이 자라기 마련이다.

또 하나의 문제는 개발에 따른 환경파괴다. 이 문제는 중국 어디에서나 겪고 있는 것으로 윈난도 예외가 아니다. 2010년 윈난성은 사상 최악의 가뭄을 겪었다.[19] 그로 인해 8백만 인구가 식수 부족으로 고생했고 수십억 달러 가치의 농작물 피해를 봤다. 이 한발은 물론 세계적인 기후변화의 결과일 수도 있겠으나 최근의 남벌에도 원인이 있다는 지적이 많다. 미얀마와의 국경지대는 지난 30년간 95%의 숲이 사라졌다. 그렇게 베어낸 자리에는 주로 고무농장을 만들었는데 고무나무는 물을 많이 잡아먹기로 악명이 높다. 댐에도 책임이 있다. 같은 해 미얀마와 라오스, 태국도 전례 없이 혹독한 가뭄을 겪었는데 이들 나라 정부는 국제하천이용에 관한 관례를 인용하여 상류인 윈난의 물관리 실태에 대해 문제를 제기할 움직임을 보였다. 중국에도 환경 문제를 걱정하는 움직임이 나타났다. 윈난에서 더 이상의 남벌이나 환경파괴형 댐을 짓는 것이 전처럼 쉽지 않을 전망이다.

그 사업가 친구와 이야기를 나누며 이런저런 문제를 제기해 보았다. 그는 요지부동이었다.

"해결책을 찾아낼 수 있을 거요!"

내가 인도와 관련된 문제를 제기하자 더욱 신이 나서 '남방 비단길'에 대한 꿈을 설파했다.[20] 지금 인도와 중국 사이의 양자 무역은 액수로 겨우 6백억 달러 수준인데 그것은 싱가포르와 믈라카해협을 통해 해상으로 일어나는 것이다.

"미얀마를 지나는 새로운 길을 이용하면 쿤밍에서 콜카타까지 10일이 아니라 3~4일이면 간다는 소리요. 기차를 이용하면 48시간이면 간다는 소리지."

저 아래 길에서 윈난에서 가장 높고 큰 72층짜리 쌍둥이 건물을 짓기 위한 공사가 막 시작됐다. 그 건물에는 5성급 호텔과 '유흥 및 휴가 공간', '특급 사무실 공간'이 들어설 것이다. 그 건물은 '남아시아의 관문'으로 불리며 미얀마, 인도, 그리고 더 멀리까지 무역을 염두에 둔 상업지역의 핵심이 될 것이다.

이 사업가는 인도와의 미래를 오로지 상업의 견지에서만 보고 있었다. 인도는 지금 중국과의 무역에서 엄청난 적자를 보고 있다. 주로 철광석과 같은 원자재를 중국에 수출하고 중국의 공산품을 수입한다. 그 사이에서 윈난은 큰 혜택을 입었다. 사업의 관점에서 지정학이니 '거대경기'니 하는 것들은 안중에 없다. 오로지 돈만 눈에 들어올 따름이다.

"윈난은 아직 가난합니다. 그러나 금방 바뀔 거요."

고대에서 중세까지 윈난은 일종의 교차로였다. 중국이 티베트, 인도, 미얀마, 기타 남쪽 여러 나라와 만나는 곳이었다. 지금도 그러한 교차로가 될 참이다. 다만 그때와 다른 것은 지금 윈난은 중국의 확고한 일부라는 점이다. 과거의 문화와 문명이 미래에 어떤 의미가 있을까? 나는 쿤밍에서 출발하여 다리(大理)로 간다. 윈난에서 일어난 마지막 왕조의 수도였던 곳이다.

제 3 장

간다라

다리(大理)

나는 다리가 초행이 아니다. 1992년 초 쿤밍을 거쳐 카친 산악지대에 다녀오던 길에 들렀었다. 그때 윈난의 관광이란 보잘것없었을뿐더러 접근이 금지된 곳도 많았다. 다리는 예외로 몇 년째 외국인 관광객을 받고 있었는데, 그 외국인은 대부분 관광객이라기보다 배낭을 멘 젊은 여행객들이었다. 작은 정원을 가운데 두고 외국인 전용 '게스트하우스'가 몇 개 건설돼 있었다. 따로 이름은 없고 그냥 번호만 있었다. 방은 비교적 깨끗했지만, 장식은 거의 없이 나무 침대에 스펀지 매트리스가 깔려 있었다. 숙박비도 하루 몇 달러로 아주 저렴했다. 숙소가 검소한 것이 아직 미개척지를 먼저 밟는다는 느낌을 더해 주어 나쁘지 않았다. 작은 간이식당이 두어 군데 있어 바나나·팬케이크·요구르트 음료·오믈렛·차가운 맥주 등 아시아의 배낭족이 흔히 먹는 음식을 팔고 있었다. 금방 문을 열었다는 지압 안마시술소가 있어 들어가 보았다. 말을 아예 못하는지 한마디 말도 하지 않은 덩치 큰 남자가 커다란 손으로 안마를 하는데 아파 죽는 줄 알았다.

   도시 자체는 정말 아름다웠다. 초겨울 미국 몬태나주나 콜로라도주 산악지역의 작은 도시에 간 것 같았다. 대기는 차고 건조했다. 하늘은 코발트 색으로 눈이 아릴 정도로 파랬다. 눈 덮인 높은 산이 도시를 압도하는 혹은 껴안는 것 같은 풍경이었다. 그곳에서 중국인 관광객은 보지 못했다. 등산화를 신고 방한용 외투를 입은 서양인이 상당수 보였고 그만큼 많은 일본인이 보였다. (미얀마인은 나밖에 없었다). 일본인들은 아주 특이했다. 모험심이 강하고 새로운 것은 무엇이든지 해보려고 했다. 그중 두어 명이 장발을 기르고 긴 외투를 입고 긴 장화를 신고 햇볕에 탄 얼굴에 미소를 띠고 간이식당으로 들어왔다. 그들은 주위 분위기 적응하려고 애써 노력하여 거의 티베트인처럼 보였다. 북쪽에서 며칠간 도보여행—아마 가끔은 말도 타고—을 하다가 온 것이 틀림없었다.

나는 그때 쿤밍에서 다리로 가면서 샤관(下關)을 거쳐 갔다. ('바다'라는 이름이 붙은) 거대한 호수 얼하이(洱海)의 남쪽 끝에 있는 작은 도시였다. 다리는 샤관에서 몇 마일 북쪽, 호수의 서안에 있으며 '고성'(古城)이라고 불렸다. 나는 첫날 밤을 샤관에서 보냈는데 정말 보잘것없는 곳이었다. 활기 없는 회색 도시로 호텔의 직원은 무뚝뚝하고 카펫은 지저분했다. 주변에서 요리된 음식은 거의 찾을 수 없었다. 호텔 식당조차 지저분하고 중국어만 적힌 메뉴판만 있었는데 통역은 감히 바랄 수 없었다. 어렵사리 탕(湯)을 하나 시켰다. 뭔지 모를 채소가 들어있는 뜨거운 물 위로 기름이 둥둥 떠다녔다. 거리에서 산 팝콘으로 끼니를 대신했다.

황량하고 황당한 샤관과 작고 아름다운 다리. 그것이 내가 기억하는 17년 전의 모습이었다. 지금 버스를 타고 지나가면서 나는 눈을 의심했다. 호수를 끼고 나 있는 도로를 따라 주행하는 버스 옆으로 날렵한 승용차들이 지나가고 있었다. 가로등과 꽃 화분으로 장식된 넓은 산책로가 도로와 나란히 뻗어있고 그 옆으로는 카페가 즐비했다. 그 산책로에서 잘 차려입은 사람들이 호숫가 나들이를 즐기고 있었다. 반대쪽으로는 우아한 아파트 건물들이 들어서 있었는데 베란다에서 호수를 내려다보기도 하고 저 멀리 눈 덮인 산도 올려다

보는 탁월한 조망을 자랑하고 수 있었다. 호수에 요트는 보이지 않았으나 쉽게 스위스 레만호반의 제네바를 연상할 수 있었다.

"여기가 샤관이요"라고 옆에 앉은 중국인이 말했다.

조금 더 가니 정확히 같은 내용이 영어와 중국어로 적힌 간판이 눈에 들어왔다. 버스는 높은 사무실 건물과 쇼핑센터와 고층호텔을 따라 20분 정도를 더 달렸다. 그리고 거대한 석벽으로 둘러싸인 다리 '고성'에 도착했다.

다리에 들어선 즉시 이 도시가 방콕의 카오산 로드나 카트만두의 타멜 지구처럼 젊은 서양 여행객이 즐겨 찾을 그런 곳으로 바뀌었다는 것을 느낄 수 있었다. 물론 중국식 색채는 강렬했다. 20년 전 두어 개의 게스트하우스만 있던 곳에 지금은 수십 개의 작은 호텔과 식당과 카페 그리고 각종 기념품에서 해적판 CD와 DVD 등 온갖 것을 파는 상점이 있었다. 이 모든 것이 큰 거리 바로 뒤에 있는 '양런지에'(洋人街) 혹은 서양인 거리에 모여 있었다. '배드 몽키 바', '다리에서 최고의 생선과 칩을 파는 피닉스 펍'의 간판 사이로 피자 가게가 여러 개 보였다. 그러나 방콕이나 카트만두보다 깨끗했다. 몸을 파는 매춘부나 구걸하는 거지는 보이지 않았다. 마치 최고 권력층에서 '서양사람들을 위한 거리를 만들자. 그들이 원하는 것은, 생선이든, 칩이든, 피자는 무엇이든지 제공하자. 단 깨끗하게! 마약, 안됨! 매춘, 없음! 우리는 이곳을 다른 곳과 다르게 만들 것이다'라고 작정하고 밀어붙인 것 같았다. 실제로 그랬다는 것이 아니라 그런 느낌을 받았다는 뜻인데 진짜 그랬을지도 모르겠다. 서양인 거리는 대성공이었다. 그 거리의 분위기가 이웃 골목으로 옮겨가면서 도시 자체의 분위기가 됐다. 곳곳에 여행사 간판이 걸렸고 시내 관광객을 모집하고 자전거를 대여하는 곳이 눈에 띄었다. 어느 오후 여행에 지친 심신을 달랠 겸 '영화 관람 무료'라고 적힌 카페에 들어갔다. 카페는 일 층에 있었는데 다양한 DVD를 보유하고 있었다. 이 층에 올라가니 넓고 안락한 방이 있었다.

한쪽 벽에 DVD 재생기가 달린 거대한 평면 TV가 있고 옆으로 넓은 창이 나 있어 거리풍경을 감상할 수 있었다. 방에는 아무도 없었다. 3달러 정도를 내고 커다란 소파에 혼자 편하게 앉아 맥주를 마시면서 전에 봤던 알렉산더 페인 감독의 <사이드웨이>(*Sideways*, 2004)를 다시 한번 관람했다.

'서양인의 거리'에는 과연 서양인 관광객이 많았다. 그러나 그 거리 밖으로는 서양인보다 몇 배는 많은 중국인 관광객이 있었다. 다들 샤관의 이름 없는, 그래서 남의 눈에 띄지 않을 호텔에서 하룻밤을 즐기고자 하는 사람들이었다. 다리는 보행자를 위한 도시였다. 최근 복구한 석벽 안으로는 차량 진입이 허용되지 않았다. 1990년대 초에 보았던 '구(舊) 다리'는 마치 영화촬영 세트처럼 개조됐다 (실제로 여기서 가끔 영화를 촬영한다고 한다). 남쪽으로 (1990년대에는 본 기억이 없는) 대형 문루가 건축되어 출입구임을 알리고 있었다. 문을 지나 자갈 깔린 넓은 길을 따라가면 중앙광장이 나왔다. 팝콘을 파는 가판대도 있었다. 그 길은 이후로도 1마일 정도 계속됐다. 양쪽에 들어찬 상가들은 모두 목조로 지어지고 감색 기와를 얹어 고풍스러운 분위기를 풍겼다.

지금 다리는 바이족(白族)의 주 거주지로 '바이족 자치구'로 지정돼 있다. 바이족은 윈난의 '소수민족'으로 분류되며 주로 이 지역과 주변에 총 2백만 명 정도가 산다고 한다. (버마/티베트어 계열의) 독자적인 언어를 가지고 있지만, 북경어도 할 줄 알거나 심지어 북경어만 할 줄 아는 젊은이가 늘고 있다. 그러나 다리에는 어딜 가나 얇은 흰색 면바지에 자수를 놓은 상의 코트 차림의 바이족 전통의상을 입은 여인들을 만날 수 있다. 상가 대부분을 차지하는 기념품 가게의 점원이나 대형 식당의 봉사원, 호텔의 접수원, 관광지의 입장권 판매원 등 모두가 그렇다.

오래전 미얀마의 북쪽 이웃 국가는 중국이 아니라 다리에 도읍한 독립 윈난

왕국이었다. (윈난은 비교적 최근 이름이니 물론 그때는 '윈난 왕국'이라고 불리지 않았다). 8세기에서 13세기에 이르는 동안 그 왕국은 강대국이었다. 서쪽으로는 티베트의 토번(吐蕃), 북쪽으로는 당(唐)과 그 뒤를 이은 여러 왕조, 그리고 송(宋)나라와 때로는 적대하고 때로는 동맹을 맺었다. 막강한 기마 병력을 이끌고 미얀마도 깊숙이 쳐들어와 중세왕국 바간 왕조의 건설에 관여했다. 그 당시 그들 스스로 부른 이름이 무엇인지는 알려지지 않았다. 중국에서 그들을 '남쪽의 군주'라는 뜻으로 '난자오'(南詔)라고 불렀는데 그게 왕조의 이름이 됐다.

고대에 윈난은 한(漢)나라의 간접지배를 받았으나 3세기 한나라가 망하고 파견대가 철수한 이후로는 토착 민족의 땅으로 남았다. 토착 민족이라고 해도 많고 다양한 인종이 섞여 있었는데, 그중 미얀마의 선조가 된 인종도 있었고 오늘날 윈난에 남아있는 많은 소수민족도 있었다. 언어도 다양했다. 9세기 중국의 인종학자 판춰(樊綽)는 『만서(蠻書)』 즉 '남쪽의 야만인에 관한 책'을 썼는데 거기에 윈난에 살던 다양한 인종에 관해 기술했다.[1] 그곳에는 여러 '우만'(烏蠻)족들이 있었는데 피부색이 검다고 해서 까마귀 '오'(烏)를 붙였다. 또 염소와 양을 키우는 유목민도 많았다. 원래 북쪽 티베트의 초원에서 살다가 강을 따라 서서히 남진하여 미얀마의 뜨겁고 황량한 벌판까지 이주해 온 인종이었다. 일부 야만인들은 "산악지대 곳곳에 널리 퍼져 살았다." 일부는 "용감하고 무자비하고 민첩하고 활동적으로 …… 흰색 또는 점박이 말을 기르고 야생 뽕나무를 재배하여 최고의 활을 만들었다." 여인들이 "우유와 크림만 먹고," "피부가 희고 뚱뚱하며 느릿느릿 걸어 다니는 것을 좋아했다." 중국인이 보기에 별로 위생적이진 않은 사람이었으나 유쾌한 족속이었다. '모만족'이 있었는데 평생 한 번도 세수나 세면을 하지 않고 살았다. 그들에 대해서는 또 "남녀를 막론하고 양가죽 옷을 입는다. 그들은 전통적으로 술

마시고 노래하고 춤추는 것을 좋아했다"라고 적혀있다.

이슬람이 스페인을 정복할 무렵 (711년), 난자오의 지배층은 6개의 부족을 통합하여 하나의 왕국을 건설하고 다리에 도읍을 두었다. 다양한 부족을 동원하여 전쟁 기계를 조직했다.² 이 왕조는 그처럼 군사국가로 출발하여 사방으로 팽창을 계속했다. 그 무렵 아시아는 2개의 강대국이 지배하고 있었다. 하나는 중국이었고 다른 하나는 티베트에 일어난 토번이었다. 중국이 부침을 거듭하면서도 항상 강대국이었던 반면 토번은 갑자기 강성해진 나라였다. 그 무렵 토번의 힘이 절정에 달했다. 난자오는 토번에 편승하여 정복 행보를 계속했다. 755년 당나라에서 반란(=안록산의 난)이 일어났을 때 난자오는 토번과 함께 당의 여러 도시를 점령하기도 했다.

얼마 후 당나라는 토번-난자오 동맹을 이간하는 데 성공했다. 당나라는 큰 골칫거리였던 토번의 팽창을 제어하기 위해 전방위적 포위전략을 구사했다. 서쪽으로는 튀르크와 아랍, 남쪽으로는 인도, 남동쪽으로는 난자오를 포괄하는 일종의 대동맹을 결성한 것이었다. '오랑캐로 오랑캐를 상대하는' 이이제이(以夷制夷)는 중국의 오랜 전략이었다. 당-난자오 연합군이 지금의 미얀마 국경 부근에서 토번의 군대를 격파하고 잡은 포로 중에는 사마르칸드인과 아바스 왕조의 ―『천일야화(千一夜話)』의 등장인물 하룬 알-라시드를 위해 싸웠던― 아랍인들도 포함돼 있었다. 2만 점의 무구(武具)도 노획했다.³ 그 대가로 당나라 조정은 난자오를 조공국 서열에서 높이 자리매김했다. 사신이 오면 전상(戰象)을 동원한 화려한 의전으로 맞이하고 사치스러운 선물을 주었다.

그때가 난자오의 세력이 절정에 달했을 때였다. 남으로 미얀마를 침공하여 이라와디 분지에 흩어져 있던 작은 도시를 정복하고 벵골만까지 진출했다. 넘치는 힘을 주체하지 못해 중국과의 동맹을 파기하고 중국이 지배하던 베트남을 침공하기도 했다. 또 산을 넘어 쓰촨 분지로 들어가 청뚜(成都)를 공격했다. 이 잘 나가던 난자오의 수도가 바로 다리였다. 난자오의 왕은 "가장 높고 가장 먼 산에서 가장 멋진 호랑이를 잡아 벗긴 붉은 색과 검은색의 줄무늬가 있는" 호피 외투를 걸치고 옥좌에 높이 앉아 호령했다.

난자오는 외환이 아니라 내분 때문에 멸망했다. 902년 권력투쟁의 결과 왕실이 완전히 몰살당하고 새로운 왕조 곧 대리국(大理國)이 들어선 것이다. 그 무렵 윈난에는 불교가 자리 잡고 있었다. 대리국의 왕들은 독실한 불교도로 불교에 대한 후원을 아끼지 않아 다리는 불교 문화의 중심지로 자랐다. 그때 미얀마와의 유대도 강했다. 미얀마 최초의 통일왕조로 자라난 바간 왕조는 대리국의 영향을 받으며 성장했다. 대리국도 미얀마를 통해 인도와 연대를 쌓았다. 그 무렵 인도는 불교계 왕국과 힌두계 왕국들로 분열돼 있었고 이슬람의 침공을 받기 직전이었다.

대리국의 왕은 자신의 강역을 간다라(Gandhara)라고 불렀다.[4] 이것은 현재 아프가니스탄의 칸다하르(Kandahar)와 같은 단어이며 지금 미얀마어에서 윈난 지방을 부르는 이름이다. 간다라는 원래 지금의 아프가니스탄과 파키스탄의 접경지역에 있었던 신비로운 불교의 땅이었다. 알렉산더 대왕이 인도를 정벌하면서 그리스 문명과 불교 문명이 그곳에서 만나 대단한 문명을 꽃피웠다. 현인들이 다스려 평화로운 가운데 신심이 깊고 심오한 학문을 연구하는 일종의 이상향과 같은 곳이었다. 대리국의 역대 왕은 기원전 3세기 인도를 지배했던 아소카 대왕의 후예를 자처하며 인도의 중부에서 스리랑카와 베트남에까지 이르는 불교 왕국의 후견자 행세를 했다.

대리국은 또한 미틸라(Mithila)와도 깊은 관련을 맺었다. 미틸라는 과거 석가모니 부처님의 땅으로 '창고에 1만6천 명의 무희(舞姬)들과 온갖 부가 넘치던' 말하자면 지금의 뉴욕과 같은 문명의 중심이었다.[5] 또 인도에 있는 많은 불교유적지를 다리에 재현했다. (석가모니 부처님의 제자) 마하 카사파(Maha Kasyapa; 大迦葉)가 미래 부처님의 현신을 기다리며 선정에 들었다는 (북인도에 있는) 쿠쿠타파다(鷄足山)의 동굴을 재현했다. 그 옆에는 부처님의 제자 아난타(阿難陀)의 사리탑을 세우고 불교도들의 제1차 결집(結集)이 있었던 비파라산(毘婆羅山)의 칠엽굴(七葉窟)을 재현했다. 이렇게 하여 다리는 불교 성지의 복사판이자 축소판이 됐다. 후일 미얀마의 왕이 그랬듯이 대리국의 왕들은 인도 역사상 위대한 대왕이자 불교 후원자 아소카 대왕의 후계자이기를 소원했다. 13~4세기 페르시아의 학자 겸 정치가 라시드 알-딘(Rashid al-Din)에 따르면 간다라의 왕은 스스로 '마하라자'(maharaja) 즉 '대왕'을 자처했다고 한다.

불교에 대한 믿음이 이처럼 강하니 불교의 각종 종파가 이곳에서 번성했다.6 특히 선종(禪宗)이 강했다. 선종 불교는 7세기 중국에서 경전과 교리와 의식에 집착하는 풍조에 반발하여 생겨난 것으로 형식이 오히려 해탈에 이르는 길을 방해한다고 믿었다. 이론을 만들고 체계화하는 것을 싫어하여 글을 남기지도 않았다. 이심전심(以心傳心)과 불립문자(不立文字)를 강조했다. 후일에는 벵골과 티베트의 영향을 받은 밀교(密敎)가 성했다. 밀교의 스승들은 '아잘리'라고 불리며 요가와 주술에 능해 일종의 초능력을 행사했다고 한다. 미얀마에서는 '아리'라고 불리며 비정통적인 방법과 성적 방종으로 배척되기도 했다.

이처럼 역사 속의 윈난은 여러 방향에서 배움을 구하고 그럼으로써 중국과 인도를 연결하던 그런 땅이었다.

충성사(崇聖寺) 3 탑이 있는 곳에선 수많은 남녀가 전통의상을 빌려 입고 탑을 배경으로 사진사 앞에서 자세를 취하고 있었다. 이 3개의 사탑은 대리왕국의 불교 성지였다. 당나라 황제가 시안(西安)에 지은 다옌탑(大雁塔)을 본 따 지은 이 탑과 옆에 있는 충성사는 한때 밀교의 본산이었다.

그러나 지금 그 입구는 수행과 해탈을 위해서 찾은 것이 아니라 유명한 탑을 배경으로 사진을 찍고자 하는 사람들로 붐비고 있었다. 지금은 늦여름 더운 날이었다. 가족 단위로 찾아온 관광객은 대부분 반바지를 입고 남자는 어른과 아이를 막론하고 야구모자를 쓰고 있었다. 탑으로 들어가려면 꽤 긴 진입로를 걸어야 했는데 양쪽으로 잘 가꾼 잔디밭이 있었다. 어디선가 잔디 깎는 기계 소리와 함께 싱싱한 잔디 냄새가 났다. 차가운 음료수와 아이스크림을 파는 상인이 가끔 있었다. 다리의 어디를 가나 마찬가지지만 역시 무엇보다 많은 것은 관광지를 찾아 들떠서 떠드는 사람들이었다.

3탑을 지나니 새로 복구한 거대한 사원이 나타나고 그 속에 거대한 황금빛 관세음보살상이 있었다. 여기도 작은 기념품 가게가 있었다. 그래도 여기는 바깥과 달리 사람이 적고 향을 피우는 등 절다운 풍경이었다. 그러나 이 모든 것이 전체적으로 놀이공원과 같다는 느낌은 지울 수 없었다.

관광 안내 책자에 소개하는 명소는 더 많았지만 나는 그중 두 개는 건너뛰기로 했다. 하나는 난자오 스타일 섬, 다른 하나는 다리 데바 나가(Deva Naga) 영화 스튜디오였다. 이 둘은 큰 수입을 올리는 사업장인 동시에 윈난의 독특함을 대중국의 틀 속에서 녹여내어 조화를 강조하는 선전장으로서 역할도 했다.

민족적 또는 인종적 다양성과 특징을 활용하여 놀이공원을 만드는 것이 최근 중국에서 유행이 됐다.[7] 가장 유명한 곳이 베이징에 있는 박물관과 놀이공원을 겸한 '민족공원'이다. 그곳에서 한족은 여러 소수민족의 의상을 입고 사진을 찍을 수 있다. 그 공원이 처음 생겼을 때 영문명칭을 '인종차별주의자 공원'(Racist Park)으로 적었던 웃지 못할 일도 있다. 그와 비슷한 것이 곳곳에 만들어져 1990년대 중반 다리에도 '난자오 스타일 섬'이 지어진 것이다. (홍콩 근처에 있는) 선전(深圳)에 중국전통문화촌이 지어진 것과 같은 무렵이다.

최근에 지어진 놀이공원은 좀 더 역동적이다. 미얀마와 라오스, 태국에는 새해를 축하하는 '물 축제'가 있다. 전통 달력에 따른 신년이지만 양력으로는 4월이고 가장 더운철이다. 그래서 서로에게 물을 뿌리면서 새해를 축하하고 더위를 식히는 축제가 며칠 동안 열린다. 윈난의 남쪽에 거주하는 '다이족'도 비슷한 풍습이 있다. 이 신기한 풍습을 보려고 찾는 중국 관광객이 늘어나자 한 사업가가 연 며칠 간의 축제가 아니라 일 년 내내 연중 축제로 만들었다. 그곳에는 날마다 설날인 셈이다. 입장료를 낸 관광객들은 (다리 전통의상을 입은 직원이 봉사하는) 네 곳의 촌락 중 하나에 묵을 수 있다. 그리고 물을 뿌리고 술 마시고 떠드는 새해 축제를 일 년 중 어느 날이고 볼 수 있다.

그렇게 시작됐던 놀이공원이 이제 인종적 색채를 버린 곳도 있다. 다리에서 '난쟁이 제국'(Dwarf Empire) 관광에 대한 책자를 봤다. '나비 생태 공원'에 포함된 것인데 신장이 작게는 60cm, 크게는 130cm인 80여 명의 난쟁이가 대체로 인종과는 무관한 다양한 의상을 입고 노래하고 연주하고 춤추고 기교를 뽐내며 관중을 즐겁게 한다. 다리에 더 가까운 곳에 디즈니랜드 스타일의 대규모 놀이공원이 계획되고 있다. 이 모든 것이 갈수록 팽창하는 중국의 관광 시장에 윈난을 중심지의 하나로 자리매김하려는 원대한 계획의 한 부분이다.

지금은 관광객이 몰려오지만, 지금으로부터 7백 년 전에는 전혀 다른 사람들이 몰려왔다. 바로 몽골인과 튀르크인, 그리고 무슬림이었다. 13세기 몽골인이 남송을 정벌하기 위한 한 방편으로 윈난을 정복한 것이 독립국 윈난이 베이징에 수도를 둔 중국 일부로 통합된 최초의 사례였다. 그 통합의 과정이 지금까지 이어지고 있다. 그런데 몽골의 정복은 초원의 유목민족인 몽골족이 이

지역에 들어왔다는 정도가 아니었다. 이미 유라시아 대륙에 거대한 제국을 건설했던 몽골이었다. 그 제국의 영역 내에 있던 온갖 요소 특히 무슬림이 대거 들어오게 된 계기가 됐다.

침공군의 최고 지휘부는 물론 몽골인이었으나 지휘관의 다수, 그리고 병력 대부분은 튀르크족이거나 그보다 더 서쪽에서 온 인종이었다.[8] 예를 들면 윈난에서 출발한 미얀마 정벌군에는 구 페르시아 크와레즈미드 제국의 병사 1만 4천 명이 같은 종족 알루 베그 장군의 지휘하에 참전했다. 다른 종족도 별개의 부대로서 참전했다. 사마르칸드·보카라·메르브·니시푸르 등지에서 온 튀르크족도 있었다. 킵차크의 소수 종족과 볼가강 하류의 불가르족도 있었다. 윈난 정벌군의 총사령관은 쿠빌라이가 신임하던 우리양카다이였다. 그는 이전에 바그다드도 점령했었기 때문에 윈난 정벌군에는 아바스 왕조의 포로와 그곳에 이르는 과정에서 정복했던 남부 러시아와 우크라이나의 포로도 포함돼 있었다.

함께 온 사람 중에는 지금은 오세티야인 이라고 불리는 사마르티아의 알란족도 있었다. 그들은 몽골에 자진하여 복속하고 대칸의 친위병으로 1천 명의 전사를 제공했다. 그 알란족의 수장 니콜라스의 아들도 윈난 정벌에 종군하여 미얀마와의 국경 지역에 배치됐다.

쿠빌라이 칸의 서자 후게치가 윈난의 왕으로 봉해졌고 대리국의 왕족 두안(段)씨는 '마하라자'라는 명칭을 유지한 채 세습 총관이 되었다. 그러나 다리와 윈난의 실권은 무슬림 사이드 아잘 삼스 알 딘 우마르(Sayyid Ajjal Shams al-Din Omar)가 장악했다. 사이드 아잘 삼스는 (지금 우즈베키스탄의) 부카라 출신이라고 했는데 —그의 집안이 원래 이집트 카이로 출신으로 예언자 마호메트의 직계라는 설도 있다— 1250년대 말 몽골에서 떠오르는 신성이었다. 바그다드에서 근무하고 몽케 칸의 사천 원정에 병참 장교로 참전한 후 1270년대 말 윈난의 총독이 됐다. 지금 윈난에 사는 무슬림 —이하에서는 후이족(回族)이라고 부른다— 은 그를 윈난 후이족의 시조로 여긴다. 그는 윈난의 사람들을 '평화롭고 편안하게 만든' 현명하고 자애로운 지도자로 평가받고 있다.

사이드 아잘 삼스의 공식 직책은 '윈난 지방행정국의 정치국장'이었다. 중세에 그런 직함을 가진 것만으로도 그가 매우 유능한 행정가였다는 것을 짐작할 수 있다. 중국 문헌에 따르면 그는 새로운 농사기술을 전수하고 관개시설을 설치했으며 전체적으로 삶의 질을 개선하고자 노력했다. 본인은 무슬림이었으나 공자(公子)의 사당을 신축 또는 개축하고 유교식 교육체계를 도입했다. 당시 그 지방 유학자의 총감독 허훙조는 이렇게 기록했다. 사이드 아잘 삼스의 노력을 통해 "성성이가 기린이 되고 까막까치가 봉황이 되었다. 숭숭한 털이 관복과 관모로 바뀌었다." 중국의 변방을 교화하려는 노력의 예는 많으나 무슬림(특히 튀르크계 무슬림)이 지도한 경우는 윈난이 유일했다.

이렇게 하여 윈난은 이슬람 세계에 알려졌다. 1279년 사이드 아잘이 사망한 후 아들 나시르 알-딘이 부친의 직위를 승계하여 5년간 집권한 후 미얀마 정벌에 나섰다. 그의 아우가 교통담당 대신이 되는 등 전 가족이 대단한 영향력을 행사했다. 당시 윈난에 한족은 거의 없었다. 후이족은 원거리 무역에도 나서는 등 윈난은 독자적으로 번성하는 문명이 됐다. 14세기 초 페르시아의 유대인 역사가 라시드 알-딘 하마다니는 다리 지역이 전적으로 무슬림 지역이 됐다고 기록했다.

이 시기는 특히 튀르크계 이슬람이 세계로 팽창하던 때였다. 오스만 터키 제국이 동로마 제국의 콘스탄티노플을 점령한 것은 그보다 한 세기 후의 일이지만 튀르크 무슬림은 이미 중앙아시아와 북인도의 초원을 휩쓸고 있었다. 사이드 아잘과 그 일족이 윈난에서 최고의 권력을 누리고 있을 무렵 히말라야 산맥의 다른 쪽 끝에서 튀르크의 기병대가 갠지스 분지를 따라 침공하여 벵골만에까지 이르렀다. 벵골의 튀르크 무슬림과 다리의 튀르크 무슬림 사이의 거리는 불과 수백 마일에 불과했다. 튀르크어를 사용하는 이 두 무슬림 사이에는 오로지 미얀마만 있었다.

당시 미얀마는 극소수의 상인이나 모험가 외에는 갈 수 없는 땅이었다. 윈난에서 일부 무슬림이 미얀마를 지나 인도양으로 가기도 했는데 대부분은 성지 메카로 가기 위한 것이었다. 마르코 폴로가 1280년대에 윈난에 왔으나 다리에서 더 가지 못했다. 그는 중국에 올 때는 중앙아시아의 육로를 이용했지만, 돌아갈 때는 남동부 해안에서 출발하여 자바를 거쳐 페르시아만으로 가는 해로를 이용했다. 마르코 폴로조차 미얀마를 통하는 육로를 꺼릴 정도였으니 윈난과 인도 사이의 육로가 얼마나 험준했는지 알 만하다. 그런 지리적 조건이 수백 년 동안 변하지 않다가 최근에 변하기 시작한 것이다.

다리의 거리에서 만나는 얼굴은 중국 남부지방, 나아가 동남아 지방, 더 나아가 캐나다의 밴쿠버나 호주의 멜버른에서도 흔히 보는 화교의 얼굴과 닮았다. 그런데 가끔 전혀 다른 얼굴 모습을 만나기도 한다. 티베트나 북부 미얀마에서 만나는 얼굴이다. 피부는 가무잡잡하고 뼈가 드러난 체형에 머리칼도 꾀죄죄하다. 다들 몸에 맞지 않고 색깔도 바랜 펑퍼짐한 옷을 입었다. 관광객이 아니다. 아니 어쩌면 시간 여행자일지도 모르겠다. 20년 전에는 다리에서 흔히 보던 얼굴이다. 그런데 지금은 티셔츠나 운동복을 입고 카메라를 들고 다니는 사람들의 홍수 속에 가려져 보이지 않는다.

다리에서 과거의 모습을 유지하고 있는 것이 몇 가지 더 있었다. 대로의 보행자 전용도로를 벗어나 샛길로 들어갔다. 그곳에 작은 고목이 몇 그루 서서 그늘을 만들어주고 있는 작은 광장이 있었다. 그곳에는 머리가 흰 남녀 노인들이 마작에 열중하거나 차를 마시고 있었다. 모두 낡은, 마오쩌둥 시대 인민복을 입고 검은색 천 신발을 신고 있었다. 해변 의자에 반쯤 누워 천천히 담배를 피우거나 문고판 책을 읽는 이도 있었다. 광장의 저편에는 작은 마을 회관이 있었다. 관광객이 몰려들기 이전부터 있었는데 당구장과 몇 권의 책과 구형 컴퓨터 그리고 알베르트 아인슈타인의 사진이 걸려있었다.

갈수록 좁아지는 골목길을 따라 더욱 안으로 들어가니 금방이라도 무너질 것 같은 게스트하우스 건물이 보였다. 17년 전 내가 묵었던 곳인지도 모르겠다. '인민 빈관 1호' 또는 '2호'라고 부르는 것을 들었었다. 때는 겨울이었는데 모두 검정 인민복이나 물들인 군복을 입고 있었다. 나는 이곳에서 중공군 외투와 모자를 사서 위장을 하고 나의 모험을 시작했었다. 그때 눈 덮인 산속 도시 다리는 로키산맥 속 작은 동네처럼 조용하고 평화로웠다.

그러나 그 회상은 오래 계속되지 않았다. 한 골목을 돌아가니 다시 행인들이 북적이는 보행자 거리가 나왔다. 일부는 시끄럽게 이야기하고, 누구는 휴대전화에 대고 소리를 지르고, 어떤 이는 아이스크림을 먹고, 남녀들은 손을 잡고 걷고 있었다. 이처럼 다양한 행동 가운데 한 가지 공통점이 있었다. 몇 걸음마다 멈춰 서서 사진을 찍는다는 점이었다. 나는 한 카페로 들어갔다. 혁명가 체 게바라(Che Guevara)와 60년대 자메이카의 팝 가수 밥 말리(Bob Marley)의 사진이 벽에 걸려있었다. 커피값은 터무니없이 비쌌다.

다리는 이제 부유해졌다. 과거는 잊혔다.

1368년 원나라가 명나라에 패퇴하여 장성(長城) 이북으로 물러났을 때 원은 윈난에 대한 지배권만큼은 유지하려고 했다. 명의 조정은 1369~75년간 5차례나 사신을 보내 퇴거를 요구했다. 윈난의 몽골족은 그 요구를 거부하고 사신을 살해하기도 했다. 마침내 명 조정은 30만 대군을 동원하여 윈난으로 쳐들어왔다.

몽골족은 대적할 수 없었다. 과거 대리국 왕족 두안(段)씨 일족은 명 조정에 대해 일종의 자치를 요청했으나 단호히 거부됐다. 두안씨 가문의 수장과 두 아들은 난징(南京)으로 압송됐다. 아들 중 하나는 장성의 수비군으로 보내졌다. 다른 아들은 양쯔강 변에 있는 작은 도시의 관원으로 보내졌다. 10세기 난자오 이래 대리국의 왕으로 원나라 체제 속에서 대리 불교의 상징이었던 두안씨 일족은 그렇게 역사에서 사라졌다.

명나라 초대 황제 주원장(朱元璋)은 무잉(沐英, 목영)을 윈난공으로 봉하고 통치를 맡겼다.9 무잉은 뛰어난 무장으로 몽골의 잔당을 토벌하는데 여러 차례 공을 세웠다. 그는 주원장의 양자로 주원장이 어려웠던 시절부터 동고동락한 사이였다. 따라서 무잉의 지위는 단순한 지방파견관을 넘어 봉토를 받은 제후였고 이후 무(沐)씨는 대를 이어 윈난의 가장 부유하고 세력이 큰 집안으로 행세했다.

정복에는 으레 이민이 뒤따르는 법이었다. 몽골이 윈난을 정복했을 때 페르시아인과 튀르크인, 중앙아시아인이 대거 이주했듯이 명나라가 윈난을 정복하자 한족이 대거 이주해 왔다. 전에 없는 대규모였다. 우선 30만 명 정벌군의 다수가 가족과 함께 남았다. 농지를 찾아온 농업 이민, 시장을 찾아온 상업 이민, 죄를 짓고 도망쳐온 정치 이민이 줄을 이었다. 이렇게 넘어온 한족이 모두 1백만 명에 이르러 중국 역사에 가장 큰 규모의 이민으로 기록됐다. 한족의 이민은 청 왕조에 들어와 더욱 가속화됐다. 새로운 경제적 기회가 생겼기 때문이다. 처음에는 은을 포함한 광산이 그 기회였다. 이어 미얀마와 무역이 열리면서 새로운 시장이 생겼다. 이렇게 온 이민들은 대부분 북방에서 와서 북방의 언어 즉 북경어를 썼다. 이곳의 언어가 광둥(廣東)이나 푸젠(福建) 등 동남지방과 다른 이유다. 이들은 매우 폭력적인 인물들로 농토와 광산을 강탈했다. 관(官)이 그것을 방조하거나 조장했다. 그리하여 1775년~1850년간 윈난의 인구는 4백 만에서 1천 만으로 늘어났다.[10] 그리하여 윈난에는 세 부류의 인종 군(群)이 형성됐다. 첫째는 한족 정착민이었다. 둘째는 13세기 몽골과 함께, 혹은 그 이전 난자오 시대에 왔던 무슬림 즉 후이족(回族)이었다. 셋째는 고대로부터 살아온 다양한 토착 인종이었다. 1850년대 말 이들 사이에 인종갈등이 폭발적으로 나타났다.

한족 정착민을 한 축으로 하고 후이족 및 기타 토착민을 다른 한 축으로 하는 일종 갈등은 오랫동안 축적되고 관에 의해 조장되기도 했다.[11] 1839년 관이 조직한 민병대가 17명의 무슬림을 살해한 사건이 있었다. 1845년에는 한족의 비밀결사조직이 사흘에 걸쳐 광란적인 폭력을 행사한 결과 많은 후이족이 죽고 다쳤다. 1856년 청 조정이 태평천국의 난으로 고전할 때 마침내 폭발적인 전기가 왔다.[12] 그해 5월 청의 관원과 한족 주민이 함께 쿤밍의 후이족을 조직적으로 학살한 것이었다. 남녀노소를 막론하고 7천 명에 달하는 사람들을 학살하고 사원을 파괴하고 윈난 후이족의 씨를 말리겠다고 나섰다. 그렇게 자행된 '인종청소'가 서남지방의 인종 그림을 완전히 바꾸었다.

견디다 못한 후이족이 봉기했다. 한족에 대한 보복이 시작됐다. 9월이 되자 후이족 민병대가 다리를 점령했다. 두원슈(杜文秀)가 이들을 이끌고 독립 왕국을 선포하고 스스로 '술탄 술레이만'이라고 칭했다. 관군이 패퇴하면서 주요 도시에 대한 지배권을 잃고 중앙정부와의 보급 및 통신선도 단절되었다. 마침내 윈난 왕국이 재건되는 듯했다. 이 사건은 윈난의 무슬림을 이르는 미얀마 말 '판데'(Panthay)를 따서 '판데의 난'이라고 불린다.

두원슈는 그때 30대 중반이었다. 바오산(保山)의 부유한 농민 출신으로 유학교육을 받고 과거시험을 봐 생원(生員)이 되기도 했다. 봉기 후 스스로 '총통'이자 모든 신자의 술탄으로 칭하면서 회교식 학교를 세워 아랍어 교육을 하고 중국어판 코란을 출판하기도 했다. 사신을 미얀마의 왕 민돈에게 보냈다. 민돈 왕은 (후이족이 윈난의 원래 주민이라고 생각했기 때문에) 그에게 호의적이었으나 중국의 보복이 두려워 윈난과의 무역을 금지했다. 두원슈는 또 콜카타에도 사신을 보내고 아들 하산 왕자를 런던에 보내 영국의 공식적 인정과 무기를 얻고자 했으나 실패했다.

1860년대 말이 되자 전세가 두원슈에게 불리하게 돌아가기 시작했다. 태평천국의 난이 진압되고 조정이 전군을 윈난에 집결시키기 시작했다. 후이족이 지배하던 도시가 하나씩 함락되고 주민은 학살됐다. 1872년 크리스마스 무렵 청군은 프랑스군의 도움을 받아 다리를 완전히 포위했다. 무고한 학살을 줄이고자 두원슈는 항복을 결심했다. 1873년 1월 15일 두원슈는 화려한 의상을 입고 가마를 타고 중국인 사령관을 찾아갔다. 그 길에 치사량의 아편을 삼켰다. 부인과 자식들도 모두 독약을 삼켰다. 중국군 진영에 도착했을 때 그는 이미 죽어있었다. 그때까지 그는 아직 죽지 않고 추종자에 대한 선처를 호소했다는 설도 있다. 좌우간 청군은 두원슈의 목을 자른 뒤 꿀에 절여 황제에게 보냈다.

이때 또는 그 이후 얼마나 많은 후이족이 살해됐는지 알 수 없다. 중국 정부는 1만 명이 처형됐다고 한다. 3만 명이 처형됐다는 주장도 있다. 그때 다리의 인구는 5만 명이었다. 살얼음이 언 얼하이호를 건너다가 익사한 사람도 수백 명이 됐다. 다수는 산으로 도망쳤고 만주족 기병대가 그 뒤를 쫓았다. 이후 수십 년 동안 윈난을 여행한 서양인들은 부서진 집과 텅 빈 마을을 여러 곳에서 보았다고 기록했다. 수천 명의 판데는 미얀마로 도주하여 샨고원과 핀우륀, 만달레이 등지에서 정체성을 유지한 채 공동체를 형성하고 살아가고 있다. 윈난에서 인구 분포는 이제 압도적으로 한족 중심이 됐다.

두원슈의 집은 박물관이 됐다. 어느 맑은 일요일 오후 내가 그곳에 갔을 때 어린아이들이 얼음과자를 마루에 흘리며 빨아먹고 있었다. 그 집은 작은 정원이 있는 기와집으로 마치 19세기 중국의 한 부유한 가정집 같았다. 한쪽에는 녹슨 무기들이 전시돼 있었고 다른 방에는 당시의 전투 장면을 지도와 사진으로 재연하고 있었다. 해설도 적혀있었는데 그것은 후이족에 의한 민족봉기가 아니라 '봉건 지배에 항거한 농민혁명'이라고 돼 있었다. 두원슈도 '농민 장군'이다.

다리에는 이제 이슬람의 흔적이 거의 남지 않았다. 다만 내가 묵고 있던 호텔 옆문의 건너편에 아랍어 간판을 단 할랄 식당이 몇 개 있었다. 그곳엔 챙 없는 모자를 쓴 남자와 스카프를 쓴 여자가 몇 사람 있었다. 그들 또한 밖에서 시끄럽게 떠드는 관광객을 배경으로 한 시간 여행자와 같았다. 다리의 과거는 이렇게 포장됐다. 놀이공원과 새로 지은 종교건물이 통합된 사회라고 외치는 듯했다. 과거에는 이민자들이 몰려와서 그 사회를 바꾸었듯이 지금은 관광객들이 몰려와서 과거의 서남지방을 새롭고 떠오르는 중국 일부로 재편성하고 있었다.

과거의 문화가 이렇게 사라진 데 대한 아쉬움이 없을 수 없다. 그러나 그렇다고 중국인들을 탓할 수만도 없다. 관광이 일자리를 만들고 부를 늘려 지역경제를 살리는 수단으로 등장한 지 오래다. 중국의 일만이 아니라 이 시대 소비자 문화의 산물이자 한 측면이다. 거대한 쇼핑몰로 대변되는 이 소비자 문화는 싱가포르와 홍콩의 해변에서 출발하여 대륙의 오지까지 밀려오는 거대한 시대의 조류인 것이다.

여기서 불과 1~2백 마일 떨어진 국경 넘어 미얀마를 생각했다. 거긴 아직도 사람들이 가난 속에 살고 내전의 공포가 완전히 사라지지 않았다. 내전이 휴전을 맞으면서 따라 도로를 놓고 댐을 쌓고 광산을 개발하고 있다. 그러나 궁극적으로 그곳을 바꾸는 것도 중국인 관광객과 그에 따른 소비자 문화가 아닐까 하고 생각했다. 윈난의 관광은 아직 초보 단계고 윈난을 찾는 관광객의 숫자도 중국의 인구를 고려하면 많지 않다. 그러나 수년 내 그 숫자는 수천만으로 늘어날 것이다. 그들 중 얼마나 많은 이들이 미얀마를 찾을까? 19세기 말 캘리포니아로 철도가 놓이면서 서부해안의 관광산업이 발달했다. 지금 중국과 미얀마를 연결하는 철도는 상품을 실어나르고자 하는 것이다. 그러나 그 기차는 사람들도 실어나를 것이며 그에 따라 관광업도 곧 번창할 것이다.

미얀마 전공자 또는 전문가들은 그 나라의 평화를 궁극적으로 보장할 것이 무엇인지를 놓고 고민하고 토론해왔다. 정부군이 완전히 승리하면 평화가 올까? 아니면 반군이 승리하여 독립에 가까운 자치를 얻어내면 평화가 올까? 아니면 수십 개의 새로운 쇼핑몰과 관광지, 놀이공원, 그리고 수십만, 수백만의 중국 관광객들이 뿌릴 달러가 평화를 가져다줄 것인가? 공식적인 평화는 아니더라도 삶 자체가 그렇게 바뀌는 것이 아닐까? 아직 미처 생각해보지 못한 일이다. 그것은 새로운 변경이고 새로운 연구영역이다.

이제 나는 미얀마에서 멀지 않은 곳까지 왔다. 다리와 변경 사이에는 두어 개의 현이 더 있을 뿐이다. 그곳에 사는 사람들은 국경 넘어 미얀마에 사는 사람들과 더 닮았다. 1940년대 윈난에서 살았던 러시아인 피터 굴라트(Peter Goulart)는 그 지역의 '고립된 협곡과 얼음 덮인 산'이 수 세기 동안 '나라의 요람이자 무덤'이었다고 썼다. 그렇게 나타났다가 사라진 나라 중 하나가 고대 나시족(納西族)의 왕국이다. 리장(麗江)을 중심으로 발달했던 이 왕국은 제임스 힐튼(James Hilton)의 1933년 소설 『잃어버린 지평선』(*Lost Horizon*)에 나오는 샹그릴라(Shangri-La)의 원형이다. 그곳에 간다.

제 4 장

샹그릴라

리장(麗江)

중국의 전체적인 지형은 마치 거대한 계단과 같다. 동쪽 해안에서 출발하여 지구의 지붕, 평균 높이 해발 3천 6백 미터의 티베트 고원으로 가면서 점차 높아지는 모습이 그렇다. 그 사이에 있는 윈난은 윈난-구이저우 고원에 속한다. 티베트 고원이 최고점이라면 윈난-구이저우 고원은 바로 그 직전 마지막 계단에 해당한다. '고원'(高原)이라고 부르지만 평평하지만은 않고 높은 산과 깊은 골로 이루어진다. 히말라야산맥에서 발원한 살윈강과 메콩강, 양쯔강이 모두 눈 덮인 서부 윈난의 산을 급류로 흐른다. 살윈강은 남쪽으로 직행하여 몰라먀잉에서 벵골만으로 들어간다. 메콩강은 태국·라오스·캄보디아·베트남을 굽이돌아 남중국해로 들어간다. 양쯔강은 동쪽으로 중국의 중심부를 지나 상하이에서 서해를 만난다. 또 하나의 큰 강, 브라마푸트라강은 티베트에서 동쪽으로 출발했다가 윈난에서 유턴하여 아삼 분지를 만들고 콜카타 부근에서 인도양과 만난다.

 내륙에 갇힌 윈난이 이 4개의 큰 강을 통해 바깥세상과 쉽게 교통할 수 있겠다고 생각하면 오판이다. 윈난에서 강들은 좁은 협곡과 폭포로 흐르기 때문에 수로가 될 수 없다. 그래서 외부에서 윈난으로 가는 길은 극히 최근까지 도보 아니면 기껏해야 노새를 끌고 갈 수 있는 정도였다. 그러니 깊은 산 속에 그나마 사람이 주거할만한 공간에 자리 잡고 살아온 여러 종족이 서로 접촉하지 않고 매우 다양한 문화와 언어를 유지해 온 것은 당연하다.

이렇게 어려운 길을 따라 물건을 이동하고 돈을 버는 사람이 있다. 바로 노새를 이용한 대상(隊商)이다. 대상은 다리에서 출발하여 산 사이에 난 회랑을 따라 티베트를 오갔다. 겨울에는 엄청나게 추운 곳이었다. 그 대상이 오가며 몸을 쉬는 곳이 바로 리장(麗江)이었다. 나는 그곳에 버스를 타고 갔다. 과거 대상이 다리에서 리장까지 가는데 2~3일이 걸렸다. 1950년대까지 그들은 산적에 대비하여 호송대를 고용해야만 했다. 그러나 지금 다리에서 리장으로 가는 길은 빠르고 안전했다. 중국의 전역을 촘촘하게 바느질하듯이 엮는 고속도로망 덕분이다. 중국에 최초의 고속도로가 건설된 것이 1988년의 일이다. 1990년대 중반까지도 많지 않았다. 그러던 것이 지금은 총연장 4만 마일이 넘어 미국에 이어 세계 2위다. 조만간 미국을 앞지를 것이다. 내가 탄 버스는 편했다. 의자를 편하게 뒤로 젖히고 전면에서 상영하는 영화를 보며 편하게 갔다. 세 시간이 채 걸리지 않았다.

리장에 도착하자 마치 별세계에 온 것 같았다. 사방이 산으로 둘러싸인 작은 분지 즉 평원이었다. 대지는 벌써 황갈색이었고 작지만 튼튼하게 지은 집이 줄을 이어 있었다. 집 밖에는 대개 자전거 또는 스쿠터가 세워져 있고 위성 안테나가 있는 집도 있었다. 길가로 빨간색 장미와 노란색 달맞이꽃, 기타 야생화가 지천으로 피어 있었다. 나는 지금 해발 2천 미터가 넘는 고산에 있다. 히말라야산맥이다. 대기는 차고 신선했다. 손에 잡힐 듯 보이는 산은 머리에 눈을 이고 있었다.

1940년대 말 공산당이 지배하기 전까지 리장 분지에 사는 인구 대부분은 '나시족'(納西族)이었다.[1] 중화인민공화국에서 공식적으로 인정하는 56개 '민족' 중 하나로 매우 작은 민족이다. 12억이 넘는 한족에 비하면 모든 소수민족이 작지만 다른 소수민족과 비교해도 작아 전체 인구가 30만 명 정도에 불과하니 '민족'이라는 말이 민망할 정도다. 그들의 언어도 '나시어'라고 불리는데 버마-티베트어 계열로 분류되나 버마어보다는 티베트어에 가깝다. 지금은 완전히 잊힌 과거 어느 시절의 역사 때문이다.

언어로 미루어 보아 나시족의 조상은 북쪽, 티베트에서 내려온 것으로 짐작된다. 그리고 나시족은 최근까지 유명한 차마고도(茶馬古道)를 통해 티베트, 나아가 인도와 통상한 것으로 보인다. 벼와 채소를 재배하는 농경민이었지만 더 산으로 올라가면 귀리와 밀을 재배하면서 염소와 말, 야크를 사육하는 반농(半農) 반유목(半遊牧)민도 있었다.

13세기 몽골이 남송(南宋)을 정벌하기에 앞서 윈난 정벌에 나서기 전까지만 해도 이 지역은 완전히 독립적인 곳이었다. 그때 몽골은 최고 성세를 누리고 있었다. 동쪽 고려에서 시작하여 중앙아시아 실크로드의 오아시스 촌을 지나 서쪽 페르시아와 아랍 세계까지 정복했다. 초원의 서북쪽으로 방향을 돌려 헝가리와 게르만 수사기사단(Teutonic Knights)을 격파하고 다뉴브강을 건너 빈의 지척까지 이르렀다. 중국의 북부지방은 진즉 몽골의 지배하에 들어왔다. 오로지 남송만이 양쯔강에서 베트남까지의 영역을 유지하며 버티고 있었다. 그 전쟁이 40년간 계속됐다.

그때 쿠빌라이 칸이 전술을 바꿨다.[2] 남송을 정복하려면 정면 대결을 하지 않고 우회하여 쓰촨 분지를 먼저 점령해야 한다고 생각했다. 그리고 쓰촨을 점령하려면 서남쪽 계곡으로 우회하여 진격할 필요가 있었다. 그 길에 나시 왕국이 있었다. 1253년 대규모 몽골 병력이 얼어붙은 회랑을 지나고 다두하(大渡河)를 북에서 건너 남쪽으로 진격했다. 중간에 만난 모든 부족을 병합했다. 승리할 때마다 몽골군은 몇 사람의 몽골족 병사를 남겨 현지 여성과 결혼하여 종족을 일으키도록 했다. 대체로 모계(母系)사회인 이 지역에서 가끔 보이는 부계(父系)사회는 그때 건설된 것이었다.

이어 몽골은 지금의 리장까지 진격했다. 리장의 나시족을 이끌던 무(木)씨는 시류를 알아 저항하지 않고 협력했다. 양가죽으로 만든 부대(浮袋)를 제공하고 길을 안내하여 오래된 돌다리, 즉 고석교(古石橋)로 왔다. 그곳에서 일족을 이끌고 항복했다. 항복하면 너그러운 것이 몽골의 특징이었다. 무씨 집안을 투시(土司)로 인정하고 가지고 온 악기의 반을 선물로 주었다.

버스 정류장에서 나는 택시를 타고 '옛 도시' 즉 '리장 구청'(麗江古城)으로 가자고 했으나 입구에서 내려야 했다. 더는 자동차가 들어갈 수 없기 때문이었다. 돌아보니 4차로 도로가 자동차로 가득 차 있었다. 길 양쪽으로는 현대식 상가가 즐비했다. 대부분 차량부품이나 건축자재를 팔고 있었다. 앞으로 보니 낮은 초콜릿 색깔 목조건물이 줄을 지어 있었다. 중국식 기와지붕에 전면에는 셔터가 내려져 있었다. 돌로 포장된 길을 따라가니 장식이 화려한 커다란 정문이 나타났다. 정문을 지나니 다시 목조건물들이 미로처럼 이어졌다. 몇 걸음마다 가로등이 나타났다. 골목을 돌아가면 유럽에서 게르만 수사기사단을 막 격파하고 온 몽골기병대가 불쑥 나타날 것 같은 느낌이 들었다.

리장의 구시가지는 재건축된 것이다. 1996년 2월 리히터 진도 7.0의 강진이 일어나 2백 명의 사망자와 1만 4천 명의 부상자를 내고 건물 대부분을 파괴한 것이다. 이재민만도 30만 명이 넘게 발생했다. 여진도 수백 차례나 일어났다. 산사태로 산간 지역의 가택 대부분이 매몰됐다. 이런 상태에서 도시를 재건해야 했다. 1980년대에서 90년대 전반까지 지어졌던 허접스러운 고층 콘크리트 건물이 있던 자리에 새로운 건물을 더 튼튼한 구조로 낮게 지었다. 그리고 전통 스타일의 주택도 지었다. 세계은행의 지원을 받아 '고성'이 재건됐다. 길도 더 전통적인 형태로 고치고 과거에 있었던 운하를 복구하고 그 위에 작은 다리를 지었다. 1999년 '리장 구청'은 유네스코 세계문화유산으로 등재됐다. 그 후 관광객이 몰려들었다.

내가 묵은 호텔은 조용한 샛길에 자리 잡고 있었다. 그러나 몇 걸음만 걸어 큰 도로로 나가면 중국인 관광객이 흘러넘쳤다. 이 도시는 재건될 당시 일종의 영화촬영 세트 겸 놀이공원을 염두에 두었다. 다리와 마찬가지로 중국인 관광객들이 걸으며 보고, 먹고, 쇼핑하고, 나중에 신기한 곳에 가봤다고 자랑할 수 있는 곳이 된 것이다. 중앙로는 1마일 정도의 거리였는데 양쪽으로 수십 개의 기념품 가게가 있었다. 중앙로가 끝나는 곳에 '옛 돌다리' 즉 고석교가 있다. 물론 재건된 것인데 안내 책자에는 바로 옛날 몽골군이 말고삐를 묶고 이동식 텐트, 즉 파오를 쳤던 곳이라고 적혀있다. 그 옆에는 거대한 물레방아가 있고 그 옆으로 작은 물레방아 몇 개가 더 있었다. 물레방아는 물론 이리저리 이어진 물길에 대어 있었는데, 어떤 물길은 상당히 넓어 다리가 있었고 어떤 물길은 작은 도랑 수준으로 뛰어 건널 수도 있었다. 물은 티 없이 맑았다. 물만 그런 것이 아니라 모든 것이, 심지어 공중화장실까지 깨끗했다. 건물의 페인트도 금방 칠한 듯했다. 이색적인 느낌을 주기 위해 거의 전부가 여성인 상점 점원들은 나시족 전통의상을 입고 있었다. 하늘색 조끼와 검은색 천으로 된 신발을 신고 두건과 같은 모자를 썼다. 종이와 은 제품, 가죽 가공품, 리장 산 차, 유산음료, 치즈 등을 팔았다.

첫 이틀간 나는 주로 고성 안을 걸어 다녔다. 중앙로를 따라가면 중앙광장으로 이어지는데 그곳에서 두 개의 큰길로 나뉘고, 그 사이에 많은 작은 골목이 있었다. 관광객들은, 외모로 봐서 대부분 아시아인이고 짐작건대 중국인이 압도적으로 많았는데, 주로 대로에서 시간을 보냈다. 사이 사이에 있는 작은 골목길은 텅 비었다.

무씨(木氏) 집안은 중세부터 나시 왕국의 왕족이었다. 청나라 시절, 즉 17~19세기가 차 교역의 전성기였고 그런 만큼 나시 왕국과 무씨왕조도 번창했다. 티베트와 윈난이 만나는 곳에서 가장 활발하게 활동하면서 양 문명을 연결하는 역할을 했다. 무씨 왕가는 한족 문화에 익숙하여 유교 경전을 읽고 한자로 시부(詩賦)를 즐겼는데 그들의 작품이 지금 '만권루'(萬卷樓)에 남아 있다. 그들은 인종적으로 한족이 아니었고 정치적으로 베이징의 조정에 예속되지 않았으나 문화적으로는 중국 일부로 깊이 자리 잡고 있었다.

무씨가 살며 지배하던 궁궐이 지금 박물관으로 남아있다. 그 또한 지진으로 크게 파손되어 새로 건축했다. 마치 베이징의 자금성의 축소판 같았다. 여러 층의 기와지붕과 넓은 의사청(議事廳), 돌계단과 난간은 자금성과 거의 같았다. 차이가 있다면 왕좌에 깔린 호피(虎皮) 정도였다. 안내 책자에는 그 궁궐을 '목부'(木府)라고 표기했다. 무슨 궁이 아니라 왕족의 성으로 표현한 것은 중국 제국에 종속된 지위를 보여 주는 것으로 생각했다.

나시족은 독특하고도 아름다운 문자를 가지고 있다.[3] 아이들이 그린 그림처럼 단순한 상형문자인데 예컨대 호랑이를 연상시키는 그림을 보면 호랑이라는 글자가 맞다. 좀 더 추상적인 내용 예컨대 결혼을 나타내는 단어는 집 그림 안에 두 개의 작대기가 서로 겹쳐져 있는 모양이다. 큰 도로변의 작은 가게에서 이 상형문자를 활용한 물건을 판다. 두루마리와 액자, 엽서, 또는 티셔츠도 판매한다.

그런데 점원들은 호객에는 별로 관심이 없는 것 같았다. 그냥 앉아서 텔레비전을 보거나 간식을 우물거리고 있었다. 그들 중 몇 명에게 떠듬거리는 중국어로 말을 붙여보았다. 그들 중 나시족은 단 한 명도 없었다. 다리 또는 윈난의 다른 곳에서 온 바이족이 아니면 한족이었다. 그냥 돈을 벌러 온 것이고 나시족 의상을 입은 것은 관광지의 분위기를 위한 것이라고 했다.

내가 첫날 '진짜' 나시족을 만난 것은 중앙광장에서였다. 노인 네 명이었는데 모두 숱이 성긴 반백의 머리에 둘은 뿔테 안경을 쓰고 있었다. 인민복 상의에 파란색 외투를 걸치고 나무 옆에 놓인 벤치에 앉아 잡담하고 있었는데 지팡이를 옆에 두고 있었다. 가끔 다른 노인이 지나가면 큰소리로 인사를 주고받았다. 그들은 1949년 공산당이 집권했을 때 아마 10대였을 것이니 말 그대로 '고성'이던 때 리장을 기억하고 있을 것이었다. 이 중앙광장에 관광객은커녕 한족도 찾기 어렵던 때, 산적을 피해 무사히 넘어와 한숨을 돌리며 쉴 곳을 찾던 티베트에서 온 말 상인이나 차 상인의 모습을 말이다.

시간이 지나면서 광장은 관광객으로 붐비기 시작했으나 노인들은 신경 쓰지 않았다. 내가 다가가서 옆 벤치에 앉으니 한 노인이 어디서 왔는지 물었다. '몐뎬(緬甸)'이라고 하자 '몐뎬'이라고 따라 했으나 특별한 의미를 두는 것 같지 않았다. 나시족과 미얀마인의 조상은 같다. 버마족의 선조와 리장 사람들의 선조는 모두 티베트에서 왔기 때문이다. 리장에서 미얀마 국경까지 직선거리는 1백 마일에 불과하다. 그러나 그 사이의 산악이 너무나 험준하여 두 곳은 마치 사하라 사막을 사이에 둔 튀니스와 (말리의) 팀북투만큼이나 서로 생소하다. 두 도시 혹은 두 왕국이 서로 교류했다는 전설조차 없다.

바로 그때 나이가 다양한 여인들이 나시족 복장을 하고 광장의 가운데로 들어왔다. 스피커를 옆에 놓고 (짐작건대 나시족 전통의) 음악을 틀고 춤을 추기 시작했다.⁴ (대단한 춤이 아니라 그냥 앞뒤로 왔다 갔다 했다). 중국인 관광객들이 환호했다. 카메라 셔터 소리가 요란했다.

광장의 다른 쪽에도 관광객을 위한 행사가 벌어지고 있었다. 키가 크고 피부가 매우 검어서 절대 중국인으로 보기 어려운 남자가 티베트 스타일의 가죽옷을 입고 무릎까지 오는 가죽 장화를 신고 말 옆에 서 있었다. 그의 옆에는 다른 남자가 매를 데리고 있었다. 돈을 내면 말을 타거나 매를 팔뚝에 앉히고 사진을 찍을 수 있었다. 한 중국인 관광객이 흥분한 목소리로 말했다.

"우리는 신혼여행지로 특별한 곳을 원했어요. 고민 끝에 리장을 골랐죠. 여긴 우리가 사는 곳과 전혀 달라 마치 천국과 같아요. 말을 탄 사람들은 정말 기가 막히게 멋있어요."

관광객을 상대로 하는 식당도 많았다. 나는 중앙광장에서 멀지 않은 '블루 파파야 카페'라는 곳에 두어 번 갔다. 메뉴의 음식은 '몸에 좋은 것' 순으로 적혀있었는데 현지 음식도 있었다. '혈액순환을 돕고 눈을 밝게 하며 통증과 내열을 완화'하는 음식이 있었다. '리장 햄 및 닭고기와 천마(天麻)찜'도 있는데 찜은 이 지방의 기본 요리인 듯 별다른 설명 없고 천마에 대해서는 '뽕나무 줄기에서 자라는 난초과에 속하는 다년생 식물'이라는 설명이 있었다. 또 '곤충과 벌레 요리'라는 제목을 단 메뉴가 따로 있었는데 그곳에는 '벌의 유충과 잠자리 볶음'이나 '곰팡이 버섯을 곁들인 야크 고기와 레몬' 등이 있었다. 입이 짧은 사람을 위한 배려인지 '채식주의 피자'도 있었다.

나중에 좁은 골목을 지나면서 눈이 번쩍 띄는 미인을 봤다. 연노란색 짧은 드레스를 입고 석벽 앞에 서서 카메라맨을 향해 자세를 취하고 있었다. 리장은 패션모델의 촬영장소, 때로는 영화감독들이 사극 장면을 위해 찾는 장소가 되고 있다는 이야기를 들었다. 한때는 중국 일부가 아니었던 곳이 이제는 중국 과거의 한 부분으로 녹아들고 있었다.

옛날 나시 왕국은 지금은 존재하지 않는 세상 속에서 자라났다. 그 왕국이 수립된 때는 유럽으로 말하면 비잔틴 제국과 바이킹, 십자군의 시절이며, 바그다드에 이슬람 왕국이 문화를 꽃피울 무렵이었다. 바로 이웃에는 인종적으로 사촌이라고 할 수 있는 바이족의 대리국이 있었다. 그때 대리국은 윈난의 전 지역을 통치하는 강대국이었다. 남쪽으로 수백 마일을 더 내려가면 이라와디강에 미얀마족이 첫발을 딛고 바간 왕조를 건설하고 있었다. 서쪽으로는 티베트에 거대한 제국—토번(吐蕃)—이 중앙아시아의 사막지대까지 강역을 확대하고 있었다.

북쪽으로 몽골 땅에 가까운 지금의 간쑤(甘肅)성에는 훨씬 더 큰 왕국이 있었다.5 바로 탕쿠트족이 세운 서하(西夏)였다. 탕쿠트족은 나시족과 마찬가지로 티베트-버마어 계열의 언어를 사용했다. 1천 년 전 서하 왕국은 중국과 중앙아시아의 통상로 즉 실크로드를 장악하고 중국이 몽골과 싸우기 위해서 꼭 필요했던 전마(戰馬)의 공급을 독점했다. 중국의 문화에 동화됐으나 그래도 독자적인 정체성을 유지하고자 노력했다. 예컨대 11세기 초 서하의 왕은 중국인과 구별되도록 머리를 삭발하라는 칙령을 내리기도 했다. 중국의 영향을 느낄수록 독자성의 유지에 초점을 둔 결과유교가 갈수록 흥성하는 송나라와 달리 독실한 불교국가였다. 나라 이름을 읽지도 못할 Phiow-bjij-liji-ljij이라고 했는데 그 뜻은 '희고 높은 큰 나라' 즉 '대백고국'(大白高國)이었다. 서하는 몽골의 부상과 더불어 멸망했다. 초기에는 몽골과 협력했으나 서정(西征)에 동참하기를 거부하여 칭기즈칸이 크게 노했다. 서하를 응징하고자 친정(親征)에 나선 칭기즈칸이 도중에 죽었다. 몽골군은 물러나지 않고 더욱 몰아붙여 서하를 멸망시켰다. 그리고 그 주민을, 과장하자면, 개미 한 마리 남기지 않고 철저히 학살했다. 그리하여 20세기 초 러시아와 영국의 고고학자가 그 유적을 발굴하기 전에는 서하의 존재는 문헌으로만 남아 있을 정도였다.

서하 이전으로 거슬러 올라가면 티베트-버마어 계열의 인종과 중국 한족과의 정치적, 문화적 거리는 지금 생각하는 것보다 훨씬 더 멀었다.6 2천 년 전 청동기 시대 지금의 윈난에는 뎬 또는 전(滇)이라고 불리는 나라가 있었다. 그 나라에 대한 고고학적 자료는 불과 1백 년 전에야 발견됐으나 기록은 한나라 사마천(司馬遷)의 『사기(史記)』에 있다. 그때 전나라는 베트남을 정벌하고자 한나라와 동맹을 맺으려고 했다고 한다. 또 인도로 통하는 서남방의 길을 찾으려는 한나라로부터 막대한 압력을 받아 결국 지금 미얀마와의 국경에 한나라가 파견대를 설치하는 데 동의해야만 했다.

『사기』에는 전나라가 정확히 어떤 인종으로 이루어졌는지에 대한 기록이 없다. 그런데 백여 년 전 발굴한 고분에서 청동제 징이 출토됐는데, 거기에 전투 장면이나 제례 장면 등이 새겨져 있었다. 그중에는 상투를 튼 전나라 병사가 머리를 땋은 적군 포로의 목을 치는 장면이 있다.[7]

더 고대로 거슬러가면 더욱 신비한 이야기가 있다. 1986년 리장에서 멀지 않은 쓰촨성 서부지역 나중에 산싱두이(三星推, 삼성추)라고 불린 곳에서 수천 점의 청동기와 옥, 금붙이 등이 상아와 석제 도구 등과 함께 출토됐다. 함께 발견된 것 중에 눈이 크고 코가 큰 기괴하게 생긴 청동 가면이 있다. 그 유적은 기원전 1천 2백 년, 즉 3천 년 이상 된 고대유물이라는 점에서 그리고 무엇보다 그때까지 전혀 알려지지 않는 전혀 새로운 형태라는 점에서 큰 주목을 받았다. 전통적 문헌연구에 따르면 중화 문명은 그곳에서 동북쪽으로 1천 마일 떨어진 황화 유역에 한정돼 있었다. 그런데 전혀 다른 방향 매우 멀리 떨어진 곳에서 완전히 새로운 문명이 발견된 것이다. 그때까지 쓰촨 지역은 윈난 지역과 마찬가지로 비유적으로 말하자면 그리스 문명 시대에 스칸디나비아반도처럼 먼 변방 또는 야만 지역으로만 여겨졌다. 일부 사람들은 산싱두이가 지금 티베트-버마어 계열 민족의 선조가 아닐까 추측한다.[8] 물론 짐작일 따름이다. 그렇다면 이들이 후일 이 지역의 동일계 문명 예컨대 야랑(夜郎)국이나 전(滇)나라의 선조가 아닐까? 기록이 없으니 알 수 없다. 그냥 잃어버린 혹은 역사에서 사라진 문명일 따름이다.

그 외에도 신기한 것들이 있다. 리장에서 북쪽으로 산싱두이 유적이 발견된 쓰촨의 서쪽 지방으로 초지가 뻗어있다. 북쪽으로 더 올라가면 신장(新疆) 또는 타림분지가 있다. 지금 신장에는 튀르크어를 사용하는 위구르족과 근래에 이주한 한족이 어울려 산다. 그러나 중세시대까지 이 지역에 사는 사람들은 토카리아(Tocharia)어를 사용했다. 인도-유럽계 언어로 중국어보다는 이란어 심지어 영어에 더 가깝다. 여기서 미라가 발견됐는데 그 모습이 서쪽의 코카서스 지방 사람과 더 닮았다.9 그런데 중국당국은 그 같은 고고학적 발견이 달갑지 않다. 오랜 옛날 그 지역에 다른 인종이, 특히 인도-유럽계 인종이 그곳에 살면서 바퀴를 이용하는 탈 것의 문명을 전수했을지 모른다는 가능성을 인정하고 싶지 않기 때문이다. 그건 중국의 고유 문명이어야 했다.

로마 시대의 플리니우스는 클로디오스 황제에게 실론(=스리랑카)에서 온 사신이 '세레스'라는 장소에 대해 언급한 것을 기록하고 있다.10 중국으로 가는 길에 있는 곳인데 그곳의 사람들은 "보통사람보다 키가 크고, 머리가 노랗고 눈이 파란데, 이야기할 때는 매우 시끄럽다"라고 했다. 그 사람들이 고대 타림분지에 살던 코카서스 사람을 말하는 게 아닐까 하는 짐작도 있다. 확실한 것은 없다. 지금 위구르족 사람들은 여전히 튀르크어를 사용하지만, 혈통은 너무나 복잡하게 섞여 뭐라고 말하기 어렵다. 굳이 유전자 검사를 하면 윈난이나 미얀마 국경 지역 사람과 공통점이 있을 것이라고 하기도 한다.

티베트에도 수천 년 전 선사시대에 일어났던 대규모 이주의 흔적이 남았다. 오랫동안 학자들은 티베트 고원은 그 자체로서 너무 높고 외부에서 접근하기 어려워 인류의 거주지로 적당하지 않다고 생각했다. 그런데 최근의 연구에서 파격적인 것을 발견했다. 리장에서 멀지 않은 티베트의 일부 지방이 1만 년 전 대기후변화 때 피난 장소로 사용됐었다는 것이다. 그리고 지금 티베트어와 버마어, 나시어 등의 언어를 쓰는 사람들은 아시아에서 가까이 사는 인종의 먼 친척이 아니라 베링해협을 건너 신대륙으로 이주한 시베리아사람

들과 연관이 있다는 것이다.11

　이처럼 사라진 인종과 문명의 뒤 끝에 중세왕국이 생겨나고 몽골의 세계 지배가 있었고 근대에 이르러서야 한족의 시대가 왔다.

어느 저녁 나는 리장에서 '반드시 봐야 할 것'을 보기로 했다. 나시 고전 음악 연주회였다. 연주자는 전부 나시족은 아니었으나 전부 노인이었다. 안내 책자에는 '중국 전역에서 성행했던' 그러나 지금은 '남중국의 이 고립된 산자락'에서만 들을 수 있는 '수 세기 동안 이어 온 제례 음악의 자랑스러운 전승자'라고 적혀있었다. 나는 입구에서 표를 사서 이들의 공연을 전에 들었던 유명 인사—예컨대 노르웨이의 하랄드 왕, 홍콩 총독을 지낸 크리스 페이튼 등—들의 사진이 걸려있는 홀을 지나 걸었다. 내가 들어갔을 때 연주자들이 막 자리에 앉고 있었다. 연주 홀은 상당히 컸는데 객석의 반 이상이 비어 있었다.

　연주자 중 한 사람이 일어나서 중국어와 영어로(중국인이 아닌 청중이 더러 있었다) 농담을 섞어가며 악기와 연주자들을 소개했다. 나는 중국 음악에 대해 별로 아는 바가 없지만, 이 나시 음악이라는 것이 가끔 듣던 중국 음악과 별다른 바를 느낄 수 없었다. 그런데 그는 이 음악과 악기는 아주 특별한 것이라고 강조했다. 바로 쿠빌라이 칸이 남기고 간 악기와 음악이라는 것이었다. 그리고 그들이 연주하는 곡도 중세기 때 음악으로 중국에서는 그곳밖에 들을 수 없다고 했다. 문화혁명 때 연주자들은 악기를 지키기 위해 모두 땅에 묻었다고 했다. 1980년대 말이 돼서야 공개적으로 연주할 수 있게 됐고 이제는 큰 인기를 누리고 있다는 것이었.

　리장에서 반드시 봐야 할 것 중 하나는 도시 외곽에 있는 둥바박물관(東巴文化博物館)이었다. 둥바는 나시족의 승려와 현자들을 지칭하는 말이었다. 나시족은 어쩌면 티베트의 원시 종교 '본'과 연관이 있을 독자적인 전통이 있었다. 둥바는 그 전통의 수호자요 의식의 집전자였다. 그들이 읽는 제문(祭文)은 특유의 상형문자로 적혀있는데 역사·의약·천문학·문학·철학 등을 망라하고 있었다. 그 중 극히 일부만 영어로 번역됐다.

문화혁명의 와중에 이들 둥바는 '우귀사신'(牛鬼蛇神)으로 몰려 처형됐다. 그랬다가 이제 관광객을 이끄는 명물로 등장한 것이다. 박물관에는 별로 구경할 것이 없었다. 점심때라 그런지 나른한 분위기였다. 유리 상자에 '악귀를 쫓는 기구'라는 것이 보관돼 있었다. 역사적인 대사건의 목록이 있었고 거기에 '유목민의 대이동', '흑과 백의 전쟁' 등이 적혀있었다. 박물관은 나시족 문화의 성지(聖地)에 건립됐다고 하는데 내가 있는 동안 '성'스러운 것은 아무 것도 보지 못했다. 다면 몇 명의 중국인 관광객이 고깔모자를 쓴 둥바 승려에게 돈을 주고 자신의 이름이나 우스갯소리를 나시 글자로 쓰게 하는 것을 봤다.

지난 10년간 리장을 찾는 관광객의 숫자는 연간 2백 만이 안 되던 것이 5백 만으로 늘었다. 이 '고성'이 놀이공원처럼 되어버린 것은 어쩌면 당연한 일이었다. 윈난 전체로 볼 때 (대부분 중국인인) '외부' 관광객의 숫자는 연간 1천 만을 넘어서고 있으며 거의 매달 공항과 철도, 6차로 고속도로가 준공식을 하고 있다. 관광 수입이 윈난성의 경제의 20%를 차지하고 있다. 머지않은 과거에 이 지역 주민들이 가난하고 억압받았던 것을 생각하면 이 지역 사람들이 그들의 고유한 문화나 삶 자체를 돈벌이의 수단으로 생각하게 된 것이 이해되지 않는 것은 아니다. 비난할 수만도 없다. 영어를 할 줄 아는 둥바 승려 중 한 사람에게 어떻게 생각하는지 물어봤다. 그는 씩 웃고 이렇게 답했다.

"관광객이 없으면 나는 소득이 없소. 그러나 솔직히 나는 이렇게 글씨를 써주는 게 싫소. 그게 꼭 우리 역사를 모독하는 것처럼 느껴져서 말이오."

리장 체류 이틀째가 돼서야 고성을 벗어나 '신도시'로 갔다. 첫날 저녁 걷다가 보니 '고석교'와 거대한 물레방아까지 갔었다. 그때 그곳이 '고성'의 끝이고 좀 더 가면 '보통 도시'가 나온다고 들었다. 저 앞에 자동차의 물결과 중국에서 성황을 누리는 KFC의 간판이 보였다. 그런데 돌다리와 물레방아를 배경으로 사진을 찍고 있는 인파에 질려 발걸음을 돌렸다.

다음날 나는 고성을 우회하여 '보통 도시'로 갔다. (그러면서 짐 캐리가 주연한 영화 <트루먼 쇼>[The Truman Show, 1998]를 떠올렸다). 바삐 움직이는 차들 사이로 전통의상을 입은 사람은 한 사람도 없었다. 날씨는 완벽했다. 쌀쌀하지만 맑았다. 저 멀리 눈 덮인 해발 5천 미터가 넘는 위룽쉐산(玉龍雪山)이 보였다. 이 신도시는 유럽이나 북아메리카의 그 어떤 도시 못지않게 부유해 보였다. 포장도로 위에는 구운 감자와 구운 고기 꼬치를 파는 사람이 많았다. 그들 중 일부는 의복으로 미루어 볼 때 위구르 후이족이였다. 다들 서로 아는 사람처럼 보였다. 지나치면서도 서로 인사하고 함께 어울려 떠들면서 지나갔다. 얼굴이 가무잡잡하고 길쭉한 것이 티베트인이 분명했다. 미얀마 사람이라고 해도 고개를 끄덕일 것이었다. 넓은 주차장에서 나시족이 아니면 티베트족으로 보이는 남녀가 대형 트럭에 채소를 담은 바구니를 싣고 있었다. 근처 한 가게에서 의류를, 그 옆 가게는 주방기구와 그릇을 팔고 있었다. 그 옆에는 시끄러운 음악을 틀어 놓고 CD를 팔고 있었다.

20세기 초만 해도 나시 왕국은 서양세계에 전혀 알려지지 않았다.[12] 그 무렵 미국인 식물학자 조지프 로크(Joseph Rock)와 벨라루시의 의사 피터 굴라트(Peter Goulart)가 이 일대에서 살며 여행했다. 로크는 오스트리아 하층민의 아들로 어린 나이에 선원 생활을 시작했다. 그렇게 세계를 떠돌다가 하와이에 정착하여 제대로 교육을 받지 않았음에도 불구하고 식물전문가가 됐다. 하와이의 꽃에 대해 세 권의 책을 출판했다. 그리고 1920년대 한센병 치료제를 찾아 미얀마로 갔다.

　미얀마-윈난의 접경을 여행하다가 리장을 '발견'했다. 그곳에서 북쪽으로 더 올라가 무리·촌니·영닝 등지에 있는 작은 왕국을 발견하고 수천 종의 식물을 채집하여 유럽에 있는 식물원으로 보냈다. 1933년 <뉴욕타임스> 기자를 만나 나시족이 '오늘날 세상에 생존하고 있는 아주 예외적인 부족의 하나'라고 했다. 그리고 <내셔널 지오그래픽>에 논문을 기고했는데 그것에서 영감을 얻은 제임스 힐턴이 『잃어버린 지평선』에서 '샹그릴라'를 그려 냈다. 로크의 후속작 『중국 남서부의 나시 고대왕국』(The Ancient Na-Khi Kingdom of South-West China)은 하버드 대학교 출판부에서 나온 책 중 형식과 내용에서 가장 파격적인 책 중 하나로 평가된다. 이야기가 옆으로 새기도 하고 수 페이지에 걸쳐 가계도를 그리는 등 하버드 대학교 출판부의 보수적 편집 스타일을 벗어난 것이 많았기 때문이다. 시인 에즈라 파운드(Ezra Pound)가 로크의 팬이 됐다. 그의 연작 서사시 「칸토스」(Cantos)에 로크의 작품을 많이 반영했다.

　그 무렵 두 사람의 서양인이 사람들의 만류에도 불구하고 윈난성과 쓰촨성의 경계를 이루는 다량(大凉)산맥을 넘어 산적이 들끓고 외부인에 매우 적대적이고 호전적인 이족(彝族)이 사는 지역을 찾았다. 시어도 루스벨트(Theodore Roosevelt) 전 미국 대통령의 두 아들 테디와 커미트였다. 그들은 식물학자로서가 아니라 사냥을 나온 것이었다. 이 형제가 판다 곰을 발견한 최초 서양인인 동시에 판다를 사살한 최초의 인물이 됐다. 그 판다는 나이 든 수컷이었는데 외계인들을 보고 두려워하지도 않고 '총을 맞았을 때 비명도 지르지 않았다'. 이 판다는 박제하여 시카고의 자연사박물관에 보내졌다.

　리장의 북쪽에는 나시족과 닮았으나 문명과 더욱 동떨어진 생활을 하는 모수오(摩梭)족이 있다.[13] 중국인들은 전부터 남서지방에 가면 여자들이 전쟁하고 남녀 사이에 차별이 없는 종족이 산다는 이야기에 매혹됐다. 게다가 그곳에서는 성적 제약이 전혀 없다지 않은가? 실제로 이 같은 성적 자유분방함에 이끌려 이곳을 찾아 위안화를 뿌리는 사람이 많다.

모수오족은 모계사회로 여성들이 지배적인 역할을 한다. 대가족이 집 한 채 때로는 방 한 칸에 함께 거주한다. 나이 든 소녀와 젊은 여인들을 위해서는 별도의 '침실'이 마련돼 있는데 원하는 남자가 있으면 이 방을 사용할 수 있다. 공동체로 살면서 이것만은 전적으로 개인적인 일로 밤에 이루어졌다.

여자는 애인을 언제든지 또 얼마든지 바꿀 수 있다. 그렇다고 난잡한 것은 아니었다. 대개 한 사람의 배우자와 평생 같이 살았다. 배우자는 함께 거주했으나 경제적으로는 독립적이었다. 배우자의 재산은 내 것이 아니라는 뜻이다. '조우훈'이라고 불리는 일종의 자유결혼 제도였다. 아이가 태어나면 아버지가 누군지 상관하지 않았고 누군지 알아도 양육에 대한 책임이 없었다. 아이는 전적으로 모계 즉 어머니와 그 가족—예컨대 외삼촌—이 키웠다.

문화혁명 시절 모수오족은 그런 관습을 던지고 '정상적'인 결혼생활을 하라는 압력을 받았다. 그때는 따랐지만 이후 압력이 약해지자 다시 '정상적'인 방식으로 돌아갔다.

중국의 한족은 엄격한 부계(父系)사회지만 모수오의 풍습에 대해 놀라지 않는다. 어쨌거나 그들은 '남쪽의 오랑캐' 즉 남만(南蠻)족인 것이다. 14세기 초 조정의 선위사(宣慰使)였던 리징이 남긴 기록이 있다. 그에 따르면 리장의 남쪽 지방에는 여인들이 '눈썹과 속눈썹을 모두 뽑고 머리를 두 겹으로 땋은 채' 남자들을 대신해 모든 일을 한다. 동정(童貞) 또는 처녀성을 지킨다는 것이 좋은 일로 여겨지지 않았고 여인들은 원하는 남자와 자유롭게 성관계를 한다. 결혼을 원하는 여자에게 숫처녀란 거추장스러운 것일 뿐이다. 그들은 '개나 돼지처럼 성적으로 방탕하다'라고 썼다. 만일 여인이 결혼하기 전에 죽으면 그녀와 관계한 모든 남성은 깃발을 들어야 했는데 깃발의 숫자가 백이 넘으면 그 여인은 특별히 아름다웠던 것으로 인정을 받았다. 그녀의 부모는 '그토록 많은 남자가 원한 우리 딸이 이렇게 빨리 죽을 줄이야!'라며 통곡한다.

그보다 백 년 전 마르코 폴로도 윈난에 있는 '카인두' 왕국에 대해 이렇게 기록했다.

> 이 나라 풍습 중 여인에 관해 이야기해야겠네. 여기 남자들은 낯선 남자가 아내나, 딸, 여동생, 혹은 집안의 여인 누구든 희롱하는 것에 대해 화내지 않는다네. 그 반대로 그런 관계가 생긴 것을 행운이라고 생각하지.[14]

오늘날 윈난의 관광 관련 업무에 종사하는 윈난성 관리들은 관광을 증진하고 수입을 올리기 위해 이러한 풍습을 기꺼이 이용한다. 모수오 지방의 대표적 관광지인 루구호(泸沽湖) 가에는 영어로 이런 간판이 걸려있다. The Kingdom of Women. 중국어로는 이렇게 적혀있다. 여국(女國). 별로 매력적이지 않다고 생각했는지 이렇게 바꿨다. '여아국'(女兒國).

리장에 있는 '렘브란트 카페'에서 몇 사람의 중국인 관광객을 만났다. 그들은 루구호의 매력과 환상적인 여인, 자유 섹스에 대해 이렇게 말했다.

"거긴 자유결혼 제도가 있어요. 정말 한번 해보고 싶어요."

다른 친구가 꿈 깨라며 핀잔을 주었으나 윈난의 여성은 중국 다른 곳의 여성과 다르다는 데는 의견이 같았다.

"우린 내일 거기로 가요. 누가 알아요? 소녀의 나라에서 무슨 좋은 일이 생길지."

내가 윈난을 방문하기 일 년여 전 티베트에서 대규모 반정부시위가 있었다.[15] 2008년 3월 10일 라싸에서 수백 명의 승려가 연금된 다른 승려의 석방을 요구하며 시작한 이 시위는 곧 규모가 커지고 폭력적으로 변했다. 티베트인들이 한족을 폭행하고 재산을 파괴했다. 그 시위는 라싸를 넘어 또 중국이 티베트 자치구로 지정한 지역을 넘어 티베트어를 사용하는 지역 전체로 퍼져 나갔다. 북쪽 몽골에 가까운 간쑤성에서도 폭력시위가 있었다. 남쪽 쓰촨에서도 라마교 승려들이 경찰과 충돌했다. 물론 그 결과는 충분히 예상할 수 있는 것이었다. 대규모 체포와 구금이 뒤따랐다.

티베트와 역대 중국왕조 사이의 관계는 복잡했다.16 중세기까지 티베트는 독자적인 제국의 위세를 누린 적도 있고 다수의 작고 독립적인 국가의 연합체인 적도 있었다. 몽골이 유라시아 대륙을 장악했을 때 티베트도 몽골의 종주권을 인정하며 그 영역에 편입됐다. 그러나 티베트에 대한 몽골의 지배는 중국 본토나 러시아와 달리 간접적이었다. 몽골과 티베트의 관계도 밀접하여 몽골 지배층이 티베트의 불교 즉 라마교를 믿었다. 오늘날 몽골족은 별로 종교적이지 않으나 종교를 믿는 몽골족은 예외 없이 티베트 불교도다.

근대, 특히 청나라가 들어선 이후에야 중앙정부가 티베트에 대한 지배를 강화하려고 들었다. 영국이 히말라야산맥 너머 있는 인도에 영향력을 확대하는 데 대한 경계심의 발로였다. 만주족도 티베트 불교를 믿었고 티베트의 문화를 높이 인정했다. 그러다가 20세기 초 중국이 거의 무정부 상태에 빠지자 티베트 각 지역은 여러 ―일부는 티베트족이 아닌― 군벌의 지배하에 들어갔다. 라싸의 티베트 정부는 스스로 독립국임을 선포했다.

그러나 근대적 의미에서 이 독립은 오래가지 못했다. 1950년 10월 불과 일년 전 대륙을 장악한 공산당 정부가 '인민해방군'을 파견하여 있으나 마나 하던 티베트군을 압도하고 점령했다. 이후 중국 정부는 티베트인의 환심을 사려고 노력했다. 현지인을 잘 대하고 기간시설을 개선하고 돈과 물자를 뿌렸다. 달라이 라마를 현직에 둔 채 베이징으로 초청하기도 했다. 이 정책은 당시 베이징 정부가 윈난 또는 기타 지역의 소수민족에 대해 펼치던 것과 같았다. 1951년 티베트와 중국 대표단이 티베트의 자치권과 중국인의 자유 이주를 골자로 하는 17개 항의 합의문에 서명했다.

그 합의는 라싸를 중심으로 한 티베트 중심부에만 적용됐다. 티베트 동부의 캄이나 암도와 같은 지역에는 자치라는 단어조차 사용되지 않았다. 베이징의 정부가 이 지역을 통합하려고 하자 많은 저항이 있었다. 무자비한 탄압도 뒤따랐다. 캄의 반군은 CIA의 비밀지원도 받았다. 그때 CIA는 중국-미얀마 접경지역에서 국민당 잔당을 지원하고 있었는데 냉전의 새로운 적으로 등장한 '중공'을 약화하기 위해서라면 무슨 일이든 했다. 1959년 반정부 운동이 마침내 라싸로 번졌다. 비밀저항이 아니라 공개적인 시위가 대규모로 일어났고 수천, 수만 명이 살해됐다. 달라이 라마는 인도로 몸을 피하여 지금까지 망명 생활을 하고 있다.

이후 50년간 중국 정부가 티베트를 직접 통치하고 있다. 역사에서 한 번도 없었던 일이다. 한족 또는 공산당 정부가 볼 때 티베트의 반발은 이해할 수 없다. 새로 길을 놓고 학교를 짓고 병원을 지었다. 직접 통치만이 제공할 수 있는 근대화의 모든 혜택을 누리고 있다. 기생충 같은 시주들에게서 해방되고 '봉건적 잔재'는 사라졌으며 '정교일치(政敎一致)'라는 시대착오적 체제는 '인민 민주주의'로 대체됐다. 티베트의 사람들은 이제 세계적인 강대국의 차별받지 않는 시민으로서 온갖 기회를 누리고 있다.

그러나 티베트의 사람들은 달리 생각한다. 달라이 라마가 망명간 후 문화혁명이 닥쳤다. 불교 사원과 그 속의 소중한 종교유적이 파괴됐다. 승려들은 강제로 파문당하고 티베트의 문화는 쓸모없는 것 심지어 그보다 못한 것으로 매도됐다. 그때 살해당한 사람의 숫자가 얼마인지는 아무도 알지 못한다. 지금은 경제성장으로 살기는 좋아졌을지 몰라도 그것은 외세가 득세했다는 뜻일 뿐이다. 그들은 티베트 불교도와 가치와 세계관이 전혀 다른 이방인일 뿐이다.

2009년 7월 중국에서 또 다른 인종분규가 발생했다.17 신장 서부지역 위구르족의 반발이었다. 위구르족은 중세기에 신장으로 이주해 온 튀르크어 사용민족이다.18 지금도 위구르족은 언어와 종교만이 아니라 외모에서도 한족과 완연히 구분된다. 그곳 사람들은 소아시아에 사는 터키인들과 닮았고 혈통으로도 고대 인도-유럽인의 피를 이었다. 초기에는 독실한 불교도였다. 한때 그들의 강역은 카스피해에서 만주에 이르는 거대한 한국(汗國)이었고 실크로드를 따라 형성된 불교문화권의 주요 부분이었다. 후일 일부는 마니교(摩尼敎)로 개종하고 중세 이후에는 대부분 이슬람으로 개종했다. 많은 무슬림 학자를 배출했다. 그러다가 티베트와 마찬가지로 청나라의 강역이 됐다.

신장의 위구르족은 티베트가 그랬던 것처럼 청나라가 멸망한 이후 독립을 주장하여 1933년에는 카시가르에 도읍을 둔 '동(東) 투르키스탄 공화국'의 수립을 선포하기도 했다. 그러나 오래가지 못했다. 러시아가 구 제정(Tsarist)러시아의 정통후계자임을 주장하듯이 중화인민공화국도 과거 청나라의 최대 강역에 대한 지배권을 주장한다. 위구르 지역은 석유와 가스, 그리고 기타 자연자원이 풍부하다. 한족이 정부의 지원을 받아 수백 만의 단위로 이 '새로운 변경'으로 이주해왔다. 1949년 7%에 불과하던 한족 인구의 비중이 이제 40%로 늘었다. 위구르족은 조만간 그들 본래의 땅에서 소수 주민으로 전락할 지경에 처했다.

베이징의 지배에 대한 가장 최근의 반발은 동남쪽 홍콩 부근에서 발생했다. 2009년 초 한 완구공장에서 위구르족 노동자와 한족 노동자들 사이에 폭력충돌이 발생했다. 그 소식이 신장의 위구르 자치구에 전해지자 진즉부터 인종갈등이 자라고 있던 (위구르족과 한족이 반반 섞인) 우루무치에서 시위가 일어났다. 처음에는 평화로운 시위였으나 곧 폭력적으로 변했다. 한족의 인명과 재산이 공격을 받았다. 인종 충돌 과정에서, 나중에는 진압 과정에서 근 2백 명이 죽고 수천 명이 다쳤다. 탈냉전과 함께 분열된 소련처럼 인종을 단위로 분열되는 것을 최대의 위협으로 생각하는 중국공산당에게 이 같은 인종분규는 악몽 중의 악몽이다.

티베트나 신장에서 일어난 것 같은 인종갈등이 윈난에서도 일어날 것인가? 아마 아닐 것이다.

윈난의 인종지도는 훨씬 더 복잡하다. 티베트의 경우 전 인구가 티베트족 아니면 한족이다. 신장에는 인구 대부분이 위구르족 아니면 한족이다. 윈난에는 수십 개의 인종이 넓게 퍼져 있다. 몇 마일 거리를 두고 이족, 바이족, 하니족 마을이 섞여 있는 곳도 있다. 그들의 인종적 정체성도 분명하지 않다. 예컨대 이족이라고 해도 그 속에 많은 소수 이족이 있고 일부는 스스로 이족이라고 생각하지도 않는다. 다수는 그냥 비(非) 한족으로 분류될 따름이다. 예로 쫭족(壯族)은 중국 내 가장 큰 소수민족이지만 티베트족이나 위구르족보다 훨씬 더 한족에 동화돼있다. 윈난의 소수민족은 티베트족이나 위구르족보다 훨씬 오래전부터 한족과 더불어 살아왔다. 19세기 대규모 봉기를 단행했던 후이족(回族)은 이제 얼마 남지 않았고 지난 사반세기 동안 윈난에서 중앙정부에 대한 저항이 일어난 적이 없다.

중국 정부는 윈난의 소수민족이 불만을 느끼지 않도록 많은 애를 쓰고 있다. 수십억 위안을 사회간접자본에 투자하여 소득수준이 빠르게 오르고 빈곤율은 빠른 속도로 떨어지고 있다. 소수 문화에 대한 공격은 사라지고 문화적 자유가 증진되었다. 소수민족이 지방공무원이 된 경우도 많다. 한족의 경우 '일 가구 일 자녀' 정책이 엄격하게 시행됐지만, 소수민족은 그 제약을 받지 않는다.

관광객이 따라서 돈이 몰려들고 있는 리장에서 정치적 시위가 일어날 가능성은 크지 않다. 조그만 나시 왕국이 독립을 선언하는 것은 아예 상상조차 할 수 없다.

그러나 역사라는 것은 때로 상상하지 못한 방향으로 전개되기도 한다. 누가 1980년대에 코카서스의 작은 나라, 즉 그루지야와 아르메니아, 아제르바이잔 등이 모스크바로부터 독립을 선언하리라고 상상이나 했던가? 그러고도 안으로 반란이 일어나 유럽연합과 유엔의 중재자와 평화유지군이 개입하게 되리라는 것을? 중국이 안정을 유지하는 것은 무엇보다 최근에 일어나고 있는 기록적인 경제성장 덕분이다. 그런데 만일 경제성장이 멈추면? 무슨 일이 일어날지 누구도 장담하지 못한다.

미얀마와의 접경으로 더 가까이 가면 매우 다른 두 개의 현실이 만나고 있다. 한쪽에는 오랜 내전과 인종갈등, 그리고 군부독재가 있다. 다른 쪽에는 공산당 일당독재 속에 급속히 자본주의화하고 그 과정에서 관광과 향락적 소비가 급증하고 있다. 나는 미얀마의 샨족 출신으로 소수 인종의 자결권을 주장해 온 친한 친구와 이야기를 나눴다. 지금 미얀마에 사는 샨족이 바로 국경 너머 중국 샨족의 생활 수준이 급속히 개선되고 있는 데 대해 어떻게 생각하는지 물었다.

"다들 중국에서 일어나고 있는 일에 갈수록 이끌리고 있네. 이렇게 말하곤 하지. 윈난은 최소한 발전하고 있다. 그쪽 모델이 더 좋은 모양이다."

좋은 모델이라고? 중국의 문화는 언제나 뛰어나고 강한 흡입력이 있었다. 그리고 지금 중국이 발현하는 인력(引力)은 과거 어느 때보다 강하다.

그러나 전쟁과 갈등도 인력이 있다. 미얀마의 상황은 이제 전혀 새로운 차원의 복합성을 보인다. 2010년 국경도시 루이리(瑞麗) 근처에서 일어난 일은 중국 정부를 깜짝 놀라게 했다.

제 5 장

중국과 인도양 깊은 바다 사이

루이리(瑞麗)

나는 리장을 출발하여 다리로 돌아간 다음 다시 서쪽으로 가는 버스를 탔다. 미얀마와의 국경도시 루이리(瑞麗)에 가기 위해서였다. 버스는 과거 '버마 로드'라고 불리던 '63번 국도'를 따라 달렸다. 그토록 막강했던 중국 제국이 유독 이 지역을 제대로 통치하지 못한 이유를 바로 알 수 있었다. 바로 지리였다. 다리에서 그곳에 이르는 길은 높은 산과 깊은 계곡의 연속이었다. 산은 해발 4천 5백 미터까지 치솟았고 계곡은 2천 7백 미터 아래로 떨어졌다. 때로는 산기슭을 따라 구불구불 지나갔고 때로는 터널을 통과하기도 했다. 가끔 산 위에서 저 멀리 전방을 멀리 볼 수도 있었는데 푸르디푸른 산속에 잿빛 바위로 드러난 길은 마치 길고 흉측한 상흔처럼 보였다. 가끔 돌이나 벽돌로 지은 작은 간이주택이 가파른 언덕에 위태롭게 서 있는 모습도 보였다. 두 사람이 교대로 운전했다. 한 사람은 통통한 중년 남자로 성격이 급한지 빠른 속도로 몰면서 다른 차를, 주로 짐을 잔뜩 싣고 느리게 움직이는 트럭을 추월했다. 다른 사람은 강단이 있어 보이는 젊은 여자였다. 무뚝뚝한 모습으로 좀 더 조심스럽게 운전했다. 남자가 운전할 때면 중국의 유행가를 크게 틀었다. 여자가 운전할 때는 앞에 달린 텔레비전에 영화를 틀었다. 소리는 끈 상태였다.

그렇게 가면서 세계에서 가장 긴 강 중 두 개를 건넜다. 메콩강과 살윈강이었다. 메콩강을 건너고 살윈강을 만나는 데는 두 시간이 채 걸리지 않았다. 마침내 내리막이 시작됐다. 1천5백 미터 더 낮은 곳으로 내려가면서 풍경도 알프스 풍 고산의 모습에서 아열대 풍으로 바뀌었다. 계단식으로 지어진 논이 끝없이 이어졌다. 마치 거대한 에메랄드색 계단을 보는 것 같았다. 대기 속 습기가 느껴졌고 길가에는 바나나 나무와 대나무가 무성했다. 집도 돌이 아닌 나무와 대나무로 지어졌다. 늦은 밤이 돼서야 인구 14만의 도시 루이리에 도착했다. 미얀마가 불과 몇 마일 밖에 있었다. 나는 과거 1991년 카친으로 가던 중 루이리에 들린 적이 있다. 루이리를 마지막으로 들린 다음 접근이 금지된 미얀마 반군 지역으로 들어갔다. 그때 루이리는 외국인에게 막 개방되었는데, 외국인이 묵을 수 있는 게스트하우스는 하나밖에 없었고 매우 검박했다. 조그만 방에 간이침대 하나와 작은 플라스틱 탁자 위에 뜨거운 물이 담긴 보온병이 전부였다.

지금 보니 그때 봤던 그 어느 것도 찾을 수 없었다. 그때 루이리는 외지고 후진 곳이었다. 작은 도로 2개가 평행으로 있었고 길가 가게에는 미얀마산 보석과 기타 밀수품이 전부였다. 에이즈가 만연해 있었다. 매춘 때문이기도 했지만, 무엇보다 심각한 것은 마약 즉 헤로인 중독이었다. 마약중독자는 곳곳에 있었다. 대꼬챙이처럼 마른 남자와 누더기를 걸친 여자들이 길바닥에 누워있거나 담벼락에 기대어 앉아 있었다.

흥미롭게도 그때 미용실이 많았다. 중국에서 획일적인 문화를 강요하던 문화혁명이 끝난 지 오래되지 않았다. 상하이 같은 대도시에는 패션과 머리 맵시에 변화가 시작됐으나 이런 벽지에 미용사를 양성할 정도는 아니었다. 반면 '버마식 사회주의'는 여성의 머리 모양까지 제약하지는 않았다. 그래서 미얀마 쪽에서 미용사들이 국경을 건너와 미용실을 열어 짭짤한 수입을 올리고 있었다.

그때 내가 묵었던 게스트하우스나 미용실의 위치는 도저히 찾을 수 없었다. 아마 없어졌을 것이다. 18년 전과 같은 것은 하나도 없었다. 21세기의 루이리는 마치 요술을 부린 것처럼 변신했다. 야자수 가로수의 넓은 대로에는 아르마니와 롤렉스와 같은 명품 간판을 단 현대식 상점이 가득했다. 20층도 넘는 현대식 호텔건물이 남쪽의 샨 고원지대를 굽어보고 있었다. 내가 묵은 호텔은 그중 고급으로 숙박비는 50달러 수준이었다. 호텔 앞에 검은색 리무진이 주차해 있었는데 그토록 긴 리무진은 처음 보았다. 호텔 접수원 중 영어를 할 줄 아는 사람이 없는 걸 보니 외국인을 상대해 본 경험이 많지 않은 듯했다. 그래도 친절하게 손짓을 섞어 천천히 말해 나의 짧은 중국어로도 체크인하는 데 어려움이 없었다.

벽에는 런던·양곤·도쿄·베이징·뉴욕의 시간을 알리는 시계가 나란히 걸려있었다. 다른 쪽에는 널찍한 대리석 로비가 있었고 검은색 소파와 유리탁자가 놓여 있었다. 몇 사람이 짧은 소매 웃옷을 입고 앉아 담배를 피우며 위스키를 마시고 있었다. 하는 말을 들어보니 전혀 모르는 언어였는데 (그 지역에서 사용되는 방언 중 하나로 미얀마의 카친족 언어에 해당하는) 징포어라고 짐작했다.

붉은 제복을 입은 사환이 나를 방으로 안내했다. 방은 춥고 썰렁했다. 사환이 내려간 후 호텔 안내 책자를 읽어봤다. 내가 묵는 방은 '딜럭스'라고 분류된 침대 하나짜리였다. 침대 2개짜리도 있고 다양한 스위트 룸도 있었으며 '장관용 스위트'가 가장 비쌌다. 그 방 사진에는 커다란 책상과 고급의자가 몇 권의 책이 꽂혀 있는 책꽂이를 배경으로 놓여 있었다. 텔레비전은 최신형이었지만 중국어 방송밖에 없었다. 아래층에는 모든 중국 호텔에 빠짐없이 있는 안마시술소가 아예 한 층을 차지하고 있었다.

루이리는 이 지역에서 미얀마와 중국의 국경을 획정하는 루이리 강가에 있었고 양국의 접경도시로 가장 큰 곳이었다. 미얀마와 중국의 국경은 길다. 길이로 따지면 (알래스카를 뺀) 미국-캐나다 국경의 3분의 1, 미국-멕시코 국경의 3분의 2에 해당한다. 국경은 전부 산으로 이루어져 있는데 바로 이 루이리만 예외로 평지다. 여권을 제시하고 합법적으로 국경을 건널 수 있는 곳은 몇 군데 되지 않지만, 불법으로 건널 수 있는 곳은 매우 많다. 중국이든 미얀마든 전체 국경을 통제하지 못한다. 일부 지역에는 민병대 또는 과거 반군이었던 세력이 국경을 장악하고 있다. 미얀마 정부군이 장악한 지역도 있지만, 그 '정부군'에 대한 정부의 통제도 느슨하다.

루이리강이 국경인 것은 맞지만 강 건너 미얀마 쪽에도 작은 중국 영토가 있다. 긴 교량으로 루이리 시와 연결된 이곳의 이름은 '오랜 도시'라는 뜻의 지에가오(姐告)라는데 이름과 달리 오래된 것은 찾을 수 없었다. 그냥 거대한 야외 몰과 같았다. 중앙에 큰 광장이 있고 그것을 둘러싸고 가게와 식당, 사무실들이 있었다. 많은 가게가 미얀마어 간판을 달고 있었는데 미얀마에서 본 어떤 가게보다 더 화려해 보였다. 미얀마 특산품인 비취를 비롯한 보석을 파는 곳도 있었지만 세탁기니 복사기니 아이들 장난감이니 없는 것이 없었다. 내가 간 날은 주중으로 거리가 매우 혼잡했다. 미얀마 사람이 많았다. 전통의 상 론지를 입은 사람도 많았으나 평복을 입고 미얀마어를 말하는 사람도 많았다. 중국인 관광객들이 광장의 중앙에 있는 '미얀마에 오신 것을 환영합니다'라는 간판을 배경으로 사진을 찍고 있었다. 윈난성의 국제무역 중 3분의 2 이상이 바로 루이리를 통해 이루어지고 있었다. 윈난성의 보물창고인 셈이었다.

미얀마 남장 여인들이 돌아다니는 것을 봤다. 착 달라붙은 블라우스에 짧은 치마를 입고 하이힐을 신고 있었다. 더 남쪽 와족이 관리하는 몽라에 이런 남장 여인들이 찾는 카바레가 있다는 것은 알고 있었다. 그곳이 중국당국의 단속으로 폐쇄됐다고 하더니 이리 몰려온 모양이었다. KTV라는 간판이 곳곳에 있었다. KTV의 K가 가라오케(Karaoke)를 뜻하는 줄은 나중에 알았다. 중앙 주차장에는 택시와 고급승용차, SUV 그리고 대형버스가 가득 주차해 있었다. 여기서도 낡은 론지를 입은 초라한 복색의 미얀마인들이 주위를 두리번거리는 것을 봤다. 아마 새로운 기회를 찾아 중국 쪽으로 넘어온 것 같았다.

얼핏 보면 루이리는 지금 번창하는 중국의 여러 도시와 크게 다르지 않았다. 이곳 부동산값이 상하이나 베이징 수준이라는 말도 들었다. 그러나 도시 자체는 작았다. 걸어서 한 시간이면 도시 중심가는 다 돌아볼 수 있었다. 파란색 바지와 흰색 윗도리에 빨간색 스카프를 두른 교복을 입고 자전거를 타는 아이들을 볼 수 있었다. 길가에는 남녀 노인들이 마작놀이를 하고 있었다. 해바라기 씨를 까먹고 차를 마시는 모습이 편안해 보였다. 따뜻한 태양 아래 루이리는 평온하고 풍요한 도시였다.

   미얀마 사람도 많았는데 그들은 중국인처럼 편안해 보이지 않았다. 흐트러진 옷차림에 갈 곳이 없어 보이는 사람들은 영락없이 미얀마인이었다. 내가 도착한 첫날 갈림길에서 두 명의 남자가 남루한 가방을 들고 작은 종이쪽지를 손에 든 채 어쩔 줄 모르는 모습을 보았다. 시커멓게 탄 얼굴에 사나운 모습을 한 불량배 같은 모습도 보았다. 어느 저녁 무렵 내 옆에서 젊은 미얀마 부부가 큰 소리로 다투는 것을 봤다. 대충 들어보니 어제 묵었던 집으로 돌아갈지 아니면 다른 집을 찾아갈지를 놓고 다투는 것 같았다. 물론 부유한 미얀마인들도 있었다. 여유 있는 걸음으로 걷다가 전자제품을 파는 가게에 들러 DVD 재생기를 홍정하기도 하고 골프용품 가게에서 채를 휘둘러 보는 이도 있었다.

   겉모습만 봐서는 미얀마인인지 알 수 없는 사람도 많았다. 루이리 시내 중국인 거리라고 생각하고 걷다가 앞뒤에서 들려오는 미얀마어에 놀란 적이 있었다. 론지가 아닌 바지를 입고 슬리퍼가 아닌 구두를 신고 폴로 티셔츠를 입고 있어서 그냥 그 동네에 사는 중국인이라고 생각했다. 어!? 그러고 보니 나도 그랬다. 바지에 운동화에 편한 티셔츠.

　미얀마에서 넘어온 사람 중에 인도계―인도, 파키스탄, 또는 방글라데시―로 보이는 사람도 있었다.[1] 1990년대 초 인종박해로 말미암아 수십만 명의 로힌자(Rohingya)족*―원래 벵골 출신으로 미얀마 서쪽 지방에 살던 무슬림―이 방글라데시로 갔다, 그중 일부가 반대 방향에 있는 루이리에 자리를 잡았다. 자기들만의 모스크도 세웠다. 그러나 대부분은 그냥 미얀마 사람으로 돈을 벌자고 양곤이나 만달레이에서 온 사람이었다. 둘째 날 할랄 식당에서 저녁을 먹다가 옆에 앉은 사람과 대화를 시작했다. 원래 집안은 (지금 파키스탄에 속하는) 펀자브 출신 집안이지만 자신은 만달레이에서 태어났다고 했다. 인도계 특유의 뾰족한 얼굴에 장발이었는데 인도식 케밥 요리를 시켜 먹고 있었다. 루이리에 웬일이냐고 했더니 그냥 모터사이클을 하나 사고 친구를 만나러 왔다고 했다.

> 나는 대학에서 동물학을 전공했어요. 동물학이라니, 말이 됩니까? 도대체 동물학을 전공해서 뭘 먹고 살아요? 다행히 집에서 작은 가게를 몇 개 하죠. 중국이 큰 거래처예요. 중국인들과의 거래를 내가 주로 담당하죠. 아, 이번에는 그냥 모터사이클을 사러 온 거예요. 일이 끝나면 돌아갈 거예요.

　루이리, 아니 중국에 대해서 어떻게 생각하는지 물어봤다.

---

* Rohingya는 미얀마어의 음차로 ro-hin-gya로 끊어 읽기 때문에 ro-hing-ya로 끊어 읽어 로힝야로 읽는 것은 잘못이다. 로힌자가 맞다 ― 옮긴 이.

중국은 우리나라보다 더 발전했죠. 그래도 중국에서 사는 것은 따분할 거예요. 나는 만달레이가 좋아요. 다만 만달레이가 지금보다 좀 더 나아졌으면 좋겠어요. 개인적으로 만달레이에 동물원이 있으면 좋겠다고 생각해요. 아니면 우리 집안의 돈을 모아 아예 책에서 본 것 같은 사파리를 설립해도 좋겠죠. 온갖 동물들이 돌아다니고 우리는 입장료 수입을 올리는 거죠.

마지막 고기 조각을 입에 집어넣고, 종업원에게 차를 더 달라는 손짓을 했다. 그리고 이렇게 말했다.

"그게 내 꿈이에요."

루이리는 한때 마약과 매춘의 도시였다.[2] 그 주변에서는 1990년대까지 양귀비가 널리 재배되고 아편이 채취됐다. 그것이 태국과의 접경지대에서 헤로인으로 제조되어 방콕을 통해 세계시장에 유통됐다. 1990년대부터 미얀마의 무장단체가 직접 아편에 손을 대 헤로인을 제조한 후 방콕이 아닌 중국을 통해 세계시장으로 유통하기 시작했다. 중국의 개방 덕분이었다. 이후 루이리가 마약 거래의 중심이 됐다. 중국에서 마약을 거래하다가 잡히면 사형이지만 며칠만 고생하여 쿤밍으로 배달하면 2년 치 소득이 생기는 유혹은 너무나 커서 근절하기 힘들었다. 바로 그 헤로인에 쉽게 접할 수 있는 위에 매춘이 성하면서 루이리에 에이즈가 창궐하게 된 것이다. 13세기 몽골 기마병이 전 유라시아 대륙을 휩쓸고 다니면서 바로 이 윈난-미얀마 접경지역의 풍토병이던 흑사병(黑死病)을 중국에, 나아가 유럽에 퍼뜨려 수천만 명이 사망하는 대재앙을 낳았다. 1990년대 바로 같은 루이리 지역이 중국에 에이즈를 퍼뜨리는 근원이 된 것이다. 이 병은 미얀마에서 처음 들어왔다. 1989년 중국지역에 150명의 에이즈 환자가 확인됐다. 중국에서 최음 확인된 환자였다.

이처럼 루이리는 원래 거친 동네였다. 그러나 2009년 내가 방문했을 때 루이리에서 그 흔적은 심지어 야간에도 찾기 어려웠다. 2년 전 중국에서 대규모의 범죄 및 도박 단속이 이뤄졌다. 이 단속으로 마약과 매춘 등 밤의 사업이 철퇴를 맞았다. 이어 마약과 매춘을 본격적으로 단속하고 보석류와 목재의 수출입으로 소득이 늘면서 루이리의 외양이 좋아졌다. 중국인이 무척 좋아하나 미얀마에서만 출토되어 귀한 '임페리얼 제이드' 즉 최상품의 녹색 투명한 경옥(硬玉)을 포함한 옥 원광과 제품의 판매만으로도 연간 10억 달러 이상의 수입이 생긴다고 한다. 헤로인 생산은 줄어들었고 중독자들이 길거리를 배회하는 일은 이제 없다. 한 건물의 벽에 비키니를 입은 여인이 뱀을 두르고 찍은 사진이 크게 걸려있었다. '큐티(=귀여운 사람) 클럽'이라는 나이트클럽의 광고판이었다. 그 옆에 정말 나이트클럽이었던 같은 건물이 헐리고 있었다.

이제 루이리는 상당히 부유한 도시가 됐다. 그래도 주변 지역은 부유함과는 거리가 멀었다. 윈난성의 일인당 소득은 미얀마의 두 배가 됐으나 중국 전체로 보면 여전히 가난한 지방이었다. 또 루이리처럼 개발 거점 도시가 섬처럼 퍼져 있으나 그 주변은 매우 가난한 시골이었다. 도심을 벗어나 한 시간만 걸으면 빈부격차가 한눈에 들어온다. 도시 가까이는 담장을 두른 커다란 주택가가 있었다. 집마다 고급 차가 주차돼 있었고 어떤 집은 배드민턴 코트도 있었다. 그러나 조금만 더 가니 미얀마보다 전혀 나을 게 없는 가난한 농촌 마을이 나타났다.

2000년 중국 정부가 서진(西進) 전략 즉 '서부 대개발전략'을 시작한 이래 가난한 내부지방의 기반시설 개발에 엄청난 돈을 쏟아부었다.[3] 그 결과 윈난성의 경제는 2000년의 240억 달러에서 2009년 910억 달러 수준으로 근 4배 성장했다. 쿤밍에는 기대가 높다. 내가 루이리를 방문한 몇 달 후 2009년 7월 윈난성 성장 진광롱이 '유라시아 육교'를 건설하자는 제안을 내놓았다.[4] (홍콩/광저우 주변의) 주강 삼각주에서 출발하여 윈난과 미얀마를 통해 로테르담까지 이르는 초현대식 철도를 건설하자는 제안이었다. 중국의 대아프리카 수출이 급증하고 있는데 이 길을 통하면 광둥에서 카이로까지 가는 해로와 비교해 6천 킬로미터 이상 단축할 수 있다는 주장이었다.

언젠가는 그런 계획이 현실이 되어 네덜란드로 가는 화물차가 루이리를 지나갈지 모른다. 그러나 지금 루이리에는 그처럼 멀리 내다보거나 루이리를 중국 서부개발의 시각에서 크게 보는 사람이 없다. 모든 것이 미얀마와 관련돼 있다. 그냥 동부해안에서 생산한 물품을 인도양을 통해 수출할 수 있는 전초기지이자 미얀마 시장을 개척하기 위한 교두보일 뿐이다. 지난 20여 년간 윈난 지방에는 개발이라는 명분으로 삼림을 무분별하게 훼손하고 댐과 관개시설을 지었다. 그 결과 환경이 파괴되고 가뭄이 잦아졌다. 그에 대한 주민의 반발이 커지자 중국의 기업들이 국경 넘어 미얀마의 산과 강을 넘보기 시작했고 그에 따라 루이리가 부유해진 것이다.

그러나 미얀마로 가려면 넘어야 할 장애물이 많다. 우선 마약과 질병이 있다. 에이즈만이 아니라 말라리아도 창궐하는 지역이다. 게다가 이미 미얀마로 이주해 사는 중국인이 많다. 미얀마 사람들은 그들을 '중국 식민주의자' 또는 '제국주의자'라며 감정을 섞어 부른다. 이들 이주민은 사실 중국 정부에도 골칫거리다. 중국에 민족주의가 분출하면서 해외에 주재하는 중국인의 안위가 큰 관심사가 됐다. 예로 2009년 말 중국인 몇 사람이 몸값을 노린 미얀마 범죄조직에 납치된 적이 있었다. 이 사건이 며칠간 중국 언론을 장식했다. 게다가 미얀마에서 중국 이주민으로 인한 반중국 시위라도 일어나면 큰일이다. 그런 일들은 양국의 정부가 외교적으로 해결하는 것이 상례이지만 미얀마는 그런 상례가 통하지 않는 나라다. 물론 정부야 있지만, 정부의 권능이 미치지 못하는 무장세력이 국경지대에서 판을 치고 있기 때문이다.

국경이 지금처럼 선으로 그어지기 전부터 루이리강은 중국과 미얀마 사이의 자연적인 경계로 생각됐다.5 만달레이와 베이징의 대신과 관리들은 그곳에서 미얀마 왕실의 권능이 끝나고 중국 제국의 강역이 시작된다고 생각했다. 그야말로 탁상공론이다. 현장에는 그런 '경계'가 존재하지 않기 때문이다. 루이리강 양쪽에는 같은 종류의 사람들이 살고 있다. 미얀마에서는 샨족이라고 불리고 중국에서는 다이(傣)족이라고 불리며 크고 작은 공동체를 이루어 세습 족장 서브와의 지배를 받으며 살아온 사람들이다. 서남쪽으로 만달레이에 가까워지면 미얀마 왕실의 존재가 크게 느껴지고 동북쪽으로 올라가면 중국 조정의 존재감이 커지지만, 그 사이를 칼로 자르듯 나누는 경계의 개념은 없었다.

지금 중국에서 다이족은 56개 소수민족 중 하나로 공인되어 윈난 지방에 1백만여 명 살고 있고 더 남쪽 라오스와 태국과의 접경지대에도 적지 않게 산다. 그들 사이에 사용하는 언어는 거의 다르지 않다. 공산혁명 이후 중국 정부는 이들을 중국의 인구로 통합하려고 노력했으나 큰 성공은 거두지 못하고 있다.

1950년대까지 루이리 근처 지역은 팡유치라는 중국식 이름을 사용한 샨족 서브와가 통치했다.6 바깥세상에서는 아무도 모르고 넘어갔을 그가 유명해진 것은 1942년에 C. Y. 리 (리진양, 黎錦揚)이라는 인물을 개인비서로 고용했기 때문이다. C. Y. 리는 1917년 후난(湖南)성의 학자 가문에서 태어나 충칭에 있는 서남(西南)대학을 졸업했다. 1943년 미국에 이민하여 예일대학에서 문학석사 학위를 받았다. 이후 『꽃과 북의 노래』(*The Flower Drum Song*)라는 제목의 소설을 쓰고 그 소설이 1958년 로저스 작곡, 해머스타인 연출로 뮤지컬로 제작되고 1961년에는 영화로 제작되면서 세계적으로 유명인사가 됐다.

C. Y. 리는 1940년 대학을 졸업하고 1943년 미국에 가기 전까지 서브와의 개인 비서로 일하며 루이리에 인접한 망시에 살았다.

비서로 임명되어 망시에 도착하고 나서 C.Y. 리는 이렇게 기록했다.

놀랍고도 기쁘게 망시는 내가 생각했던 것처럼 가난에 찌든 시골 동네가 아니었다. 2천 제곱마일 정도 크기의 작은 유토피아였다. 아름답게 굽이치는 산 사이로 계곡은 풍요로웠다. 대나무로 둘러싸인 마을은 모두 그림 같았다. 수 마일에 걸쳐 펼쳐진 논은 마치 녹색 우단 카펫을 깔아놓은 듯했다. 곳곳에 거대한 보리수나무와 높고 날씬한 파파야 나무가 마치 수를 놓은 듯 솟아 있었다. 높은 산은 몇 자락의 흰 구름을 두르고 새파란 아열대 하늘을 이고 서 있었다. 마을마다 대나무 숲 뒤로 붉은색 불교 사원이 그 모습을 보였다. 망시는 동양화로 가득 찬 미술관과 같았다.

그때 서브와 팡유치는 41세였는데 미얀마와 중국이 양쪽에서 접근하면서 가하는 압박을 몸으로 느끼고 있었다. 망시가 살아남고 발전하려면 근대화를 통해 양쪽 사이의 교량으로 굳건히 자리 잡아야 한다고 굳게 믿었다. 그래서 서브와는 자신의 영지를 만달레이와 쿤밍 사이에 새로 뚫린 도로—버마 로드—상에 그냥 지나칠 수 없는 중간경유지로 만들고자 했다. 상하이의 자본을 유치하여 카페며 공중목욕탕을 지었다. 신형 미제 뷰익(Buick) 승용차를 타고 영지를 돌아보고 집으로 돌아와서는 구운 쇠고기와 튀긴 닭고기로 저녁을 했다. 이 모두 '근대화' 사업의 한 부분이었다.

또 지위에 어울리는 '후궁'을 두기로 했다. 그래서 C. Y. 리를 데리고 양곤으로 갔다. 자동차로 버마 로드를 따라 만달레이로 가서 양곤에는 기차로 갔다. 양곤의 고위층 전담 매파들이 그를 크게 환영했다. 각종 파티에 초대받고 클럽과 경마장을 돌아다녔다. "미얀마에서 서브와라는 지위는 이처럼 많은 특권을 준다네"라고 리 비서에게 말했다. "여자들이 썩은 고기에 쇠파리 달려들듯이 달려들지." 서브와는 여러 여인을 만난 끝에 '이다'라는 이름의 아름다운 유라시아 여성을 선택했다. 아일랜드 선원과 중국 무희 사이에 태어났다. 서브와는 그 배경이 왕실 여인에게 어울리지 않는다고 생각하여 영국인 대령과 몽골의 공주 사이에 태어난 것으로 꾸몄다. 이다는 키워준 힌두 차력사로부터 배워 배드민턴과 브리지게임, 심지어 프랑스어도 몇 마디 할 줄 알았다. 카키색 반바지에 하이힐을 신은 이다는 언제나 매력적이었다. 서브와는 그녀를 '이다 다알링'(darling)이라고 불렀다. 근대화를 추진하면서 배운 유일한 영어였다.

이 동화 같은 이야기는 1953년 갑자기 끝이 났다. 중국이 서브와 제도를 폐지한 것이었다. '왕실'과 '왕국'의 사람들이 대거 미얀마로 피신했다. 나중에 문화혁명의 광풍 속에서 샨족 또는 다이족 족장이 살던 궁궐은 모두 파괴됐다. 수십 개의 사원과 사탑도 파괴되고 승려는 파문당해 강제노역에 처해졌다. 남아있던 샨족 귀족들은 폭행 또는 죽임을 당했다. 과거의 세습 엘리트는 모두 사라졌다. 그런데 미얀마 쪽에는 다른 양상이 나타났다. 무장한 군벌이 새로이 등장하여 지역의 실권을 장악한 것이다. 아직도 그렇다.

루이리의 바로 남쪽에 와(Wa)고원이 있다. '와족 연합국군'(United Wa State Army; UWSA)이 지배하는 지역이다. 1970~80년대 와족 민병대는 '버마 공산군'의 일부로 중국의 지원을 받아 양곤의 정부군과 싸우고 있었다. 1989년 공산당 조직이 무너지자 그 중 와족 민병대가 UWSA로 새로 태어난 것이다. 물론 중국의 암묵적 지원이 있었다. 지금 와족 지도부는 모두 중국어를 유창하게 말하며 중국의 관청과 밀접한 관계를 유지하고 있다. 상당수는 국경 넘어 중국 땅에서 태어났다. 군사지도자와 사업가들은 모두 중국인이다. 1989년 와족 민병대가 미얀마 정부군과 휴전에 합의했을 때 미얀마 정부는 그 지역의 개발을 약속하고 서방 정부나 유엔의 지원을 받으려고 했다. 그러나 서방의 지원은 없었고 그 자리에 중국이 들어왔다. 도로를 놓고 기타 기간시설에 투자하여 무역을 장려했다. 아편 농장이 고무농장으로 바뀌었다. 박테리아와 바이러스는 국경을 가리지 않는다는 점을 깨닫고 국경 너머까지 보건계획을 시행했다. 그런데 여전히 문제가 많다. 특히 와족은 잘 조직된 무장세력으로 스스로 무기를 생산하기 시작했다. 윈난 소재 병기공장의 비공식적, 불법적 지원을 받았는데 중국 정부가 개입했는지는 알려지지 않았다. 그런데 그렇게 만든 무기가 인도 동북지방의 반군에게 공급된다는 소문이 있다. 지금 윈난 지방에 대한 한족의 지배는 확고한 것처럼 보이지만 미얀마 쪽으로 나아가면 아직 '개화'가 덜 된 야만인들이 살고 있다. 그곳 사람들은 독자성이 강해 심지어 공무원조차 중앙의 통제를 따르지 않은 경우가 허다하다.

과거 이 변방의 사람들로 인해 전쟁이 난 적도 있다. 1760년대 미얀마에 충성하는 샨족과 청나라에 충성하는 샨족 사이의 분쟁이 미얀마와 중국 사이의 전쟁으로 번졌다. 중국인 상인이 살해되고 중국 정부가 책임과 배상을 요구하고 미얀마 정부가 지방의 족장을 지원하고 하는 과정 끝에 전쟁으로 커진 것이다. 청나라가 4년에 걸쳐 네 차례 대규모 병력으로 침공하여 미얀마를 신장처럼 직할 영토로 만들고자 했다. 미얀마가 강하게 저항하여 청나라의 침공은 실패로 끝났다. 그 여파는 향후 수십 년간 양국관계에 영향을 미쳤다.

이처럼 국경 지역은 분쟁지역이 되기도 하지만 때로 교량으로서 평화의 사도가 되기도 한다.[7] 최근에 밝혀진 신기한 이야기가 있다. 옛날 '다리 짧은 호랑이'(矮脚虎)라는 별명을 가진 우상산이라는 사람이 있었다. 윈난 동쪽 지방 가난한 집에서 태어난 한족이였다. 재물을 찾아 각지를 떠돌다가 1740년대 샨고원으로 와 은광을 개발하여 큰돈을 벌었다. 부유한 실력자가 된 우상

샨은 윈난성 성주와 친분을 쌓아 그 지역의 징세관으로 임명되기도 했다. 그 무렵 미얀마와 중국 사이에는 상거래가 거의 없었다. 이 상거래를 늘리면 더 많은 수입을 올릴 것으로 기대했지만 중앙정부는 관심이 없었다. 우샹샨과 윈난성 성주가 직접 행동에 나섰다. 우샹샨은 황제의 칙사를 자처하면서 아바에 있는 미얀마 왕국의 궁정을 찾아갔다. '칙사'를 맞이한 미얀마 왕정은 크게 기뻐하며 감사 사절을 베이징으로 파견했다. 이 뜻하지 않은 방문에 베이징도 기뻐했다. 그러나 원래 목적이었던 통상의 증진은 실현되지 않았다. 미얀마에서 내전이 발생하여 그것에 신경을 쓸 여유가 없었기 때문이다. 우샹샨은 나중에 (새로 부임한 윈난성 성주에 의해) 체포됐다.

이런 사건들이 의미하는 바는 현지인들의 역할이 접경지역에서의 중국과 미얀마의 관계에 매우 큰 영향을 미친다는 점이다. 지금 양국의 국경은 거의 완전히 개방되어 과거 어떤 때보다도 많은 인적 및 물적 교류가 이루어지고 있다. 그에 따라 어느 국가도 완벽하게 통제하기 어려운, 새롭고 역동적인 네트워크가 형성됐다. 예를 들면 타이완이나 홍콩의 화교 사회와 이 지역의 중국인맥 사이에 형성된 네트워크가 있다. 또 만달레이와 쿤밍, 나아가 치앙마이와 방콕을 연결하는 샨족-다이족 네트워크도 있다.[8] 윈난의 다이족은 중국의 문화에 많이 동화됐다. 국경으로 가까이 오면 미얀마의 문화에 동화된 모습을 보인다. 남쪽으로 가면 태국과의 연관이 두드러진다. 샨족/다이족은 이 세 지역에 모두 친척이 있는 일종의 초국가적 네트워크를 유지하기도 한다. 지금과 같이 빠르게 성장하는 시장을 공략하기에 이보다 더 완벽한 조건은 찾기 어렵다.

이처럼 접경지역에 나타나고 있는 현상은 중국 정부의 정책 못지않게 현지의 역동성에 의해 영향을 받는다. 그리고 그 모든 것은 함께 세계적 무대로 올려진다.

15세기 명나라 환관 정화(鄭和)가 이끄는 대규모 선단이 인도양을 따라 아프리카, 어쩌면 더 먼 곳까지 여러 차례 항해했다.[9] 선단에는 당시 포르투갈이나 스페인이 보유한 가장 큰 선박보다 두 배 이상 큰, 길이가 4백 피트에 폭이 150피트나 되는 대형 선박도 포함됐다. 식수 운송함과 총 3만이 넘는 병력 수송함도 포함됐다. 중국의 어머 어마한 힘과 위세를 과시하여 인도양 연안의 여러 나라를 심복시키기 위한 항해였다. 정화는 윈난과 미얀마 접경지역에서 태어난 무슬림 즉 후이족으로 아시아와 아프리카의 많은 왕을 중국 황제의 권위에 심복시키고 엄청난 선물을 거두어 돌아왔다. 목이 긴 기린을 가지고 와 황제를 기쁘게 했고 서방세계의 많은 소식도 가져 왔다. 그러나 정확히 한 세기 후에 시작된 유럽인의 아시아 원정이 지속적인 통상과 정복으로 전개됐던 것과 달리 정화의 원정은 마치 미국의 달 탐사처럼 일회성으로 끝나고 말았다. 당시 중국은 내륙지방의 적들, 예컨대 몽골의 오이라트족과 투르판의 위구르 왕국 등에 집중하고자 한 것이었다. 이후 중국은 다시는 대양해군을 건설하지 않았다.

그것이 바뀌었다. 지난 20년간 중국은 해군력 건설에 매진했다. 아직 대양해군의 상징인 항공모함은 없지만 여러 척의 구축함에 핵 추진 잠수함까지 갖추었다.* 또 최초의 대함 탄도미사일을 개발하여 미국의 태평양 함대에 큰 위협을 제기하고 있다. 2008년 말 중국은 그렇게 갖춘 해군력을 과시할 생각으로 소말리아의 해적을 퇴치하는 국제적 노력에 동참하여 최신예 함대와 최정예 병력을 파견했다. 1년 후 퇴역 해군장성이 서인도양에 항구적인 해군

---

* 중국은 우크라이나에서 방치된 것을 수입하여 개조한 최초의 항공모함 랴오닝(遼寧)함을 2017년에 진수하고 2019년 초 현재 2척의 항공모함을 건조 중이다 — 옮긴이.

기지를 건설하자고 제안했다. 해적퇴치 활동에 동참한 것은 중국이 향후 어떠한 해양활동을 할지를 암시하는 전조에 지나지 않았다.

1793년 중국의 건륭제는 영국의 사절 조지 매카트니 경을 만나 중화제국은 세계에서 필요한 것이 없다고 자랑했다. 그러나 지금 중화제국은 산업혁명을 지탱할 자연자원 특히 석유와 가스가 절실히 필요하다. 중국도 유전이 있지만 생산하는 것은 사용하는 것의 절반도 되지 않는다. 1993년까지는 석유를 수출했지만 이후 석유 수입은 급속히 증가했다. 현재 중국은 연간 1억7천만 톤의 석유를 수입하는데 지금의 추세라면 그 수치는 20년 후 5배 증가할 것으로 전망된다. 또 동광(銅鑛)과 철광(鐵鑛), 희토류 등이 필요하고 수출시장에 대한 안정적인 접근도 필요한 상황이다.

이 모든 자연자원이 주로 중동과 아프리카에서, 나아가 호주와 태평양 연안 국가에서 온다. 인도양의 해로가 갈수록 중요해진 것은 불문가지다. 루이리에서 인도양까지는 차로 하루 거리다. 만달레이를 지나 라카인 산맥을 넘어 지금 람리섬에 건설하고 있는 새로운 항구까지의 거리다. 송유관과 가스관도 그 노선을 따라 건설되고 있으며, 신설이 거론되는 도로와 철도도 마찬가지다. 향후 수년 안에, 벵골만 지역에서 중국의 존재와 영향력은 과거 한 번도 경험하지 못했던 규모로 자랄 것이다.

이상과 같은 전망이 어긋날 가능성은 전혀 없어 보인다. 이제 20년이 넘은 미얀마에 대한 서방의 제재는 갈수록 강화되어 중국을 견제할 서방의 자본이 들어갈 여지가 없어졌다. 미얀마 정부는 정기적으로 중국의 우호에 감사한다는 말을 하고 중국은 계속하여 미얀마에 대한 외교적 지원을 보내고 있다. 서방국가와 달리 중국은 미얀마의 정치적 상황에 전혀 개의치 않는다. 중국은 동남아의 모든 정부와 우호적인 관계를 유지하고 있다. 민주체제이건 공산주의 체제이건 권위주의적 체제이건 상관하지 않는다. 정치·외교·군사

· 경제 관계를 맺는 데 그런 것은 아무런 상관이 없다고 생각한다. 중국이 미얀마에 대해 특히 우려하는 것이 있다면 안정이다. 중국 정부 관리들은 툭하면 이점을 강조하는데 괜히 그러는 것이 아니다. 미얀마의 내부사정을 중국처럼 잘 아는 나라가 없다. 수십 년간의 내전 끝에 휴전이 이루어지고 전쟁이 멈췄다는 것을 안다. 미얀마가 신헌법을 채택하고 선거를 통해 정치개혁을 하겠다는데 더없이 만족하고 있다. 또 자국의 이익 때문에 시작했더라도 중국이 추진하는 대형 사업이 미얀마에 큰 도움이 될 것도 믿어 의심치 않는다. 미얀마에 사회기반시설을 건설하는 것이 여러 서방국가가 하는 소위 '인도적 지원'보다 장기적으로 더 큰 도움이 될 것을 확신한다. 그런데 2009년 뭔가 신경을 곤두세우게 하는 일이 발생했다.

우선 코캉(Kokang) 사건이 있었다.¹⁰ 코캉은 루이리에서 동쪽으로 수십 마일 떨어진 작은 도시로 미얀마의 영토이되 중국인이 주로 산다. 그들은 중국 쪽 영토에 사는 사람들과 마찬가지로 과거 수 세기 동안 부를 찾아, 자유를 찾아, 처형을 피해 왔다가 자리 잡은 사람들의 후손이다. 특유한 억양이 섞인 중국어를 사용하는데 과거에는 대상에 노새와 짐꾼을 제공했다. 현대에 들어와서는 마약의 산지인 동시에 버마 공산당의 주요한 기지이기도 했다. 1989년 버마 공산당이 붕괴한 이후 코캉의 무장세력은 미얀마 민족 민주 동맹군(Myanmar National Democratic Alliance Army; MNDAA)을 자처했다. 같은 해 반군세력 중 제일 먼저 미얀마 정부군과 휴전에 합의했다. 그 휴전은 이후 20년 동안 지켜졌다.

그런데 2009년 8월 코캉에서 전투가 벌어졌다. 코캉의 무장세력은 불법 마약 거래와 무기거래, 심지어 무기생산까지 하는 조직이었다. 미얀마 정부군이 바로 그 불법무기생산을 문제 삼아 군대를 동원하여 이 지역을 점령하고 반군 지도부를 교체한 것이었다. 조직 내부에 갈등이 있었는데 미얀마 정부군은 그 틈을 놓치지 않았다. 이 모든 일이 중국의 지도부에는 그야말로 맑은 하늘의 벼락과 같았다.

사상자가 많이 발생한 것은 아니었고 불과 며칠 내에 종식된 군사작전이었지만 1990년대 초 이래 휴전이 대세가 된 이후 최대의 작전이기도 했다. 중국계 난민 2만여 명이 중국 영토로 들어갔다. 중국으로서는 1970년대 베트남 전쟁 이후 최대의 난민사태였다. 중국 지도부는 놀라고 또 격분했다.

이 사건은 미얀마에 대한 중국의 생각을 크게 바꾸었다. 중국이 보기에 코캉을 비롯하여 접경지대를 통제해 온 무장세력은 유용한 완충세력이었다. 윈난성 정부의 관리나 중국인 사업가들이 볼 때 반은 중국인이 된 이들은 미얀마 내부에서 사업을 하든 무엇을 하든 매우 쓸모가 많았다. 물론 미얀마 정부와 이들 반군세력에 양다리를 걸치는 것은 모순이었지만 그 모순을 해소하는 논리도 개발했다. 루이리에서 만난 사람이 그 논리를 이렇게 대변했다.

"중국인들은 큰형 행세를 합니다. 미얀마에 대해서도 반군에 대해서도."

그러나 그건 임시변통일 뿐 해결책이 아니다. 지금까지 베이징의 중앙정부는 윈난의 지방 정부에게 거의 모든 일을 맡겨두다시피 했던 것이었다.

그런데 미얀마 정부가 군대를 동원하는 것을 보고 깜짝 놀랐다. 접경지대의 상황이 그렇게 안이하게 생각할 것이 아니란 것이 드러났다. 미얀마 정부가 그렇게 만만하지도 않고 윈난에 모든 것을 맡겨둘 수만도 없었다. 윈난성 정부는 상황에 대해 아무것도 모르고 있었다. 파이프라인을 포함하여 미얀마에 투자한 돈이 수십억 달러였다. 사실 중앙정부에서 좀 더 진취적이고 적극적인 정책을 취했어야 했다. 게다가 미얀마 정부에 대해 거의 독점적인 접근권을 가지고 있다는 생각도 재고해야 했다.

그 무렵 미국에 새로 들어선 오바마 행정부가 미얀마에 대한 정책을 '관여' 정책으로 전환하여 워싱턴과 네피도의 접근이 시작됐다. 그 조심스러운 접근이 의미 있는 결론을 가져올지는 미지수였지만 미얀마와 미국이 접촉을 시도했다는 것만으로도 베이징은 신경이 곤두섰다. 2009년 12월에 발간된 『현대국제관계』라는 학술지에 기고한 논문에서 윈난 대학의 루오성룽과 왕아이핑은 코캉 사건은 우발적인 것이 아니라 미얀마 정부가 그들을 우습게 보지 말라고 보낸 메시지라고 주장했다.

"그 사건은 미얀마 군사정부가 서방에 대해 그 외교정책의 변화를 보여주기 위한 것이었다. 오로지 중국만 상대하던 것을 벗어나 미국, 인도, 기타 강대국과도 접촉을 늘리겠다는 신호였다."11

미얀마는 미국과 중국 관계가 갈수록 대결적으로 전개되고 있는 맥락에서 자국이 미국에 '유용한 동맹국'이 될 수 있다는 것을 워싱턴에 과시하고 싶었다. 코캉의 무장세력은 여전히 마약을 거래하고 있었고 미국은 여전히 마약 문제에 민감했다. 미국이 미얀마의 그 같은 메시지에 주목했다는 증거는 없다. 그러나 이 중국인 학자들은 코캉 사건이 일어난 다음 달 미국의 외교관들과 미얀마 떼인세인(Thein Sein) 총리가 뉴욕의 유엔총회장 주변에서 만난 것에 주목했다. 11월 싱가포르에서 열린 동아시아 정상회의에서 오바마 대통령이 떼인 세인 총리와 악수했다. 양국 정상이 악수한 것은 1980년대 이후 처음 있는 일이었다. 중국인들이 갑자기 의심이 생겼다. 중국의 고사성어에 '야랑자대'(夜郎自大)라는 말이 있다. '야랑 사람들은 자신을 대단하게 생각한다'라는 뜻인데 '주제를 모르고 우쭐댄다'라는 뜻으로 사용하는 말이다. 야랑국은 과거 인도로 가는 길목에 있던 작은 왕국으로 그 왕은 자신과 한(漢)나라의 황제를 동급으로 여겼다. 중국이 보기엔 가소로운 우스갯소리에 불과할 따름이다. 그런데 미얀마가 21세기의 야랑국을 자처하는가? 감히 중국을 상대로? 혹은 인도 나아가 미국을 상대로? 중국 지도부는 상황이 더는 우스갯소리로 치부할 수 없게 됐다고 생각했다. 2009년 말과 2010년 중국은 빠르게 움직이기 시작했다.

미얀마 문제가 중국 정책의 주요 쟁점으로 부상했다. 특히 미얀마 정부와 현재로서 미얀마에 가장 큰 적인 '와족 연합국군'(UWSA) 사이의 관계에 주목했다. 양측은 휴전상태에 있었지만 '와' 측은 신헌법에 따라 무장병력을 '국경수비대'에 편입하라는 정부 측의 주장에 콧방귀를 뀌고 있었다. 중국 정부는 양측 사이에 전투가 발생하면 중국에 큰 타격이 될 것을 알고 중재에 나서 현재의 휴전상태를 유지하라고 압력을 가했다. 양측이 군사적으로 충돌하면 수만 명, 어쩌면 수십만 명의 난민이 윈난으로 몰려들 것이었다. 그 모습이 베이징과 상하이의 텔레비전 화면에 비치면 무슨 일이 생길까? 전투가 격화되면 중국은 누구의 편을 들어야 하는가? 그럴 때 미국은 어떻게 행동할까? 자칫 미얀마가 미국으로 도맷값에 넘어갈 가능성도 있었다.

중국의 외교가 분주해졌다. 고위급을 미얀마로 파견하여 전통적인 우호관계를 다지는 한편 미국과의 '잠정적' 접촉은 말 그대로 '잠정적' 수준에 머물도록 노력했다. 공산당 정치국 위원이자 차기 지도자로 내정된 시진핑(習近平)이 2009년 미얀마를 방문했다. 총리 원자바오(溫家寶)가 이듬해 6월 미얀마를 방문했다. 공산당 정치국원과 각 성의 성장 및 당 비서들의 방문이 잇달았다. 수십 건의 경제협력 사업에 합의했고 향후 협력을 약속했다.

흔히 중국의 미얀마 정책을 기타 개발도상국에 대한 중국의 정책과 같은 맥락에서 이해한다. 첫째, 수단이나 짐바브웨처럼 서방국가와 사이가 좋지 않은 나라를 지원한다. 둘째, 아프리카 등지의 저개발 국가에 경제적 영향력을 확대한다. 셋째, 주로 자원 부국과의 관계를 강화한다. 넷째, 이 모든 국제 관계에서 지배적인 요소는 결국 경제적 고려다.

그러나 미얀마는 이 보편적 패턴과 질적으로 다르다. 무엇보다 중국이 중점을 두고 있는 내륙지방에 인접하고 있다는 점에서 그렇다. 첫째, 중국에서 미얀마로 전례 없는 규모의 이민이 있었다. 그 수가 수백 만에 이를 것으로 추산된다. 그 결과 양국 사이의 국경이 애매해졌다. 둘째, 양국 사이의 역사적 관계는 매우 복잡하고, 항상 우호적이었다고 할 수는 결코 없는 것이었다. 미얀마의 민족주의는 종종 중국과의 관계에서 분기되었다. 그러니 중국은 미얀마에 이래라저래라할 수 있는 상황이 아니다. 미얀마 내부에 반중 감정이 분출하거나 접경지역에 폭력적 충돌이 생기면 중국으로서 매우 어려운 문제가 생길 것이다. 어쨌거나 미얀마는 벵골만의 핵심에 자리하고 있다. 중국의 서해안이 되든 21세기 중국의 산업혁명을 뒷받침할 에너지 공급통로가 되든 미얀마는 중국의 미래를 잡고 있다. 그 중요성은 갈수록 커질 것이다.

2010년 말 근 20년 만에 처음 열리는 선거를 앞두고, 반군과의 휴전이 불안하게 지속하는 가운데 마침내 중국의 외교적 노력이 성공하는 듯 보였다. 4월 중국의 해군함정이 사상 처음으로 양곤 항을 방문했다. 일주일 후 좀처럼 외국을 찾지 않는 미얀마의 최고 지도자 딴슈웨(Than Shwe) 장군이 중국을 방문하여 대단한 환대를 받았다. 정상회담 후 중국의 후진타오(胡錦濤) 국가주석은 양국 국경의 안정을 강조하며 미얀마와 우호적 관계를 유지하는 것은 중국의 '변함없는 정책'이라고 선언했다.**12**

그런데 아시아에는 혹은 아시아의 큰 나라는 중국만 있는 것이 아니다. 베이징을 방문하기 2개월 전, 좀처럼 외국을 가지 않는, 딴슈웨 장군이 뉴델리를 방문하여 대단한 환대를 받았다. 그 방문이 가진 외교적 의미는 명백했다. 미얀마는 중국에, 우리에게 인도도 있다는 것을 과시하고자 했다. 인도는 중국에, 미얀마는 우리에게도 중요하니 중국이 제멋대로 하도록 내버려 두지 않겠다는 신호를 보냈다. 각종 경제협력에 관한 합의가 이루어졌고 미얀마와 인도 사이에 육로 통로를 열겠다는 합의도 최종적으로 합의됐다. 사실 19세기와 20세기 초까지 미얀마와 인도 사이의 관계는 미얀마와 중국 사이의 관계보다 훨씬 더 가까웠다. 미얀마는 영국령 인도의 일부였다. 딴슈웨 장군이 인도를 방문한 뒤, 그러나 중국을 방문하기 전 영국의 유명 시사주간지 <이코노미스트>(The Economist)는 표지 기사로 '중국 대 인도 : 세기의 대결'이라는 제목의 기사를 실었다.[13] 이 기사의 핵심은 이 두 신흥강대국 사이의 관계가 향후 세계의 향방을 결정하리라는 것이었다. 전체적인 그림을 그리려면 결국 인도를 봐야 했다.

  항상 그렇지만, 멀리서 볼 때 중국이 미얀마로 접근하는 것은 너무나 단순하고 간단한 논리였다. 그러나 가까이서 보니 그처럼 간단하지 않았다. 정부 사이의 문제만이 아니다. 국민도 있다. 그냥 한 국민이 아니라 엄청나게 복잡하게 얽힌 많은 인종이 있다. 이들 사이의 관계도 복잡하고 역사적 기억도 복잡하다. 인도도 마찬가지다. 미얀마와 인도는 긴 국경을 직접 접하고 있으나, 그 사이에는 매우 다양한 사람들과 역사와 기억이 자리 잡고 있다. 과거에 있었던 왕국의 기록과 기억에 따라, 지금도 현실을 부정하며 별도의 정체성을 주장하고 그것을 위해 무장투쟁도 불사하는 여러 사회가 있다. 2천 년 전에 중국의 한무제는 인도로 통하는 서남방의 길을 찾으려고 했다가 실패했다. 그처럼 수천 년간 양국을 가로막던 장애가 불과 수십 년 사이에 극복되고 있다. 도저히 극복할 수 없을 것 같던 지리적 장애와 정치적 갈등이 사라지고 있다. 윈난과 미얀마 사이에 있던 그리고 여전히 있는 산과 골은 더는 장애가 아니다. 수십 년간 서로 싸우면서 지구상에서 가장 긴 내전으로 기록된 무장갈등도 이제 역사의 저편으로 사라지고 있다. 인도와 중국은 —당나라 삼장법사가 손오공의 대단한 능력에도 불구하고 온갖 어려움을 겪어야 했던 것과는 달리— 멀리 떨어져 있지 않다. 이제 언제든지 넘어갈 수 있는 국경으로 서로 만나고 있다.

제3부

힌두스탄의 끝자락

[인도]

제 1 장

동쪽을 바라보며

델리

1938년 인도의 민족지도자 판디트 자와할랄 네루(Jawahalal Nehru)가 중국을 방문하여 장제스(蔣介石)를 만났다. 그때 네루는 장제스에게 이렇게 말했다.

"나는 생각하면 생각할수록 나는 인도와 중국이 미래에 하나가 될 것이라는 생각이 듭니다."[1]

곧 중국과 인도는 기본적으로 우방이며 탈식민지 시대 아시아를 함께 이끌고 갈 동반자라고 생각한 것이었다. 그때 네루는 인도 '국민회의'(National Congress)의 지도자였다. 그리고 10년 후에는 신생 독립국 인도의 총리가 됐다. 그때도 그 생각은 바뀌지 않았다. 장제스의 중국 국민당이 마오쩌둥(毛澤東)의 중국공산당에게 패해 타이완으로 밀려나고 중국에 공산정부가 수립된 다음에도 그 생각은 바뀌지 않았다. 네루가 이끈 인도의 외교정책은 크게 세 가지였다. 첫째는 미국과 소련의 냉전 속에서 중립을 유지하는 것이었다. 둘째는 인도와 같은 아시아-아프리카의 신생 독립국들을 결집하여 국제기구로서 '비동맹운동'(Non-Aligned Movement)을 설립하는 것이었다. 셋째는 중국과의 협력이었다. 그래서 '비동맹' 운동에 소련의 '동맹국'인 중국을 참여시켰다. 중국의 총리 저우언라이(周恩來)가 창립총회부터 참가했다. 네루는 이 '개발도상국'의 집단에서 인도와 중국이 공동의 지도력을 발휘해야 한다고 굳게 믿었다. 그래서 미국이 (지금은 인도가 간절히 원하는) 유엔 안전보장이사회 상임이사국 지위를 제의했을 때도 거부했다. 미국이 유엔에서 중국이 타이완을 대신하는 것을 반대한 데 대한 항의의 표시였다. 네루는 마하트마 간디의 제자이자 평생의 동지로 영국에 대한 비폭력적 저항운동을 주도했다. 간디의 영향이든 본인의 철학이든 네루의 외교정책은 분명히 '이상주의'적이었다.

그러나 중국의 지도부는 그와 달리 '현실주의'적이었다. 마오쩌둥을 비롯한 공산당 지도부는 일본에 대한 무장투쟁과 국공내전, 한국전쟁에의 참전 등 전쟁의 유혈을 통해 권력을 쟁취했다. 마오쩌둥의 말처럼 '권력은 총구에서 나온다'라고 믿었다. 그들이 장악한 중국의 국경은 '최대한 크게' 그려야 했다. 적어도 바로 이전 만주제국 즉 청나라 시절 최대 강역을 그 한계로 설정했다. 그럼으로써 1951년 마침내 인도와 국경을 접하게 됐다. 1950년 10월 중공이 티베트를 무력으로 점령하고 직할 영토로 편입한 것이었다. 나아가 1959년에는 티베트의 반중 시위를 무력으로 진압했다. 달라이 라마는 인도로 망명하였고 인도는 그가 망명정부를 수립하고 중국에 대해 투쟁하는 전 과정을 지원했다. 1,240 마일에 달하는 양국의 국경에서 자주 분쟁이 일어나 1950년대 말에 이르러 양국 사이는 최악으로 치달았다. 중국과 인도가 협력하여 새로운 질서를 건설하겠다는 네루의 꿈도 희미해졌다. 그 꿈은 1962년 인도-중국 전쟁으로 완전히 무너졌다.

1962년 전쟁의 씨앗은 한 세기도 더 된 과거에 제국주의 영국이 뿌렸다.[2] 1825년 영국의 동인도 회사가 제1차 영국-버마 전쟁에서 이겨 미얀마가 지배하던 아삼을 할양받았다. 아삼은 현재 인도의 동북방 영토이지만 19세기 초 미얀마의 지배에 떨어지기 전까지 수 세기 동안 독립 국가로서 지위를 유지했다. 아삼의 북쪽에 그때 청 제국의 영토였던 티베트가 있었다. 그러나 티베트와 아삼의 경계는 느슨했다. 느슨한 경계는 한동안 문제 되지 않았다. 영국이 아삼을 차지했지만 큰 의미를 부여하지 않았기 때문이었다. 그런데 아삼의 북쪽 고원이 최근 영국인들이 맛을 들인 차 재배에 적합하다는 것이 드러나면서 상황이 달라졌다. 아삼과 티베트를 나누는 자연경계는 히말라야산맥이었다. 문제는 히말라야산맥의 남쪽 기슭에 티베트어를 말하고 티베트 불교를 믿는 사람들이 살고 있다는 점이었다. 그곳에 있는 '다왕'(達旺)은 제6대 달라이 라마가 탄생한 곳이고 그것을 기념하여 세운 중요한 사원도 있었다. 그 지역을 중국의 영역으로 인정하면 새로 획득한 영토 가까이에 완충지대도 없이 외세의 존재를 인정하는 셈이었다. 뭔가 계교가 필요했다.

그래서 (히말라야산맥 북쪽에 존재하며 수도인 라싸를 포함하는 지역을 말하는) '외(外) 티베트'와 히말라야산맥 남쪽 기슭은 지형적으로 다르다고 강변하며 그 남쪽을 영국령 인도에 편입시키기로 했다. 대신 '가볍게' 통치하기로 했다. 티베트 그 자체는 영국에게 큰 관심거리가 아니었다. 다만 1830년대 이래 중앙아시아에서 러시아와 '거대경기'를 치르고 있던 터라 러시아의 존재를 경계할 필요는 있었다. 또 만주족 청 제국의 군대가 라싸에, 따라서 영국령 인도에 가까이 주둔하는 것도 원하지 않았다.

1905년 프란시스 영허즈번드라는 인물이 이끄는 원정군이 이렇다 할 이유 없이 티베트를 침공하여 많은 티베트 병사를 살해하고 이렇다 할 것을 얻지 못한 채 후퇴했다. 몇 년 후인 1911년 신해혁명으로 청나라 왕조가 멸망하자 티베트의 달라이 라마는 독립을 선언했다. 영국은 이 상황의 변화를 놓치지 않고 티베트 정부와 국경협정을 맺었다. 그때 결정된 '맥마혼 라인'—1914년 맺은 국경협정을 주도한 영국 외교관의 이름이 헨리 맥마혼(Henry McMahon)이다—은 히말라야산맥의 최정점을 이은 선을 티베트와 영국령 인도의 경계선으로 설정했는데 그에 따라 아삼에 가까운 히말라야산맥 남쪽, 지금 아루나찰 프라데시는 영국령이 되었다. 새로 설립된 중화민국 정부가 항의했지만 아무런 효과를 보지 못했다. 그때부터 1951년 중공이 침공할 때까지 티베트는 독립 국가로서 고립된 삶을 유지했다. 그리고 영국의 인도 정청이 티베트어를 사용하고 티베트 불교를 믿는 아삼의 북쪽 지방 아루나찰 프라데시를 '가볍게' 통치했다. 1948년 영국이 인도를 떠나면서 티베트의 일부인 이 지역은 새로 독립한 인도의 동북변경청의 소관이 됐다.

그러니 신생 독립국 인도와 새로 정권을 장악한 중공은 분쟁의 대상이 될 수밖에 없는 국경을 승계한 셈이었다. 네루 총리는 중국과의 우호 협력을 원했으나 영토문제만큼은 단호했다. 즉 맥마흔 라인이 국경이 돼야 한다는 견해를 고집했다. 중공은 맥마흔 라인은 제국주의 세력의 음모이므로 받아들일 수 없다고 주장했다. 물론 중국의 입장은 티베트가 중국의 영토라는 입장에 선 것이니 전적으로 강한 것만은 아니었다. 중국은 청 제국의 최대 강역이 자국의 영토가 돼야 한다고 주장했는데 청 제국의 종주권이라는 것이 근대적 영토개념과 큰 차이가 있었기 때문이다. 그래도 한동안은 그것이 큰 문제로 부상하지는 않았다. 그러나 1959년 달라이 라마가 인도로 망명하면서 상황이 달라졌다. 중국이 맥마흔 라인 이남의 경사면도 중국의 영토라고 주장하고 나선 것이다.

동시에 중국군이 서쪽 끝 카슈미르 근처에서 도로 건설을 시작했다. 히말라야산맥의 서쪽 끝 악사이친 또는 아커싸이친(Aksai Chin)이라는 곳이었다. 사실 중국이 이 지역에 대해 영유권을 주장할 근거는 전혀 없었으나 중국은 아랑곳하지 않았다. 그때 중국은 신장의 서쪽 끝까지 도로가 있었으나 그곳에서 티베트로 갈 수 있는 길이 없었다. 또 (지금은 생겼지만) 그때 중국에서 티베트로 직접 갈 수 있는 도로도 없었다. 중국에서 신장으로, 신장에서 악사이친을 통해서만 갈 수 있었기 때문에 무리하여 그 지방을 장악한 것이었다.

중국과 인도는 이 두 영토문제 즉 맥마혼 라인과 악사이친 문제에 대해 협상을 시작했으나 접점을 찾지 못했다. 무력충돌이 자주 일어났다. 네루는 명분이 약한 중국이 양보할 것이라고 믿고 군부의 반대의견에도 불구하고 '전진정책'을 택했다. 얼어붙은 히말라야산맥 정상 즉 맥마혼 라인에 군대를 배치한 것이다. 이런 극적인 조치가 인도와 중국 양측에 민족주의적 감정에 불을 지폈다.

1961년 12월 인도군이 포르투갈이 지배하던 고아를 침공하여 점령하고 그곳을 인도공화국 영토로 편입했다. 고아 점령, '전진 정책', 그리고 달라이 라마에 대한 지원이 중국을 자극했다. 중국은 티베트 반군—그리고 미얀마 내부에 있는 국민당 잔당을—을 지원하던 미국과 인도가 제휴할지 모른다고 걱정했다. 국경 협상에서 중국은 (전략적 차원에서 더 큰 의미를 부여하던) 서쪽의 악사이친을 인도가 양보하면 동쪽 아루나찰 프라데시에서 양보하겠다고 제안했다. 인도는 그 제안을 받아들이지 않았다.

1962년 10월 중국이 2개의 전선에서 인도를 침공했다. 마침 쿠바의 미사일을 둘러싼 국제위기가 한창이던 때라 국제적인 주목을 피할 수 있다는 계산이 있었다. 2개 사단 병력이 자동화기와 박격포의 지원을 받아 특유의 인해전술로 쳐들어왔다. 서부전선에서 중국군은 인도군의 치열한 저항을 짓밟으며 구 라다크 왕국, 후일 인도 카슈미르의 수도 레호로 진격했다. 동쪽에서는 히말라야산맥의 회랑을 따라 진격하여 10월 24일 다왕을 점령했다. 인도군은 전혀 예상하지 못한 기습을 당한 데다 병력도 5대 1의 열세였다. 게다가 인도군은 파키스탄을 상대로 한 평원과 사막의 탱크전 훈련은 받았지만 얼어붙은 산지에서의 전쟁에는 전혀 준비돼있지 않았다. 반면 중국군은 한국전에서 오랜 전투경험이 있을 뿐 아니라 티베트에서 직접 작전한 경험도 있었다. 또 티베트의 높은 곳으로부터 보급도 쉽게 받을 수 있었다.

인도군은 펀자브와 콜카타 등지에서 장비와 병력을 보충했으나 소용이 없었다. 11월 중순이 되자 중국군은 거의 모든 인도 진영을 휩쓸고 내려가 아삼의 중심도시인 테즈푸르를 위협하기에 이르렀다. 지방정부는 은행에 있는 모든 현금을 불태우고 정신병동의 환자들을 내보낸 후 도주했다. 11월 20일 인도육군 제48 여단이 무너진 다음 동쪽과 서쪽의 양대 전선 어디에도 저항할 병력이 없었다. 중국의 일방적 승리였다. 중국은 휴전을 선언하고 맥마흔 라인으로 병력을 물렸다.

이로써 중국은 전략적 목표를 달성했다. 악사이친을 통해 신장에서 티베트로 가는 진로를 확보하고 맥마흔 라인 넘어 들어온 인도병력을 완전히 몰아냈다. 또 인도에 큰 망신을 주었다. 인도는 중국이 마음만 먹었더라면 인도 전역을 장악할 수도 있었다는 사실에 큰 충격을 받았다. 그러나 양국이 곧 각자 다른 일로 바빠서 국경분쟁은 수면 아래로 가라앉았다. 크고 다양한 인구를 가진 이 두 나라는 새로운 민족적 일체성을 구축하는 것이 급했다. 인도는 또 파키스탄과의 전쟁과 경쟁으로 바빴다. 중국은 문화혁명의 광풍에 빠져 아시아 지역에 공산혁명을 수출하는 일에 매진했다. 인도네시아와 태국, 미얀마의 공산 반군을 지원했다. 남베트남 즉 월남에 대항하여 북베트남 즉 월맹을 지원하고 캄보디아에서는 크메르루주 반군을 지원했다. '인도차이나' 반도의 일이지만 인도의 존재는 전혀 없었다.

그 무렵 중국이나 인도는 해외에서 경제적 이익을 추구한다는 개념이 없었다. 또 1960~70년대 동남아에는 시장이랄 게 없었다. 탈식민지 이후 유혈 정치투쟁만 있었다. 인도차이나반도의 거의 모든 나라가 전쟁의 소용돌이에 휘말렸다. 수백만의 인구가 죽고 나라는 폐허가 됐다. 인도네시아에는 1966년 쿠데타가 발생하여 수백만이 처형됐다. 아체에서는 반란이 계속됐다. 그 와중에 1975년에는 포르투갈이 지배하고 있던 동티모르를 침공했다. 미얀마 공산 반군의 준동은 이제 절정에 달했다. 1978년 베트남이 캄보디아의 폴포트 정권을 몰아내고 점령했다. 전 지역이 태국과 인도네시아를 한편으로 베트남과 라오스를 다른 편으로 나뉘어 대립했다. 작은 섬나라 싱가포르를 제외하곤 모두 극심한 가난에 시달렸다.

1980년대 후반이 돼서야 인도와 중국이 관계개선에 나섰다. 네루의 손자로 총리가 된 라지브 간디가 1988년 중국을 방문했다. 1954년 그의 할아버지가 방문한 이후 처음이었다. 중국의 실권자 덩샤오핑이 간디를 맞아 이렇게 말했다.

"다음 세기 아시아의 시대가 오려면 인도와 중국이 모두 선진국이 돼야 할 것이다."

이후 양국 사이에 고위급 방문이 줄을 이었다. 2005년 중국의 총리 원자바오가 뉴델리를 방문했을 때 인도 총리 만모한 싱은 이렇게 말했다.

"인도와 중국이 함께 세계를 바꿀 수 있다."

인도는 중국과 마찬가지로 세계적인 강대국을 꿈꾸고 있다. 그러나 적어도 동아시아 지역에서 경제적 영향력만큼은 중국이 인도를 한참 앞서가고 있다.

내게 인도는 외국이라는 느낌이 별로 없다. 부모님은 미얀마가 영국령 인도의 일부였던 1930년대에 태어났다. 나의 증조부는 19세기 말 콜카타 대학교에서 공부했다. 내가 어렸을 때 할아버지의 서재에서 마하트마 간디와 자와할렐 네루의 사진을 봤던 기억이 생생하다. 나는 19세기 미얀마 역사에 관심이 많아 케임브리지 대학교에서 박사학위 공부를 했는데 배웠던 교수들은 영국령 인도사를 전공한 분들이었다. 내가 양곤을 방문할 때마다 집안이나 기타 어른들을 만났다. 그들은 모두 식민지 시대에 공부하고 영어를 유창하게 사용한다는 점에서 대영제국의 사람이라고 해도 과언이 아니었다. 1980년대에도 미얀마에는 식민지 시대의 유산이 역력했다.

1995년 나는 인도의 각지를 두 달 동안 여행했다. 히말라야 산기슭의 다람살라에서 출발했는데 그곳에서 달라이 라마 성하(聖下)를 뵌 것은 필생의 영광이다. 이어 라자스탄을 거쳐 뭄바이로 내려간 다음 남해안을 따라 돌았다. 이후로도 뉴델리로 자주 여행했다. 연구도 하고 친구들을 만나기 위해서였다. 내가 2008년과 2009년에 뉴델리를 다시 갔을 때 인도의 '부상'(浮上)이 큰 화제였다.3 인도에서도 그렇고 서방 언론에서도 그랬다. 인도의 경제적 성공을 칭송하는 책과 논문이 쏟아져 나왔다. 그로 인해 미국과 유럽의 고용시장에 줄 충격을 경고하는 책과 논문도 줄을 이었다. 핵무기를 가진 인도가 군사적 근대화를 빠르게 추진하고 있다. 인도의 정보통신기술(IT)은 세계 최고다. 21세기 들어와 첫 10년간 인도의 주식시장은 연 350%의 수익률을 자랑했다. 영국식민지 시절 인도지역 토후국 제후들이 세계 곳곳에서 돈 자랑을 하고 다닌 적이 있다. 그때 이후 처음으로 인도의 부호들이 돈 자랑을 하고 다닌다. 인도의 작가 아라빈드 아디가(Aravind Adiga)가 『화이트 타이거』(The White Tiger)로 부커상을 받았다. 인도의 과학자들이 찬드라얀 로켓을 달나라에 보냈다. 이처럼 경제가 성장하는 가운데 인도의 민주주의 정치체제는 여전히 공고하다.

그러나 10년 만에 다시 찾은 델리는 크게 달라진 모습이 없었다. 공항은 여전히 낡고 줄이 길었다. 시내로 들어가는 길은 여전히 느리고 혼란스럽고 시끄러웠다. 원숭이들은 여전히 이리 뛰고 저리 뛰었다. (작은 스마트 호텔이 새로 생겼다고는 하지만) 호텔은 아시아 다른 도시에 생겨나고 있는 최신식 호텔에 비하면 여전히 구식인 데다 터무니없이 비쌌다. 최근 도시 외곽에 아파트 단지가 생기고 사무실 건물이 생기고 쇼핑몰이 생겨나기는 했다. 지하

철도 새로 생겼다. 그러나 베이징에서 봤던 것처럼 눈을 비비고 다시 봐야 할 정도의 변화는 없었다. 델리는 여전히 과거 속 도시와 같았다.

베이징에서는 오래된 건물을 모두 헐고 최신식 건물을 새로 세웠지만, 델리는 여전히 과거 이슬람식 건물과 영국 제국주의 시절의 건물이 도시 외관을 장식하고 있었다. 중세기 델리는 몇 개의 튀르크 계열 술탄국이 도읍했다가 1526년 티무르 제국, 나중에 무굴제국을 세운 바부르에 의해 병합됐다.4 17세기 샤 자한이 수도를 아그라에서 델리로 옮기면서 지은 '붉은 요새'가 위용을 자랑하고 있다. 한쪽에는 화려한 건물이 다른 한쪽에는 복잡한 시장통이 있는 것이 묘하게 어울린다. 또 아름다운 건물과 정원을 자랑하는 황제 후마윤의 무덤과 18세기 오우드의 지방 장관 사프다르정의 무덤도 있다. 1910년대 영국이 구 델리 근처에 뉴델리를 건설하면서 과거 양식을 존중하여, 그 지역에 많이 나는 붉은색 및 노란색 사암(砂巖)을 사용하여 위에는 돔을 얹고 벽은 화려하게 장식하고 앞에는 사자와 뱀, 코끼리 상을 세운 웅장한 건물을 지었다. 그런 건물들이 백 년 전의 모습 그대로 라지파트 또는 '왕의 길'이라는 이름의 대로를 따라 줄을 이어 들어서 있다. 이 길은 인디아 게이트에서 시작하여 의회와 정부청사를 지나, 식민지 시대 영국 총독의 관저였다가 지금은 대통령의 관저로 쓰이는 라쉬트라파티 바반까지 이어진다.

규모가 작아서 한결 인간적으로 느껴지는 칸 시장(Khan Market)도 그대로였다. 많은 가게가 줄을 이어 있는 데 없는 게 없다. 작지만 아주 좋은 서점들이 있고, 한쪽 구석에는 맥도널드 햄버거 가게가 있으며 포목점, 남성 의류 가게, 과일 상점, 약국, 몇 개의 카페, '빅칠리'라는 이름의 이탈리아 식당, 그리고 '서브웨이' 샌드위치 점도 있다. 작은 골목 입구에 잡지진열대가 있고 바로 그 옆에 두 명의 젊은 여성이 '앉아' 있었다. 그중 한 명은 짙푸른 눈동자였는데 카키색 제목을 입고 총구를 땅으로 한 채 소총을 들고 경비를 서고 있었다.

앉아 있는 경비라니 참 특이했다. 잔디가 무성하게 자라있고 하수도는 뚜껑이 없고 전선이 너덜거리고 주인 없는 개가 몇 마리 어슬렁거리고 낡은 주유소가 보이니 누구도 이곳이 고급상가라고는 느끼지 못할 것이었다. 그러나 수십 년간 인도를 대표해온 고급승용차 힌두스탄 앰배서더가 줄줄이 들어서고 기사가 서둘러 내려 문을 열어 우아하게 차려입은 여성들과 점잖은 차림의 남성들을 내리고 태우는 것을 보면 느낌이 조금 달라질 것이다. 이 동네의 부동산값은 (세계적인 부동산 업체 쿠슈맨 & 웨이크필드에 따르면) 세계에서 24번째로 비싸다. 그 목록의 맨 위에 뉴욕의 5번가와 런던의 본드가가 있다. 길이 아니라 동네처럼 보이는 칸 시장은 이 목록에서 초현대식 쇼핑몰이 들어찬 싱가포르의 오키드 로드와 베이징의 왕푸징 사이에 있다. 중국에서는 모든 것을 새로 만들어 새로운 것이 오래된 것을 완전히 압도하는 느낌을 받았다. 여기 델리에서는 변화의 폭과 속도 훨씬 더 느리지만 대신 공고하다는 느낌을 받았다.

그런데 과감한 예측들이 나오고 있다. 향후 30년이면 인도가 중국을 앞질러 세계에서 인구가 가장 많은 나라가 될 것이라는 예측, 인도 경제가 미국과 중국을 이어 세계에서 3번째로 크게 될 것이라는 예측 등. 미국의 투자은행 골드만 삭스는 인도의 경제가 다른 어느 나라보다 빨리 성장하여 지금의 40배로 확대될 것으로 전망했다.[5] 인도인들도 중국인들과 마찬가지로 미래에 대해 낙관적이다. 물론 전부는 아니겠지만 중산층의 젊은이들은 그랬다.

"우리 부모 세대는 역사에서 가장 지겨운 삶을 산 세대죠."

내가 만난 한 대학생이 말했다.

"우리 조부모 세대는 대단했어요. 자유 투사였죠. 독립을 쟁취하려고 감방에 간 분도 많아요. 그런데 우리 부모 세대는 그냥 현상에 안주하여 봉급생활자나 관료로 만족했어요."

크고 마른 체형에 턱이 뾰족하고 검은 색깔의 머리숱이 많은 학생이었다. 지금 경영대학원에 다니는데 사업가가 꿈이라고 했다. 지금 인도는 무한한 가능성을 가지고 있으며 과거의 보수적 성향을 완전히 탈피했다고 주장했다. 인도인임을 매우 자랑스럽게 생각하고, 지금 여러 문제가 있으나 조만간 모두 해결될 것이라고 믿었다.

그런데 문제는 그 문제들이 매우 심각하다는 점이다. 우선 그 큰 나라에 근대식 사회 기반시설 즉 도로·항만·수도·전기 등이 제대로 돼 있지 않다. 전기 없이 사는 사람이 4억이 넘는다. 워낙 큰 나라니 항공이 주요 교통수단인데 공항은 동아시아의 다른 나라, 심지어 미얀마보다 더 낡았다. 행정도 큰 문제다. 부패는 만연하고 말도 안 되는 규제에 조직의 구조 자체가 빠르고 효과적인 행동과는 담을 쌓았다.

게다가 역시 빈부격차가 문제다. 최근 성장의 과실이 일부에 집중됨으로써 그 격차가 더욱 커지고 있다. 인도 출신으로 노벨상을 받은 경제학자 아마르티아 센(Amartya Sen) 교수는 인도가, 인구의 반은 캘리포니아 수준, 다른 반은 사하라 이남 아프리카 수준인 나라가 될 위험이 있다고 경고한 바 있다. 중국에는 동쪽은 높고 서쪽이 낮은 임금 격차가 있다. 인도는 그 반대 방향이다. 서쪽이 높고 동쪽이 낮다. 지금 인도는 두 개의 초대형 산업 회랑의 건설을 기획하고 있다.6 하나는 북쪽의 델리에서 서쪽의 뭄바이로 연결된다. 다른 하나는 남쪽의 첸나이와 벵갈루루를 연결한다. 총투자비는 1천 5백억 달러다. 이미 (서쪽에 있는) 구자라트주와 (뭄바이 주변의) 마하라슈트라주에는 산업화가 빠르게 진행되고 있고 (편자브주처럼) 농업 생산성 향상으로 혜택을 보는 곳도 있다. 벵갈루루와 하이데라바드는 세계수준의 정보통신기술 단지다.

그런데 동쪽으로 가면 전혀 다르다.7 마치 보이지 않는 선이 (벵갈루루를 기준으로) 세로로 그어져 나라를 두 부분으로 나눈 것 같다. 또는 성장의 기차가 벵갈루루에서 기름이 떨어져 멈춘 것 같다. 소득 격차가 지역으로 나뉘어 있지 지역 안에는 없다는 뜻은 물론 아니다. 그런 나라는 어디에도 없다. 다만 지역별 격차가 매우 크다는 것을 강조하기 위함이다. 예컨대 21세기에 들어와 구자라트주의 경제는 연간 12~14%씩 성장했다. 반면 비하르주와 오릿사주는 성장률이 4%를 넘지 못했다. 바로 이 지역에 새로 모택동주의자(Maoist)들이 준동하기 시작했다는 것은 우연이 아니다. 모택동주의자—최초봉기가 일어났던 지명을 따서 낙살라이트(Naxalite)라고 불리기도 한다—들은 현재 인도영토 3분의 1 정도에 걸쳐 활동 중인데 주로 네팔에서 서벵골주에 이르는 선을 따라 동쪽에 치우쳐있다. 그들은 깊은 숲속에 기지를 건설하고 그곳에 거주하는 원주민들의 지원을 받고 있다. 이들이야말로 뭄바이와 벵갈루루와 같은 개발의 중심지에서 가장 멀리 떨어진 사람들이다.

거기서 동쪽으로 더 가면 인종이 더 다르고 문제가 더 심각한 지역이 나타났다. 바로 미얀마와 국경을 접한 '동북지역'이다. 인도에서 가장 가난하고, 가장 오랜 내전—모택동주의자의 봉기보다 오래됐다—으로 시달리는 곳이다. 뉴델리 정부에서 가장 골치 아픈 이 지역의 인구는 4천만이 넘는다. 만일 인종을 기반으로 한 반군이 이념을 기반으로 한 낙살라이트 반군과 연대하면 새로운 차원의 안보문제가 될 수 있다. 물론 인도의 인종적 다양성은 세계적으로 유명하다. 그러나 다른 지역에서는 그것이 선거 정치를 통해 순화됐다. 오로지 이 동북지역에서만 고질적인 일상이 돼 버렸다.

이렇게 보면 중국과 인도의 문제는 정확히 거울에 비친 모습과 같다. 중국에서 경제적으로 가난하고 인종적으로 다양한 지역은 서쪽 및 서남쪽이다. 인도에서 가난하고 인종분규를 겪는 지역은 동쪽 및 동북쪽이다. 그리고 그 부분이 바로 미얀마와 접하고 있다. 그러나 닮은꼴은 여기까지다.

1990년대 초 인도 정부는 '동향정책'(Look East Policy)을 시작했다.[8] 인도를 극동의 잘 사는 나라들과 엮어서 새로운 시장과 새로운 우방국을 찾겠다는 정책이다. 그때 인도는 나라시마 라오(Narasimha Rao) 총리의 지도로 지금의 인도를 세계 유력 신흥국가로 만든 경제개혁의 첫걸음을 시작했다. 재무부 장관 만모한 싱(Manmohan Singh) 박사가 앞장서서 통상과 산업의 발목을 잡던 각종 국가규제를 철폐했다. 그때까지 바닥을 기던 인도 경제가 20년간 고도성장을 시작했다. 경제성장을 뒷받침하기 위한 외교가 필요해졌다.

인도의 서쪽에는 세 차례나 전쟁을 한 오랜 적국 파키스탄이 있었다. 파키스탄의 북쪽에는 조만간 탈레반이 집권할 아프가니스탄이 있었다. 그 서쪽으로는 '아야톨라' 일인 독재체제의 이란이 있었다. 모두 인도와 역사적으로 또 문화적으로 깊은 관계가 있었지만 새로운 경제를 위해서는 새로운 방향에서 새로운 동반자를 찾을 필요가 생겼다.

동아시아의 여러 나라와 인도의 연계는 약했다. 그런데 발전의 중심은 그쪽에 있었다. 한국과 타이완, 싱가포르는 세계 선진국의 반열에 다가가고 있었고 말레이시아 심지어 태국도 크게 뒤떨어지지 않았다. 오랫동안 이 지역을 괴롭혔던 군사적 갈등은 잠잠해지고 풍요로운 새 시대가 (거의) 모든 나라에서 열리고 있었다. 1960~70년대 전쟁의 대명사처럼 여겨지던 동남아시아가, 정말 기적처럼, 평화와 성장의 지역으로 거듭났다. 공산세력에 대항하여 생겨났던 '동남아 국가연합'(Association of Southeast Asian Nations; ASEAN) 즉 아세안이 1997년 지역 내 10개 나라를 모두 포괄했다. 바로 그 아세안을 설립하게 된 계기였던 베트남도 포함됐다. 관광과 무역, 위성 텔레비전으로 이 지역의 주민들은 전에 없이 가까워졌다. 수천만 명의 중산층이 새로 생겨나면서 소비자주의가 이념을 대체했다. 인도가 개혁과 개방의 길로 나서서 경제가 성장하는 이상 이처럼 번창하는 나라들이 모여 있는 동쪽으로 나아가는 것이 자연스러운 선택이었다.

그렇다면 더욱 자연스러운 동반자는 중국이다.9 인도와 중국의 경제는 상호보완적이다. 중국의 강점은 제조업과 인프라 건설이다. 인도의 강점은 정보통신기술과 금융서비스다. 인도 환경부 장관 자이람 라메쉬(Jairam Ramesh)가 '친디아'(Chindia)라는 신조어를 만들었다. 중국과 인도가 서로 협력하고 상호보완적 경제를 구축하는 미래를 염두에 둔 말이었다. 그는 여러 차례의 기고와 연설을 통해 과거의 상호불신을 씻고 열린 국경을 지향하는 새로운 정서를 함양할 것을 주문했다.10 실제로 1990년대 초 이후 없는 것이나 마찬가지였던 양국 사이 무역이 급증하여 2010년에는 연 6백억 달러가 됐다. 중국에서 인도와의 무역을 위해 윈난에 투자해야 한다는 주장이 나왔듯이 인도에도 중국-인도 경제협력의 미래에 낙관적인 전망이 지배적이다.

그러나 인도에는 우려의 목소리도 있다. 길이 열리면 중국의 값싼 공산품이 밀고 들어와 인도의 산업을 잠식할 것이라는 우려이다. 중국은 2009년 독일을 추월하여 세계 제1의 무역국 및 수출국이 됐다. 수출 액수가 연 1조 2천억 달러가 넘는다.* 인도는 현재 21위에 불과하며 무역적자가 연 1140억을 넘는다. 그중 200억 달러가 중국과의 무역에서 발생한다.†

중국인들은 이미 인도의 소비자 시장에서 큰 수익을 올리고 있는데 중국 시장에서 성공한 인도인은 별로 없다. 인도의 대중국 수출품은 (전체의 절반을 차지하는) 철광석 등 자연자원이 주종이다.

더 근본적인 우려는 안보문제다. 1962년 전쟁 이후 반세기가 넘게 지났으나 중국에 대한 의구심과 두려움은 여전하다. 무역은 증가하고 고위인사의

---

* 2017년에는 2조 달러가 넘었다 — 옮긴 이.

† 이 수치는 크게 달라지지 않았다 — 옮긴 이.

상호방문도 늘었으나 국경분쟁은 아직 해결되지 않았다. 티베트를 둘러싼 이견도 해소되지 않았다. 중국이 인도양 주변 국가들에 접근하는 이유가 무엇인가. 21세기 인도와 중국은 경쟁국이 될 수밖에 없다는 기본인식이 있으니 모든 것이 수상하기만 하다.

여기서 한 걸음 물러서서 양국의 국제적 지위를 살펴보자. 중국은 그 영토 안에 (굳이 타이완을 빼면) 중국어를 사용하는 중화권을 거의 전부 포함한다. 영국이 지배하던 홍콩은 1997년에, 포르투갈이 지배하던 마카오는 1999년에 중국의 영토로 반환됐다. 그런데 중국의 공산당 정부는 청 제국이 지배하던 모든 강역을 영토로 포함하려고 한다. 서쪽으로는 티베트와 신장, 북쪽으로는 만주와 내몽고, 서남쪽으로는 윈난에 대한 직접적 지배를 확보하고 강화했다. 베트남 북부지방과 (한사군[漢四郡]을 설치했던) 북한, (중세 초기 당나라 시절 잠시 지배했던) 중앙아시아 초원의 몇 나라를 제외하면 중국은 역사 속에서 한 번이라도 지배했던 모든 강역을 통제하고 있다.

인도는 그와 전혀 다르다. 대영제국 시절, 영국령 인도는 카이버 회랑에서 말레이반도에 이르는 거대 영역을 지배했다. 오늘날의 파키스탄·인도·방글라데시·미얀마를 포괄했다. 1937년 미얀마가 떨어져 나갔다. 1947년 독립과 더불어 파키스탄이 떨어져 나갔다. 물론 대영제국의 강역을 기준으로 삼을 수 없다고 하더라도 무굴제국(그리고 고대 마우리아 왕조나 굽타왕조를 기준으로 삼더라도) 지금의 파키스탄과 인도, 방글라데시는 모두 같은 강역에 속했다. 그런데 지난 50년간 인도는 어쩌면 외교가 필요 없었을 바로 이 이웃 국가들과의 관계를 관리하는 데 외교력을 집중해야 했다.

조금 넓혀 보자. 중국은 10개 나라로 이루어지고 인구가 (미국의 2배에 해당하는) 동남아 지역을 경제적으로 압도하고 있다. 냉전 당시 중국은 이들 나라 전부와 적대관계였거나 아예 관계가 없었다. 그런데 냉전이 끝난 1990년대부터 관계를 개선하고 경제적 관계를 구축하여 (미국을 제치고) 이들의 제1 무역상대국이 됐다. 2010년 이들과의 양자 무역은 2천억 달러가 넘었다. 그리고 동남아에서 중국은 인도가 가지지 못한 이점이 있다. 바로 화교(華僑)다. 수 세기 동안 중국의 진취적인 인물들이 더 나은 삶을 찾아 이주했고 대부분 성공하여 부유해졌다. 이들은 대부분, 태평양을 건너 미국까지 이주했던 이들과 마찬가지로, 동남쪽 해안지방에서 왔는데 뛰어난 상재(商材)로 유명했다. 방콕과 자카르타, 마닐라 등 대도시에서 이들이 재계를 장악했다. 그리고 동남아 금융의 중심지가 된 싱가포르는 화교가 압도적 다수다.

마오쩌둥 사후 중국은 화교에 손을 뻗었고 이들은 자본을 투자하고 인맥을 끌어들여 모국의 경제성장을 도왔다. 화교가 지배하는 동남아 경제는 자연히 빠르게 성장하는 중국에 편향됐다. 1990년대 초 이래 중국에 대한 해외 직접투자의 60%가 (타이완과 홍콩, 싱가포르 등) 화교 자본이었다. 2000년대 중국의 경제가 팽창하면서 동남아 경제는 중국 경제와 밀접하게 연결됐다. 동남아 국가에서 생산한 (자동차, iPod등의) 부품이 중국에서 조립되어 미국과 유럽, 기타 세계시장으로 수출됐다. 동남아의 정치, 경제지도자들이 상하이를 비롯한 중국의 주요 도시를 방문하고 감명을 받았다. 2008년 세계금융위기가 닥치고 미국과 유럽, 일본 등 서방 경제가 비틀거릴 때, '중국식'에 대한 찬사가 쏟아졌다. 인도가 '동향정책'을 채택한 지 20년, 인도와 동남아 국가들의 사이도 정치적으로 우호적이고 경제적으로 밀접해졌다. 그러나 대세는 역시 중국이다.

그런데 역사를 길게 보면 항상 중국이 대세였던 것은 아니었다. 지난 2천 년을 돌아보면 동남아와 밀접한 관계를 유지하며 그 지역에 문화적으로 또 종교적으로 영감을 준 것은 중국이 아니라 인도였다. 그리고 그렇게 생겨난 영향은 깊고 지속적이다. 별로 오래지 않은 과거에 유럽사람들이 동남아를 '인도 저쪽'(Farther India)이라고 부르고 유럽의 학자들이 '인도화된 동남아시아 국가들'(Indianized states of Southeast Asia)이라고 불렀다. 그 이유는 분명하다. 수 세기 동안 동남아는 인도의 문명권에 속했던 것이었다. 정치체제와 우주관, 문학 등 많은 측면에서 그랬다.

그 유산은 지금도 두드러진다. 미얀마, 태국, 라오스, 캄보디아의 절대적인 다수가 인도의 종교인 불교를 믿는다. 인도네시아 발리섬의 주민 90%가 힌두교도다. 이슬람은 아랍이나 페르시아뿐만 아니라 인도를 통해 전파됐다. 입헌군주국인 방콕과 프놈펜의 왕국에서는 인도식 의례를 따른다. 과거 만달레이와 자카르타의 궁정에서도 그랬다. 이 지역의 문자는 인도 문자에서 유래됐고 사용하는 단어도 인도에서 유래된 것이 많다. 특히 인도의 의전용 언어인 산스크리트어와 팔리어에서 유래된 단어가 정치사상이나 새로운 발명품을 부르는 데 쓰이고 서사시「라마야나」(Ramayana)와 같은 인도 고전은 이 지역 문화에 토착화됐다. 동남아의 미술과 건축도 초기 인도 모델에서 따온 것이 많다. (미얀마의) 바간와 (캄보디아의) 앙코르, 그리고 (인도네시아 자바의) 보로두부르와 같이 대단한 고고학적 유적에 가면 인도의 유산과 영향에 대해 감탄하지 않을 수 없다.

인도와 동남아 두 대륙이 어떻게 이처럼 밀접한 연계를 형성하게 됐는지는 정확히 알려진 것이 없다. 인도인들이 건너가 식민지를 건설하고 자신의 제도와 문화를 이식했다는 설이 있다. 일리가 없지 않다. 동남아에 건설된 초기 왕국들은 왕의 이름과 왕호를 산스크리트어로 짓고 국호를 인도 신화 속 국가에서 따왔기 때문이다. 수도의 이름도 마찬가지다. 예컨대 샴 왕국의 수도 아유타야는 라마 신의 전설적 수도를 딴 것이었다. 왕실의 의전도 인도의 브라만 전통을 따랐다.

인도인들이 동남아에 식민지를 개척한 이유에 대해서도 일리 있는 분석이 있다. 곧 금(金) 때문이다. 서력기원을 전후한 시기에 인도와 동남아 사이의 무역은 대체로 벵골만 유역에 한정됐다. 만을 사이에 두고 인도와 동남아 쪽 몇몇 도시가 통상했던 것이었다. 당시 인도의 주 무역로는 서쪽 페르시아와 홍해 지역이었다. 로마의 무역선이 계절풍을 타고 아덴으로부터 인도로 정기적으로 항해했다. 이 무역에서 인도는 대규모의 무역흑자를 보았고 그 결과 로마의 금이 대량으로 유출됐다. 로마제국이 뭔가 조치를 취지 않을 수 없게 됐다. 1세기 중반 네로 황제는 로마 금화에 금의 함량을 줄이도록 했다. 1세기 후반 베스파시아누스 황제는 아예 금의 수출을 금지했다.[11] 인도도 나름대로 문제가 생겼다. 그로부터 백 년 전 중앙아시아에 유목민이 진출해 들어오면서 인도는 시베리아로부터 금을 가져오지 못했다. 그 위에 로마의 금 수출 금지령으로 인도에는 금이 매우 부족해졌다. 동남아가 해결책으로 부상했다. 근대에는 동남아가 향료(香料)와 장뇌(樟腦), 기타 방향(芳香)성 목재의 산지로 유명해졌지만, 과거 인도에서 동남아는 '수파르나부미' 즉 '황금의 땅'으로 알려졌었다. 이것이 말하자면 인도 최초의 동향정책인 셈이었다.

그런데 최근에는 동남아가 원래 야만 지역이었는데 인도가 개화한 것이 아니라는 학설이 힘을 얻고 있다.[12] 이 지역에 원래 정착농업과 관개시설, 장거리용 조선술과 항해술 등을 가진 자체의 문명이 있었다는 것이다. 무역이란 한쪽에서 원한다고 이뤄지는 것은 아니다. 고대 동남아인들이 장거리 항해에 능했다는 것은 의심의 여지가 없다. 예를 들면 아프리카 해안에 있는 마다가스카르섬의 언어는 말레이-인도네시아어다. 말레이-인도네시아 인종이 그곳까지 항해하여 정착했다는 움직일 수 없는 증거다.

그래서 인도가 일방적으로 동남아에 진출했다기보다 동남아의 주민과 인도의 주민이 쌍방적으로 서로에게 유익한 교류를 했다고 보는 것이 더 적절하다. 다만 동남아 인들 특히 그들의 우두머리들이 바다 건너 인도의 문명에 끌렸던 것은 분명하다. 중국과의 접촉도 있었을 수 있지만, 그랬다면 인도가 중국을 구축(驅逐)했음이 틀림없다. 20세기 프랑스의 고고학자 겸 사학자 조르주 세데스(George Cœdes)는 그 사건을 '세계사에 두드러진 사건 중 하나'라고 불렀다.13 동남아, 예컨대 미얀마나 캄보디아에서 고대왕국이 건설된 때는 인도에 굽타왕조가 번창하던 때였다. 당시 굽타왕조를 보면 인도가 어떻게 동남아의 지향점이 됐는지 쉽게 알 수 있다.

굽타왕조가 북부 인도에 거대 제국을 구축했을 때 그 지역은 지성, 종교, 예술에서 최절정기를 누리고 있었다.14 예컨대 5~6세기 위대한 수학자이자 천문학자 아리아바타(Aryabjata)가 있었다. 그는 원주율(π)의 개념을 발견하여 지구 둘레를 계산했는데 지금 우리가 알고 있는 것과 0.2%의 오차밖에 없었다. 지금 우리가 사용하는 영(0)을 포함한 수(數) 체계는 그 시대 수학자들이 개발하여 후일 이슬람 세계를 통해 서양으로 알려진 것이었다. 같은 체계가 동쪽으로도 전파되어 동남아시아에 알려졌다. 지금 세계적으로 사용되는 아라비아 숫자와 미얀마 태국 등지에서 사용되는 숫자가 닮은 이유가 그 때문이다. 아리아바타와 거의 동시대에 살았던 철학자 바츠야야나(Vatsyayana)는 성애(性愛)에 관한 최고의 경전이자 교과서 『카마수트라』(Kama Sutra)를 집필했다. 체스 경기도 이곳 굽타 왕들이 하던 놀이에서 유래됐다고 한다.

굽타왕조는 힌두교를 지원하여 부활시켰다. 동시에 천 년의 역사를 가졌으나 여전히 번성하던 불교를 배척하지 않아 양 종교가 동반 발전할 수 있는 길을 열었다. 힌두교의 큰 틀 속에서 시바파와 비슈누파가 분파되고 바크티 운동이 시작된 것은 불교적 요소의 영향이었다. 그리고 부처를 비슈누의 현신으로 생각하는 사람들도 생겨났다. 요컨대 당시의 인도는 각종 종교 사상과 관행이 서로 얽히면서 영적인 삶이 최고의 성세를 누리던 곳이었다.

불교도 여러 차례 변신을 겪고 새로운 유파를 낳았다.15 굽타왕조가 지배하던 북부 인도에는 대승불교(大乘佛敎)가 발원하여 아프가니스탄과 중앙아시아로, 이후 실크로드를 따라 중국, 나아가 한국과 일본으로 전파됐다. 4세기 말 중국의 승려 법현(法顯, Faxian)이 일군의 순례자와 함께 인도로 와서 부처의 출생지 등을 순례한 다음 스리랑카를 거쳐 해로로 중국으로 돌아갔다. 거의 동시대 인도의 승려 쿠마라지바(Kumarajiva; 구마라집[鳩摩羅什])은 그 반대 방향을 따라 중국으로 가서 불교 경전을 중국어로 번역했다. 그는 중앙아시아의 쿠차에서 태어나서 카슈미르에서 공부했는데 중국 황제의 독려와 후원에 따라 카슈미르에서 함께 간 동료들과 함께 3백 편이 넘는 불교 경전을 전혀 다른 언어인 중국어, 즉 한자로 번역하여 중국과 한국, 일본의 신자들이 읽을 수 있게 했다.

다른 방향 즉 동남아의 경우 인도의 동쪽 해안이 중요한 역할을 했다. 인도의 동향정책을 주도한 라오 총리는 안드라 프라데시주에 있는 반가라에서 태어났다. 바로 그 지역이 1천 5백 년 전 동남아시아가 인도의 문명으로 통하던 관문이었다. 이 지역을 지배하던 초기 왕조는 사타바하나(Satavahana) 왕조로 힌두교와 불교를 적극적으로 지원했다. 미얀마도 이 지역에서 그 왕조가 세운 사원을 통해 불교를 처음 접한 것으로 알려져 있다. 또 일설에 의하면 중국불교에 선종(禪宗)을 전파, 또는 개파한 보리달마(菩提達磨, Bodhidharma)도 이 지역에서 발흥했던 팔라바 왕가의 왕자였다고 한다.

이처럼 양 대륙 사이의 연계는 무궁무진하다. 중요한 것은 이 두 곳의 상대적 지위다. 벵골만 서쪽에 있는 인도는 그때 이미 1억이 넘는 인구를 가진 거대 문명이었다. 인도의 도시는 세계에서 가장 큰 도시에 속했고 대단히 높은 수준의 경제와 지식을 갖추고 있었다. 반면 벵골만 동쪽의 동남아는 대부분 울창한 밀림으로 덮여 인구는 인도의 십 분의 일이 될까 말까였다. 이곳에 있던 작은 나라들도 나름대로 체계를 갖추었으나 인도의 수준 높은 문화에 이끌리는 것은 당연했다. 이라와디 유역에서 발원한 미얀마 초기 왕조의 왕들은 비크람(Vikram)이나 바르만(Varman)과 같은 왕호를 썼다. '용기'를 뜻하는 비크람은 굽타왕조를 포함한 인도의 많은 왕조에서 썼던 왕호다. '보호자'라는 의미의 바르만은 팔라바 왕조에서 주로 쓰던 왕호로 미얀마뿐만 아니라 캄보디아의 왕들도 사용했다. 그렇게 인도를 모방하고 적용한 것은 대국이었던 인도에 잘 보이기 위한 것이 아니었다. 왕국 내에서 왕실의 권위를 높이고 스스로 세계에서 가장 뛰어난 문명 일부임을 자각하고 싶었기 때문이다.

인도인들은 그와 같은 과거를 자랑스럽게 생각한다. 인도 출신 위대한 학자이자 시인 라빈드라나트 타고르(Rabindranath Tagore)는 이렇게 말했다.

> 우리나라를 알려면 시간을 여행해 과거로 가야 한다. 이 나라가 자신의 영혼을 깨닫고 육체의 한계를 초월하던 때, 그 영혼이 후광처럼 너그러운 빛으로 동쪽 지평선을 밝히던 때, 그 빛으로 인해 저 멀리서 삶의 놀라움 속으로 깨어나 그들 속의 우리나라를 발견했던 그때로 …….[16]

델리에서 나는 친구의 집에서 묵었다. 그 집은 식민지 시절 유력한 인도인 변호사가 소유했던 영국식 건물인데 최근에 멋있게 고쳤다. 저택 한가운데 네모난 정원이 있고 정원에는 분수가 있었으며 뒤뜰에는 크고 아름다운 정원이 있었다. 바깥은 외출하기가 겁날 정도로 더웠으나 실내는 냉방으로 시원했다. 집주인 친구는 손님을 좋아해 그 집에는 나 말고도 적지 않은 사람들이 묵고 있었다. 국내와 국외에서 온 정치인과 언론인, 학자 등이었다.

델리에서 체류하면서 나는 미얀마에 대해 특강도 하고, 친구들도 만나고, 새로 친구들을 사귀고, 식사를 함께하면서 많은 토론을 했다. 출판기념회에도 참석하고 공개토론회에도 참가했다. 델리의 지적인 분위기는 동아시아와 완전히 달랐다. 많은 사람이 영국이나 미국에서 공부하고 자주 여행하며 그 서방의 일부처럼 느낀다. 아예 거기서 살면서 인도는 휴가 때나 찾는 사람도 있다. 바로 이웃한 미얀마와는 전혀 다른 분위기였다. 물론 인도의 인구에 비하면 이들은 아주 작은 숫자였다. 그 작은 집단 속에서 그 분위기에 쉽게 빠져들고 있는 나 자신을 발견했다. 칸 시장에서도 지인들과 우연히 만났다. 책방을 찾거나 직장이나 집안의 볼 일로 온 사람들이었다. 내가 주로 머물던 곳은 델리의 남쪽에 있는 숲이 많은 고급주택가였는데 그곳은 인구가 10억이 넘는 나라의 수도가 아니라 그냥 작은 시골 동네 같았다.

칸 시장에 있는 '사이드윅'이라는 식당에서 지역전문가를 만났다. 각종 국제학술회의에서 여러 차례 만난 적이 있는 친구였다. 주로 아시아 음식을 취급하는 그 식당을 그가 골랐다. 현대식 실내장식에 조명은 약간 어두웠는데 일본식·중국식·베트남식·태국식·인도네시아식 등 메뉴가 다양했다. 특히 매운 음식의 옆에는 작은 고추가 그려져 있었다.

우리는 주로 중국-인도 관계에 관해 이야기를 나눴는데 그는 대체로 낙관적인 입장이었다. '중국 위협론'을 이해 못 할 바는 아니나 과장이 심하다고 했다.

양국의 언론은 모두 문제를 띄우느라 열을 올린다. 물론 문제가 없는 것은 아니지만 공통의 이익도 많다. 1962년의 전쟁과 같은 것은 일어나지 않을 것이다. 인도의 경우 문제는 중국 전문가가 많지 않다는 점이다. 정부나 언론은 말할 것도 없고 민간분야에도 중국어를 할 줄 아는 사람이 거의 없다. 오늘날의 중국과 그 복잡한 사정을 아는 사람도 별로 없다. 인도와 미국이 밀접하게 교류하는 것과는 전혀 딴판이다. 물론 미국-인도 사이에도 문제가 많다. 그러나 그쪽에는 인적 교류가 매우 많다. 미국에는 수십만 명의 인도인이 산다.

미국에 친척이 있는 사람도 많다. 애들을 미국으로 유학 보낸 사람도 많다. 미국에서 성공한 인도 사람이 얼마나 많은지 잘 알고 미국정치가 어떻게 돌아가는지 잘 알고 있다. 중국에 대해서는 그런 게 전혀 없다.

미얀마도 마찬가지다. 내가 델리에서 만난 사람들은 미얀마 이야기가 나오면 아! 하고 귀를 기울이며 관심을 보인다. 평소에는 모르고 관심도 없다는 소리다. 델리는 과거 튀르크인과 무굴인, 영국인들이 지배했던 곳이다. 지금 델리의 지배층은 세계무대에 인도의 위상을 새로 정립하고자 한다. 그런데 그렇게 21세기 미래를 꿈꾸는 인도인들의 대화 속에 미얀마는 없다. 내가 델리에서 만난 인도인 중 미얀마를 가본 사람은 하나도 없었다. 내가 중국에서 만난 학자들은 어느 정도 미얀마어를 했으나 인도에는 미얀마어를 할 줄 아는 전문가는 '전혀' 없다고 했다. 잊혀 가는 기억은 있었다. 친척 중 누가 미얀마에서 태어났다더라; 미얀마에서 찍었다는 오랜 빛바랜 사진이 있다더라. 종교적, 문화적 친숙함과 어느 정도의 관심도 읽을 수 있었다. 그러나 미얀마에 대한 지식, 그리고 현재 일어나고 있는 일에 관한 관심은 찾기 어려웠다.

16세기 (무굴제국의) 인도와 (명[明] 제국의) 중국을 합치면 세계 경제의 반을 차지했다. 한 세대 후 그런 일이 다시 일어날 수도 있다. 그런 미래를 생각하면 양국이 서로 무역을 늘리고 기타 경제 관계를 확대해야 한다는 데 반대하는 사람은 없다. 가까운 미래를 내다봐도 양국 간에는 전쟁이나 갈등이 아니라 상거래와 인적 교류가 대세가 될 것이다. 2010년 미얀마와 중국은 루이리와 인도의 동북지방을 연결하는, 2차 대전 때 미국의 흑인 병사들이 건설했던 스틸웰 도로를 복구하기로 합의했다. 지금 중국과 인도 사이의 무역은 거의 전적으로 바다를 통해 이뤄진다. 그런데 중국의 서부 대개발전략이 완성되고, 송유관과 가스관이 완공되고 고속철을 통해 물자와 관광객이 대규모로 몰려올 때, 즉 인도와 중국이 육로로 하루거리로 가까워지면 무슨 일이 생겨날까? 중국은 이미 미얀마를 변환시키고 있다. 국경이 개방되고 가까워지면 인도에는 무슨 영향을 줄까? 나는 델리를 떠나 콜카타로 갔다. 그 거리만도 거의 1천 마일이다. 콜카타에서는 인도 동북지방, 인도의 최극단까지 갈 것이다.

제 2 장

잊어버린 분할

서벵골주 콜카타

2백 년 전, 영국도 인도에서 나름의 '동향정책'을 펼쳤다. 영국의 동인도 회사는 17세기 인도 동해안에 몇 개의 거점을 마련하여 출발했다. 이후 점차, 그러나 빠르게 그 영역을 남아시아 전부와 벵골로 확대하여 인도 아대륙(亞大陸)에서 지배적인 세력으로 자랐다. 바로 그 동인도 회사의 본거지가, 나중에 영국령 인도의 수도가 콜카타였다. 콜카타는 영국령 인도가 팽창하는 과정에서 크게 성장하여 대영제국에서 런던에 이어 두 번째로 큰 도시가 됐다. 런던에 버금가는 상업의 중심지이자 지식과 지성의 중심지가 됐다. 그 콜카타를 거점으로 영국은 18세기 초 '마라타 동맹', 18세기 중반 펀자브에 있던 '시크 왕국'을 패퇴시켰다. 19세기 중반에는 무굴제국의 마지막 황제를 퇴위시키고 제국을 해체했다. 그렇게 인도 아대륙 전부를 지배하던 중 제2차 세계대전을 맞았다.

 대영제국은 전 세계를 망라했으나 그 핵심은 인도였다. 그래서 인도의 안위가 국가이익의 중대 요소였고 그 안위를 지키기 위해 변경을 평정하는 것이 국가안보정책의 요체였다. 북서쪽의 변경은 아프가니스탄이었다. 영국은 아프가니스탄을 직접 지배한 적이 없지만 여러 차례, 때로는 무리하게, 개입하여 인도에 위협이 되지 않도록 했다. 1830년대 제정러시아가 중앙아시아에 진출해 내려와 아프가니스탄을 넘보기 시작했다. 아프가니스탄이 두 제국 사이 '거대경기'(the Great Game)의 중심 무대가 됐고, 러시아의 남하를 막는 것이 대영제국의 국가전략이 됐다. 서쪽으로는 인도와 영국을 연결하는 해로가 있었다. 1860년대 수에즈 운하를 건설하고 그 해로를 보호하기 위해 아덴(=오늘날의 예멘), 나아가 이집트를 장악할 필요가 있었다. 1880년에 이집트를 정복했다. 1차 대전이 끝난 후 메소포타미아까지 점령하여 오토만 제국의 일부였던 그곳에 이라크 하심왕국을 세웠다.

같은 맥락에서 일종의 동향정책을 전개했다. 동향(東向)이란 동쪽 해로를 의미했고 핵심은 믈라카해협을 지배하는 것이었다. 동쪽에는 조차지 홍콩을 통해 접근할 수 있는 거대한 중국 시장이 있었다. 나폴레옹 전쟁이 끝난 후 영국은 싱가포르를 점령했다. 곧 그 점령지를 조호르에서 페낭에 이르는 말라야반도 전역으로 확대했다. 동향정책에는 또 말썽 많은 미얀마 왕국을 상대하는 일도 포함됐다. 19세기 초 미얀마 최후의 왕국 꼰바웅 왕조는 그 힘이 절정에 달해 있었다. 전통적인 적국 샴(=태국)을 정복하고 네 차례에 걸친 청 제국의 침공을 물리쳤다. 그 여세를 몰아 서쪽으로 나아가 아라칸(=라카인)과 마니푸르의 작은 왕국을 정복했다. 그리고 브라마푸트라강을 따라 아삼의 거대한 영토도 정복했다. 미얀마 왕국이 벵골만을 넘보게 된 것이다. 그것은 동인도 회사가, 나아가 대영제국이 용납할 수 없는 것이었다. 결국, 세 차례에 걸친 '영국-버마 전쟁'이 일어났다. 1860년대 벵골만에는 영국의 국기만 나부끼고 있었다. 인도양(印度洋)이 대영제국의 인도호(印度湖)가 됐다.

이 인도양 세계의 중심이 콜카타였다. 콜카타의 몰락은 중국의 공산혁명과 미국의 아시아 진출에 맞먹는, 20세기 아시아 역사에 가장 중대한 사건의 하나로 기록될 것이다. 콜카타가 몰락하면서 그 지역의 민낯이 드러났다. 땅은 황폐하고 크고 작은 전쟁과 인종갈등이 표출됐다. 한때 제국이었던 이곳은 하나가 아니라 네 개의 독립국으로 분할됐다. 그리고 과거 어떤 때보다 강대해진 중국에 접경하고 있다.

1995년 인도를 여행할 때 나는 물론 콜카타를 갈 계획이었다. 그런데 그렇게 하지 못했다. (배낭을 메고 빠듯한 예산으로) 두 달 넘게 여행하며 지쳤다. (그때 나는 남인도에 있었는데) 콜카타로 가는 버스와 철도 노선을 검토하면서 곧 닥칠 우기가 걱정됐다. 그래서 벵갈루루에서 비행기를 탔다. 콜카타가 아닌 델리로 가서 다시 (그때 살던) 영국으로 돌아갔다. 그로부터 12년이 넘게 지났다. 마침내 그토록 가고 싶었던 곳을 찾아가게 됐다. 가슴이 설렜다.

거대한 영국식 건물은 있을 것으로 생각했다. 사람들은 어디처럼 복작거리고 또 어디처럼 가난하겠지만 그래도 중심가에는 새로 지은 고층 사무실 건물과 신식 호텔건물이 있을 거로 생각했다. 그러나 전혀 생각지 못한 것이 있었다. 콜카타가 양곤과 똑같았다는 것이었다. 그냥 닮은 것이 아니라 아예 똑같았다. 특히 영국식민지 시절에 지은 양곤의 도심과 콜카타의 도심은 완전히 똑같았다. 건물과 거리의 모습만이 아니었다. 거리 속에서 사는 모습도 똑같았다. 싸구려 옷가지며 너덜거리는 책을 파는 작은 상점들, (지금 내가 입고 있는 것과 같은) 체크 무늬가 있는 빛바랜 파란색 론지를 입고 영양이 부실해 보이는 사람들의 모습, 큰 솥에 담긴 쌀밥과 카레, 곳곳이 팬 도로, 길거리의 쓰레기, 숨이 막히는 습기, 페인트칠이 되지 않아 곧 무너질 것 같은 건물, 영어와 현지어의 꼬부랑 글씨로 쓰인 낡은 간판, 베란다를 장식한 화분. 인도는 외국이라는 느낌이 들지 않는다고 했지만, 델리와 라자스탄, 펀자브의 도시에서는 그나마 이국적인 것이 있었다. 그런데 콜카타는 정말 고향과 같았다. 얼굴 생김새는 조금, 정말 조금만, 달랐다. 양곤의 도심지에서 흔히 보는 뱅골이나 기타 인도계 사람들이 조금 많구나 하고 느낄 정도였다. 과연 그랬다.

양곤은 영국인들이 콜카타를 모델로 하여 지은 곳이었다. 그래서 친숙하고 어떤 의미에서 마음이 편했다.

새로 지은 것이 조금은 있었다. 내가 묵고 있는 도시 외곽의 대형 비즈니스 호텔이 그중 하나였다. 시내로 가는 길에 있는 사우스 시티 쇼핑몰도 새로 지은 건물이었다. 그곳에는 최신형 복합영화관이 있었고, 마크스 & 스펜서, 나이키, 보디숍 등 친숙한 상표도 보였고, 태국 음식이나 중국 음식을 파는 식당도 보였다. 그러나 중국에서 보았던, 줄을 지어 들어선 신축건물의 숲은 찾아보기 어려웠다. 중국에서 봤던 것이 하나 있었다. 대형 간판에 (아마 교외에) 새로 짓는 주택단지를 광고하고 있었다. 깨끗한 주택에 정원이 딸린 모습이었다. 싱가포르에서 흔히 보는 주택단지의 모습이었지만 저 아래 도심에 보이는 삶과 비교하면 마치 딴 세상처럼 여겨졌다.

지금 콜카타는 서(西)벵골주의 주도다.1 서벵골주는 미국의 매사추세츠주의 크기에 인구가 8천만이 넘는, 인구밀도가 아주 높은 지역이다. 콜카타와 그 근교에만 1천5백만이 산다. 후글리강을 따라 지어졌는데 그 강을 따라 남쪽으로 멀지 않은 곳에 벵골만이 있다. 중국으로 가는 송유관이 시작되는 미얀마의 라카인주와는 직선거리로 4백 마일이 채 안 된다.

1912년 영국이 영국령 인도의 수도를 델리로 옮겼으나 그 후로도 수십 년간 콜카타는 여전히 아시아의 경제와 교육의 중심지였다. 영국이 철수한 후 1960년대 초까지만 해도 서벵골은 뭄바이 다음으로 산업화한 곳이었다. 그런데 1970년대로 접어들면서 쇠락하기 시작했다. 신규투자는 없고 도시의 행정이 부실해지니 많은 중산층이 인도의 다른 곳이나 해외, 특히 미국으로 이주했다. 반면 바로 이웃한 새로 독립한 방글라데시에서 빈민들이 대거 이주해왔다. 방글라데시도 인구밀도가 높기는 마찬가지였다. 곧 전기가 부족해지고 노동분쟁이 빈발했다. '인도 공산당'이 이끄는 '좌파연합'이 정권을 잡았다. 그 좌파연합이 지금도 집권하고 있다. 민주적으로 집권한 최장수 공산주의 정권이다. 공산정권이라고 딱히 과격한 것은 아니지만 그렇다고 기업 친화적은 더욱 아니었다. 1985년 라지브 간디 총리는 콜카타를 '죽어가는 도시'라고 불렀다. 최근에 들어와 개혁의 움직임이 보이지만 서벵골은 인도 서쪽에서 일어나고 있는 경제성장과 그로 인한 낙관적인 분위기와는 거리가 멀었다. 사회 기간시설은 여전히 낙후해 있다. 투자환경이 좋다고 믿는 기업가는 거의 없다. 2008년 10월 인도의 재벌 타타그룹에서 콜카타 주변에 3억 5천만 불을 들여 공장을 짓겠다는 계획을 철회했다. 주변 농부들의 이익을 침해한다는 이유로 야당이 반대했기 때문이었다.[2]

게다가 모택동주의자들의 준동이 있다. 이들의 준동은 서쪽으로 갈수록 활발하지만, 특히 서벵골에서 더욱 활발해졌다. 2009년 7월 만모한 싱 총리는 모택동주의자들이 '인도 국내 안보에 가장 큰 위협'이라고 말했다. 2010년 2월 모택동주의자들은 서벵골주 서(西)미드나포르에 있는 경찰서를 공격하여 24명의 경관을 살해했다. 5월에는 콜카타 외곽에서 뭄바이를 향하던 열차를 탈선시켰다. 그 열차를 화물열차가 덮쳐 76명이 사망하고 2백 명이 넘게 부상했다.

이 사건이 잠시 뉴스를 탔으나 지구상 가장 인구가 많은 도시 중 하나인 콜카타가 국제뉴스를 타는 일은 좀처럼 없다. <뉴욕타임스>의 기사를 검색해보니 많지 않은 기사 중 콜카타 동물원의 거북이 죽었다는 2006년의 기사가 있었다.[3] 이 알라브라 큰 거북은 나이가 아마 적어도 255살은 됐을 것으로 짐작됐다. 18세기 중반 영국의 선원들이 세르셀 제도에서 잡은 4마리 중 하나로 동인도 회사의 로버트 클라이브 공(Lord Robert Clive)에게 선물한 것이었다. 클라이브 공은 1774년에 죽었는데 거북은 주인보다 더 오래, 아주 더 오래 산 것이었다.

나는 콜카타에 체류하는 며칠 동안 많이 걸어 다녔다. 또 현지인들과 여러 차례 식사를 같이했다. 벵골 음식은 맛있었다. 생선과 새우 카레에 쌀밥을 그곳과 미얀마에서 전통적으로 하듯이 (수저 없이) 오른손을 사용하여 먹었다. 식사 중 우리는 도시 북쪽에 있는 자민다리 주택가, 우누(U Nu, 미얀마의 초대 총리)와 크리슈나 메논(Krishna Mennon, 벵골 출신 인도 정치인)와 같은 1950년대 정치인, 호랑이 보존 운동, 옥스퍼드와 케임브리지 출신 역사학자, 날씨 등에 관해 이야기를 나눴다. 어느 가정집에도 초대를 받았다. 그 집도 정확히 양곤의 중상류층 집 같았다. 약간의 곰팡내, 천정에 걸려있는 펀카, 즉 큰 부채, 몇 명의 하인이 부지런히 움직이는 모습, 그리고 빽빽이 꽂힌 서가며 벽에 걸린 흑백사진, 그리고 어딘지 보이지는 않지만 진한 카레 냄새를 풍기는 부엌.

콜카타에 있으면서 양곤과 비교하지 않으려야 않을 수 없었다. 콜카타는 민주주의의 중심이었다. 정치는 무질서해 보였지만 뜨거웠고 정치지도자들은 과거를 부정하지 않았다. 그곳은 양곤보다 물질적으로 딱히 풍요롭지는 않았으나 지성적으로는 훨씬 풍요했다. 무엇보다 양곤에서는 누릴 수 없는 정치적 자유가 있었다. 내가 그곳에 있는 동안 인도 공산당의 집회를 보았다. 각 지방의 남녀 당원들이 망치와 낫이 그려진 붉은 깃발을 들고 버스에서 내렸다. 그리고 광장으로 몰려가 연설을 듣고 연설을 하고 구호를 외쳤다.

양곤에는 식민지 시대 영국인들이 모여 잡담을 나누면서 사실상 정책을 결정하던 바고 클럽(Pegu Club)이 있었다. 그 건물은 버려진 지 오래되어 헐리기 직전이다. 콜카타에는 그에 비견되는 벵골 클럽(Bengal Club)이 아직 있다. 낡은 건물이지만 비교적 저렴한 비용으로 묵을 수 있는 숙박 시설과 도서관, 그리고 이발소가 있다. 최근 케임브리지 대학교 부총장이 방문하여 이곳에서 연설하고 졸업생들을 만났다. 인도 식민 정청 간부였다가 케임브리지에서 사회학을 가르친 퍼니벌(J. S. Furnivall)이 양곤에 만들었던 '버마 연구 학회'(the Burma Research Society)는 없어진 지 오래나 언어학자 윌리엄 존스(William Jones)가 콜카타에 세운 (한때 아시아의 유일한 박물관이었던) '아시아 학회'(the Asiatic Society)는 아직도 있었다. 건물을 증축하기까지 했다. 구 정부청사의 건물들은 모두 과거의 모습을 유지하고 있었다. 지금은 라지 바완(Raj Bjawan)이라고 불리며 서벵골 주지사의 관저로 쓰이는 청사 건물은 인도총독을 지낸 쿠르존 후작의 영지에 있는 케들스톤 홀을 본떠서 지었다. 양곤에 있는 식민정부 청사는 헐리고 없다. 동인도 회사 본부가 있었던 '작가의 건물'(The Writer's Building)은 지금 서벵골주 정부청사로 쓰이고 있다. 그것을 본떠 지은 양곤의 정부청사는 지금 빈집으로 2010년에 경매에 나왔다. 콜카타에는 대영제국을 상징할 만한 엄청나게 큰 대리석 건물인 빅토리아 기념관이 아직도 있다. 거대한 여왕의 동상도 그대로다. 양곤에는 식민지 시대를 암시할 만한 모든 것이 지워졌다. 거리의 이름도 다 바뀌었다. 양곤사람들은 식민지 시대를 잊고 싶고 콜카타 사람들은 식민지 시대를 그리워해서 그럴까? 절대 아닐 것이다. 민주주의에 대한 확신이 과거가 있는 대로 수용하고 그 기초 위에 현실을 쌓을 수 있다는 자신감을 심어준 것이 아닐까?

우리 집안도 콜카타와 무관하지 않다. 정확한 기록은 찾기 어렵지만, 증조부 중 한 분이 1880년대 이곳에 유학했다. 그분의 할아버지가 벵골에 가까운 라카인에서 이주해왔었다고 하니 혈통도 벵골과 무관하지는 않을 것이다. 자신은 무슬림이었고, 집안은 이라와디 삼각주의 대지주였다. 대학을 마치고 식민 정청에 잠시 근무하다가 고향으로 돌아와 집안의 사업을 도왔다. 그 시절 콜카타는 양곤에서 먼 곳이 아니었다. (캘커타/버마 기선회사가) 콜카타에서 출발하여 양곤을 거친 다음 페낭과 싱가포르로 가는 정기선을 운항했다. 증조부는 바로 그 정기선을 통해 바깥세상과 소통했다. 그것을 통해 콜카타의 서점에 책을 주문하고 신문과 잡지를 정기구독했다. 1905년 증조모와 결혼한 후 신혼여행을 그때 영국령 인도의 수도였던 콜카타로 갔다.

증조부처럼 콜카타와 밀접하게 연결하고 사는 것은 드문 일이 아니었다.4 벵골과 미얀마는 영국령 인도에 함께 속해 있었다. 그 넓은 인도 중 벵골이 미얀마에 가장 가까웠고 따라서 관계도 밀접할 수밖에 없었다. 수백 명의 미얀마 학생들이 콜카타나 서벵골주 휴양지인 다르질링에서 학교에 다녔다. 대부분 그곳에 남아 대학교에 진학했다. 벵골과 미얀마의 연결 중 더욱 중요한 것은 19세기 말과 20세기 초에 걸쳐 다수의 벵골인이 미얀마로 이주했다는 사실이다. 지금의 국경 부근에서 단순 노동자로 일한 사람도 많았다. 그러나 많은 수의 기업가, 공무원, 전문직이 양곤을 포함한 미얀마 전역으로 이주했다. 특히 교사, 그리고 양곤대학교 강사와 교수 중에 벵골 출신이 많아서 미얀마 사람들은 벵골 억양이 섞인 영어를 배우고 말했다. 마르와리인이나 유대인 등 양곤에 자리 잡아 소수 공동체를 만들었던 이들도 대부분 콜카타를 거쳐서 왔다. 언론인과 작가도 있었다. 예로 20세기 초 인기가 높았던 벵골 소설가 사라트 찬드라 차토파디아(Sarat Chandra Chattopadhyay)가 1930년대 양곤에서 살았다. 원래 양곤 식민 정청의 공공사업과에서 서기로 일하면서 소설을 쓰기 시작했다. 그의 소설은 미얀마에는 잘 알려지지 않았으나 벵골에는 지금도 인기가 높다.

그 무렵 인도에서 중요한 정치인들이 자주 미얀마를 방문했다. 마하트마 간디가 그중 한 사람이었다. 그가 양곤에 처음 온 것은 (남아프리카 케이프타운에 살던) 1902년의 일이었다. 그때 인도인들이 영국 상인들과 함께 미얀마인을 착취하고 있는 것을 보고 느낀 슬픔을 기록으로 남겼다. (또 이렇게도 썼다: "버마 남성들의 나태함이 나를 아프게 한 만큼, 버마 여성들의 자유와 활력이 나를 기쁘게 했다.") 간디는 1915년과 1929년에도 양곤을 찾았는데 그때마다 런던 학창시절 친구였던 메타(P. J. Mehta) 박사의 집에서 묵었다. 메타 박사는 부유한 다이아몬드 상의 후손으로 그때 양곤에 자리 잡고 살면서 '버마 지방회의 위원회'라는 것을 만들었다.* 미얀마 최초의 정치조직이었다. 간디는 전국을 순회하면서 구름처럼 모이는 군중들 앞에서 연설했다. 인도의 민족주의에 영향을 받아 탄생한 미얀마의 민족주의가 한창 자랄 때였다. 민족주의에 심취한 학생들과 운동가들이 미얀마에 사는 인도인들과 함께 이 위대한 정치가의 연설에 열광했다. 만달레이에서 간디는 20여 년 전 로크만야 틸락(Lokmanya Tilak)이 만달레이에서 징역을 살았던 사실을 언급했다. (아리안족이 1만 년 전 북극에서 유래했다고 주장한 『베다 경전의 북극 고향』[The Artic Home of the Vedas]을 쓰기도 했던) 틸락은 강경파 민족주의자로 선동혐의로 기소돼 만달레이에서 형을 살았다. 간디는 스와라지(swaraj), 즉 자치(自治)라는 주문(呪文)을 인도에 알려 준 사람이 바로 틸락이었다'라고 말했다. 그리고 또 이렇게 말했다.

"자치로 가는 길은 만달레이를 거쳐 간다. 이 말이 인도에서 유행어가 됐다."[5]

마하트마 간디는 원래 인도의 서부 해안지방인 구자라트 출신이었다. 그러나 미얀마를 찾은 인도의 저명인사 중 벵골 출신도 많았다. 노벨문학상을 받은 위대한 시인이자 철학자 라빈드라나트 타고르가 1916년 미얀마를 방문했다.[6] 당시 <랑군 메일>(Rangoon Mail)지의 편집장이었던 느리펜드라 찬드라 바네르지(Nripendra Chandra Banerjee)도 벵골 출신이었다. 그가 타고르를 초청하고 일정을 관리했다. 미얀마의 자치운동가들과 만남도 주선했다. 그 외 미얀마, 영국, 인도, 중국 출신의 유명인사들이 타고르를 보려고 몰려들었다. 타고르는 1924년 중국으로 가는 길에 다시 미얀마를 들렀다. 미얀마가 인도

---

* Burma Provincial Congress Committee. 이름으로 미루어 볼 때 인도 국민회의(India National Congress)의 버마 지부가 아니었나 짐작된다 — 옮긴 이.

와 중국 사이의 교량이라는 것을 확인하는 걸음이었다. 두 차례의 방문에서 그의 토론 주제는 불교였다. 더 넓히면 종교와 철학이었다. 바로 그 종교와 철학이 인도와 미얀마를 묶고, 나아가 인도를 미얀마를 통해 극동으로 연결했던 줄이었다.

아주 오래전, 지금 인도의 대부분은 곤드와나(Gondwana) 대륙 일부였다. 그 대륙은 유라시아 대륙으로부터 테티스(Tethys)해로 분리돼 있었다. 오랜 세월이 흐르면서 지금의 인도에 해당하는 부분이 곤드와나 대륙에서 떨어져 나와 북쪽으로 이동하다가 유라시아 대륙과 충돌했다. 당시 해안선이었던 곳은 히말라야산맥이 됐고 그 뒤쪽에 티베트 고원이 형성됐다. 테티스해는 사라지고 그 자리에는 인더스와 갠지스 두 개의 강이 흐르는 범람원이 형성됐다. 한때는 아프리카의 사바나처럼 코끼리와 사자, 하마들의 서식지였지만 지금은 (중국의 동부지방과 더불어) 지구상에서 가장 인구밀도가 높은 인간의 서식지가 됐다. 크기로 따지면 미얀마나 텍사스보다 조금 크지만, 파키스탄 일부와 북부 인도 및 방글라데시를 포괄하여 10억이 넘는 인구를 먹여 살리고 있다.

    때로 제국으로 통합된 적도 있었으나 이 지역은 대체로 여러 개의 왕국으로 나뉘어 있었다. 벵골이 그중 하나였다. 벵골은 갠지스강의 끝이자 벵골만의 입구라는 지리적 위치로 말미암아 소통의 중심이었다. 서쪽으로는 그리스·튀르크·아프간·무굴 등 외세의 침입을 자주 받았던 델리 주변으로 이어지고, 다른 방향으로는 아시아의 모든 지역으로 연결되었다.

    고대에 (오늘날 유럽의 여러 언어와 멀게나마 연계된) 인도-유럽어를 사용하는 인종이 갠지스강의 상류와 인더스강 유역에 살고 있었다.[7] 그 언어에서 오늘날의 힌두어와 펀자브어, 벵골어 등 인도 북서쪽의 여러 언어, 그리고 실론 섬의 신할리어가 파생했다. 이 언어를 더 세련되게 발전시킨 것이 산스크리트어 즉 범어(梵語)로 힌두교와 일부 불교 경전 용어가 됐다. 산스크리트어와 그것의 모체가 된 원어, 그리고 그에서 파생한 힌두어와 벵골어 사이의 관계는 말하자면 라틴어, 일상의 라틴어, 오늘날 프랑스어나 이탈리아어 사이의 관계가 아주 흡사하다. 이들은 모두 '고상한'이라는 뜻의 '아리안'(Aryan) 언어로 불리는데 수백만 년 전 그 말을 처음 사용한 사람들이 그렇게 불렀기 때문이다.

벵골의 아시아 학회를 만든 18세기 만물 박사 윌리엄 존스 경이 아리안계 언어들이 (궁극적으로) 그리스어 및 라틴어와 관련이 있으며 크게 보아 '인도-유럽어'라는 언어군이 있다고 주장하여 비교언어학이라는 학문을 탄생시켰다. 이 언어학 학설은 곧 아리안 언어를 말하는 인종이 어떻게 퍼졌는지에 대한 가설을 낳았다. 주류 학설은 그들이 북쪽에서 침략이나 이주를 통해 남쪽으로 내려와 인도 아대륙에 살던 유색 피부의 토착민을 지배했다는 것이었다. 이들은 (그리스와 로마의 신과 닮은) 베다의 여러 신에 대한 신앙을 함께 가지고 왔다. 인도의 카스트 제도는 이 과정에서 생겨났을 것이다. 승리하여 우월한 아리안족이 상위 카스트로, 패배하여 열등한 토착민이 하위 카스트, 심지어 불가촉(不可觸)천민으로 분류됐다. 식민지 시대 인종학자들은 인종과 피부색에 따른 차별의 유래가 이처럼 오래됐다는 주장을 반겼다.

그런데 최근 이상과 같은 주류 학설에 대한 반론이 등장했다.[8] 첫째, 북쪽에 살던 순수한 아리안족이 대규모로 이주했다는 증거가 없다. 둘째, (바스크어나 핀란드어와 같은 예외를 제외하면) 유럽의 모든 언어가 인도-유럽어 계열이 된 것처럼, 언어의 전파는 인구의 이동 만이 아니라 농사기술의 전파처럼 문화적 접촉을 통해서도 일어날 수 있다. 카스트 제도에 대한 해석도 달라졌다. 역사적으로 카스트 제도가 그처럼 엄격했던 것이 아니라는 증거가 발견되었기 때문이다. 요컨대 오늘날에는 유전학과 언어학, 문화인류학의 여러 학설이 서로 교차하면서 더 풍부하고 복합적인 역사해석이 대세를 이루고 있다.

알려진 것만 정리하자면, 초기 아리안 언어를 사용하고 베다 경전의 신을 믿는 사회가 (인구의 이동을 통해서든 문화의 확산을 통해서든) 갠지스강을 따라 동쪽으로 지금의 우타르 프라데시주와 비하르주까지 확대됐다. 그 사회는 제사장을 정점으로 한 엄격한 위계 사회로 혈통의 순수함이 강조됐다. 북서쪽의 아리안 계열은 순수한 혈통 즉 순혈(純血)로, 동남쪽에서 새로 만난 사람들은 천한 혈통 즉 혼혈(混血)로 분류됐다.

물론 피부색은 순수하지 않았다. 좀 더 희고 좀 더 검은 사람들이 섞여 살기도 하고 그 중간 색깔 사람들도 나타났다. 전체적으로 갠지스강을 따라 동쪽으로 갈수록 검어졌지만 순혈과 혼혈을 나누는 경계 자체도 점차 동쪽으로 이동했다. 토착민을 흡수하기도 하고 추방하기도 한 결과였을 것이다. 기원전 1천 년 무렵 아리안 언어를 쓰는 문명 자체가 분화했다. 원래 유목과 밀과 보리농사를 짓던 반목반농의 인구로 구성되고 부계로 이어지는 족장과 제사장이 지배하던 사회가 동쪽에서 벼농사를 짓는 사회로 바뀌었다. 강력한 왕이 지배하는 왕국 또는 주로 일족이 공동체처럼 지배하는 공화국 형태의 정치체제를 갖추었다. 그처럼 작은 공화국 중 하나인 카필라바스투(Kapilavastu)에서 고타마 싯다르타(Gautama Siddhartha)가 태어났다. 깨달음을 얻어 부처가 된 다음 해탈에 이르는 길 즉 불교를 설파한 곳도 바로 이 지역이었다.

이후 인도 문명의 끝자락이었던 이 지역이 위대한 불교 문명의 중심지로 성장했다. 나아가 티베트와 윈난, 자바 등 아시아 각지에 영향을 미쳤다. 불교가 벵골에 전파된 것은 매우 이른 시기였다. 석가모니 부처님이 살며 설법한 마가다 왕국이 벵골의 바로 서쪽에 있었기 때문이다. 7세기 인도를 순례한 현장(玄奘)법사는 그가 방문하기 1천 년 전 아소카 대왕이 부처님이 벵골을 찾은 것을 기념하여 세운 큰 불탑에서 수천 명의 승려가 수행하는 사원을 보았다고 기록했다.

북서쪽에서 힌두교가 재발흥하고 나중에 이슬람교가 들어오면서 불교가 쇠퇴의 길을 걸을 때도 벵골은 독실한 불교 지역이었다. 8~12세기 벵골지역을 지배한 팔라 왕조의 왕은 어전회의를 할 때마다 부처님이나 불경을 언급하며 시작했다. 인도 전역에서 불교가 쇠퇴했어도 벵골에서는 불교의 성세가 수백 년 더 지속했을 뿐만 아니라 원래 가르침을 재해석하여 새로운 가르침으로 진화했다. 비밀스러운 의식과 수행방법을 강조하는 바자라야나(vajrayana:金剛乘) 또는 밀교(密敎)가 그것이다.9 밀교는 다양한 종파로 분화하면서 아시아의 각지로 전파됐다. 미얀마를 통해 윈난으로 전파되어 대리국에서 크게 번성하기도 했다.

이 지역에 있던 불교대학, 즉 날란다와 비크람실라는 불교 세계에서 아주 유명했다. 날란다(Nalanda, 那爛陀) 대사원은 5세기에 건립되어 팔라 왕조의 집중적인 후원을 받았다.10 절정기에는 중국과 일본, 페르시아, 심지어 동지중해 지역에서도 수도승들이 찾아왔다. 1만 명이 넘는 학생과 2천 명이 넘는 선생이 모두 함께 기거한, 말하자면 세계 최초로 기숙사를 완비한 대학교였다. 30에이커(3만7천 평 정도)가 넘는 부지에 기숙사와 강의실, 명상실과 사원은 물론이고 정원, 심지어 인공호수까지 조성돼 있었다. 현장법사의 기록에 따르면 "전망대는 아침 안개에 가려져 있는데 높은 탑이 안개를 뚫고 하늘로 솟아 있었다"라고 기록했다.11 이처럼 이 사원은 건축학적으로도 걸작이었다. 하늘로 높이 솟은 9층탑은 도서관이었다. 도서관에 가득한 밀교 경전은 단순히 보관하고 읽기 위한 것이 아니라 필사도 할 수 있었다. 대학 교과과정에는 산스크리트어 문법에서부터 수학까지 다양했다. 티베트 불교 즉 라마교가 이 날란다에서 유래됐다.

이 무렵 벵골에는 밀교가 절정에 달했고 티베트 및 네팔과 활발하게 소통했다. 벵골의 밀교는 또 바다 건너 수마트라, 자바, 말레이반도 등을 지배하던 스리비자야 왕국으로도 전파됐다. 스리비자야 왕국은 믈라카해협의 동서양 향료 무역로를 장악하여 번창하고 있었다. 이 해상왕국은 벵골계 불교를 믿으면서 인도와 중국의 불교를 연결하는 역할을 했다. 인도를 찾는 중국 순례자나 중국으로 가는 인도 승려가 이곳을 거쳐 갔다. 후일 티베트 불교의 정립에 결정적인 역할을 한 인도 승려 아티샤가 여기서 수행했다.

같은 시대 벵골의 팔라 왕조가 불교의 발상지였던 마가다 왕국을 지배하게 됐다. 팔라 왕조는 독실한 불교국가로 마가다 지역을 지배한 것을 이용하여 불교의 최고 수호자를 자처했다. 팔라 왕조는 성지의 수문장으로서 미얀마나 스리비자야, 혹은 다른 곳에서 오는 사신들이 사원이나 성지를 방문할 때 공물을 거두어 사원의 운영이나 고대 사원의 중건에 사용했다.

팔라 왕조가 쇠퇴하고 정통 힌두교를 믿는 세나 왕조가 득세하면서 벵골의 불교도 마침내 쇠퇴의 길로 들어섰다. 이어 이슬람의 침공이 있었다. 12세기에 이미 인도 북서부를 장악하고 있던 튀르크 및 아프간인으로 구성된 마적떼가 갠지스 평원을 누비고 쳐들어왔다. 그중 하나인 튀르크 계열 군벌 무하마드 바크티야르가 벵골을 공격해 눈에 띄는 모든 고을과 사원을 무차별 파괴하고 약탈했다. 1만의 기병으로 구성돼 일종의 전격전(電擊戰)을 펼치는 그의 부대를 상대로 지역의 소왕국이나 부족은 속수무책이었다. 그때 날란다 대사원도 파괴됐는데 이들은 그들이 파괴하는 것이 무엇인지를 몰랐다. 한 전투에서 승리한 후 바크티야르의 병사들은 머리를 빡빡 깎은 많은 남자를 처형했고 전리품 중에 이상하게 서적이 많았다고 했다. 아프간 출신 저명한 학자 민하주-시라지가 '(그들이 공격한) 요새와 도시가 모두 공부하는 곳'임을 밝혀냈다. 그곳은 바로 날란다와 더불어 명성을 떨치던 불교대학 오단타푸리 사원이었다. 잿더미만 남았다.

이후 수 세기 동안 벵골은 독립지역이었다.12 지배층은 튀르크 계열 무슬림이었고 피지배층의 대다수는 힌두교도였고 소수의 불교도로 있었다. 13세기 말엽 마르코 폴로는 벵골에 대해 인도로부터 거리는 '그리 멀지 않지만' 완전히 다른 곳으로 주민은 무슬림이 아니라 '이상한 언어'를 사용하는 '불쌍한 우상 숭배자'였다고 기록했다. 튀르크 계열의 지배층이 기존의 힌두 지배층과 타협한 결과 이상한 모습으로 비친 모양이었다. 원래 튀르크족은 출신 지역인 중앙아시아에서 더 많은 인구를 데려오려고 했으나 너무 멀었다. 그래서 튀르크인과 페르시아인, 벵골 토착인, 그리고 힌두교도가 뒤섞여서 발전했다. 심지어 동아프리카에서 온 아비시니아인들도 있었다. 처음에는 노예로 끌려왔으나 점차 성장하여 15세기 말에는 잠시나마 왕위를 차지하기도 했다.

이처럼 벵골은 인도 중심부에서 분리된 삶을 유지했다. 정치적, 경제적 독자성을 유지하는 가운데 이슬람교가 힌두교의 교세가 강하지 않았던 동쪽 저지대로 퍼져 지배적인 종교가 됐다. 이후 술탄국이 생기고 술탄은 벵골의 강자로 떠올랐다. 쿠치 베하르와 카마루파 왕국이 흡수됐다. 오릿사와 트리푸라는 조공을 바치는 속국이 되기도 했다. 그러면서 아라칸(=라카인)의 왕국과도 밀접한 관계를 발전시켰다.13 라카인은 지금 미얀마의 서쪽 해안의 한 주에 불과하지만 15~6세기에는 상당히 강한 독립왕국이었다. 불교도와 무슬림, 심지어 포르투갈의 리스본과 일본의 나가사키에서 찾아온 해적들도 포괄하는 다문화 왕국이었다. 크고 길게 보아 벵골이 인도 문명의 일부임은 부정할 수 없다. 그래도 벵골은 동아프리카와 자바해에 걸친 넓은 지역과 교류하면서 길고 독특한 역사를 유지, 발전시켰다.

1947년 인도가 영국에서 독립했다. 다른 아시아 국가들도 식민지배에서 벗어나 차례로 독립했다. 그렇다면 이 지역의 국가 또는 사회들 사이의 관계는 어떻게 됐을까? 과거 밀접했던 문화적, 경제적 관계를 회복할 것인가? 티베트와 미얀마, 윈난을 연결했던 종교적 연계도 회복될 것인가? 그렇게 못할 이유는 없었다. 그러나 역사는 그와 달리 돌아갔다. 그나마 있던 관계마저 끊어졌다. 대영제국이 몇 차례에 걸쳐 분할되면서 3개의 독립 국가가 생겨났다. 중공이 티베트와 윈난으로 가는 입구를 틀어막았다. 그리고 지금 인도의 '동북지방'으로 불리는, 다른 지역과는 거의 관계가 없는, 이상한 지역이 생겨났다. 지금에 와서야 이 부자연스럽고 전례도 없는 분할과 단절이 서서히 극복되기 시작했다.

세 차례에 걸친 대영제국의 분할 중 첫째는 1937년 영국 식민당국이 미얀마를 영국령 인도에서 분리한 것이었다. 그때 미얀마는 독자적인 헌법과 반(半)자치 정부를 가지게 됐다. 인도에서 제한 없이 몰려오던 이민은 중단됐다. 4년여가 지난 후 일본이 동남아를 무자비하게 공격했다. 수십만 명의 인도 출신들이 산을 넘어 아삼 지방으로 도피했다. 일본군이 그 뒤를 바짝 쫓았다. 그렇게 도피한 사람들은 전쟁이 끝나도 돌아올 생각을 하지 않았다. 그들은 어느 쪽에서 바람이 불어오는지, 미얀마에서 곧 집권할 젊은 민족주의자들이 무슨 말을 하고 있는지 알았던 것이었다. 미얀마가 독립한 후 수만 명의 인도계가 추가로 떠났다. 그리고 초강경 민족주의적 세력이 군사쿠데타로 집권한 이후 1964년 수십만 명이 강제로 떠나야 했다. 양곤과 콜카타 사이를 운항하던 정기선은 중단된 지 오래였다. 콜카타에는 다시는 미얀마 유학생이 오지 않았다. 젊고 열정에 찬 인도인들이 미얀마를 기회의 땅으로 생각했던 시절은 오래전에 끝났다. 그런 시절은 아마 다시 오지 않을 것이다.

둘째로 1947년 8월 벵골이 분단됐다.[14] 영국이 인도에서 철수할지를 심각하게 고려하기 시작한 1940년대 초부터 인도 내부에 분열이 일어났다. 독립운동의 주류였던 인도 '국민회의'와 인도 내부의 가장 큰 소수인구인 무슬림의 대변인을 자임한 '무슬림 연맹'(Muslim League) 사이의 분열이었다. 무슬림 연맹은 무슬림의 모국 '파키스탄'이라는 새로운 국가의 창립을 주장하기 시작했다. 1946년 콜카타에서 힌두-이슬람 충돌이 일어나 4천 명 정도가 사망하고 10만여 명이 부상했다. 무슬림 연맹의 지도자 모하메드 알리 지나(Mohammed Ali Jinnah)가 '직접행동하는 날'을 선언하여 무슬림을 선동하고, 힌두교도들도 반파키스탄 구호에 선동된 결과였다. 영국은 복수의 대안을 마련했다. 모든 영토를 매우 느슨하게 하나로 묶는 연방제도 대안 중에 있었다. 그러나 영국은 결국 제국을 분할하여 무슬림이 다수인 양쪽 지방을 묶어 하나의 국가 파키스탄을 설립하여 독립시키는 안에 찬성했다. 서부지역에서는 무슬림과 힌두교도, 시크교도를 망라한 1천 5백만의 인구가 고향을 떠나야 했다. 누가 어디로 어떻게 가야 할지 몰라 우왕좌왕했다. 그 과정에서 1백만 명이 넘는 사망자가 발생했다. 동쪽 벵골지역의 분할은 그처럼 폭력적이거나 혼란스럽지는 않았으나 여파는 오래갔다. 콜카타는 인도 일부로 남아 새로 생겨난 서벵골주의 주도가 됐다. 그러나 그때까지 콜카타의 공장과 항구에 의존하여 살던 많은 지방이 다카에 수도를 둔 동파키스탄 일부가 됐다.

    영국이 적용한 분할 원칙은 기본적으로 인종과 종교를 기준으로 했다. 경제나 안보문제는 무시했다. 영국인들은 독립 후 두 개의 인도가 여전히 전처럼 잘 지내고 기왕에 존재했던 경제체제도 잘 돌아갈 것이라고 안이하게 생각했다. 그러나 양국 사이에 전쟁이 바로 일어났다. 콜카타와 내륙지방 사이에 화물과 사람을 실어나르던 선박과 기차, 버스가 모두 운행을 중단했다. 1천년 넘게 이어져 오던 인적 교류도 중단됐다. 그 자리에는 상호적대감과 안보

불안, 그리고 벵골의 여러 지역을 뱀처럼 지나가는 완전히 인위적인 국경이 생겨났다. (나중에 국경을 나누는 장벽이 설치됐다).

그리고, 25년이 채 지나지 않아 파키스탄이 두 동강 났다.[15] 동파키스탄이 방글라데시로 독립한 것이다. 그 계기는 1970년 12월의 총선이었다. 그때 세이크 무지부르 라만(Sheikh Mujibur Rahman)이 이끈 '벵골 국민 아와미 연맹'이 승리한 것이다. 독립 이후 동, 서파키스탄 사이의 관계는 서부가 동부를 압도하는 불평등한 관계였다. 아와미 연맹은 그처럼 불평등한 관계에서 발생한 벵골인들의 피해의식에 호소하는 선거전략을 사용했다. 벵골어 사용이 억압되고 있고 서파키스탄의 군부 지도자가 동파키스탄의 자원을 착취하고 있다고 성토하며 벵골주민의 분노를 불러일으켰다. 그 결과 동파키스탄의 의석을 싹쓸이하고 서파키스탄에서도 의석을 얻어 제1당으로 부상한 것이었다.

동파키스탄의 정당이 승리하자 서파키스탄의 주류는 공황에 빠졌다. 아와미 연맹이 중앙정부에는 외교와 국방의 권리 남기고 동파키스탄이 사실상 독립하는 연방제 개헌안을 추진할지도 모른다고 우려했다. 또 파키스탄의 주류 사회에서 벵골족 출신 총리를 모신다는 것은 기본적으로 상상하기 어려웠다. 게다가 동파키스탄에는 힌두교도가 1천만 명에 달하고 그들이 전문직종에 종사하고 있었으므로, 파키스탄의 행정이 힌두교도의 손에 떨어질지도 모른다고도 걱정했다.

군 총사령관이자 대통령 야흐야 칸(Mohammed Yahya Khan)은 총선 이후 구성될 새 의회의 소집을 연기했다. 동파키스탄에서 그에 항의하는 파업과 시위가 일어났다. 철도가 멈추고 공항이 폐쇄됐다. 경찰과 시위대가 날마다 충돌했다. 군이 동원되어 해상과 공중으로 동파키스탄에 들어갔다. 시위를 주동하던 대학교를 공격하고 정치인들을 체포했다. 벵골 출신 병사들은 반란을 일으켰다. 외국 언론인은 추방되고 힌두교도들은 공포에 떨어야 했다. 공포에 질린 시민들이 다카에서 도망쳤다. 수백만의 난민이 국경을 넘어 인도로 들어갔다.

파키스탄의 위기는 인도에 기회였다. 벵골 난민들을 규합하고 훈련하여 '무크티 바히니'라는 게릴라 조직을 만들었다. 전직 파키스탄군 장교를 포함해 2만 명의 대조직이었다. 그러나 당시 미국의 리처드 닉슨 대통령은 파키스탄 편이었다. "인도놈들은 좋은 놈이 한 놈도 없어"라고 안보보좌관 헨리 키신저에게 말했었다. 당시는 냉전 중이었고 인도는 소련에 군사적, 경제적으로 접근하고 있었다. 반면 파키스탄의 야흐야 칸 대통령이 닉슨이 공을 들이던 중국과의 비밀외교에 다리를 놓고 있었다.

1971년 10월, 갈등이 증폭되면서 국경에서 무력충돌이 일어났다. 인도군 12개 사단이 동파키스탄과의 국경에 집결해 있었다. 파키스탄이 선제공격했다. 카슈미르의 인도군 기지를 공격한 것이었다. 인도는 대규모 공습으로 응수했다. 또 인도 해군이 파키스탄의 해안 도시 카라치를 포격했다. 내전에 시달리던 파키스탄이 승리할 리는 만무했다. 인도군은 병력도 많았고 장비도 좋았다. 인도군은 무크니 바히니를 앞세워 4개의 방향에서 다카를 향해 진격했다. 마침 겨울이라 파키스탄이 희망했던, 중국군이 히말라야산맥을 넘어 개입하는 것은 불가능했다. 또 동파키스탄의 지형은 인도의 강점인 기계화 부대가 진격하기에 유리했다. 12월 6일 인도 정부는 '방글라데시 인민공화국 임시정부'를 공식적으로 승인했다.

이렇게 인도의 도움으로 분리독립을 했으니 신생 방글라데시와 인도의 관계는 매우 우호적이어야 했다. 그런데 그렇지 않았다. 물론 처음에는 좋았다. 그러나 시간이 흐르면서 인도에 대한 방글라데시의 불만이 쌓이기 시작했다. 인도가 갠지스강 상류, 방글라데시 국경에서 불과 10마일 떨어진 지점에 짓던 파라카 댐이 특히 문제가 됐다. 1974년 댐이 완성되고 댐에 물이 차는 동안, 그리고 나중에 그 물이 후글리강으로 돌려지면서 하류에 있는 방글라데시의 물 공급에 큰 차질을 빚었다. 또 1970년대 말 쿠데타로 집권한 방글라데시의 군사정권이 민족주의에 호소하고 그 민족주의가 반인도적 색채를 띠면서 양국 사이의 관계는 걷잡을 수 없이 악화했다. 파키스탄과 방글라데시의 군부 및 정보기관 사이에는 협력관계가 구축됐다. 이후 20년간 방글라데시는 인도의 '아삼 연합 해방 전선'(The United Liberation Front of Assam; ULFA)과 같은 반군세력을 지원했다. 2004년 야슈완트 신하 인도 외교부 장관은 인도-방글라데시 관계가 인도-파키스탄 관계보다 더 나쁘다고 평가했다.

이처럼 인도대륙의 분할과 인도민족의 분단은 이 지역에 지속적인 고통과 고민을 남겼다. 나는 미얀마에서 중국의 힘과 영향력이 치고 들어오는 것을 실감하면서 왜 인도로부터는 그런 활력이 오지 않는지 궁금했다. 그 이유를 이제 알겠다. 독립과 분할과 분단으로 조성된 콜카타 이동 지방의 지리적 특성, 계속되는 인종분규, 모택동주의자들의 준동, 그리고 델리와 다카 사이의 외교적 관계가 모두 그 이유였다. 이 지역에서만큼은 인도는 수세를 벗어날 수 없었다. 델리의 전략가들은 중국이 미얀마에 진출해 들어오는 것을 그냥 불안의 눈길로 지켜볼 수밖에 없었다.

콜카타의 중심부에, 즉 후글리강에 면하면서 빅토리아 기념관에서 광장의 맞은편에 윌리엄 요새(Fort William)가 있다. 1781년 로버트 클라이브가 건설한 별 모양의 건물로 이후 한 세기 동안 동양에서 대영제국 힘의 상징, 말하자면 당시의 '펜타곤'이었다. 지금 그곳에는 인도군 동부사령부가 있다. 인도육군의 총 34개 사단 중 8개 사단, 총 1백만이 넘는 병력의 4분의 1을 관장한다.

바로 그 윌리엄 요새에서 영국의 전략가들은 아프가니스탄의 에미르 도스트 모하메드, 펀자브의 마하라자 란지트 싱, 그리고 미얀마의 띠버 왕 등의 적과 전쟁을 기획했다. 지금 그곳을 차지한 인도의 전략가들이 고민하는 문제는 그때처럼 다채롭지는 않지만 복잡하기는 그때와 마찬가지다. 과거 영국 전략가들이 우려했던 제정러시아의 위협은 없으나 중국이 그 위치를 대신했다. 중국의 위협은 얼어붙은 히말라야산맥을 넘어오기도 하지만 이제는 따뜻한 인도양의 바닷물을 통해서도 온다.

그때 대영제국이 우려했던 것은 러시아가 티베트에 진출할지도 모를 '가능성'이었다. 지금 중국의 공산정부가 티베트를 지배하는 것은 '현실'이다. 서쪽 카슈미르에서 동쪽 윈난까지 중국과 인도는 국경을 맞대고 군대가 대치하고 있다. 또 중국은 파키스탄과 매우 우호적인 관계를 유지하고 있다. 2000년대 초부터 중국의 국영기업이 카라치에서 멀지 않은 과다르에 새로운 항구를 건설하기 시작했다. 중국은 그곳에서 도로를 건설하여 카라코람산맥을 넘어 신장으로 연결할 예정이다. 또 중국은 방글라데시와도 관계를 강화하여 쿤밍과 방글라데시 제1의 항구 치타공을 연결하는 도로를 건설하기로 원칙적으로 합의했다. 나아가 중국은 벵골만을 지나 스리랑카로도 손을 뻗어 함반토타에 항구를 건설하기로 합의했다. 네팔과도 접촉하여 라싸와 카트만두를 연결하는 철도를 건설하기로 했다.

아시아 여러 곳을 서로 연결하여 소통과 교류를 늘리는 것이 뭐가 잘못이냐고 따져 물을 사람도 있을지 모른다. 그러나 그것이 중국의 공세적 팽창의 전조라고 보는 시각이 분명히 있다. 2006년 미국 육군대학은 「진주목걸이: 아시아 연해를 따라 부상하는 중국의 힘이 제기하는 도전과 대응방안」이라는 보고서를 발행했다.[16] 그 보고서는 중국이 믈라카해협으로부터 아라비아만까지 이르는 해로를 확보하려는 지경학적 정책이 인도양에서 패권을 장악하려는 지정학적 정책의 일부인지를 분석했다. 인도의 전략가들도 중국의 대외무역이 급속히 증가하는 것과 별도로 민간차원에서 사회 기간시설 구축 사업에 적극적인 것이 향후 군사적으로 전용돼 인도의 안보에 대한 직접적인 위협이 될 수도 있다고 우려하기 시작했다.

중국 국제전략연구소의 웹사이트에 가명임이 분명한 '잔루에'(戰略)라는 이름의 저자가 논문을 게재하여 중국 정부가 파키스탄과 방글라데시와 같은 '우방'과 협력하여 인도를 2~30개 국가로 쪼개야 한다고 주장했다.[17] 중국어로 쓰인 그 논문에서 저자는 "중국이 조금만 노력한다면 소위 '인도 대연방'은 쉽게 분열될 수 있다"라고 주장했다. 나아가 중국은 아삼인과 타밀인, 카슈미르인 등 '다양한 민족'과 협력하여 그들이 독립 국가를 수립할 수 있도록 지원해야 한다고 주장했다. 그 논문은 구체적으로 중국 정부가 인도의 동북 지방에서 무장 분리 운동을 벌이고 있는 '아솜 해방 연합전선'(the United Liberation Front of Asom, ULFA)을 지원하여 아삼이 인도에서 독립하도록 하라고 주문했다. 그리고 방글라데시가 서벵골을 합병하여 단일한 벵골 민족 국가를 완성하도록 지원하라고도 주문했다. 많은 이들이 이 논문은 개인 의견에 불과하다고 무시했다. 그러나 그것이 개인 의견일지는 몰라도 적어도 일부 중국인들의 속내를 반영하는 것으로 생각하는 사람도 분명히 있다.

미국과 인도가 냉전 시대의 불화를 떨치고 가까워진 데는 중국의 힘과 의도에 대한 공통의 불신이 한 역할을 했다. 조지 W. 부시(George W. Bush) 행정부는 인도가 중국에 대한 민주주의의 보루가 될 수 있다고 보고 민간 핵 협력 협정의 체결을 추진했다. 2006년에 서명하고 2년 후에는 의회의 비준까지 받았다. 2007년 인도·미국·싱가포르·일본·호주 등 5개국이 벵골만에서 유사 이래 최대규모의 연합 해군훈련을 시행했다. '말라바르 07'이라는 작전명으로 5일간 계속된 이 훈련에 인도는 7척의 해군함정을 파견했다. 미국은 니미

츠와 키티호크 등 2척의 핵 추진 항공모함, 그리고 핵 추진 잠수함 시카고 함을 포함해 모두 13척의 해군함정을 파견했다.

중국이 군사력을 증강하는데 비례하여 인도도 군사력을 증강하고 있다. 주로 동부 전선에 초점을 두었다. 2010년 현재 인도는 아삼 지방에 육군 3개 군단 10만 명의 병력을 주둔시키고 있다. 최신예 수호이 30 전투기 대대도 주둔하고 있다. 그리고 미얀마의 남쪽 해안에서 멀지 않은, 대영제국이 넘겨준 안다만 제도에 해군력을 증강하고 있다.

중국의 악몽은 미국이나 인도의 해군이 믈라카해협을 봉쇄하는 것이다. 인도의 악몽은 중국해군이 인도양을 평정하는 것이다. 중국이 전략적 문제로 부각할수록 미얀마가 인도의 국가전략의 핵심에 자리 잡기 시작했다.

60년 전 인도의 내무부 장관이자 의회 지도자였던 사르다르 발라브바이 파텔이 네루 총리에게 서한을 보내 "버마가 중국을 상대하는 데 입지를 강화할 수 있도록 인도와 버마의 관계를 증진해야 하는 게 아닌지"라고 물었다.[18] 1990년대 인도의 전략가들이 미얀마가 빠르게 중국의 영향권으로 빨려 들어가는 것을 보며 똑같은 걱정을 했다.

1988년 미얀마에서 민주화 봉기가 일어나고 군부에 의해 진압됐을 때 인도는 미국이나 유럽국가보다 오히려 더 강경하게 미얀마 군부를 비난했다.[19] 서방국가들이 제재의 방법을 모색하고 있을 때 인도는 이미 미얀마의 정치적 반대세력 심지어 태국-미얀마 국경에 있던 망명세력과 인종 반군에게 지원금을 보내고 있었다. 그때 인도의 총리는 판디트 네루 총리의 손자 라지브 간디였다. 네루 가문은 미얀마에 인맥이 넓었고 특히 미얀마의 두 가문과 친분이 두터웠다. 바로 독립의 영웅 아웅산 집안과 초대 총리 우누 집안이었다. 네루 총리는 아웅산을 개인적으로 알았고 우누가 총리일 때 국빈으로 또는 친구로 미얀마를 자주 방문했다. 아웅산의 딸 아웅산 수치가 (인도 주재 미얀마 대사였던 모친과 함께) 인도로 가 그곳에서 학교에 다녔다. 바로 그 아웅산 수치가 미얀마에서 분출하는 민주화 운동의 새로운 핵심지도자로 부상했다. 그러니 라지브 간디는 수치의 편에 서야 할 온갖 이유가 있었다. 게다가 '지구상에서 가장 큰 민주주의 국가'의 총리로서 이웃 나라 민주화 운동을 지원해야 한다는 당위성도 있었다, 그래서 공개적으로 지지를 표명하고 뒤에서 실질적인 지원도 한 것이다.

그런데 1990년대 중반 그 같은 원칙론적 정책이 현실주의적 정책으로 바뀌었다. 군사정권을 반대하여 반대세력을 지원하던 정책이 군부를 포용하는 방향으로 180도 선회한 것이다. 그에 대해서는 여러 측면에서 설명할 수 있다. 그러나 무엇보다 중요한 것은 그때까지의 정책이 성공하지 못했다는 점이다. 1988년 붕괴 직전까지 갔던 군부는 다시 자리를 확고히 굳혔고 민주화를 지원하던 인도의 정책은 아무런 효과를 보지 못하고 있었다. 반면 부작용이 컸다. 미얀마를 중국에 무주공산으로 내주었다. 중국은 그 기회를 이용해 미얀마 군부의 최대 우방이자 확고한 후원자로 자리를 굳혔다. 인도의 '동향정책'은 원래 경제적 목적을 위한 것이었다. 곧 인도의 개혁개방정책을 아시아의 '호랑이'들과 연결하겠다는 것이었다. 그런데 중국이라는 전략적 고려가 더 중요해졌다. 양곤과 거리를 뒀더니 중국이 재빨리 그 자리를 차지했다. 미얀마가 중국이 안방이 되다니! 결코, 있을 수 없는 일이었다.

물론 인도 정부에 미얀마의 민주화를 반대하거나 환영하지 않을 사람은 없다. 지구상 가장 큰 민주주의 국가가 바로 이웃하고 있는 나라의 민주화를 지원하는 것은 국제적으로나 국내적으로 명분이 서는 일이었다. 내가 인도에서 만난 기자나 학자들은 모두 미얀마의 정치적 상황과 인권탄압에 관심이 있었고 인도가 어떻게 도와줄 수 있는지 물었다. 1990년대 말과 2000년대 초에 인도 국방부 장관을 지낸 조지 페르난데스 같은 정치인은 미얀마의 민주화 운동을 적극적으로 지원했다. 어느 정도인가 하면 미얀마 반체제인사에게 자신의 집에서 숙식을 제공할 정도였다. 그러나 인도가 아무런 결과도 보장되지 않은 상태에서 단순히 이상주의적 노선을 따라야 한다고 믿거나 주장하는 이는 별로 없었다. 중국에서와 마찬가지로 서방의 정책은 좋게 평가해도 위선적이고 나쁘게 말하자면 미얀마 사람들을 괴롭히는 악랄한 정책이라고 생각했다.

중국의 부상에 따른 전략적 고려 말고 다른 것도 있다. 인도의 지속적인 경제성장과 그것을 위한 시장과 에너지 확보를 걱정하는 목소리도 있다. 가까운 미얀마는 중요한 수출시장이 될 수 있고 특히 1990년대에 새로 발견한 가스전은 인도의 에너지 문제를 해결하는 데 큰 도움이 될 수 있다. 그러나 경제적 고려보다 훨씬 더 중요하고, 중국의 부상에 따른 전략적 고려보다 더 직접적인 것이 있다. 바로 서로 접한 긴 국경을 따라 있는 인도 동북지방에 관한 것이다. 이 지역에는 다양한 세력이 분리독립을 주장하며 수십 년째 무장투쟁을 벌이고 있다. 그들의 은신처가 바로 국경 너머 미얀마의 깊은 숲속이다. 인도의 안보전략가들에게 있어 미얀마를 중국이 독점하는 것은 심각하긴 하지만 가설적이고 상대적으로 먼 미래의 일이다. 이 반군을 토벌하기 위해서 미얀마군대의 협력이 필요한 것은 당면한 현실문제다. 1993년 인도 정부는 아웅산 수치에게 권위 있는 '네루 국제 이해 상'을 수여했다. 그러나 불과 2년 후 1995년 미얀마와 인도군이 공동 군사작전을 시행했다. '황금새 작전'이라고 명명된 이 작전은 국경 부근의 반군을 소탕하기 위한 것이었다.

그때 이후 양국관계는 급격히 좋아졌다. 고위급 인사의 상호방문이 줄을 이었다. 무역이 증가했고 인도는 미얀마의 에너지 분야에 투자했다. 인도가 미얀마에 접근한 이유에는 중국을 견제하겠다는 의도가 분명히 있었다. 그

의도와 인도를 끌어들여 중국을 균형 잡겠다는 미얀마의 의도가 맞아떨어진 것이다.

2010년 7월 미얀마의 최고 지도자 딴슈웨 장군이 언론의 주목을 한몸에 받으며 인도를 방문하여 대대적인 환영을 받았다. 먼저 부처님이 깨달음을 얻은 보드가야를 방문하고 초전법륜(初轉法輪)을 행한 사르나트를 들렀다. 다음 델리로 가서 대통령과 만모한 싱 총리를 만났다. 그리고 하이데라바드의 IT 센터와 최신식 의약품 공장, 그리고 콜카타 근교의 타타 자동차 공장을 방문했다. 양국 정상은 관계강화의 중요성을 거듭 강조하며 다수의 경제협력 문건에 서명했다. 미얀마의 서부해안 시트웨의 항만을 새로 건설하겠다는 인도의 계획이 실천에 옮겨졌다. 그 항구와 인도의 동북지방을 연결하는 수로와 도로를 건설하는 계획도 있었다. 타타 자동차는 미얀마에 초저가 자동차 나노를 생산하는 공장을 짓겠다고 했다. 또 바간에 있는 아난다 사원을 공동으로 개축하기로 합의했다. 그렇다고 미얀마가 인도에 치우친 것은 아니었다. 인도에 오기 직전 딴슈웨 장군은 중국의 원자바오 총리를 초청하여 정상회담을 했다. 조만간 중국을 답방할 계획이 있었다. 미얀마의 군사정부는 아시아의 두 강대국 사이에 균형을 취해 최대한의 협상력과 이득을 얻어내고자 한 것이다.

1958년 판디트 네루는 미국 언론인 에드거 스노(Edgar Snow)에게 인도와 중국이 서로 다투는 "기본적인 이유"가 양국이 모두 역동적인 민족주의 지도자를 가진 신생 독립국으로, "말하자면 유사 이래 처음으로 국경을 서로 접하게 됐기 때문"이라고 했다. 과거에는 "두 나라 사이에 완충지대가 있었다. 양국은 국경에서 멀리 떨어져 있었다."[20] 그가 말한 완충지대는 티베트였고 그 티베트를 이제 중국의 인민해방군이 장악한 것을 말하는 것이었다. 그런데 미얀마도 긴 역사 속에서 그 같은 완충지대 역할을 했다. 만일 중국이 미얀마를 완전히 장악하여 그 완충지대가 사라지게 되면 더욱 큰 갈등이 시작될 것이다. 2010년 현재 미얀마에 대한 인도의 존재와 영향력은 중국을 대적은커녕 근처에라도 갈 수 있을지 미지수다. 델리의 인도 정부가 하겠다고 할 수 있는 일이 아니다. 인도의 우울한 동북지방에 사는 사람들과 그곳에서 일어나는 일도 큰 역할을 할 것이다.

제 3 장

나라 안의 국경

아삼주 가우하티

지도를 보면 동북인도(Northeast India)는 마치 동쪽으로 뻗은 팔이 손목에서 잘린 것 같다. 동북인도라는 말은 북인도, 동인도, 남인도 등과 달리 비교적 최근에 생겨난 용어다. 이 말은 아삼(Assam) 주를 비롯한 '7자매' 주를 지칭한다. 나머지 여섯 주는 메갈라야(Meghalaya), 아루나찰 프라데시(Arunachal Pradesh), 나갈랜드(Nagaland), 마니푸르(Manipur), 미조람(Mizoram), 그리고 트리푸라(Tripura)다. 이 일곱 개 주의 이름은 인도인이 아니라면 들어본 사람이 극히 드물 것이다. 진정 아시아에서 동북인도보다 덜 알려진 곳이 달리 있을 것 같지 않다.

알려지지 않았다고 작은 것은 아니다. 땅은 영국의 잉글랜드와 스코틀랜드를 합친 것만 하고 인구는 4천만이 넘는다. 그곳의 인종과 언어는 정말 놀랄 만큼 다양하다. 사용되는 언어의 숫자는 전체 유럽의 두 배는 된다. 종교도 힌두교·기독교·이슬람·불교·애니미즘 등으로 다양하다. 외모를 보면 스페인사람에서부터 시베리아사람으로까지 오인될 사람도 있다. 서로 다른 종족으로 메이테이족·나가족·아보르족·미리족·보도족·가로족·쿠키족 등을 꼽을 수 있다. 이 중 하나라도 들어본 적이 있는가? 그런데 그 외에도 수십 개의 종족이 더 있다. 그리고 같은 동북인도에 포함된 지역들은 서로 엄청나게 멀다. 이웃 나라 미얀마가 차라리 더 가까울 수도 있다. 2010년 10월, <내셔널 지오그래픽>의 「계속 들려오는 목소리」(Enduring Voices)라는 프로그램의 제작을 도와준 언어학자들이 '코로어'라는 전혀 새로운 언어를 '발견'했다. 히말라야산맥의 기슭에 있는 작은 골짜기 촌에서 사용했는데 주민이 8백 명에 불과했다. 그 언어는 근처의 다른 언어와 비교하면 마치 포르투갈어와 페르시아어처럼 서로 달랐다.

　동북지방은 갇힌 땅이다. 1947년 인도대륙이 분할되고 동파키스탄이 생기면서 수백 년 동안 통상해 온 다카와 실헤트와 같은 도시, 그리고 그 너머 벵골만으로 갈 수 있는 길이 원천적으로 봉쇄됐다. 어떤 곳은 폭이 20마일이 채 안 되는, 좁고 긴 회랑이 이 지역에서 인도의 다른 지역으로 갈 수 있는 유일한 통로다. 그 통로를 '닭의 목'(Chicken's Neck)이라고 부른다. 그렇다고 스위스처럼 남들이 부러워할 만한 낙원인가 하면 전혀 아니다. 인구밀도가 높고 가난한 방글라데시가 남쪽과 서쪽으로 있다. 북쪽으로는 히말라야산맥이 있다. 동쪽으로는 방글라데시만큼이나 가난하고 수십 년간 국제적으로 고립된 미얀마가 있다. '닭의 목'을 지나 인도로 나가도 그곳에 있는 것은 소프트웨어 회사나 콜 센터, 발리우드(Bollywood)로 번창하는 인도가 아니다. 인도에서 가장 가난하고 무법천지 시골인 서벵골주와 비하르주다. 이곳을 찾는 외국인, 심지어 인도인 관광객도 거의 없다. 일부 지역은 인도국민이 가려고 해도 특별 허가가 필요하다. 아주 특별한 경우를 제외하곤 외국인 언론인의 취재가 허용되지 않으므로 국제언론을 타는 일도 거의 없다.

　동북지방은 산악과 분지가 섞여 있다. 수백만 년 전 인도대륙이 아시아와 충돌하기 전 브라마푸트라강은 티베트에서 남쪽 테티스해로 바로 흘러갔다. 그러나 히말라야산맥이 솟은 다음 이 강은 급격하게 방향을 바꾸어 처음에는 동쪽으로 흐르다가 다시 서쪽으로 방향을 바꾸어 해발 4천 5백 미터 높이의 산자락을 감싸고 흐른 후 깊은 정글을 지나 벵골만으로 흘러 들어간다. 길이로 따져 세계 유수의 강이다.

삼각주에 도달하기 전 이 강은 기다란 분지를 따라 흐른다. 크기로 따져 아일랜드만 한 그 분지가 바로 동북인도의 중심 아삼이다. (동북지방의 4천만 인구 중 3천만 이상이 이곳에 산다 — 옮긴 이). 아삼은 분지답게 논과 차밭으로 덮인 가운데 드문드문 작은 마을이 있는 것이 상 미얀마와 닮았다. 아삼에서 특기할 것은 '카지랑카'(Kaziranga) 국립공원이다. 지구상 남은 외뿔 코뿔소의 3분의 2, 그리고 얼마 남지 않은 야생호랑이의 밀집 서식지가 바로 이곳이다. 미얀마의 이라와디 분지가 3면이 산악지대에 싸여 있듯이 브라마푸트라 분지도 산으로 둘러싸여 있다. (미얀마의 경우 불교도, 아삼의 경우 힌두교도인) 다수인종이 분지에 거주하고 기독교를 믿는 소수 인종이 산악지대에 거주하는 것도 닮았다.

아삼주의 주도는 가우하티(Gauhati) 또는 구와하티(Guwahati)다. 인구는 백만이 조금 안 되는데 콜카타 동쪽에 있는 가장 큰 (어쩌면 유일한) 도시다. 콜카타와의 거리는 직선으로 4백 마일이다. 중국에서 그 거리를 여행하려면 고속도로로 한나절, 고속철도로 몇 시간이면 갈 수 있다. 그런데 콜카타에서 가우하티로는 그렇게 갈 수 없다. 중간에 방글라데시가 있기 때문이다. 그래서 방글라데시를 우회하여 일단 북쪽으로 올라갔다가 '닭의 목'을 통과한 다음 브라마푸트라강을 따라가야 한다. 우회로니 거리가 더 멀 수밖에 없다. 멀어진 거리를 기차로 또는 자동차로 가는데 고속철이 아니니 기차로 18시간, 고속도로가 아니니 자동차로는 더 오래 걸린다.

기차는 툭하면 연발하거나 연착하고 도중에 강도, 기타 무장세력의 공격을 받기도 한다. 내가 그곳에 가기 얼마 전 '라지다니'특급열차가 가우하티로 가던 중 선로에 설치된 폭탄이 터져 탈선하고 넘어졌다. '아디바시 국민해방군'의 짓이라는 데, 그게 이념단체인지 인종단체인지, 아니면 그냥 강도단인지 알 수 없다. 2010년 9월에는 '닭의 목'을 지나가던 열차가 철로를 건너던 코끼리 무리를 덮쳐 일곱 마리가 죽었다. 우기 중에는 산사태가 일어나 선로가 막히기도 한다. 버스나 기차를 타고 풍경을 감상하며 여유 있게 갈 수 있으면 좋겠지만, 결국 항공편을 이용하기로 했다. 콜카타에서 구매한 항공권은 '제트 에어웨이즈' 편이었디. 새로 취항한 민간항공인데, 기내에 비치된 항공사 잡지에는 뉴욕행 일등석에 대한 안내가 있었다. 일등석 승객은 침대가 딸린 별도의 공간에서 음식과 음료를 무제한 대접받고 수백 편의 영화를 대형 화면으로 즐길 수 있다. 내가 탄 항공기에는 일등석이 없었다. 전부 삼등석이었는데 승객의 절반은 미얀마인의 외모를 하고 있었다. 그들은 물론 미얀마인이 아니라 아삼을 비롯한 동북지방 주민이었다. 다른 승객들도 나를 미얀마인이 아니라 그들 중 한 사람으로 생각했을 것이다.

아삼은 책과 머릿속에서 내게 친숙한 곳이었다. 대부분 사람은 인도라면 델리나 뭄바이 혹은 타지마할을 생각하겠지만 나는 아니다. 미얀마 역사를 전공하다 보니 미얀마에 접한 이 부분을 진즉 알고 있었다. 19세기 초, 미얀마의 장군 따도 마하 반둘라가 군대를 이끌고 험준한 산을 넘어 한때 막강했던 아삼의 왕국을 정복했다.[1] 아삼의 왕족과 귀족, 그리고 그들의 종복들이 미얀마 아바의 궁정에 포로로 끌려왔다. 아삼의 한 공주는 미얀마 왕의 후궁이 되고 왕자는 대신이 됐다. 미얀마 사람들은 아삼 왕국에서 지켜오던 힌두 전통이 신기했다. 그래서 산스크리트어를 공부하는 사람들도 생겨났다. 그러나 그것은 오래가지 않았다. 20년이 채 지나지 않아 미얀마는 영국과 전쟁을 하고 전쟁에서 지고 아삼을 뺏겼다. 그렇게 아삼은 미얀마의 역사에 잠시 등장했다가 사라졌다. 미얀마 역사 교과서에 아삼은 과거 왕조의 위대한 승리의 하나로 나열되는 정도에 그친다. 아삼 그 자체와 거기에 사는 사람, 그들이 미얀마의 정복으로 겪었을 고통은 가르치지 않는다. 미얀마의 '위대한' 정복 행보를 다룬 역사에서도 아삼은 불과 몇 쪽에 수록된 단일한 사건, 비유적으로 말해 긴 영화 중 한 장면에 잠깐 비치는 조연에 지나지 않는다.

내가 아는 미얀마 사람 중 아삼에 가본 이는 없다. 앞으로는 달라질까? '동향정책'은 포괄적인 정책 방향을 말하는 것이므로 보는 사람의 관점과 이익에 따라 다른 의미를 띤다. 그러나 동향정책 속에는 육로를 통한 인도와 중국의 연결, 그리고 미얀마를 통한 동남아 여러 나라로의 진출이 분명히 포함된다. 그렇다면 아삼은 동향정책에서 빠질 수 없다. 세계에서 가장 인구가 많은 두 나라, 즉 중국과 인도의 중심지를 연결하는 길목에 중국의 윈난, 미얀마, 그리고 아삼을 포함한 인도 동북지방이 있다. 그래서 아삼은 한때는 미얀마처럼 막다른 골목이었지만 이제는 새로운 아시아로 가는 길목이 될 수 있다.

가우하티를 처음 봤을 때 받은 인상은 도시가 아니라 시골 같다는 것이었다. 양곤의 교외로 나가면 흔히 볼 수 있는 풍경과 닮았다. 커다란 나무 아래로 넓지 않고 지저분한 길이 있고 양쪽으로 양철 골판 지붕을 얹은 작은 나무집들이 줄을 지어 있으며 주인 없는 개들이 돌아다닌다. 도로는 차가 많지 않으면서, 아마 그래서 더욱, 혼란스럽다. 스쿠터와 동력인력거가 낡은 트럭과 흰색 힌두스탄 앰배서더 세단 사이를 재주 부리듯 지그재그로 지나간다. 나는 '브라마푸트라 아쇼크'라는 이름의 비교적 고급호텔에 투숙했다. 방은 약간은 퀴퀴한 냄새가 났지만 괜찮았다. 창밖을 내다보니 공터만 보였다. 공터에는 반바지를 입은 소년들이 축구공을 차면서 먼지를 날리고 있었고 한쪽에는 갈색 소 한 마리가 풀을 뜯고 있었다. 저 멀리 보니 브라마푸트라강이 넓고 압도적인 위용을 자랑하고 있었다. 이쪽으로는 모래강변이 있는데 반대쪽으로는 푸른 언덕이 강과 만나고 있었다.

룸서비스 메뉴는 별로였다. '국물 있는 전채 요리'는 '국수'와 '크림 수프', '캐나다 치즈 수프' 중에서 고를 수 있었다. 호텔 안내 책자를 보니 1층에 '우샤반'이라는 이름의 식당 겸 커피숍이 있었다. "인도식, 중국식, 유럽식 요리를 제공하며 …… 시내에서 최고의 '구이'를 즐길 수 있는 곳"이라는 설명이 붙어 있었다. 또 '실버 스트리크 : 동북인도 최초의 라운지'도 있었다. 저녁에 가봐야겠다고 기억해 두었다. 텔레비전을 켜니 뉴스가 나왔다. 태국의 한 장관이 방문한다는 소식을 전했다. 채널을 돌리니 만드는데 며칠씩 걸린다는 이 지방 특산 사탕 과자에 관한 프로그램이 있고 또 전통의상을 입고 무용을 하는 모습을 보여 주는 것도 있었다.

　가우하티는 강의 한쪽에 집중돼 있고 강변으로 몇 채의 고급주택이 있는데 식민지 시대에 지어 지금은 고위직 공무원이 산다. 영국은 자동차로 몇 시간 거리의 고지대에 실롱(Shillong)이라는 도시를 건설하여 행정의 중심지로 삼았다. 그래서 가우하티에는 대영제국 시대 주요 도시에서 흔히 볼 수 있는 큰 성공회교회나 대형 영국식 건물이 없다. 대신 근년에 싸구려로 지은 모습이 역력한 콘크리트 건물들이 무질서하게 들어서 있었다. 아삼 특유의 힌두교 사당이 몇 군데 있었는데 장방형 모양의 건물에 지붕이 마치 레몬 짜는 기계처럼 생겼다.

　호텔에서 멀지 않은 곳에 재래시장이 있었다. 각종 물품을 파는 노점상이 빽빽이 들어차 있는 위로 전선이 이리저리 뒤엉켜 있었다. 마치 사람 먹이를 노리는 거대한 거미줄 같았다. 통신업체 대리점 겸 무선 전화기 판매 가게가 몇 군데 보였고 중고 의류를 파는 가게도 보였다. 강을 향해 걸어가니 '네루 공원'이 나왔고 춤을 추는 사람들의 동상이 나왔다. 모종의 전통의상을 입고 있어 윈난처럼 '소수민족'의 전통무용을 보여주나 보다 하고 생각했다. 마침 휴일이어서 공원과 강둑을 따라 있는 산책로에는 손을 잡고 걷는 남녀, 또 아이들과 함께 나온 가족이 보였다. 가까이 있는 놀이터에는 많은 아이가 떠들며 놀고 있었다. 길 건너편에 한 간판이 눈길을 끌었다. '닥터 Q — 동북지방 최초의 성(性) 상담 및 치료소'라고 적혀있었다.

도시 중심에 코튼 대학(Cotton College)이 있었다. 20세기 초 행정관 헨리 코튼 경이 세웠다. 가우하티가 큰 곳이 아니니 대규모 종합대학교일 리 없었다. 아치형으로 휘어지는 대학진입로 위에는 '코튼 대학: 100년의 전통'이라고 적혀있고 경내에는 영국식으로 지은 작은 건물이 여러 채 있었다. 이 대학에는 페르시아어, 물리학 등 여러 전공의 고등교육 과정이 있다고 한다.

반대쪽에는 고고학 탐사지가 있었다. 6세기 유적이 발굴됐다. 입구에 작은 건물이 있었는데 안에서 서너 사람의 남자가 작은 텔레비전으로 호주 오픈 테니스 중계를 보고 있었다. 입장료를 내라는 사람이 없어 나는 테니스 치는 소리를 뒤로하고 안으로 들어가 봤다. 저만치 벽돌로 지은 옛 건물 일부가 발굴돼 있었고 사람은 눈에 띄지 않았다. 안내표지판에는 '프라지요티시푸라'라는 고대 도시가 지금 가우하티가 있는 곳이 있었다고 적혀있었다.

저녁 식사는 도시 외곽에서 하고 호텔로 돌아왔다. 도중에 작은 배스킨-로빈스 아이스크림 가게를 지났다. 주위에 가로등이 없어 어둡고 도로포장 상태도 엉망이었지만 이 가게만은 환하게 불을 밝히고 있었다. 작은 자동차가 앞에 주차돼 있고 가게 안에는 일가족이 즐거운 모습으로 앉아 있었다. 폴로 셔츠를 입은 젊은 아버지와 반바지를 입은 아이들의 모습은 미국 도시의 교외에서 흔히 볼 수 있는 그대로였다. 가우하티에서 잘 나가는 중산층 집안이려니 했다. 아마 지저분한 도심을 벗어나 교외에 깨끗한, 전기가 나갈 때를 대비하여 발전기까지 딸린, 집이 있을 것이다. 아이들은 교회에서 운영하는 영어학교에 다니고 아버지는 콜카타, 델리, 싱가포르, 어쩌면 런던까지 출장 다니며 책이며 옷, 아이들 장난감을 사 나를 것이다. 텔레비전과 DVD로 아이들이 세상 돌아가는 모습을 놓치지 않도록 하고, 가끔 이렇게 배스킨-로빈스에 데리고 나와 아이스크림을 사준다. 낯선 풍경은 아니었다.

고대에 가우하티가 있는 서부 아삼 지역은 '카마루파'라고 불리고 '사랑이 현신(顯身)한 곳'이라고 알려졌다.[2] 전설이 있다. '다크사'라는 신에게 딸이 있었는데 '시바'라는 신과 결혼했다. 다크사는 시바를 싫어하여 그 결혼을 인정하지 않았다. 어느 날 다크사는 큰 축제를 열고 모든 이들을 초대하면서 시바는 빼놓았다. 딸이 참석했다가 아버지가 사위를 홀대하는 것을 보고 상심한 나머지 스스로 목숨을 끊고 말았다. 그것을 안 시바가 크게 슬퍼하고 분노하여 아내의 시신을 품에 안고 무서운 춤을 추며 세상을 짓밟고 다녔다. 아내의 시신은 51토막이 나서 지상에 뿌려졌다.

걱정이 된 다른 신들이 사랑의 신 '캄데바', 말하자면 인도의 '큐피드'를 시바에게 보냈다. 시바가 새로운 사랑을 찾아 아내를 잊고 그 무시무시한 춤을 멈추도록 바랐다. 그 계획은 통했다. 그러나 시바는 자신에게 수작을 부린 데 대해 분노한 나머지 눈빛 번개로 캄데바를 태워버렸다. 캄데바는 나중에 환생하여 현신(顯身)했다. 그곳이 바로 카마루파였다.

시바의 아내의 시신 51조각이 뿌려졌다는 곳은 인도와 네팔, 방글라데시 곳곳에 분포해 있는데 모두 힌두교의 성지로 순례와 숭배의 대상이 됐다. 그중의 한 조각, 아주 중요한 '요니' 혹은 성기(性器) 부위가 가우하티 외곽에 있는 언덕 위에 떨어졌다. 그곳에는 여신 '카마크야'를 모시는 사원이 있다. 밀교의 수행 장소로 아주 중요한 곳이다. 가우하티에 온 사흘째, 나는 친구 한 명과 함께 그 사원을 찾았다. 택시를 타고 언덕을 구불거리며 올라 자동차와 버스가 가득 들어찬 대형주차장을 걸어서 지나갔다. 이 사원에서는 옛날에 사람을 제물로 바쳤다고 하는데 지금도 염소, 가끔은 원숭이를 제물로 바친다. 과연 몇 사람이 고삐에 묶인 염소 몇 마리를 끌고 가는 것을 봤다. 한 소년은 살아있는 닭을 안고 있었다. 안내하는 사람이 우리보고 코끼리 두상을 한 '가네샤' 신 앞에 힌두식 예배 '푸자'(*puja*)를 하라고 시켰다. 불교도인 나는 힌두교 예법에 전혀 무지하지는 않았지만 그래도 조금은 도움이 필요했다. 수백 명의 신자가 사원으로 가고 있었다. 다들 꽃과 버터, 향 등을 들고 이마에는 빨간색 가루를 묻히고 있었다. 이곳저곳에 '코코넛 제물 금지', '휴대전화 사용금지', '전기통제실'이라고 적혀있었다. 긴 줄이 있는데 사원 중심부로 바로 들어가는 통로라고 했다. 추가 요금을 내고 '5번 특별입장 통로'에 가서 줄을 섰다. 추가 요금을 냈는데도 20분 동안 줄은 움직일 생각을 안 했다. 정중하게, 어떻게 된 일이냐고 물으니 따로 이야기하잔다. 5백 루피를 더 내고 'VIP 통로'를 이용하여 바로 입장했다.

내부는 어둡고 매우 습했다. 많은 사람에 떠밀리며 앞으로 나아갔다. 다들 잘 참고 견뎌 불상사는 없었다. 습한 냄새와 땀 냄새가 진동했다. 얼마 나아가니 이상하게 생긴 조각상들이 나타났다. 임신한 몸으로 활과 화살을 든 여인의 조각상도 있었다. 두 개의 거대한 사자상이 새겨진 은제(銀製) 대문을 지났다. 돌로 된 벽은 수백 년 동안 바로 지금처럼 많은 사람이 비비고 지나간 결과인지 매우 반질거렸다. 통로는 갈수록 좁아졌다. 그러다가 마침내 끝에 도착했다. 많은 사람이 뒤에서 기다리는 가운데 통로는 금방 닫힐 것처럼 좁았다. 작은 촛불 몇 개 만이 어둠을 밝히고 있었다. 벽에서 거의 느낄 수 없을 정도의 물이 뿜어져 나오고 있었다. 무릎을 꿇고 한 모금 물을 마신 다음 밖으로 나가는 통로를 걸어 올랐다. 쉽게 못 하는 경험을 했으니 보람 있었다.

카마크야산에 있는 작은 샘이 언제부터 성지가 됐는지는 알 수 없다. 사실 이 지역의 고대사에 대해서는 알려진 것이 거의 없다. 2세기 로마 시대 알렉산드리아의 과학자 프톨레마이오스(Ptolemy)가 쓴 『지리학』(*Geography*)에

'갠지스강 너머의 인도'에 대한 기록이 있다. '갠지스강 너머의 인도'라면 아마 아삼, 어쩌면 미얀마까지 염두에 둔 것이 아닐까? 그곳에 대해 별로 좋은 소리는 하지 않는다. 이곳의 사람은 "피부색은 희고 코가 납작하며" "비굴하고 무식하고 교양이 없고 이마가 넓다"라고 했다. 금이 많이 나고 호랑이와 코끼리가 많으며 세계 최고의 계피 산지라고 했다. 피부가 하마처럼 두꺼운 산적과 야만인들이 동굴 속에 사는 데 단창(短槍)을 능숙하게 던진다고 기록했다.

지금도 인도의 중부 및 동부지방에는 오스트로아시아어 계열의 언어를 사용하는 부족들이 흩어져 산다. '문다'어가 한 예인데 베트남어와 캄보디아어, 그리고 미얀마의 몬족과 와족 언어와 관련이 있다. 학자들은 고대에는 이 언어군을 사용하는 사람들이 아마 훨씬 널리 분포되어 살았을 것인데 밖에서 몰려 들어오는 이민자들에게 밀려 지금처럼 흩어져서 소수 부족을 이루게 됐을 것이라고 분석한다.3 지금은 잊혔어도 이 초기 사회도 상당히 진보된 문명이 있었을 것으로 짐작된다. 벼농사와 관련된 용어는 원래 그들의 언어였는데 뒷날에 이민 온 인도-아리아 언어 계열의 아삼인과 벵골인들에게 전수됐다. 이는 곧 그 오스트로아시아어 계열 인종이 벼농사의 선구자였다는 것을 말해준다.

확실하게 알려진 것은 카마루파를 포함한 아삼의 서부지방에는 적어도 4세기 이후부터 불교나 힌두교를 믿는 왕국이 명멸해 왔다는 사실이다. 그때 인도 세계의 중심부는 갠지스강 중하류였는데 여기서 서쪽으로 별로 멀지 않은 곳이었다. 따라서 카마루파의 여러 왕국은 그곳에 있던 더 크고 강한 왕국, 때로는 제국의 영향을 받지 않을 수 없었다. 7세기 초 당나라의 현장법사가 그 중심부로부터 아삼으로 와 카마루파의 왕 바스카라바르만의 환대를 받았다.4 독실한 불교도였던 왕은 현장법사의 명성을 익히 들어 알고 있었다. 현장은 중앙아시아와 아프가니스탄을 돌아서 먼길을 왔고, 아삼에 도착했을 때는 이미 중국을 떠난 지 10년이 넘었을 때였다. 고향을 그리워하고, 그래서 돌아가는 길을 염두에 두지 않았을 리 없다. 그러나 아삼에서 미얀마를 지나 중국으로 돌아가는 길은 너무 험준하고 위험하다고 결론지었다. 그래서 결국 처음에 왔던 길로 돌아갔다. 이 무렵 이라와디 분지에는 초기 불교 또는 힌두교 왕국들이 생겨나고 있었다. 또 윈난에 난자오 왕국이 성립되기 직전이었다. 아삼에서 동쪽을 통해 중국으로 가는 길은 험난했지만 없는 것은 아니었다. 벵골에서 다리(大理) 사이의 공간에 사는 사람들 사이에는 많지는 않더라도 지속적인 접촉과 통상이 있었다. 그로부터 6백 년 후 아삼은 동쪽에서 쳐들어온 세력에 의해 정복됐다. 바로 아홈(Ahom)족이었다. 아홈족은 이후 오랫동안 이 지역을 지배하다가 19세기 미얀마 왕국에 의해 멸망했고 아삼은 다시 동인도 회사의 지배를 받게 됐다.

아홈족은 지금의 미얀마 지역으로부터 산을 넘어왔다.5 아홈은 아솜(Asom)으로도 발음되고 미얀마의 '샨', 태국의 옛 이름 '샴'과 같은 단어였다. 13~14세기에 지금 중국-미얀마 접경지대를 중심으로 샨어 계열의 언어를 쓰는 종족이 크게 팽창했다. 남쪽에는 태국의 초기 왕국인 수코타이, 후일 아유타야 왕조를 만들고, 동으로는 (지금 라오스의) 비엔티안을 세우고 서로는 카마루파를 정복한 것이었다. 즉 지금의 아삼·미얀마 북부·윈난의 서부·라오스, 그리고 태국은 대체로 일가라고 할 수 있는 세력의 지배를 받게 된 것이었다.

아솜 왕가의 초대 왕의 이름은 수카파아였다. 수카파아는 왕호를 '하늘에서 온 신' 혹은 천신(天神)이라는 뜻의 '스와르가데오'(swargadeo)로 정했다. 세월이 흐르면서 이들은 문화적으로 우월한 힌두 및 기타 인도의 영향에 빨려 들어가 아홈어가 아니라 벵골어와 힌두어와 같은 아리안어 계열인 아삼어를 공용어로 썼다. 그래도 그들이 동쪽에서 왔다는 사실은 잊지 않았다. 브라마푸트라 계곡 위쪽에 있는 아홈족 마을에서는 미얀마의 샨족과 같은 풍습을 유지하고 있다. 통치제도도 과거의 전통이 완전히 사라지지 않아, 예로 일종의 부역(負役)제도인 '파이크'는 과거 동쪽에서 사용하던 것과 같은 제도였다. 그리고 왕국을 세운 주변에 있던 다른 왕국, 예컨대 자인티아나 카차르 왕국과 크고 작은 전쟁을 했다. 아홈 왕국의 전성기는 17세기였는데 그때는 마침 미얀마에도 대단한 정복 왕조—타웅우(Taungoo)왕조—가 들어서 있었다. 그런데 미얀마의 정복 왕조가 진출 방향을 동쪽 라오스와 태국 쪽으로 정하는 바람에 서로 충돌하지는 않았다. 아삼의 아홈 왕조에 대한 존망의 위협은 서쪽으로부터 왔다. 중앙아시아에서 들어와 새로운 제국을 건설한 무굴 왕조가 델리로부터 동쪽으로 진출하여 벵골의 이슬람 소왕국을 차근차근 병탄하며 브라마푸트라강을 거슬러오고 있었다.

    그때 무굴 왕조는, 아마 중국의 청나라를 제외하면, 세계에서 가장 강대한 나라였다. 무굴 왕조의 창건자 바부르(Babur)는 위대한 정복자 칭기즈칸과 (크리스토퍼 말로의 비극 『탬벌린 대왕』의 주인공) 티무르 대제의 혈통을 동시에 이어받았다고 주장하며 아프가니스탄에서 들어와 갠지스 평원에 제국을 건설했다. 그의 후계자들은 인도대륙 전역에 제국의 영역을 확대해 나갔으나 아삼은 끝내 정복하지 못했다. 아홈 왕조가 무굴제국의 외연을 한정한 것이다. 무굴제국이 지금까지 상대한 힌두 왕국들은 수십 년 심지어 수백 년간 다른 이슬람 왕조의 침공을 격퇴하느라 국력을 소진한 상태였다. 그러나 아홈 왕조는 달랐다. 국력이 소진되기는커녕 그 힘이 절정에 달했다. 게다가 아홈 왕조의 정치체제는, 산맥 너머 미얀마처럼, 땅이 아니라 사람을 지배하는 방식이었다. 다시 말해 필요하면 언제든지 병력을 동원할 수 있는 체제로 무굴제국이 전혀 상대해 보지 못한 새로운 체제였다.

처음부터 무굴과 아홈의 관계는 적대적이었다. 무굴은 벵골의 거점에서 출발, 아삼의 서부지역으로 진격하여 지금의 가우하티 주변에 병력을 주둔시킨 다음 브라마푸트라 분지를 따라 전진할 기회를 엿보았다. 17세기 초 자항기르 황제가 즉위한 후 양측은 거의 해마다 전쟁을 벌였다. 아홈의 병사들은 때로는 수목이 울창한 정글 속에서, 때로는 브라마푸트라강 변에서 게릴라전을 전개했다. 마치 2백 년 뒤에 미얀마 병사들이 압도적인 영국군을 상대로 펼쳤던 것처럼 임시거처를 짓고, 함정을 설치하고, 한밤중에 전투경험이 많은 소총수로 기습했다. 무적을 자랑하던 무굴제국의 병사들이 지쳤다. 아삼은 악령이 가득 차 사람 살 곳이 못 되며 그곳에 사는 사람은 '까맣고 지긋지긋한 놈들'이라고 불렀다. 무굴의 군대는 서인도의 사막에서 멀리서 대포를 쏴 적의 방어진지와 방어 의지를 부순 다음 기병으로 질풍처럼 치달아 적을 섬멸하는 식의 싸움에 익숙했다. 질척거리는 늪지를 말을 타고 무거운 대포를 끌며 지나는 식의 싸움은 질색이었다. 이상한 놈들이 이상한 마술을 쓴다는 평계를 대고 철수했다.

무굴이 마지막으로 쳐들어온 것은 1661년이었다.[6] 당시 황제 아우랑제브는 페르시아 기름 상인의 아들이자 데칸 전쟁에 참전했던 무하마드 사이드 미르 주믈라를 벵골의 총독으로 임명했다. 미르 주믈라는 기병 1만 2천, 보병 3만, 그리고 수백 척의 전함을 이끌고 북쪽으로 진격했다. 먼저 가까운 쿠치 베하르 왕국을 병합하고 가우하티를 점령한 다음 수상전에서 아홈 군을 크게 이겼다. 이후 진격을 계속해 아홈 왕국의 수도 가르가온을 점령하여 왕과 대신들이 도주하도록 만들었다. 중국으로 길을 열겠다고 큰소리를 쳤다. 아홈은 우기를 이용한 게릴라전으로 무굴군을 괴롭혔지만 역부족이었다. 1663년 아삼 왕국의 스와르가데오는 결국 화평을 요청했다. 딸 라마니 가바루 공주를 무굴 황제의 후궁으로 보냈다(이 공주는 나중에 벵골의 총독이 된 아잠타라 왕자와 결혼했다). 그리고 왕국 서부지방의 영토와 코끼리와 보석을 바친 다음 조공을 바치는 속국이 됐다.

그것으로 전쟁이 끝나는가 싶었는데 갑자기 미르 주믈라가 병사했다. 그러나 제국은 관심을 잃었는지 그에 비견할 인사를 임명하지 않았다. 조약의 내용을 둘러싼 이견이 생기고 전쟁이 재발했다. 이번에는 아홈이 이겨 가우하티를 탈환했다. 1667년 아홈은 라치트 보르포칸의 지휘 아래 라자 람 싱이 이끌던 무굴 병력을 격퇴했다. 그렇게 하여 한 세기 반에 걸친 투쟁이 끝을 맺었다.

그렇게 아홈 왕국이 무굴제국의 외연을 규정했다. 통상적으로 인도를 지배하는 제국—무굴제국이든 후일 대영제국이든—의 힘과 한계는 서쪽에서 힌두쿠시산맥을 넘어 침공하는 외세와의 상대적 군사력에 따라 정해졌다. 그런데 이번에는 그 한계가 동쪽에서 정해진 것이다. 그로부터 백 년 후 1760년대에 청나라의 정복 군주 건륭제(乾隆帝)가 미얀마를 정복하려고 쳐들어왔다. 미얀마는 그 침공을 네 차례에 걸쳐 막아내고 중국의 남동진을 저지했다. 이렇게 하여 중간규모의 두 왕국이 세계적인 두 제국, 인도의 무굴제국과 중국의 청 제국이 직접 충돌하는 역사적 사건을 막았다. 잘한 일인지 못한 일인지 모를 일이다. 19세기에 들어와 아홈이 마침내 멸망했다. 인도의 어느 강대국에 의해서가 아니었다. 거듭되는 승리에 취해 팽창할 곳을 찾다가 브라마푸트라 분지에 주목한 미얀마의 왕국에 의해서였다.

18세기에서 19세기 초에 이르는 기간은 미얀마 왕국이 불패의 전력을 자랑하며 승승장구하던 때였다. 그런 미얀마의 상승(常勝) 장군이 카친고원 토착민들의 도움을 받아 얼어붙은 산을 넘어 브라마푸트라 분지로 쳐 내려갔다. 수만 명의 민간인을 잡아다가 루이리에서 멀지 않은 중국과의 국경 지역에 정착시켰다. 그때 아홈의 천신(天神)이자 왕, 스와르가데오는 찬드라 칸타 싱이었다. 그는 여동생 헤모 공주에게 50두의 전상(戰象)과 많은 시종을 딸려 미얀마 왕의 후궁으로 바침으로써 공격을 중단시켜 보려고 했다.

미얀마군은 선물은 기꺼이 받았으나 공격을 중단하지는 않았다. 미얀마 왕국은 아삼을 미얀마의 영토로 편입하고 더 나아가 서쪽으로 인도의 중심부까지 진출할 계획이었다. 그때 동인도 회사가 개입하여 미얀마에 전쟁을 선포했다. 2년 동안의 치열한 전투 끝에 미얀마군을 물리치고 이라와디강을 따라 북진하여 미얀마의 항복을 요구했다. 기세가 꺾인 미얀마 왕국은 얀다보(Yandabo)에서 평화조약을 맺고 아삼을 양도했다. 이후 아삼은 계속 팽창하는 대영제국 일부가 됐다.

처음에 영국은 새로 얻은 아삼으로 뭘 할지 몰랐다. 다음과 같은 내용의 전단을 뿌려 선무 작업에 나섰다.

"우리가 여러분의 땅에 들어온 것은 정복에 대한 욕구 때문이 아니라 적이 우리를 괴롭히는 수단을 제거하기 위한 것이오."

또, "여러분의 소망에 부응하고 모든 계층의 인민을 행복하게 할 정부"를 수립하겠다고 약속했다. 그러나 말과는 달리 영국군은 그 지역에서 철수하지 않았다. 현지인이 저항하자 무자비하게 진압했다. 아삼의 마지막 왕 푸란다르 싱은 상(上) 아삼의 '보호 군주'로 지정되어 연 5만 루피의 예산을 받았다. 그런데 그 왕실이 파산의 위기에 처하자 영국인들이 조사에 나서 왕실이 온갖 "부정부패의 온상"임을 밝혀냈다. 1838년 영국은 왕실을 해체하고 왕을 해임했다. 이렇게 하여 6백 년의 역사를 가진 아삼의 왕국이 멸망했다.

영국은 새로 얻은 식민지의 주민, 특히 산악지역의 인종들을 좋아하지 않았다. 1857년 영국의 한 병사가 이렇게 기록했다.

"사람 사는 동네, 심지어 사람 얼굴도 보기 힘든 황무지를 오래 다니다 보면 처음 만나는 사람은 누구나 반가운 법이다. 그런데 오늘 내가 만난 원주민들은 그야말로 완벽한 야만인이었다."[7]

그러다가 차(茶)를 발견했다.

아삼에서 북부 미얀마를 지나 중국의 남쪽으로 이어지는 지역대는 세계에서 유일한 차 자생지대다.[8] 1820년대 동인도 회사에서 근무하던 로버트 브루스라는 인물이 우연히 야생 차나무를 발견하고 그것으로 끓인 원주민의 차를 얻어 마셔봤다. 그 무렵 영국에는 차가 인기상품이어서 중국으로부터 차 수입이 동인도 회사의 국제수지에 타격을 주고 있었다. 아삼의 차 종자를 콜카타의 식물원에 보내 검사한 결과 상질의 차라는 것이 확인됐다. 1835년 큰 기대를 안고 '아삼 차 회사'가 설립됐다. 유럽인들에게 아삼에 차 농장을 개척하라고 권장했다. 차 농장에서 일할 값싼 인력을 벵골을 비롯한 인도 전역에서 데려왔다. 호랑이와 싸우고 풍토병에 시달리며 정글을 개간하는 것은 쉬운 일이 아니었다. 그러나 곧 큰 성공을 거두었다. 향이 강한 아삼의 발효차는(나중에 멀지 않은 다르질링으로 퍼져 나갔다) 영국 전역에서 크게 인기를 끌었다.

미얀마에 쌀이 있다면 아삼에는 차가 있다고 말할 정도로 차는 아삼의 주산물이었다.[9] 대영제국의 주요 현금수입원이 되어 정부와 재계의 큰 주목을 받았다. 후일 석유와 석탄도 발견됐으나 여전히 차가 아삼의 주력 상품이었다. 게다가 아삼에는 외세의 위협이 없었다. 티베트가 문제이긴 했으나 아프간에 비하면 문제랄 것도 없었다. 영국인들은 아삼의 과거 역사나 현재 인종과 언어의 다양성 따위에는 전혀 관심이 없었다. 문제가 있다면 그 잠재성을 살려줄 인구가 너무 적다는 것이었다. 지역 내부의 크고 작은 전쟁과 내란, 미얀마의 침공 등 끊임없는 전쟁으로 인구가 늘기는커녕 오히려 줄었다. 그러나 인구라면 인도에서는 쉽게 해결할 수 있는 문제였다. 미얀마에서 그랬듯이 인도대륙의 여러 곳에서 인구를 데려왔다. 외래인의 대거 유입은 정치적 결과를 초래하기 마련이었다. 미얀마에서는 그 문제가 수십 년 동안 정치적 문제를 초래했다. 1938년에는 불교도와 무슬림 사이에 대규모 충돌이 있었다. 1940년대에는 전쟁을 전후하여 대규모의 인도인들이 탈출했다. 1960년대에는 수십만 명의 인도계 인구가 추방됐다. 지금 아삼에는 바로 그 인구 문제가 정치적 논쟁과 투쟁의 핵심을 차지하고 있다.

1870년대부터 외부인구가 대규모로 들어오기 시작했다. 20세기가 시작될 무렵 아삼에는 아삼에서 태어나지 않은 인구가 10만 명에서 60만 명으로 늘었다. 그때 아삼의 전체 인구는 2백만이었다. 처음 이주해 온 사람들은 기근으로 고통받던 비하르 지방의 토착민들이었다. 문다족·산달족·아라온족 등 인도 문명의 외곽에서 살던 사람들이었는데 반강제적으로 이주했다. 그처럼 강제적인 인구이동이 그처럼 대규모로 일어난 적은 역사적으로 드문 일이었다. 차 농장주들은 거의 예외 없이 스코틀랜드인이었다. 이들이 서로 땅을 확보하고자 경쟁하면서 남아나는 것이 없게 됐다. 왕릉(王陵)이든 귀족들의 무덤이든 이곳에서 싸우다 죽은 무굴 장군의 무덤이든 가리지 않고 파헤쳤다. 그런 명당은 농사짓기에도 명당이었던 것이었다.

돈도 땅도 없었던 벵골의 무슬림도 몰려왔다. 등이 부러지라 일하면서 숲과 황무지를 옥토로 바꾸었다. 1920년대에 이르자 나가온이라는 단일 지역에만 20만 명의 벵골 이주민이 거주했다. 노동자와 농민 외에도 이주자가 많았다. 영국의 학교에서 교육받은 벵골인들이 식민당국의 중하위급 관리나 차 농장의 중간관리자로 왔다. (미얀마와 마찬가지로) 교사와 변호사, 의사 등 전문직도 벵골인이 차지했다. 1905년 벵골이 힌두교도가 다수인 서부와 무슬림이 다수인 동부로 분리됐다. 당시 인도총독이었던 쿠르존 공이 '분리지배'를 통해 막 떠오르던 민족주의 감정을 잠재우려고 한 책략이었다. 역효과를 낳았다. 민족주의적 반식민지 감정이 폭발하여 취소해야만 했다. 그때 아삼은 '동벵골'로 분류됐다. 아삼의 정체성에 대한 우려가 그때부터 시작됐다.

영국의 식민지배가 말년에 이르면서 아삼의 주민 사이에는 인종적, 민족적 정체성에 대해 매우 복잡하고 때로는 충돌하는 의견이 분출했다.

내가 그곳을 방문하지 얼마 지나지 않은 2009년 10월 30일, 세밀하게 계획된 폭탄테러가 가우하티를 비롯한 네 곳의 도시에서 일어나 61명이 사망하고 3백여 명이 부상했다. '보도랜드 민족민주전선'(National Democratic Front of Bodoland; NDFB)이라는 조직의 소행으로 밝혀졌다. 이 조직은 브라마푸트라강의 북쪽에 '보도'족을 위한 '보도랜드'라는 주권국가를 설립하겠다는 목표로 1986년에 결성됐다. 보도족은 동북지방에 있는 티베트-버마어 계열의 언어를 쓰는 여러 종족 중 하나다. NDFB는 이 종족의 오래되고 위대한 전통을 계승한다고 자임한다. 그 목적을 달성하기 위해 혹은 자신의 존재를 과시하기 위해 무고한 민간인에 대한 학살을 서슴지 않는다

독립 이후 아삼은 좋은 시절을 맞은 적이 없다.[10] (스틸웰 로드를 건설하는 등) 전쟁의 필요에 따라 생겨났던 관심은 전쟁이 끝나면서 사라졌다. 브라마푸트라강의 하류를 통해 벵골로 연결되던 통상로는 분할과 더불어 막혔다. 분할 직후에는 1년 동안 '닭의 목'을 통해 가는 철도도 막혔었다. 델리의 중앙정부가 전혀 관심을 보이지 않는 가운데 1962년 중국의 침공이 있었다. 고립되니 갈수록 가난해지는데 중앙정부와 인도국민 일반이 신경을 쓰지 않고 있다는 소외감이 커지고 그에 따라 좌절감, 나아가 분노가 커졌다. 독립할 당시 때 아삼의 일인당 소득은 전국 평균보다 조금 높았었다. 지금은 인도에서 가장 가난한 지역의 하나가 됐다. 그리고 독립 이후 지금까지 브라마푸트라

분지와 주위의 산악지대는 여러 종족의 반란으로 유혈이 그치지 않았다.

게다가 끊임없는 인구의 유입이 동파키스탄, 이후 방글라데시에서 이어졌다. 동파키스탄/방글라데시는 세계에서 인구가 가장 빨리 성장하는 곳 중 하나였다. 1940년대 4천만이었던 인구가 지금은 1억5천만이 넘는다. 자연히 토지와 자원에 대한 압력이 커질 수밖에 없었다. 인도와 방글라데시 사이의 경계는 인위적이지 자연적인 것이 아니었다. 수백만의 인구가 보이지 않는 국경을 넘었다. 각 정당이 표를 얻고자 경쟁하듯이 불법 이민자를 유권자로 등록했다. 민주주의라는 제도가 좋은 것인지 의문이 생겼다. 1979년 '아삼 학생 총동맹'이 결성되어 불법 이민자를 유권자 대장에서 삭제하고 나아가 추방하자는 운동을 벌였다. 과거 조상이 무굴제국으로부터 지켜낸 나라를 우리가 잃을 수 없다고 주장했다.

같은 무렵 '아솜 해방 연합전선'(United Liberation Front of Asom; ULFA)이라는 조직이 결성됐다.[11] 공표된 목표는 '아삼에 대한 인도의 식민주의적 지배'의 종식과 독자적인 '사회주의 주권국가'의 설립이었다. 1980년대 ULFA는 동쪽의 다른 반군 단체, 예컨대 미얀마의 카친독립군(Kachin Independence Army; KIA)과 연대하여 무기를 구매하고 훈련을 받았다. 파키스탄 정보국과도 손을 잡았다. 목적을 달성하기 위해 무엇이든 하겠다는 조직과 인도의 약점을 공략하는 데 혈안이 된 조직과의 연합이었다. 따라서 못할 것이 없었다. 심지어 방글라데시 정부와도 손을 잡았다. 이 모든 정치적 투쟁이 방글라데시로부터의 불법 이민 때문에 시작된 것을 생각하면 참으로 모순적이다. ULFA는 인도 정부의 손이 미치지 않는 방글라데시와 미얀마 접경지역에 기지를 구축했다. 아삼 북쪽의 히말라야산맥의 왕국 부탄에도 기지를 설치했다. 2003년 부탄 정부군이 '청소 작전'을 펼쳐 그들을 모두 추방했다.

1980년대, 불만이 갈수록 쌓이고 무장을 통해 금전적 이득을 추구할 기회가 생기면서 무장단체가 우후죽순처럼 생겨났다. ULFA와 NDFB말고도 '바락 분지 해방 연합전선' '카르비 론그리 북카차르 산맥 해방전선', '보도 해방 호랑이' 등이 그야말로 명멸(明滅)했다. 일부는 델리의 정부와 휴전에 합의했지만, 그러면 그 조직에서 떨어져 나간 새로운 조직이 무장공격을 계속했다. 그러면서 애꿎은 민간인 수천 명이 희생됐다. 이 무장단체들은 애초에 총을 들게 된 불만과 좌절이 무엇이었든 지금은 그냥 무장강도조직과 크게 다를 바가 없어졌다.

ULFA의 조직 몇 개는 지금 미얀마에 있다. 만달레이에서 동북쪽으로 250마일 정도 떨어진, 미얀마 정부군의 손길이 미치지 않는 곳이다. 근 1천 마일에 달하는 미얀마와 인도 사이의 국경은 통제할 수 없다. 중국인, 와족, 기타 불법조직이 부패한 지방관리가 묵인하는 가운데 윈난 혹은 UWSA가 통제하는 미얀마 지역을 통해 무기를 밀반입한다. 군 현대화 계획에 따라 중국군이 교체하면서 버린 구식무기다. 마땅히 정부계획에 따라 폐기되거나 관리돼야 할 것이 어떻게든 유출되어 중간상인을 통해 인도로 들어오는 것이다.

ULFA는 방글라데시에도 기지, 심지어 본부를 두었다. 그런데 2008년 12월 방글라데시 총선에서 아와미 동맹이 승리하고 세이크 하시나 총리가 취임하면서 사정이 달라졌다.[12] 하시나 총리는 인도와의 관계개선에 관심이 많아 2009년 1월 인도 만모한 총리와 무역과 교통에 관한 포괄적인 합의를 했다. 2009년 12월에는 방글라데시에서 암약하던 ULFA 지도자 아라빈다 라지코와의 체포를 도왔다. 이듬해 5월에는 보도 분리주의자 라잔 다이마리도 그런 식으로 체포됐다. 이 두 반군 지도자는 가우하티에 감금됐다. ULFA의 '총사령관' 파레시 바루아는 여전히 행방이 묘연하다. 어쩌면 루이리에 있을지도 모르겠다.

이제 인도 · 방글라데시 · 미얀마 · 중국 등 네 나라의 정부는 만날 때마다 접근성의 개선을 논의한다. 많은 합의도 이뤄졌다. 그런데 화해와 협력을 위한 접근성이 아니라 그 반대 방향에서의 접근성, 즉 폭력과 범죄를 위한 접근성은 이미 잘 구축돼 있었다. 앞으로 더 커질까 봐 걱정이다.

인도의 아삼과 중국의 윈난은 비교하지 않으려야 않을 수 없다. 우선 공통점이 많다. 둘 다 변방으로 중심부에서 멀다. 두 지역이 모두 미얀마에 접하고 있고 바다로의 진로가 막혀 있다. 그리고 주류인종과 전혀 다른 다양한 인종의 거주지다. 그리고 나라의 다른 부분보다 가난하다. 차이점도 많다. 윈난은 최근 많은 발전을 이루어 미얀마와 기타 동남아시아 국가에 진출하는 경제적 팽창의 원동력으로 자리매김했다. 아삼은 아직도 가난하고 폭력이 난무하며 미래가 불확실하다. 중국은 윈난에서 공산당과 인민해방군이 폭력적인 방법으로 통합을 강제하고 강요했다. 반면 인도는 무장반군에 대해서는 군사적으로 대응했으나 대의민주주의 제도를 구축하고, 언론 자유를 보장하고 대화를 통해 문제를 해결하고자 했다. 중국과는 전혀 다른 방법이다.

  중국에 있어 모든 길은 미얀마로 통한다. 윈난에서 미얀마로 통상로를 열고 양국 사이 전반적 관계를 개선한 것은 우선 믈라카해협에 대한 의존을 줄이고 나아가 내륙지방에 바다로의 출로를 열어주기 위한 것이었다. 이처럼 경제적으로 관계를 증진해도 그 대가로 치러야 하는 비용은 없다. 그러나 인도의 경우 안보적 고려가 커서, 개방과 연결로의 유인 못지않게 폐쇄와 단절로의 유인도 크다.

  중국의 경우 윈난이 관광지로 부상하여 경제발전을 견인하고 있으나 인도의 아삼 나아가 동북지방의 관광은 거의 무시해도 좋을 정도다. 윈난의 모델을 따라 해야 한다고 주장하는 목소리가 있다. 가우하티의 한 지인이 이렇게 말했다.

델리(의 인도 정부)가 자신감을 가지고 동북지방이 중국의 윈난처럼 허브가 되도록 개발해야 한다. 그렇게 해야만 긍정적인 변화와 진정한 발전이 가능하다. 그런데 다들 겁을 낸다. 더 많이 개방하고 중국과 더 많이 통상하고 미얀마를 통해 중국으로 가는 길을 내면, 그게 중국에 좋은 일만 될까 봐 걱정한다.

한 선임 정치인의 부인이 이렇게 잘라 말했다.

명색이 장군이라는 사람들이 우리가 중국으로 길을 내면 중국군이 쳐내려올까 봐 걱정된다고 해요. 그러면 나는 이렇게 말하지요. 이 한심한 양반들아! 왜 맨날 중국이 쳐내려올까 걱정합니까? 당신들이 쳐 올라갈 생각은 못 해요?

멀리서 보면 인도와 중국이 미얀마를 통해서 길을 새로 내고 관계를 더욱 밀접하게 하는 것이 말이 된다. 그러지 않으면 더 이상하다. 21세기의 실크로드를 뚫기 위한 노력일 수도 있다. 아니면 21세기의 거대경기의 한 부분일 수도 있다. 그런데 한 가지 오해가 있다. 그렇게 미얀마가 인도와 중국을 연결하더라도 그렇게 연결되는 중국과 인도는 흔히 생각하는 그 중국과 인도가 아니라는 점이다. 흔히 생각하는 인도와 중국, 그리고 그것을 포괄하는 아시아의 모습은 이렇다. 인도에 뭄바이가 있고 중국에는 상하이가 있으며 더 동쪽으로 가면 도쿄가 있다. 그 사이에는 태국과 (인도네시아) 발리의 아름다운 해안, 그리고 싱가포르와 홍콩이라는 초현대식 도시가 있다. 이들을 잇는 선을 따라 다들 갈채를 보내는 아시아가 있다. 빠르게 성장하고 첨단 공산품을 만들고 화려한 패션쇼를 하고 호화판 관광지가 즐비한 곳이다. 그런데 미얀마가 연결하는 아시아는 그 아시아가 아니다. 인도와 중국의 뒤뜰이다. 여전히 가난하고 여전히 무장 폭력이 판을 치는, 아시아의 암흑지대다.

"미얀마를 모르니 그림이 잘 그려지지 않아요."

아삼의 한 언론인이 내게 한 말이다. 그는 원래 아삼 출신이지만 외국에 오래 살며 해외여행도 자주 했다. 그러나 미얀마에는 몇 년 전 단 한 번 가봤다. 우리는 지금 가우하티의 작은 저택의 거실에서 조니워커 레드 라벨을 마시며 이야기를 나누고 있다. 책과 신문의 무게로 휜 책꽂이가 옆으로 열린 창문을 통해 강바람이 들어와 시원했다. 그가 한 말이 무슨 뜻인지 정확히 이해했다. 나도 인도 동북지방과 윈난을 잘 모르니 그림이 잘 그려지지 않기는 마찬가지 였기 때문이다. 나는 책을 통해 동북인도와 윈난의 역사에 대해 조금 안다고 생각했다. 그러나 미얀마의 과거와 현재, 그리고 미래와 밀접하게 관련이 있는 이 지역들에 대해 본격적으로 알아야겠다고 생각한 것은 비교적 최근의 일이었다.

가우하티에서 학자, 학생, 운동가들이 참석한 회의가 있어 참가했다. 지금까지 동북인도 출신은 기껏해야 두세 사람 만났을 따름인데 이번에는 정말 많이 만났다. 그리고 이곳 사람들이 외모와 태도에서 미얀마 사람들과 정말 닮은 것을 보고 놀랐다. 회의에서 중국, 중국의 계획, 미얀마와 인도와 관련한 중국에 대한 발표와 토론이 있었다. 의견은 다양했고 그러다 보니 논쟁도 많았다. 일부는 중국의 부상과 진출이, 잘 관리하면, 좋은 결과를 가져올 것이라고 주장했다. 다른 사람들은 정반대의 주장을 했다. 동북인도가 주제가 되자 토론이 뜨거워졌다. 동북인도의 상황 개황, 인도연방 내에서의 동북인도의 위상, 인도-미얀마 관계, 소수 인종의 권리 등에 대해 열띤 토론이 있었다.

"중국이라면 이처럼 세미나를 열어 끝없이 토론만 하는 일은 하지 않을 거요."

한 참석자의 말이다. 논쟁하는 가운데 한 가지 일치하는 견해가 있었다. 중국이 빠르게 미얀마의 상황을 바꾸어 동북인도도 조만간 분수령에 이르게 될 것이라는 점이었다.

아삼에서는 인도의 다른 곳에서는 찾아보기 어렵던 미얀마에 관심을 찾아볼 수 있었다. 미얀마의 정치적 상황을 잘 알고 있었고 민주화 운동과 소수 인종의 자결권에 대해 상당한 동정심을 보였다. 그런 관심은 콜카타에서처럼 과거의 기억 때문이 아니었다. 미얀마의 미래와 아삼의 미래가 서로 밀접하게 관련돼있다는 현실을 알고 있었기 때문이다.

동북인도와 미얀마가 공동운명을 가지고 있다는 생각은 임팔에 가면 더욱 강해질 것이 틀림없다. 임팔은 바로 미얀마에 이웃하고 있기 때문이다.

제 4 장

여기도 인도인가?

마니푸르주 임팔

임팔(Imphal)은 인도 가장 동쪽 끝 있는 마니푸르주의 주도다. 마니푸르와 임팔에 대한 평판은 좋지 않다. 폭력과 불안정으로 악명이 높기 때문이다. 외국인이 이 지역을 방문하려면 '보호구역 허가증'이 필요한데 얻기가 쉽지 않다. 다만 오고자 하는 사람이 별로 없으니 큰 문제가 안 될 뿐이다. '내가 임팔에 갔을 때 인도군대 1개 중대 병력이 호위했다'라고 한 서방 외교관이 경고 삼아 말했다. 생각 같아서는 육로로 가고 싶었다. 가우하티에서 버스를 타고 카시 산맥을 넘어 영국이 행정수도로 건설했던 실롱을 간다. 다시 자인티아 산맥을 넘고 과거 작은 왕국이 있었던 카차르도 지난다. 이 도시의 이름은 외국인에게는, 심지어 인도인에게도, 별 의미가 없을지 몰라도 미얀마 역사에는 자주 나타나는 이름이다. 끌리지 않을 수 없었다. 그런데 마니푸르주에서 외국인이 갈 수 있는 지역은 임팔이 유일하다고 하니 별수가 없었다. 다시 '제트 에어웨이즈'를 타고 날아가야 했다.

비행기에서 내려다본 임팔은 보기 좋았다. 큰 나무들을 가로수로 한 도로는 잘 포장돼 있었다. 도시를 둘러싼 산은 울창했다. 공항에서 시내로 가면서 '국제 텐트 치기 경연대회'라고 적혀있고 말을 타고 초원을 달리는 남자의 그림이 그려진 간판을 봤다. 저 멀리 놀이공원이 보였다. 커다란 대회전 관람

차가 보였고 두어 개의 회전목마가 있었다. 회전목마에는 영화 광고 간판이 걸려있었다. 작은 목마들이 뒷산의 녹색을 배경으로 오르락내리락하고 있었다. 교통량은 많지 않았고 하늘은 티 없이 푸르고 대기는 시원하고 신선했다.

도시가 가까워 지면서 지금까지의 목가적인 풍경은 사라졌다. 몇백 미터마다 총을 멘 군인들이 지키는 검문소가 있었다. 모래주머니를 쌓고 그 속에 1차대전 시절의 철모를 쓴 군인들을 보니 마치 (1차대전 최대의 격전지) 솜(Somme) 전투를 앞둔 상황이 연상됐다. 도로 곳곳이 파헤쳐져 있어 그야말로 전쟁지역 같았다. 그런데 나중에 들으니 무슨 전투가 있어서가 아니었다. 선거가 조만간 있을 예정인데 지난 선거에서 공약했던 하수도 수리를 서둘러 하는 중이라고 했다. 하지만 별 진전이 없다고 했다. 건물은 대부분 제대로 설계가 되지 않고 마무리도 되지 않아 흉측한 모습의 콘크리트 또는 벽돌 건물이었다. 낡은 승용차와 버스, 그보다 많은 스쿠터가 뒤섞인 사이로 마른 체형의 남자들이 종이상자를 눌러 실은 인력거를 힘겹게 끌고 있었다. 간판에 패스트 푸드라고 적힌 작은 가게가 하나 있었다. 그 옆에는 약국이 있었다.

인도 언론에서 마니푸르가 뉴스를 타면 거의 항상 폭력에 관한 것이었다. 2008년 말, '칸클레이파크 인민해방당'의 '코브라 특별부대'가 지방의회 건물에 수류탄을 투척했다. 치안이 잘된 주지사의 관저 근처에서도 수류탄이 터져 충격을 주었다. 그 후 얼마 지나지 않아 '칸글레이파크 공산당'의 '군사위원회'가 고급주택가에서 스쿠터와 사제폭탄을 이용한 폭탄테러를 자행했다.*

임팔에서는 게스트하우스에 묵었다. 도시 중심부에 있는, 검소하지만 깨끗한 곳이었다. 첫날 밤, 멀리서 총성이 들려왔다. 텔레비전을 켜니 경찰이 무장반군 몇 명을 사살했다는 뉴스가 나왔다. 이어 피살자의 가족이 경찰의

---

* 칸글레이파크(Kangleipak)는 마니푸르 지역에 있던 왕국의 이름이다 — 옮긴 이.

발표가 사실이 아니라고 항의하는 인터뷰도 방송됐다. 피살자가 총격전 중에 사살된 것이 아니라, 순순히 체포에 응했는데 밖으로 끌고 나가 사살했다며 흥분한 목소리로 말했다. 다른 살인 소식도 전했다. 시체의 모습을 확대해 비추었는데 눈을 크게 뜨고 있는 모습이 끔찍했다.

멀리서 들려오는 총소리, 텔레비전 화면을 가득 채운 살인의 소식과 시체의 모습에 곤두섰던 신경이 채널을 돌려 <스타월드> 위성방송에서 '세상에 이런 일이'(Most Shocking)라는 방송을 보면서 진정됐다. 미국의 리얼리티 쇼인데, '난폭한 폭동'과 '대소동'에 관한 것이었다. 캘리포니아주 외곽의 총격전, 텍사스 탈옥범과 고속도로 경찰대의 도로상 총격전, 헤비메탈 콘서트에서 일어난 유혈 폭동 등을 방송했다. 폭력은 어디에나 있었다. 임팔은 안전한 곳은 아니겠지만 그렇게 위험한 곳은 아닐 것이라고 자위했다.

마니푸르는 수 세기 동안 독립왕국이었다. 그 왕국의 중심부는 바로 임팔을 둘러싼 마치 그릇처럼 오목하게 들어간 분지였다. 마니푸르 왕국의 영역은 성쇠에 따라 확대와 축소를 반복했는데 최 성세기에는 산맥을 넘어 미얀마의 이라와디 분지까지 뻗기도 했다. 마니푸르의 남쪽에는 경쟁하던 트리푸라(Tripura) 왕국이 있었으나 지금은 인도연방 공화국의 다른 주를 이루고 있다. 서쪽으로는 더욱 작은 카차르와 같은 작은 왕국들이 있었는데 지금 인도 지도에서는 독자적인 주를 차지하지 못하고 있다. 그리고 가장 막강했던 아삼이 있다. 주변의 산악지역엔 나가(Naga)족, 미조(Mizo)족 등 다양한 소수 인종이 독자적인 부족을 이루고 부족장을 받들며 살았다. 19세기 중반까지 이 지역은 이처럼 중간규모 이하의 여러 정치 단위가 대체로 평온하게 공존하고 있었다. 주로 산 사이 계곡에 자리 잡은 부족들의 언어는 영어와 일본어만큼이나 서로 달랐다.

마니푸르 왕국의 힘은 18세기 초에 절정에 달했다. 프랑스에는 루이 15세가 왕위에 있고 오스트리아 왕위계승 전쟁이 진행 중이던 때였다. 그때 마니푸르의 왕 가리브 네와즈는 주변 부족을 정복하고 카차르 왕국과 티페라 왕국을 공격했다. 이 무렵, 이 지방에는 인도의 문화가 전파되고 있었는데 가리브 네와즈 왕은 독실한 힌두교도가 됐다. 그렇게 인도종교와 문화에 심취한 왕은 인도의 현자들을 초청해 힌두식 왕정을 구현하도록 했다. 새로운 의식을 시행하고 카스트의 규칙과 인도식 칭호를 채택했다. 산스크리트어로 쓰인 경전을 (버마-티베트어 계열로 주변의 방언과 닮은) 자국어 메이테이어로 번역했다. 군사적 승리와 문화적 우월감에 고무되어 가리브 네와즈는 기병을 이끌고 산을 넘어 미얀마를 침공했다. 이미 내리막길을 걷던 미얀마의 타응우 왕조는 그로 인해 멸망했다. 1740년대의 일이었다.

몇십 년 후 상황이 역전됐다.[1] 미얀마에 새로 등장한 꼰바웅 왕조가 복수심에 불타 마니푸르를 침공했다. 한번이 아니라 여러 차례에 걸쳐 침공하면서 약탈하고 수천 명의 포로를 잡아갔다. 궁정 현자와 힌두교 성직자, 산스크리트 학자들도 포함돼 있었다. 이들의 후손이 지금도 만달레이 근처에 산다.

이어 영국이 미얀마를 밀어내고 왔다.[2] 영국은 1824~26년간 제1차 영국-버마 전쟁에서 이겨 아삼과 더불어 마니푸르를 할양받았다. 당시만 해도 마니푸르는 미얀마와의 완충지대 이상의 의미는 없었다. 1885년 제3차 영국-버마 전쟁으로 미얀마가 완전히 영국의 수중에 들어온 이후에는 그나마 완충지대로서의 의미도 상실했다. 아삼은 차 산지로서 가치가 있었으나 마니푸르는 그런 경제적 가치마저도 없었다.

그렇다고 콜카타의 영국 식민당국이 마니푸르를 내버려 둔 것은 아니었다. 영국인 감독관을 왕정으로 파견했다. 1891년 마니푸르에서 궁정 쿠데타가 발생하여 왕이 바뀐 일이 있었다. 영국이 개입하여 주모자를 체포하려고 했다. (현지를 방문하여 상황을 정리하던) 아삼의 행정총관 제임스 퀸튼(James Quinton)이 창에 찔려 죽었다. 영국 감독관 프랭크 그림우드(Frank Grimwood)는 다른 영국군 장교들과 함께 참수됐다. (남편을 찾아 산을 넘고 물을 건너왔던) 그림우드 부인만 구르카 용병들의 용감한 호위 덕분에 탈출할 수 있었다. 후일 그림우드 부인은 그 사건에 대한 자세한 기록을 남겼다. 영국이 본격적으로 반격에 나서니 결과는 자명했다. 쿠데타 주모자는 임팔의 폴로경기장에서 교수형에 처해졌다. 왕자 한 사람을 왕위에 올림으로써 영국의 지배를 다졌다.

이후 40년 동안 마니푸르는 인도 '군주국'의 지위를 유지했다. 카슈미르나 하이데라바드와 같은 급은 아니었지만 바로 그 아래 지위를 받았다. 마니푸르의 왕은 큰 궁궐을 지을 수 있었고 대영제국의 행사가 있을 때면 콜카타와 뉴델리로 초청돼 부왕(副王)급의 의전을 받았다. 이후 마니푸르에는 이렇다 할 사건이나 발전이 없었다.

그런데 제2차 세계대전이 일어났다. 마니푸르가 연합국과 일본제국 사이 전선으로 부상했다.

일본은 1942년 초 미얀마를 침공했다.3 영국군은 카친 산맥으로 후퇴하여 정글 속 작은 통로를 지나 아삼으로 피신해야 했다. 영국 역사에서 가장 먼 후퇴로 기록된 사건이었다. 이후 전쟁은 지금의 방글라데시-인도-미얀마 국경을 전선으로 하여 교착상태에 들어갔다. 1944년 흐름이 추축국에 불리하게 돌아가자 일본의 최고 지휘부는 인도에서 돌파구를 찾기로 했다. 즉 마니푸르를 통해 인도로 진격하기로 한 것이다. 무타구치 렌야(牟田口 廉也) 장군 휘하에 5개 사단 병력이 집결했다. 또 수바스 찬드라 보스(Subhas Chandra Bose)를 따르는 아자드 힌드 파우지, 즉 '인도 국민군'도 일본군과 함께 참전했다.

수바스 보스는 케임브리지 대학 출신으로 마하트마 간디, 판디트 네루처럼 인도 국민회의의 총재를 지냈다. 그러나 간디의 비폭력 운동이나 입헌정치에는 참여하지 않았다. 만달레이에서 수감생활을 한 후 추축국 독일, 나중에 일본과 손을 잡고 인도의 독립을 추구하려고 했다. 싱가포르에서 '인도 국민군'을 결성하고 일본군과 함께 양곤으로 들어왔다. 보스는 마니푸르가 인도 전체를 해방하는 첫걸음이 될 것으로 희망했다.

영국은 일본군의 진격 속도와 강도에 매우 놀랐다. 그런데 영국군의 지휘관은 탁월한 능력자 윌리엄 슬림 장군(후일 자작)이었다. 그리고 인도와 미얀마 사이 아삼 및 주변의 산악지대에는 이미 엄청난 규모의 연합군 병력이 집결해 있었다. 또 콜카타로부터 브라마푸트라강을 따라 전선이 형성된 산악지대로 도로가 놓였다. 일본군이 진격해 옴에 따라 전방에 배치됐던 영국군의 두 사단, 즉 제20, 제17사단에 임팔로 후퇴하라는 명령이 내려졌다. 제20사단은 무사히 후퇴를 마쳤으나 제17사단은 퇴로가 차단되어 어려운 전투를 통해 활로를 뚫어야 했다. 미얀마 해안의 라카인에서 새로운 사단 병력이 보충됐다.

수 주일 동안 치열한 전투가 이어졌다. 임팔의 북쪽, 코히마의 전투가 결정적인 분수령이 됐다. 아삼 소총부대와 제4 왕립 서켄트부대 병력이 급거 공수됐다. 전투는 치열한 백병전으로 전개됐다. 4월의 대부분 동안 치열하게 싸운 이 전투는 코히마의 부행정장관 찰스 포세의 저택과 테니스 코트가 그 전쟁터가 되어 '테니스 코트'의 전투로 알려졌다. 일본군의 결의에 대단했으나 영국군의 결의도 그에 못지않았다. 영국군은 임팔 주위에 구축한 진지를 지키고 나아가 코히마에서 임팔로 연결되는 도로를 확보하여 임팔에 대한 포위를 돌파할 수 있었다. 일본군의 배후가 무너진 것이었다. 슬림 장군은 일본군을 함정으로 유인하여 공격하고 다시 반격하는 전술을 거듭 구사하여 성공했다.

일본군은 수만 병의 병사를 잃고 이라와디 분지로 후퇴해야 했다. 그 뒤를 슬림 장군의 병력이 바짝 쫓았다. 1945년 초 연합군이 만달레이를 탈환했다. 1945년 5월 양곤도 탈환했다.

나는 임팔에 있는 연합군 묘지를 찾아갔다. 주로 영국군인 전몰자 1천 5백 명이 여기 묻혀있었다. 웨스트 요크 샤이어와 노스 스타포드 샤이어 여단의 병사들이 많았다. '1939~45년 전쟁의 병사,' 또는 '하나님만 아는 이'라고만 적힌 무명병사의 묘도 여럿 있었다. '나의 남편 레그의 소중한 기억. 우리 다시 만날 때까지, 여보. 도리스'라고 적힌 비명도 있었다. '사랑하는 너를 생각하며. 22세. 아빠, 엄마가'라고 쓴 비명도 있었다. 캐나다와 호주, 인도 병사들의 묘도 있었고 심지어 아프리카 병사의 묘지도 몇 있었다. 묘비에는 '병사 수디 미라지 칭캄바. 동아프리카 육군 부대(복무기간 불상)'이라고 적혀있었다. 묘지는 미얀마에 있는 연합군 묘지와 마찬가지로 깨끗하게 관리되고 있었다. 저 멀리 담벼락을 따라 어린이들이 놀고 있었고 그 너머로 새끼돼지의 울음소리도 들렸다. 묘지의 옆에는 '쿠키 침례교회'가 있었다. 쿠키란 대부분 기독교를 믿는 부족의 이름이다. 마침 예배 중이었는지 찬송가 소리가 들렸다. 전몰용사의 묘지 외에 전쟁을 기념하는 것은 아무것도 찾아볼 수 없었다. 임팔이 '아시아의 스탈린그라드'였다는 것은 그냥 잊히고 지나갈 모양이다.* 전쟁이 끝나면서 화려한 조명도 꺼졌다. 연합국 군대와 추축국 군대가 행진하여 지나던 도로는 수목에 가려져 한때 인도의 한 부분과 미얀마, 나아가 극동을 연결하던 선도 사라졌다.

1948년이 다가오면서 마니푸르는 역사적인 전기를 맞이했다.[4] 1947년 8월 영

---

* 1942~43년 승승장구하던 나치 독일군이 패하여 제2차 세계대전 반전의 계기가 된 스탈린그라드, 지금은 볼고그라드라고 불리는 곳에 있었던 전투를 말함 — 옮긴 이.

국이 인도에서 철수하고 영국령 인도는 인도와 파키스탄으로 분리됐다. 영국이 '군주국'(princely states)으로 따로 지배하던 곳들은 인도와 파키스탄 둘 중 하나를 선택하여 합류하기로 영국과 인도의 지도자들 사이에 묵시적 합의가 있었다. 그런 군주국이 수백 개가 됐다. 그냥 대지주에 불과한 규모도 있었지만, 유럽국가의 영토처럼 큰 군주국들도 있었다. 런던의 보수파, 그리고 인도 식민 정청에서 이들 군주국을 분리하여 당분간 지배하는 방안을 고려했다. 즉 인도 전역을 '파키스탄', '힌두스탄', '프린스스탄'(Princestan)의 세 부분으로 나누어 세 번째를 영국이 지배하는 '삼분(三分) 안'이었다. 그러나 독립의 순간이 다가오면서 그 안은 없던 것이 됐다. 여러 가지 이유가 있었으나 무엇보다 당시 국민회의와 무슬림 연맹의 분위기를 봐서는 새로운 분란만 낳을 게 뻔했기 때문이었다. 그러나 각 군주국은 영국의 왕실과 별도의 조약을 체결한 상태였기 때문에 군주의 동의가 있어야만 인도나 파키스탄에 합류할 수 있었다. 어느 쪽을 선택하든 과거와 같은 자주를 누리는 것이 원래의 계획이었다. 이들 대부분은 독립 국가가 되기에는 너무나 작았다. 그래서 이들 작은 나라 군주는 망설이지 않고 '연방 가입 협약'(Instrument of Accession)에 서명했다. 독립국을 꿈꿀 정도로 큰 나라도 있었다. 프랑스만 한 영토를 가지고 군주 '니잠'이 엄청난 부를 자랑했던 하이데라바드와 인도 남서부, 아라비아해에 면한 트라바코레(Travacore)와 같은 나라가 그랬다. 대영제국 치하에서 온갖 혜택을 누렸던 이 군주들은 인도연방에 합류하기를 거부했다. 인도는 군사력을 동원하는 등 온갖 압력을 구사했다. 파키스탄의 영토 안에 있던 (몇 안 되는) 군주국은 파키스탄을 택하고 나머지는 대부분 인도를 택했다. 문제는 카슈미르였다. 카슈미르는 인도와 파키스탄에 접한 거대 군주국이었는데 인구의 다수는 무슬림이지만 군주는 힌두 마하라자였다. 인도와 파키스탄이 경쟁적으로 끌어들이려고 노력하던 끝에 결국 전쟁이 발발했다. 그 문제가 지금도 인도와 파키스탄 사이 적대관계의 핵심을 이루고 있다.

　마니푸르의 군주도 그 같은 압력에 직면했다. 마니푸르와 같이 작은 나라가 독립국이 되는 것은 상상하기 어려웠지만 그래도 여전히 독립국을 꿈꾸는 사람이 없지 않았다. 미얀마 일부가 되는 것도 거론됐다.[5] 1947년 초 영국이 미얀마를 떠나기로 한 다음 미얀마에서는 버마족 민족주의 지도자와 샨족의 족장 '서브와' 또 기타 소수민족 지도자들 사이에 합의가 이루어졌다. 함께 '연방'을 구성하되 소수민족이 상당한 정도의 독자성을 유지한다는 내용이었다. 마니푸르는 거리만 따지자면 델리보다 양곤이 훨씬 더 가까웠다. 문화적으로도 마찬가지였다. 게다가 역사적인 관계도 있었다. 좋은 관계는 아니었으나 관계는 관계였다. 그러나 그 생각은 실현되지 못했다. 양곤의 미얀마 정부가 마니푸르까지 신경을 쓸 여유가 전혀 없었던 것이었다. 마니푸르는 선택의 여지가 없이 인도에 합방되어야 한다는, 선택지 아닌 선택지, '홉슨의 선택지'(Hobson's choice)를 받았다. 인도가 공식적으로 독립한 며칠 후 마니푸르의 마지막 왕은 마침내 '연방 가입 협약'에 서명하면서 독립 국가의 꿈을 날려 보냈다.

　그래도 '인도연방'이 느슨한 '연방국'이어서 가입하더라도 상당한 정도의 주권을 보유할 수 있을 것으로 기대했다. 왕은 이 나라에서 처음으로 선거로 설립된 정부에 권력을 이양했다. 새로운 헌법이 채택되고 50인으로 구성된 의회가 수립됐다. 이처럼 대의적 기관이라면 자치에 대한 요구가 통할 가능성이 크다는 기대가 생겨났다. 때는 1948년이었다. 미얀마는 이미 독립했고, 이미 내전 중이었다. 그러니 인도의 중앙정부는 마니푸르에 특별한 지위나 의미를 부여할 이유를 찾지 못했다. 중앙정부로부터 강력한 압박을 받은 끝에 마니푸르의 마지막 마하라자 '보다찬드라 싱'은 '나와 후계자와 그 후계자들'의 이름으로 마니푸르를 인도에 병합하는 데 동의했다. 이후 마니푸르는 '연방 직할 영토'(Union Territory)로 중앙정부의 직접적인 통치를 받았다. '인도연방'의 정식적인 주(州)의 지위를 받은 것은 1972년의 일이었다.

그리하여 델리에 도읍한 인도의 중앙정부는 유사 이래 최대의 강역을 지배하기에 이르렀다. 특히 동쪽 경계가 마니푸르까지 확대된 것은 주목할 만한 일이었다. 통상 '힌두스탄'으로 부르는 지역은 물론이거니와, 마우리아, 굽타, 무굴 등 역사적으로 존재했던 어느 제국의 강역도 그처럼 넓지 못했다.

동북지방에는 마니푸르 외에도 인도 정부가 상대해야 할 정치체가 많았다. 역사적으로 인도와 어떠한 관계도 없어 도대체 왜 인도의 일부가 돼야 하는지 이해하지 못하는 수십 개의 부족이 있었다. 영국 식민당국은 이들을 행정구역상으로는 아삼에 포함했지만, 통치 자체는 부족장을 통한 간접적인 지배방식을 유지했다. 미얀마에서 샨이나 카친에서 한 것과 같은 방식이었다. 그중에는 임팔의 북쪽에 있는 나가(Naga) 고원, 남쪽에 있는 루샤이(Lushai) 고원이 포함됐다. 이곳 사람들도 미얀마의 산악지대와 마찬가지로 대부분 전통종교를 믿다가 기독교로 개종했다. 인도대륙은 종교를 기준으로 분단됐다. 다시 말해 파키스탄은 이슬람교, 인도는 힌두교라는 정체성이 형성됐다. 그러면 기독교를 믿는 나가 지역은? 어쩌면 그 정체성을 잃을지도 몰랐다. 나갈랜드는 2차대전의 전장이었던 만큼 종군한 사람도 많았고 남기고 간 무기도 많았다. 20세기 초 인도 정치를 지배했던 '반 식민투쟁'이나 지금 집권당이 된 '국민회의'와는 아무런 관련이 없었다. 1948년 1월, 아삼의 총독을 지내고 막 물러난 로버트 레이드는 나갈랜드를 여행하던 중 마하트마 간디의 암살 소식에 접했다. 엄청난 충격을 받은 레이드는 그 소식과 그에 대한 자신의 감정을 접대하던 콘야크 나가족의 족장 찬그라이에게 토로했다. 그런데 찬그라이는 간디가 누군지 몰랐다. 레이드는 간디가 "영국이 인도를 떠나게 만든 책임이 있는 사람이오. 인도에 독립을 가져다준 사람이지요"라고 설명했다. 그러나 찬그라이는 이렇게 말했다.

"아! 그가 바로 우리 나가족에게 이 모든 골칫거리를 가져다준 사람이군요."6

나가족은 뉴델리 인도연방 정부의 통치를 거부하며 반란에 나섰다.7 이후 60년간 수십 개의 소수 인종 집단이 그 뒤를 이어 반란에 나서 연방정부의 군대 및 경찰과 끊임없이 싸웠다. 그러나 다른 지방의 무장갈등—예컨대 1980년대 펀자브 지방 시크교도의 반란—과 카슈미르의 지속적인 폭력에 가려 동북지방의 무장갈등은 별로 주목을 받지 못했다. 국제적인 주목만을 말하는 것이 아니다. 인도 내부에서도 동북지방의 무장갈등을 제대로 이해하는 사람은 많지 않다. 그래서 치명적인 결과를 낳았다.

'나가 민족 위원회'(Naga National Council)는 독립이전 1946년에 결성됐다. 철수가 예정된 식민당국에 나가 고원지대를 신생 인도에 포함하지 말라고 촉구했다. 나가족의 일부 지도자들은 그나마 현실적이어서 델리의 연방정부가 국방과 외교, 기타 몇 가지 영역을 맡고 나가의 지방정부가 기타 영역에서 완전한 자치를 누릴 것을 주장했다. 그러나 강경파는 인도와 어떠한 관계도 맺기를 거부했다. 나가족의 지도자 안가미 자이푸 피조가 델리로 가서 판디트 네루 정부와 협상했지만 아무런 소득이 없었다. 인도 정부는 기본적으로 지방정부에 자치를 부여하는 것은 안중에도 없었다. 게다가 파키스탄과의 분할과 그에 따른 온갖 어려움 때문에 나가족이나 기타 산악지대의 소수민족은 그냥 성가신 잡음 이상으로 여기지 않았다. 1950년대 초가 되자 나가 지역의 무장투쟁은 완전히 궤도에 올랐다. 나가족 지도자 피조는 '자유 나갈랜드 인민주권 공화국'의 설립을 선언하고 런던으로 피신했다. 런던에서 인도의 무자비한 탄압을 공개적으로 성토하고 언론의 시선을 끌어 네루 정부를 난처하게 만들었다. 그런데 그건 앞으로 닥쳐올 수많은 무장반란의 전조에 불과했다.

　무장갈등이 지역 전체를 휩쓸었다. 마을이 파괴되고 수천 명이 죽거나 다쳤다. 마침내 네루가 나가족 온건파와 대화에 나서 '나갈랜드'를 주로 격상시키고 자체 정부를 수립하도록 했다. 그때 나갈랜드주의 인구는 50만에 불과했다. 다른 주의 인구가 최소한 1천만이었음을 고려하면 파격적인 양보였다. 그랬더니 다른 지역에서도 같은 요구가 속출했다. 동북지방의 나머지 지역들이 주(州)로 승격되어 자치정부를 수립했다. 더 작은 단위도 다시 독립을 주장하며 무장투쟁에 나서는 등 소란은 끊이지 않고 있다.

　나가 지역의 무장투쟁도 이후 계속됐다. 그나마 지금 이 순간 가장 큰 무장단체인 '나갈랜드 민족 사회주의 위원회'(이삭-무이바 파벌)와 인도 정부가 휴전상태에 있다. 다른 지역에도 무장단체가 진압되거나 평화협정이 체결되었지만 새로운 파벌이 결성되어 잠잠하던 갈등이 새로 떠오르는 등 완전한 평화는 아직 요원해 보인다. 마니푸르만 해도 수십 개의 무장단체가 서로 경쟁하고 있으며 인도 정부는 주도인 임팔과 미얀마와의 국경도시 타무 사이의 도로 정도만 겨우 통제하는 형편이다. 카슈미르에 적용됐던 '1958년 군사력 특별권한법'이 인도 정부군과 준정부 민병대 아삼 소총부대에도 적용되고 있다. 이에 따르면 인도군은 의심스럽기만 해도 '조준 사격'을 하고 영장이 없어도 수색할 수 있다.

　물론 지금 동북인도 전체를 전쟁지역이라고 할 수는 없다. 많은 곳은 무장봉기가 없고, 선출된 정부를 통한 자치를 시행하며 사람들은 다른 인도 시민과 같은 수준의 자유와 권리를 누린다. 그러나 (마니푸르와 같은) 일부 지역에는 법이 아니라 총이 지배하고 있으므로 마치 동북지방 전부가 폭력이 난무하는 지역처럼 여겨져서 투자자나 관광객이 외면하고 있다.

이 모든 문제의 원인은 복합적이다. 그래도 인도 동북지방의 사람들은 미얀마의 소수 인종이 아직도 간절히 바라는(일부는 총으로 쟁취하고자 하는) 것을 누리고 있다. 즉 민주적 연방 국가의 틀 속에서 높은 수준의 자율성이 있는 자치정부가 있는 것이다. 게다가 언론은 미얀마에서는 상상하지도 못할 정도의 자유를 누리고 있다. TV에서 임팔에 관한 뉴스를 보고 그 폭력성에 대해 놀라고 눈살을 찌푸리더라도 최소한 그 폭력이 언론에 노출되어 책임소재를 따질 여지라도 있는 것이다. 그렇더라도 동북지방의 주민들은 여전히 인도를 외세로 여기고, 자신들을 인도연방 속에서 소외된 외부자로 간주한다. 인도 독립투사이자 정치인 자야나라얀(Jaya Prakash Narayan)은 1960년대 나가 고원지대를 자주 방문했다. 그때부터 그는 인도는 단순한 국가가 아니라 '문명'이며 그 문명에 파키스탄은 당연히 포함되나 동북지방은 포함되지 않는다고 주장했다. 이 지방은 인도와 아무런 역사적 또는 문화적 관계가 없었고 기독교로 개종하면서 그 거리는 더욱 멀어졌기 때문이다. 이와 같은 주장은 그때 이후 자주 등장했다. 내가 만난 나가족 학생들은 나갈랜드에 유전이 발견될 가능성에 대해 큰 희망을 품고 있었다. 그것이 독립을 위한 경제적 초석이 될 것이라는 믿음 때문이었다. 그 독립이라는 것이 완전한 독립주권국가를 말하느냐고 묻자 망설이지 않고 '그렇다'라고 대답했다.

빈곤도 문제다. 독립 당시 동북지방의 일인당 소득은 전국 평균보다 높았다. 석유와 가스 같은 자연자원이 많고 브라마푸트라 분지는 농토로서 전 세계에서 가장 비옥한 곳 중 하나였다. 그런데 지금은 그 반대가 됐다. 뭄바이나 벵갈루루와 같은 곳의 번영은 마치 딴 세상 같다. 예산지원의 문제가 아니다. 인도 중앙정부는 이 지역에 다른 지역보다 상대적으로 더 많은 예산을 배정했다. 총인구의 4%인 이 지역에 배정된 예산이 전체 예산의 10%인 것이다. 그러나 그 예산이 거대하고 부패하고 경직된 관료조직을 통해 집행되다 보니 일자리를 만든다거나 개발을 촉진하는 효과는 전혀 가져오지 못하고 있다.

경제가 이처럼 낙후한 데는 접근성의 문제 때문도 있다. '인도 본토'와 아삼이 육로로 통하는 방법은 '닭의 목' 밖에 없다. 영국은 식민지 시절 여러 곳에 철도를 건설했으나 이곳은 빼놓았다. 상 아삼과 상 미얀마를 연결하는 철도는 없었다. 중국과 수백 마일의 국경을 접하고 있었지만, 무역은 거의 없었다. 1990년대 이래 인도의 동향정책은 기본적으로 동쪽의 여러 나라와 무역을 증진하는 것이었다.⁸ 그러나 동향정책을 통해 동북인도를 (외롭게 고립된 지역이 아니라) 미얀마와 중국에 진출하는 교량으로 재정립하고 그것을 통해 경제적 고립을 해결해야 한다는 주장도 있었다.

2008년 말 인도와 방글라데시의 관계가 개선되면서 그곳을 통해 동북인도와 벵골만을 연결할 가능성이 열렸다. 아울러 미얀마를 핵심고리로 생각하는 사람들이 중앙정부와 주 정부에서 늘어났다. 미얀마가 중국 윈난의 내륙성을 해소하는 길목이 되듯이 동북인도, 특히 미얀마에 가까운 트리푸라 · 미조람 · 마니푸르 · 나갈랜드와 같은 내륙지방을 바다로 연결하는 길목이 될 수 있다. 2008년 미얀마와 인도 정부가 미얀마 서해안에 있는 시트웨의 오래된 항구를 재건하고 그로부터 동북인도로 연결하자는 합의문에 서명했다. 칼라단강을 수로로 개발하고 그 상류에서 도로를 건설하여 인도의 '54번 국도'와 연결한다는 계획이다. 그렇게 되면 마니푸르를 비롯한 동북인도의 여러 지방이 바다로 나가는 길을 크게 단축할 수 있을 것이었다.

계획상으로는 그럴듯해 보이는 이 '칼라단 복합 통행-교통 프로젝트'의 진전은 느리다. 또 동북인도 전반의 기간시설 개선이 없이 이 프로젝트가 얼마나 효율적으로 운영될지도 확실치 않다. '54번 국도'는 북쪽으로 수백 마일을 뻗어 가우하티까지 이르지만(그 길에는 '위스키 마시고 운전하면 위험합니다'와 같이 도움이 되는 표지판이 많다) 1차로에 불과해 주요 산업도로가 되기 어렵다.

미얀마와의 무역에도 관심이 높아졌다. 마니푸르와 만달레이를 연결하고, 만달레이에서 남쪽 양곤, 동북쪽 윈난으로의 통상로와 연결한다. 동북인도와 미얀마를 합치면 인구가 1억이 넘는다. 지금은 가난해서 큰 시장이 아니지만, 항상 가난하란 법은 없다. 동북인도가 국제적으로 고립되고 경제적으로 낙후되고 정치적으로 군사독재인 미얀마에 이웃한 것은 불운이다. 미얀마로 봐서도 자기 나라에서 외면받고 온갖 무장갈등이 끊이지 않는 동북인도를 이웃으로 둔 것은 불운이다. 지금 두 지역 사이의 무역은 경제 논리보다는 총의 논리를 따라 마약이나 호피(虎皮)나 호골(虎骨)과 같은 불법 물품이 주종이다. 아직 새로운 도로를 놓는 등 기간시설에 대한 투자도 없다. 윈난에서 만달레이까지는 조만간 고속철이 놓일 것이다. 임팔에서 만달레이로 가는 길은 시골길과 크게 다를 바 없다. 이제까지 동북인도와 미얀마의 관계는 서로의 문제를 악화시키는 악연(惡緣)이었다. 이제 국경이 열리면서 서로의 발전이 서로 도움을 주는 선연(善緣)으로 바뀔 것인가?

임팔은 여러모로 만달레이와 닮았다. 날씨부터 닮았다. 1월의 날씨는 낮에는 맑고 따뜻했지만 이른 아침에는 쌀쌀했다. 스웨터며 재킷을 입고, 스카프를 여러 겹 두른 사람, 심지어 털모자를 쓴 사람도 있었다. 대기는 건조한 가운데 먼지가 많고 나무 타는 냄새와 디젤 배기가스 냄새가 짙게 났다. 그리고 도시의 중앙에 정방형의 담과 해자로 둘러싸인 궁궐이 있었다.

임팔에서 작가 한 사람을 만나 게스트하우스 근처 식당에서 점심을 같이 하고 차로 도시를 둘러봤다. 궁궐은 더는 궁궐이 아니라 벽돌 더미에 불과했다. 크기는 반 에이커, 즉 6백 평 정도 됐는데 원래의 모습은 도저히 상상할 수 없었다. 영국은 만달레이 궁을 듀퍼린 요새로 사용했듯이 이곳도 요새로 사용하여 캉글라 요새라고 불렀다. 영국인들이 지은 주택들이 지금도 남아 있는데 그중 하나를 2차 대전 때 영국 제14군의 사령관이던 윌리엄 슬림 장군이 사용했다. 1940년대 초 수천 명의 영국군 및 연합군 병사들이 임팔과 주변 지역에 주둔했다. 그때 세계의 운명이 바로 이 작은 도시에서 일어난 일에 달려있었다. 그러나 그 전에 임팔은 주목을 받을 일이 거의 없었다. 1930년대 임팔은 (조지 오웰이 살았던 카따처럼) 상 미얀마의 소도시와 비슷했다. 단 13명의 '유럽인'이 존재했다. (여기서 '유럽인'이란 식민지 시대 영국인들이 백인을 일컫는 보편적 표현이었다) 임팔에는 테니스 클럽은 있으나 골프코스는 없었다. 스코틀랜드의 상인들이 이곳까지는 오지 않았다는 의미였다.

임팔 체류 이틀째, 우리는 함께 차를 몰아 그곳에 있는 대학교에 갔다. 그 대학교에는 인도 유일의 '버마 연구 센터'가 있었다. 내가 본 두 번째 미얀마 연구소로 다른 하나는 미국의 노던 일리노이 대학교에 있었다. 그곳에 가느라 시카고에서 차를 몰고 가끔 나타나는 맥도널드나 던컨 도너츠 외에는 옥수수밭밖에 보이지 않는 중서부 평지를 2시간 동안 운전했었다. 임팔의 미얀마 연구소는 논문도 여러 편 출판했다. 인도의 다른 곳과 달리 이곳에는 미얀마의 중요성이 높이 쳐지고 있다는 소리였다. 왜 아니겠는가? 여기서 미얀마는 멀리 존재하며 이름만 듣는 그런 곳이 아니라 과거를 공유한, 그리고 어쩌면 미래도 공유할, 바로 이웃한 큰 나라인 것이다.

인도 여러 지역에서 2주일을 보낸 다음 방문한 마니푸르는 동남아에 돌아온 듯한 느낌이 들었다. 여인들이 머리에 쓴 사리가 아니라면 거리의 모습이나 사람들의 모습에서 미얀마나 라오스, 태국 북부지방 등에서 볼 수 있는 모습과 크게 다른 점을 찾을 수 없었다. 임팔에서 델리까지의 거리는 1천 마일이지만 만달레이까지 거리는 4백 마일에 불과하다. 한 지인이 이렇게 말했다.

여기 사람을 만달레이 한가운데 던져 놓으면 아마 며칠이면 길을 찾아 돌아올걸세. 모든 게 익숙하니까. 그런데 같은 사람을 (델리 근처 인도 최대의 주) 우타르 프라데시의 어느 도시에 던져 놓으면 돌아오는 데 몇 달이 걸릴 걸세.

물론 차이가 있다. 가장 큰 차이는 중무장을 한 경찰과 군 순찰대다. 게다가 군인과 경찰은 펀자브를 비롯한 먼 곳에서 충원됐기 때문에 외모가 다르다. 피부색이 더 짙고 매부리코를 비롯해 얼굴 윤곽이 더 뚜렷하다. 그들이 자동화기로 무장하고 장갑차를 타고 내리면 완전히 '외국' 군대 같다. 다른 차이는 이곳 사람들은 다들 영어를 잘한다는 점이다. 가게 점원이든 식당 종업원이든 내가 만난 누구도 영어로 소통하는 데 어려움이 없었다. 동북지방에 기독교회에서 운영하는 학교가 잘 돌아가고 있다는 증거였다. 실제로 임팔에서 본 유일한 서양사람은 식당에서 만난 미국인 가족이었다. 모두 머리를 단정하게 깎고, 선교사가 분명한 흰 머리의 신사와 함께 왔다. 신사는 손에 '심방록'이라고 적힌 뺐다 끼웠다 할 수 있는 보관철과 『예수님처럼 이끌라』(*Lead Like Jesus*)라는 제목의 두꺼운 책을 들고 있었다.

마니푸르의 무장단체는 뉴델리의 인도 정부에 대항한 일종의 애국적, 또는 정치적 목적에서 시작했으나 시간이 흐르면서 그 성격이 변했다. 정치단체인지 조직폭력배인지 구분하기 어려워진 것이다. 마니푸르의 주민 중 절반 정도가 임팔 분지의 전통언어인 메이테이어를 사용하는 힌두교도다. 주변의 산악지역에는 (북쪽에 나갈랜드라는 자치주를 가진) 나가족과 (남쪽의 미조람주의 주민, 또 미얀마의 친족과 밀접한 관련이 있는) 쿠키족이 다수다. 산악지역에 사는 사람은 거의 예외 없이 기독교를 믿고 많은 계곡에 흩어져 살면서 독자적인 방언을 사용한다. 판갈이라고 불리는 무슬림도 있는데 주로 임팔 주변에 살면서 전체 인구의 7%를 차지한다. 엔간한 신문의 편집자라면 다뤄볼 엄두도 못 낼 정도로 인종이 다양하고 복잡하다.

그 점에서도 미얀마와 닮았다. 메이테이족은 산악지대 인종들에 대해 일종의 우월감을 가지고 있는데 이라와디 분지의 버마족과 샨 고원의 샨족이 산악지대의 카친족이나 카렌족에 대해 가지는 우월감과 닮았다. 마니푸르의 다양한 집단은 미래에 대한 이상이 서로 다를뿐더러 상호 갈등적이다. 인도 일부로 살아가는 데 대해 만족하는 집단은 없지만, 꿈이 서로 다르니 함께 행동하지 못한다. 오히려 다들 무장을 하고 한편으로는 정부와 싸우지만, 한편으로는 서로 싸운다. 예를 들면 이렇다. 나가족은 나갈랜드의 독립을 원하나 그것에 그치지 않는다. 마니푸르 지역도 포함한 '대' 나갈랜드를 주장한다. 자연히 마니푸르의 주민들은 극렬하게 반대할 수밖에 없다. 2010년 초 마니푸르 주정부가 나가 분리주의운동의 지도자인 투잉갈렝 무이바가 마니푸르에 있는 고향을 찾는 것을 불허한 적이 있었다. 그 방문을 통해 마니푸르를 나갈랜드 일부로 주장하려 한다고 의심했기 때문이다. 그에 대한 반발로 나가의 무장단체가 임팔로 가는 도로를 봉쇄하여 경제가 거의 마비 상태에 빠졌다. 델리의 연방정부에서 병력을 파견하고서야 봉쇄가 풀렸다. 이 많은 사연을 일일이 기록할 수는 없는 노릇이다. 간단하게 말하자면 인구가 2백5십만에 불과한 마니푸르에 최소 40개의 무장단체가 있다. 인도 정부군과 싸우는 단체도 있지만 다들 서로 싸운다.

임팔에서 미얀마의 국경도시까지는 50마일 정도에 불과하다. 그곳에 가려면 몇 군데의 검문소를 지나야 하지만, 어쨌거나 국경을 넘는 것은 가능하다. 그리고 카보 계속을 따라 만달레이까지 여행할 수도 있다. 이 또한 최근의 현상이다. 임팔에서 만난 한 사람은 단체관광을 통해 만달레이에 다녀왔다고 했다. 관광도 하고 마니푸르와 미얀마의 관계를 보여 주는 역사의 현장도 가보고 만달레이 주변에 사는 18세기~19세기 초 미얀마에 포로로 잡혀갔거나 스스로 이민 간 마니푸르의 후손도 만났다고 했다. 미얀마 궁정의 의전담당관이었던 '폰나'(ponna)의 전통복장을 하고 사진도 찍었다고 했다. 그 폰나가 대부분 마니푸르 출신인 것이었다. 마치 잃어버린 뿌리를 찾은 듯하여 무척 기뻤다고 했다.

자연히 임팔에는 미얀마에 관한 관심이 높았다. 사흘째 마지막 날 아침 호텔 방으로 전화가 왔다. 미얀마 역사에 관심이 많은 사람이라고 자신을 소개했다.

"선생님의 책을 읽었는데 만나고 싶습니다. 미얀마 역사를 토론하고 내가 쓴 글도 보여주고 싶습니다."

나는 어제 봤던 '버마 연구 센터'의 누군가라고 짐작했다. 이미 짐을 싸서 공항으로 출발하려던 참이라 거절했다. 그런데 두 번째 세 번째 전화가 왔다. 여전히 정중했지만 집요했다.

"꼭 만나고 싶습니다. 불과 몇 분이면 선생님이 묵고 있는 호텔에 도착할 수 있는 거리에 있습니다."

하는 수 없이 그의 요청을 수락하고 로비로 걸어 내려가 기다렸다.

바로 그때 여러 대의 장갑차가 몰려와 정차하고 중무장한 군인들이 내려와 정렬했다. 장교 한 명이 몇 사람과 함께 바쁜 걸음으로 입구를 통과해 계단을 걸어 올라갔다. 호텔에 반군 지도자가 있어 체포하러 온 것인가 했다. 그런데 녹색 작업복을 입고 단신이지만 탄탄한 체구를 가진 그 장교가 급히 내려오더니 내게 다가와 말을 걸었다.

"바로 알아보지 못해 미안합니다. 만나줘서 대단히 감사합니다."

바로 전화를 걸었던 사람이었다. 보안부대의 대령이지만 동시에 아마추어 역사가로 '마니푸르-미얀마 역사학회' 회장을 맡고 있다고 했다. 우리는 차를 마시며 30분 정도 이야기를 나누었다. 그가 쓴 논문을 들여다보고 두 나라 사이의 연계를 다시 살리는 것이 중요하다고 의견을 같이 했다. 그러다가 그가 갑자기 벌떡 일어나 교외에서 작전이 있어 가야 한다면서 사과의 말을 했다. 그리고 기다리고 있던 지프에 올라 장갑차 대열을 이끌고 먼지를 일으키며 사라졌다.

공항에서 들어오면서 마니푸르에서 제작한 영화 광고를 봤었다. 같은 광고판이 임팔 곳곳에 있었다. 그림 속 배우들의 모습은 얼굴이 더 통통하고 머리 모양이 요란스러운 것을 제외하면 완전히 미얀마 배우를 보는 것 같았다. 어느 저녁 TV에서 마니푸르 영화상 시상식을 봤다. 놀랍게도 임팔은 1930년대 이래 오래된 영화제작 전통이 있었다. 2000년 '혁명 인민 전선'이라는 무장단체가 힌두어로 제작된 모든 영화 상영과 힌두어 방송을 금지했다. (믿거나 말거나 마니푸르의 무장단체는 이런 일을 할 수 있다). 발리우드 영화가 음란하여 고유문화를 타락시키고 인도의 '봉건적 가치'를 전파하는 수단이라는 이유에서였다. (동북지방의 반군집단은 미얀마와 마찬가지로 좌파에 청교도적 성향을 지니고 있다). 반군집단은 포르노 영화와 술을 포함한 습관성 의약품을 금지했다. 사악한 내용의 영화를 상영하면 아예 영화관을 폭파하겠다고 으르고 있다.

그러다 보니 의도하지는 않았겠지만 재미있는 결과가 초래됐다. 한국 드라마에 빠진 것이다.9 한국의 위성방송 <아리랑 TV>는 쉽게 볼 수 있어 저녁만 되면 임팔의 주민들은 한국 드라마를 보려고 TV 앞에 달라붙는다고 했다. 다들 한국 사람이 마니푸르 사람들과 외모에서 닮았고 문화적으로도 인도에서 볼 수 없는 친근감을 준다고 한다. 일시적인 유행일지는 몰라도 젊은이들이 한국 영화배우에 열광하고 한국의 유행가를 따라 하고 서울의 유행에 따라 옷을 입는 것은 단순한 호기심을 넘어 문화적 흐름이 됐다.

인도 본토의 유행을 따라 하는 경향은 전혀 볼 수 없었다. 오히려 그 반대였다. 마니푸르의 사람들뿐만 아니라고 동북지방 사람들은 대체로, 그리고 동쪽으로 갈수록 더욱, 델리와 뭄바이 그리고 기타 '인도 본토'의 도시를 여행하면 차별을 느낀다고 불평한다. 인도는 믿기 어려울 만큼 다양한 나라다. 북인도와 남인도는 사람들의 외모와 언어, 문화 등 모든 측면에서 유럽의 끝과 끝처럼 서로 다르다. 그러나 북인도든 남인도든 그곳의 사람들은 남들이 보기에 그리고 서로 보기에 '인도인'처럼 보인다. 그런데 동북지방에서 온 사람들은 흔히 중국인이나 일본인 같은 '외국인'으로 혼동한다. 인도인이라고 하면 모욕적인 언어로 놀리거나, 때로 폭력을 행사하기도 한다고 했다. 요컨대 동향정책을 시행한다는 것은 경제정책이나 정치전략의 문제만은 아니다. 정체성의 문제이고 서로 소통하고 연결하는 문제인 것이다.

전혀 엉뚱한 방향으로 소통과 연결을 찾은 사람들도 있다.[10] 임팔 남쪽 산악지대에 브네이 메나슈(Bnei Menashe)라고 불리는 부족이 있다. 전체 인구가 1만 명 정도인데 '이스라엘의 사라진 종파 중 하나'라고 주장한다. 미조어를 사용하는데 스스로 붙인 부족 이름이 브네이 메나슈인 이유는 바로 그들의 선조 만마시(Manmasi)가 다름 아닌 요셉의 아들 무나쎄(Manasseh)이기 때문이라고 한다. 또 그들이 추수할 때 부르는 노래 가사에 적군이 '붉은 바다'를 건너온다는 내용이 있는데, 그게 바로 '홍해'를 말하는 것이고 따라서 이스라엘의 후예임을 증명한다고 주장한다. 그 선조가 3천 년 전 '아씨리아의 유배'에서 탈출하여 페르시아, 아프가니스탄, 티베트, 중국을 지나는 긴 여정 끝에 인도의 동북지방에 정착했다고 주장하는 것이다. 그런 생각은 아마 '천년 왕국설'을 믿는 기독교 선교사들이 전한 게 아닌가 싶다. 미조인들은 주로 웨일스 장로교 아니면 오순절 교회를 믿었다. 혹은 그 이전, 이제는 누구인지도 잊어버린 사람들의 영향일 수도 있다. 기독교와 유대교가 아시아에 전파된 것은 아주 오래전의 일이기 때문이다.

어쨌거나 1950년대부터 브네이 메나슈 사람 중 하나님의 소명에 따라 유대교와 이스라엘로 복귀하겠다고 한 사람들이 있었다. 처음에는 미얀마에 있는 이스라엘 대사관에 청원을 넣었다. 이스라엘의 분위기는 대체로 '사라진 종파' 이야기에 냉소적이었다. 그러나 신비한 이야기에 끌리는 사람들도 있기 마련이었다. 그래서 이들이 이스라엘로 이주하는 것을 도왔다. 최근 이들 중 2천 명이 이스라엘에 이민이 허락되어 정통파 유대교로 개종했다. 7천 명이 여전히 이민 허가를 기다리고 있다. 대부분은 요르단강 서안지구와 (이스라엘이 철수하기 전까지의) 가자지구 정착촌에 자리 잡고 산다. 2006년 레바논과의 전쟁 당시 이들 중 수십 명이 이스라엘군에 종군하여 헤즈볼라 반군과 싸웠다.

중국의 윈난-미얀마 접경지역과 마찬가지로 이곳에 사는 소수민족도 남의 뜻에 마냥 휘둘리는 꼭두각시가 아니다. 자신의 이익을 정의하고 자신의 정체성을 찾아 가깝게는 만달레이로, 멀게는 이스라엘까지 뻗어 나가는 적극적인 의지를 가진 생명체다.

(중국인민해방군이 티베트를 점령한 직후인) 1950년 11월 당시 인도 내무장관을 지낸 사르다르 파텔(Sardar Vallabhbhai Patel)이 네루 총리에게 편지를 보내 중국이 동북지방을 통해 위협을 제기할 수 있다고 경고했다.

티베트가 사라지고 중국이 우리 문전에 닥친 새로운 상황이 어떤 의미를 가지는지를 고려해야 합니다. 역사적으로 우리나라는 동북의 국경에 대해 걱정한 적은 거의 없습니다. 히말라야산맥이 북쪽으로부터의 어떤 위협도 막아줄 수 있는 자연장벽이라고 생각했기 때문입니다. 티베트와는 우호적인 관계였기 때문에 아무런 문제가 없었습니다. 중국은 분열돼 있었고 내부적인 문제로 바빠 변경에 신경을 쓸 여지가 없었습니다.

그런데 중국이 더는 분열돼 있지 않습니다. 지금은 단결되어 강합니다. …… 북쪽과 동북쪽의 히말라야산맥의 우리 쪽, 즉 남쪽 사면을 따라 우리와는 인종적으로나 문화적으로 티베트나 몽골족과 다를 바 없는 인구를 가지고 있습니다. 이렇게 국경이 분명하게 획정되지 않은 상태에서 티베트나 중국과 친분이 있는 인구가 우리 쪽에 사는 것은 모두 중국과 우리 사이에 문제를 일으킬 소지가 있습니다. …… 이 지대에 사는 사람들은 인도에 대해 충성하거나 헌신할 의지가 없습니다.[11]

그로부터 60년이 지난 지금 동북인도에 사는 사람들이 중국의 치하에 살고 싶어 한다는 조짐은 전혀 나타나고 있지 않다. 무장단체들은 과거 중국의 훈련이나 지원을 받은 적이 있지만, 기회가 있으니 활용했을 뿐 중국에 무슨 소속감이나 친밀감을 느껴서 그런 것은 아니었다. 현지 사람들과 대화하면서 모종의 우려를 감지할 수 있었다. 즉 중국의 위상이 높아지고 영향력이 커지면서 '인도 본토'와 중국 사이에 낀 작은 민족들이 자신의 독자적 정체성과 전통을 유지하는 것이 ─쉬워지는 게 아니라─ 더 어려워질지도 모른다는 두려움이었다.

중국의 선장 엔진은 멈출 줄 모르는 것 같다. 그에 따라 온갖 자연자원이 빨려 들어가고 대신 거칠 데 없는 힘이 뿜어져 나오는 모양새다. 미국처럼 부유하고 막강한 나라가 중국의 힘을 꺼리기 시작한다면 마니푸르와 같이 작은 곳은, 이제 몇 년 후 도로가 완성되어 중국이 단 하루만의 운전 거리로 가까워지면, 도대체 어떤 희망이 있는 것인가?

이런 식의 생각은 패배주의적이다. 중국도 나름의 문제가 많다. 또 미얀마나 동북인도보다 잘사는 것은 틀림없지만 아직도 전체적으로 가난하다. 윈난의 소수민족이 잠잠한 것은 중국 경제가 고도로 성장해 온 덕분이 없지 않다. 그 경제성장이 언제까지 지속할 것인가? 2011년 초 인도 정부는 ULFA, 그리고 '나갈랜드 민족 사회주의 위원회' 중 아이작-무이파 파벌과 대화를 시작했다. 60년 만에 동북인도에 진정한 평화가 찾아오면 무슨 일이 생길까? 인종적, 문화적 다양성을 포괄하는 동시에 민주적이고 평화적인 동북인도가 현실로 나타난다면 세계 속에 보기 드문 표상이 될 것이다. 중국은 기간시설을 건설하는데 타의 추종을 불허하는 능력을 보여주고 있다. 그 능력을 과시하여 미얀마에 도로와 철도를 완성하면 중국의 성세를 확실히 보여 주는 계기가 될 것이다. 그러나 길이란 양쪽으로 통행하는 것이다. 또 물은 높은 곳에서 낮은 곳으로 흐른다. 물질적 측면에서 중국이 우위를 가지고 있어 그것이 미얀마로, 나아가 인도로 흘러 들어갈 수 있지만 다른 측면에서 인도 또는 미얀마가 누리는 모종의 우위가 중국으로 흘러 들어갈 가능성은 얼마든지 존재한다.

　　인도와 중국을 오랫동안 나누었던 옛날의 변경은 이제 사라지고 있다. 그 자리에 새로운 갈림길이 생겨나고 있다.

에필로그

양곤에서 출발하는 그 길은 드물게 상태가 좋다. 도로변에 철제 난간이 있고 포장 상태도 좋다. 일단 동북쪽으로 출발하여 마르타반만(灣)을 시계방향으로 돌아간다. 끊임없이 펼쳐지는 볏논 사이로 가끔 나타나는 작은 마을과 도시를 지나 넓은 살윈강을 건넌다. 이후 타닌따리 해안을 따라 남쪽으로 직행한다. 지도로 보면 미얀마는 마치 가오리연처럼 생겼다. 좁고 길게 뻗은 타닌따리는 연의 꼬리와 같다. 길이는 670마일에 달한다. 서쪽에는 안다만해 나아가 벵골만의 따뜻한 바다가 있다. 그 바다를 서쪽으로 똑바로 건너면 인도의 첸나이가 있다. 동쪽에는 미얀마와 태국을 나누는 산맥이 있다. 높은 곳은 해발 1천 5백 미터에 이른다. 최근 남벌이 자행되기는 했어도 산과 골은 아직도 대나무와 티크나무로 울창하다. 코끼리 무리가 야생하는 곳이다. 말레이시아 테이퍼(貘, 맥)도 살고 이제 멸종위기를 맞고 있지만 인도차이나 호랑이도 아직 살고 있다. 우기에는 폭우가 쏟아진다. 우기가 지나면 맑고 덥고 습한 날씨가 이어진다.

양곤에서 차로 5시간 거리에 있는 인구 50만 명 정도의 모울메인(=몰라먀잉)이 이 해안을 따라 있는 도시 중 가장 크다. 높은 산을 뒤에 두고 넓은 만에 점점이 보이는 크고 작은 섬들을 안고 있는 이 도시의 풍경은 장관이다. 19세기 초 영국이 잠시 미얀마 식민지의 수도로 정했을 정도로 전략적 요충지였다. 미국인 침례교 선교사들도 바로 이곳을 거점으로 삼고 주변 산악지대에 살던 카렌족을 상대로 포교 활동을 했다. 그래서 아직도 교회가 많이 있다. 성공회, 로마 가톨릭, 감리교, 침례교 등. 그리고 유럽인들의 공동묘지가 있는데 할리우드 영화에 나옴 직할 정도로 황폐하다. 주위에 숲이 우거져 어두침침한데다 부서진 묘비며 천사상이 먼지와 이끼를 뒤집어쓴 채 무성한 잡초 사이로 삐죽이 나와 있다. 묘비 중 하나를 애써 읽어봤더니 '매리 일레너 맬컴. 1886년 몰. 48세'라고 적혀있다. 그녀의 딸 '루시 해리에트'는 18세의 나이로 열흘 후 사망한 것으로 돼 있다. 그 외에도 요절한 사람이 많은 걸 보면 아마 전염병이나 풍토병이 돌았던 모양이다.

러디어드 키플링(Rudyard Kipling)이 1889년에 몰라먀잉에 잠시 들렀다가 「만달레이로 가는 길」(The Road to Mandalay)의 시상을 얻었다.[1] 조지 오웰(George Orwell)도 1920년대 바로 여기서 경찰관으로 근무하며 「코끼리를 사냥하며」(Shooting an Elephant)라는 수필을 썼다. 이렇게 시작한다.

"하 버마의 모울메인에서 나는 많은 사람이 증오하는 대상이 됐다. 내가 이처럼 미움을 받을 정도로 중요한 인물이었던 적은 그때가 유일했다."

2차 대전 때 일본군이 방콕에서 산을 넘어 몰라먀잉으로 이르는 철도를 건설했다. 바로 그 유명한 '콰이강의 다리'를 지나가는 철도다. 그 공사에서 9만 명의 미얀마와 태국 노동자와 1만6천 명의 연합군 포로가 목숨을 잃었다.

지금 몰라먀잉은 활기라곤 찾기 어려운 조용한 도시다. 바둑판처럼 구획된 넓은 도로는 과일나무와 크고 날씬하게 뻗은 야자수를 가로수로 두어 보기 좋다. 맞배지붕 아래 화려한 장식이 있는 정문을 자랑하던 식민지 시대 건물들은 이제 완연한 백화현상을 보인다. 그런 건물 몇 개는 정부 부처가 사용하고 하나는 박물관으로 사용된다. 고대 및 중세의 유물이 몇 점 전시돼 있지만,

대부분의 전시물은 18~19세기에 제작된 아름다운 불상이다. 애트란이라는 이름의 호텔이 새로 생겼고 한 1백 미터 떨어진 곳에 있는 작은 인터넷 카페에서 대여섯 명의 아이들이 컴퓨터 게임을 하고 있다. 해안을 따라 있던 오래된 상가에 불이 나서 모습이 달라지지 않았더라면 조지 오웰이 살던 때의 모습과 별로 다르지 않을 것이다. 도시의 높은 곳에 웅장하고 아름다운 사탑이 황금빛 첨탑을 자랑하며 우뚝 서 있다. 바로 옆에 19세기 귀양 온 왕실 공주가 '만달레이식'으로 지은 사원이 있다. 티크 목으로 세운 기둥이 세월의 무게를 이기지 못해 조금 휘었고 벽화의 색깔이 조금 바랜 것을 제외하면 세계 어디에 내놓아도 빠지지 않는 걸작이다. 거리에서 보는 사람들의 얼굴은 버마계 외에 인도계도 많았다. 식민지 시대 이민 온 인도인의 후손이다. 지붕이 덮인 시장통에는 생선 장수들이 그날 잡은 생선을 바구니에 넣어 팔고 있는데 모두 여인이다.

활기 없기로 따지면 남쪽으로 180마일 떨어진 타보이, 지금 이름으로는 다웨이가 더하다. 다웨이는 3면이 높은 산으로 둘러싸인 작은 도시다. 전기가 부족해 밤엔 완전히 암흑천지다. 식민지 시대에 티크 목으로 지은 몇 채의 저택이 있고 그중 하나는 상당히 크고 웅장하다. 온갖 난초가 만발한 정원이 있는 그 저택은 영국 행정장관의 관저였다. 주변의 농장에는 캐슈나 망고를 재배한다. 도심에서 서쪽으로 2마일 정도만 가면 바다가 나온다. 하얀 모래가 깔린 긴 해변에 물결은 잔잔하고, 물에 들어가면 마치 욕탕에 들어온 듯 따뜻하다. 작은 어선이 이곳저곳 떠 있는 것이 보인다. 남쪽으로 450마일 내려가면 해마다 5백만의 관광객이 찾는 태국의 푸껫이 나온다. 세계적으로 유명한 배우나 왕족들도 찾고 대학진학을 앞둔 학생들이 배낭을 메고 와서 하루 5달러의 예산으로 묵기도 하는 곳이다. 아름답기로 따지면 푸껫에 빠질 것이 없는 이곳 다웨이는 거의 찾는 사람이 없어 자연 그대로다.

그런데 이런 상태가 길게 갈 것 같지는 않다. 2010년 10월 미얀마와 태국 정부가 타닌따리 해안을 따라 대규모 산업단지를 건설하기로 한 계획을 발표했기 때문이다.[2] 86억 달러를 들여 심해항구를 포함한 기간시설을 구축하고 580억 달러를 들여 철강·비료·석유화학 및 정유공장 등 산업시설을 짓겠다는 계획이다. 방콕으로 연결되는 고속도로도 건설할 계획이다. 푸껫에 못지않은 관광자원을 활용하는 관광단지도 계획하고 있다. 작은 도시 다웨이가 그 중심에 있다.

당연히 이로 인한 환경 파괴를 걱정하는 사람들이 있다. 실제로 태국 정부는 이 계획의 목적이 환경을 파괴하는 산업을 태국에서 미얀마로 옮기는 데 있다고 공공연하게 말했다. 또 보상도 제대로 받지 못한 채 농토를 잃고 쫓겨날 원주민들에 대한 걱정도 있다.

그러나 이 모든 것이 '수백만' 개의 일자리가 생겨날 것이라는 논리에 밀린다. 미얀마 정부와 기업인들은 이것이 1980년대 중국의 기적과 같은 산업화를 이끈 '선전(深圳) 경제특구'처럼 되기를 희망한다. 이 계획은 중국의 구상과도 연결된다.[3] 중국은 윈난에서 라오스, 태국을 거쳐 캄보디아까지 철도를 건설할 계획이다. 이 철도가 다웨이-태국 간 고속도로와 연결되면 인도양으로 가는 길이 열린다. 그러면 중국의 주강 삼각주 산업지대에서 생산된 물품이 믈라카해협으로 우회하지 않고 직접 유럽으로 운송될 수 있다. 중동에서 들어온 원유가 이곳에서 정제되어 육로로 태국을 비롯한 동남아 각지로 공급될 수도 있다. 인도의 구상과도 관련이 있다. 다웨이에서 몰라먀잉으로 고속도로를 건설하고, 나아가 미얀마 중심부를 지나 마니푸르와 임팔로 연결될 것이기 때문이다.

이처럼 새로운 계획을 세우느라 분주한 가운데 과거에 세웠던 계획이 느리지만 하나씩 실천에 옮겨지고 있다. 라카인주 해안의 람리섬에도 심해항구가 건설되고 있다. 중국으로 가는 송유관과 가스관이 여기서 출발한다. 2013년부터 하루 50만 배럴의 중동 및 아프리카산 원유가 쿤밍으로 흘러 들어갈 것이다. 2010년 12월 중국은 하루 5만 배럴의 원유를 미얀마에 송유관 사용 비용으로 제공하고 만달레이에 중국-미얀마 합작으로 정유공장을 짓겠다고 발표했다. 2015년, 논의가 무성한 고속철이 완공되면 람리에서 만달레이를 지나 윈난으로 사람과 물자를 실어나를 것이다. 미얀마가 그야말로 중국이 서남지방에서 인도양으로 나가는 '뒷문'이 되는 것이다. 중국은 또한 국경에서 출발하여 카친 고원을 지나 인도의 아루나찰 프라데시로 연결되는 옛 스틸웰 도로의 복구공사를 하고 있다.[4]

인도도 마침내 계획을 실천에 옮기기 시작했다.[5] (람리섬의 바로 북쪽에 있는) 시트웨 항구를 개선하고 수로와 육로를 통해 미조람주까지 연결하는 총 4억 달러 규모의 '칼라단 복합 프로젝트'가 시공에 들어갔다. 2015년이 되면 콜카타를 비롯한 인도 동해안의 항구, 또 멀리는 인도네시아와 말레이시아, 싱가포르에서 출발한 화물이 시트웨를 통해 인도 동북지방의 내륙으로 들어갈 것이다. 중국과 방글라데시도 대화를 시작했다. 2010년 방글라데시의 세이크 하시나 총리가 쿤밍을 방문하여 쿤밍과 치타공을 연결하기로 했다. 그러면 윈난의 8천만 인구와 방글라데시의 1억 5천 인구 사이 교류가 활발해질 것이다. 이 회랑은 나아가 인도 콜카타까지 이어질 것이다.

아직은 논의의 수준에 머무르거나 시공 초기 단계이지만 불과 몇 년 전에는 상상도 하지 못했던 일들이 가시권에 들어오기 시작했다. 동양의 양대 문명을 갈라놓았던 미얀마가 마침내 아시아의 새로운 교차로로 떠오르고 있다.

양곤 도심에 있는 그 호텔은 만원이었다. 2년 전 같은 호텔에 묵었을 때는 몇 사람의 중국인 사업가를 제외하면 나르기스 호 피해복구를 위해 찾은 유엔

등 구호단체 직원들만 묵고 있었다. 그들은 (토요타 사륜구동차) 랜드크루저를 몰고 들어와 옆구리에 노트북 컴퓨터와 폴더를 끼고 내리곤 했다. 지금은 연말연시를 맞아 찾아온 수백 명의 관광객이 들끓고 있었다. 대부분 아시아인이지만 미국인과 유럽인도 적지 않았다. 로비 한쪽에서 유리 진열장 속에 케이크와 크루아상 등을 놓고 팔던 곳이 칸막이가 된 번듯한 가게로 바뀌었다. 안에는 여성 점원 두 사람이 산타클로스 복장을 하고 있었다. 옆에 있는 카페의 여점원도 같은 복장이었다. 접수대 옆에는 작은 크리스마스트리가 놓여있고 호텔의 식당에서는 칠면조 구이와 특선 포도주를 포함한 크리스마스 특별요리를 제공하고 있었다. 호텔 입구에도 '메리 크리스마스'라고 적힌 대형 플래카드가 세로로 걸려있었다.

접수대로 가니 버스에서 내린 스페인의 청년들이 체크인하고 있었다. 다들 얼굴이 많이 탄 것을 보니 건기(乾期)의 따가운 햇볕 아래서 많이 돌아다닌 모양이었다. 이어 한국과 태국, 이탈리아에서 온 단체관광객들이 들어왔다. 이후 며칠 동안 나는 양곤 시내에서 평생 본 것보다 더 많은 관광객을 봤다. 나이 든 호주 사람들이, 남자들은 반바지를 입고 남녀 모두 모자를 쓰고, 스트랜드 호텔 근처에서 과거 식민지 시절 건물들을 둘러보고 있었다. 마포 옷을 입은 독일과 프랑스 사람들이 스콧 시장에서 미얀마 전통의상 론지와 칠기를 사려고 흥정하고 있었다. 또 고급 옷을 입은 미국인들도 있었다. 이들은 따로 승용차와 개인 안내인을 고용했다. 작은 여행사를 운영하는 친구가 2010~11년의 성수기는 미얀마 관광 역사상 최고호황이라고 했다.

경제가 살아나고 있는 모습이 완연했다. 쇼핑몰이 몇 개 새로 생겼다. 공항에서 시내로 들어가는 주도로인 삐(pyai) 로드에는 큰 아파트 단지가 건설되고 있었다. 가는 곳마다 건축현장이 보였고 부동산값도 치솟고 있었다. 방 네 개짜리 주택은 2백만 달러가 넘는 현금으로 거래되고 있었다. 전기 사정도 좋아져 수십 년 만에 처음으로 하루 24시간 가까이 공급되고 있었다. 새로 지은 댐이 가동을 시작하고 가스관이 새로 연결된 덕분이었다. 도로변에는 영화·패션·화장품·가전제품을 선전하는 광고판이 줄을 이었다. 도로를 다니는 차도 조금은 좋아졌다. 신형 사륜구동차와 고급세단도 자주 눈에 띄었다.

선선한 겨울 햇살 아래 크리스마스 장식이 넘쳐나고 새해 분위기로 들뜬 양곤은 2년 전 태풍 나르기스호가 덮친 직후에 비하면 전혀 다른 세상 같았다. 그렇다고 경제가 전반적으로 좋아졌다고 결론짓기에는 아직 이르다. 미얀마로 들어오는 돈은 확실히 늘었다. 2010년과 2011년 초까지 중국으로 팔려나간 비취 등 보석만으로도 40억 달러 이상의 돈이 들어왔다. 그 돈은 세금을 제외하면 모두 부유한 (미얀마인 및 중국인) 사업가의 수중에 들어가고 그들이 그 돈으로 집을 사고 차를 사 집값이 오르고 고급 차가 많아진 것이다. 아마 1백만 명이 넘지 않을 이들을 제외한 일반인들의 삶이 좋아졌는지는 확실하지 않다. 소득 불평등도 커졌으면 커졌지 작아지지는 않았을 것이다. 그리고 시골 사람들과 양곤의 노동자층의 삶은 여전히 어려웠다.

(2010년) 11월 7일, 20년 만에 처음으로 선거가 시행됐다.[6] 처음부터 잘 기획된 것으로 의외의 결과는 없었다. 군부가 설립한 '연방 단합 및 발전당'(Union Solidarity and Development Party; USDP)이 의석의 80%를 차지하는 압승을 거두었다. 인종에 기반을 둔 소규모 정당들이 그 인종이 다수인 지역에서 몇 개의 의석을 차지했다. (한 정당은 지방의회의 다수의석을 차지했다). 그러나 다른 정책 정당은 모두 참패했다.

USDP는 다른 정당은 엄두도 못 낼 정도의 조직력과 자금력을 과시했다. 모든 선거구에 후보자를 낸 유일한 정당이었다. 후보자 등록비가 높게 책정되었기 때문에 소수 정당은 돈이 없어서도 많은 후보를 낼 수 없었다. 선거부정을 비판하는 목소리도, 주로 양곤을 중심으로, 들렸다. 국제적인 감시기관도 투표소 몇 군데만 참관했지 체계적인 감시는 하지 못했다. USDP가 승리한 데는 다른 이유도 있다. 당의 지도부는 최근 예편한 군 장성들로 구성됐어도 후보자들은 나름대로 확실한 표밭이 있고 돈도 많은 사업가나 지역유지를 찾아 공천했던 것이다. 반면 야당은 분열됐다. 아웅산 수치의 NLD는 선거참가 여부를 놓고 분열됐다. 선거참가를 주장한 사람들이 NLD를 탈퇴하고 '국민 민주 전선'(National Democratic Front; NDF)이라는 정당을 창당하여 선거에 나갔다. NLD는 선거를 거부했다. 아마 NLD에 투표했을 일부 유권자도 투표장에 가지 않았다.

    선거 열흘 후인 11월 17일 아웅산 수치가 가택연금에서 풀려났다. 이후 몇 주일 동안 수치는 외국언론과 수십 차례 회견하며 '단결'을 강조하고 민주주의를 향한 '평화적인 혁명'이라는 과거의 주장을 되풀이했다. 외국의 외교관들도 그녀를 찾아 앞으로의 진로에 대해 의논하고자 했다. 그러나 지금 수치는 단순한 정치가가 아니었다. 민주화운동의 세계적인 상징으로 거의 신격화된 존재였다. 두드러진 개성과 민주주의를 위한 헌신과 희생, 그리고 그 헌신으로 더욱 고귀해진 민주주의와 인권의 가치와 같은 것이 정치 및 정책현장에서의 수치의 행보보다 훨씬 더 중요했다. 연금에서 해제된 후 3개월 동안 수치는 조용히 관망했다. 아직 정부가 출범하지 않았고 출범할 정부가 어떤 정책을 추진할지 우선 알아야 했다.

    NLD에서 분당하여 선거에 참여하고 일부 당선자를 낸 NDF는 이제 태도를 바꿔 경제제재의 해제를 요구하기 시작했다. 애꿎은 국민에 대한 피해가 너무 크다는 이유에서였다. 기타 선거에 참여한 모든 야당도 그렇게 주장했다. 아웅산 수치의 NLD만 여전히 제재를 주장했다. 그것이 향후 정부 여당과 협상에서 사용할 수 있는 유용한 카드였기 때문이었다. NLD는 신정부가 구성되더라도 딴슈웨 장군의 독재를 위한 다른 수단일 뿐이며 새로 대통령이 취임하고 야당을 포함한 의회가 개원하더라도 실권은 없을 것이라고 주장했다. 그러나 더 나은 정부와 경제정책을 향한 진보의 첫걸음임은 부정할 수 없다고 주장하는 목소리도 만만치 않았다. 서방의 경제제재가 정권에 대한 응징의 효과보다 무고한 일반인에 끼친 일종의 '유탄(流彈)효과'(collateral damage)가 훨씬 더 크다는 목소리도 커지고 있었다. 2011년 3월 퇴역 장성 떼인 세인 전 총리를 대통령으로 한 새로운 정부가 취임했다. 대통령은 경제개혁, 부패추방, 그리고 정치적 화해를 정책의 최우선 순위로 꼽았다. 이에 따라 사람들의 기대도 커졌다. 여전히 회의적인 사람도 많았다.

중국에 관한 논의도 많아졌다. 중국의 존재감은 2년 전보다 커졌고 조만간 돌이킬 수 없는 정도가 될 것이라는 조바심도 커졌다. 그러나 미래를 예측하는 것은 항상 불가능하다. 1950년대 소련경제나 1980년대 일본경제의 미래에 대한 예측이 얼마나 빗나갔던가? 한 세기 전 아르헨티나와 오스트리아-헝가리 제국이 세계적인 강대국이 될 것이라고 했던 예측은 또 어떤가? 반면 지금의 상황을 기술하고 설명하는 것은 별로 어렵지 않다. 미얀마는 중국에 대해 불안해한다. 아직 남아있는 내전도 걱정한다. 중국은 윈난으로부터 바다로 나가는 출구를 개척하려고 한다. 인도는 동북지방의 안보문제에만 급급하면서 중국이 미얀마에 과도한 영향력을 행사하는 것을 불안하게 지켜보고 있다. 미얀마에 있어서 윈난을 통한 중국의 진출이 동북지방을 통한 인도의 진출보다 훨씬 더 크다. 그러나 앞으로 몇십 년 후 인도와 미얀마, 중국이 지금보다 더 밀접하게 어울릴 때 무슨 현상이 일어날지는 짐작하기 어렵다. 세 나라가 함께 어울린 적은 역사상 한 번도 없었기 때문이다. 그래서 아시아는 역사적인 대전환을 겪고 있다.

이 역사적인 대전환 속에 미얀마의 지도자들은 정교한 균형외교를 펼치고 있다. 중국에 대한 의존을 다른 나라와 관계를 개선하여 균형 잡아 중국으로부터 최대한의 양보를 얻어내고자 한다. 그러나 지금 당장 중국을 대적할 나라는 없다. 중국은 —송유관과 가스관, 철도와 도로야 중국에 도움이 되니 그렇다 치더라도— 미얀마에 절실히 필요한 정보통신 기반과 전력망의 구축 등을 위해 수십억 달러의 차관과 융자를 제시한다. 그럴 수 있는 다른 나라가 없다. 미얀마 정부는 미국을 비롯한 서방국가를 쳐다보지만, 미국과 영국은 아웅산 수치만 바라본다. 최근의 선거가 부정선거라고 생각하고 새로 출범한 정부도 사이비라고 생각한다. 제재를 해제하기 위한 조건으로 더 많은 정치적 개혁을 요구하는데 그 개혁이라는 게 막연하기 짝이 없다. 미얀마를 모르고 있다는 뜻이다. 2010년 말 선거 직전 딴슈웨 장군이 군부에 파격적인 세대교체를 단행했다. 고위 장성을 모두 예편시키기고 그 자리를 40대 후반에서 50대 초반의 젊은 장성으로 채웠다. 예편한 세대는 그나마 서방에서 교육받을 기회를 가졌던 세대다. 새로운 장군들은 서방에 한 번도 가보지 못한 세대다. 중국이 그들을 회유하려고 무슨 일을 할지 불을 보듯 뻔하다. 2010년 10월 미국 짐 웹(Jim Webb) 상원의원이 "버마가 중국의 성(省)의 하나가 되도록 내버려 둬서는 안 된다"라고 말했다. 그러나 그런 전략적 식견을 가진 정치인은 예외적이다. 대다수 정치인은 미얀마를 인권에 대한 "확고하고 단호한" 입장 즉 도덕성을 과시할 기회로 생각할 따름이다. 지난 20년 (미얀마의 민주화를 촉진하겠다고 한) 정책이 아무런 효과를 보지 못한 채 어떤 국제정치적 결과를 초래하고 있는지에 대해서는 일말의 관심도 없다.

자, 그러면 앞으로 어떻게 될 것인가? 미얀마의 경제는 설사 서방의 경제제재가 해제되지 않더라도, 성장할 것이다. 완전한 민주 정부가 들어서려면 오랜 시간이 걸리겠지만 적어도 경제정책은 개선되고 국제원조와 투자는 늘어날 것이다. 그 결과 일자리가 생기고 빈곤이 줄어들고 고급인력을 위한 훈련과 교육도 늘어날 것이다. 미얀마는 21세기 세계 경제가 필요로 할 자연자원이 풍부하다. 식량도 많고 에너지원도 풍부하다. 21세기 세계지배를 꿈꾸는 한편 자원이 부족한 중국이 절대 간과할 나라가 아니다. 그러나, 미얀마 국민의 다수가 그런 변화의 혜택을 볼 것인가?

　미얀마에는 풍부한 부존자원 외에도 중국과 인도 두 거대 국가 사이에 자리한 혹은 '친디아'에 인접한 지리전략적 이점이 있다. 잘만 활용하면 나라를 확 바꿀 수 있는 엄청난 자원이자 기회다. 그러나 그 기회를 살리려면 나라의 기본방향을 바꾸어야 한다. 무엇보다 수십 년 계속된 무장갈등을 끝내야 한다. 타고난 인종과 문화의 다양성이 해결할 수 없는, 미봉하고 영원히 안고 가야 할 고질병이라는 과거의 사고를 불식해야 한다. 인종적 및 문화적 다양성이 새로운 시대에는 오히려 장점이 될 수 있다는 발상의 전환을 해야 한다. 지금까지의 외교를 지배해 온 전략문화, 곧 외국 공포증과 외국인 혐오증을 불식하고 세계주의와 다문화주의라는 전략문화를 함양해야 한다. 사고의 전환은 시간이 걸리겠지만 무엇보다 중요하고 시급한 것은 국민이 정부의 선의와 능력을 신뢰하는 것이다. 그러기 위해서는 정부가 원칙에 근거한 정책을 수립하고 그것을 효율적으로 집행해야 한다.

　미얀마의 미래, 그리고 그로부터 파생될 아시아의 미래에 대해 기본적으로 두 가지 시나리오를 그려볼 수 있다. 비관론과 낙관론이다. 비관론은 이렇게 전개된다. 미국과 유럽 등 서방국가는 제재를 계속한다. 그 결과 서방의 민주 정부들이 미얀마에 행사할 수 있는 정치적 영향력은 아예 없어진다. 미얀마 사람들은 여전히 서방의 시장에 진출하지 못하고 대학에 진학할 수 없어 서방의 사상과 기술을 배우지 못한다. 세계화가 계속되는 한 미얀마 경제는 성장할 것이다. 그러나 그 성장은 중국에 자연자원을 팔고 중국이 인도양과 교통하면서 내는 통행료 덕분일 것이다. 국제적으로 볼 때 중국은 미얀마의 고립 덕분에 단기적인 이득을 보겠지만 장기적으로 손해를 볼 것이다. 중국의 과도한 존재로 인해 반중 감정이 커질 것이다. 국민의 지지를 받지 못하면 아무리 중국과 미얀마 지도자들이 만나 '사촌 형제'임을 강조하더라도 공허한 수사를 넘지 못할 것이다. 반면 인도를 비롯한 지역 국가들은 미얀마에 대한 중국의 영향력이 커지는 것을 질시하고 경계하게 될 것이다. 국가 사이의 질시와 경계는 곧 지정학적 경쟁의 부활을 의미한다. 그것은 무역이 증가해도 사라지지 않거니와 오히려 무역에 대한 중상주의적 인식을 부추겨 갈등의 원인이 될 수도 있다.

그와 더불어 동북인도와 북부 미얀마에서 인종 갈등과 이념 갈등은 해소되지 않는다. 오히려 미얀마 정부가 반군 단체들과 맺은 휴전협정 중 한두 개가 파탄이 나서 나라가 다시 무장갈등의 악순환에 휩싸일 수 있다. 그러면 강대국들이 개입할 가능성도 크다. 윈난도 그 충격에서 벗어나기 어려울 것이다. 가뜩이나 골치 아픈 마약과 범죄, 불법 무기 거래와 같은 문제들이 더욱 심각해질 것이기 때문이다. 이 모든 정치적, 경제적, 환경적인 문제를 미얀마가 독자적으로 해결하는 것은 불가능에 가깝다. 교차로는 분명히 열렸지만, 무척이나 위험한 교차로다.

그러나 다른 시나리오도 있다. 미얀마에서 실질적인 변화가 일어나고 서방국가들이 그것을 인정하여 제재를 해제하는 것이다. 개발은 균형 잡히고 환경파괴는 제한된다. 빈곤을 해소하기 위한 노력이 국제적 지지를 얻는다. 경제가 발전하고 빈곤이 줄어들면 중산층이 형성되어 민주정치가 더 공고해진다. 반군세력과의 일시적인 휴전은 항구한 평화로 전환되고 소수 인종의 불만은 해소된다. 그 평화가 동북인도로도 전파되어 인도와의 교류협력이 쉬워지고, 증진된다. 미얀마가 더 잘살게 되면 윈난도 이득을 볼 것이다. 그 이득은 경제적인 것에 그치지 않는다. 양국 관계가 평등해지면 국민 사이 감정도 순화되어 오랫동안 잠자고 있던 문화적 연계와 관계도 되살아날 것이다. 국경개방은 더 확대되고 양국 정부는 그 개방된 국경을 관리하기 위한 협력을 강화한다. 중국과 인도가 만나는 미얀마에서 서로 다른 문화와 사람이 만나는 독특한 장소가 형성된다. 바로 아시아의 중심이다.

미얀마가 정치적으로 경제적으로 발전하는 것이 지역 전체의 축복이다. 평화롭고 번영하고 민주적인 미얀마야말로 전체 아시아를 위한 '게임체인저'(game-changer)다.

후기

2011년 8월 19일 이른 아침. 아우산 수치 여사가 보좌관 한 사람과 함께 양곤의 호숫가에 있는 자택을 나와 기다리던 차에 올랐다. 경찰청 '특수국' 소속 공무원 몇 사람도 함께였다. 차는 가로수가 무성한 길을 따라 도시 외곽에 있는 자동차 전용 고속도로로 진입했다. 차는 끝없이 펼쳐진, 우기를 맞아 물이 가득 찬 볏논을 지나 콘크리트 포장도로를 따라 북쪽으로 250마일을 달렸다. 목적지는 새로 건설한 행정수도 네피더였다. 건설된 지 5년이 넘었지만 수치 여사는 아직 가본 적이 없었다. 양곤과 네피더 중간 지점에 휴게소가 있다. 보진 못했지만 아마 일행은 진한 커피와 양념이 강한 간식을 파는 '필 미얀마'(Feel Myanmar) 식당에서 잠시 휴식을 취했을 것이다. 그러고 나서 차를 달려 직진하면 만달레이가 나온다는 표지판을 보면서 오른쪽 진출로로 빠져 신도시로 향했다.

    표면상의 목적은 '농촌 개발과 빈곤 퇴치'에 관한 회의 참석이었다. 그러나 진짜 목적은 떼인세인 대통령과의 면담이었다. 그 면담은 며칠 전 갑자기 그리고 비밀리에 결정됐다.

    아웅산 수치 여사는 1부 회의가 끝나고 휴식시간에 사업가와 관리, 퇴역 장교 등 참석자들과 잠시 환담하다가 안내를 받아 대통령궁으로 갔다. 대통령궁은 코린트 양식의 기둥과 대리석 마루로 장식된 웅장한 건물이었다. 그곳에서 미얀마의 정부 수반과 노벨상을 받고 세계적으로 유명해진 반체제 인사가 십수 년 만에 처음으로 만났다.

언론에 배포된 공식 사진에는 두 사람이 어색한 미소를 띠고 아웅산 수치의 부친이자 민족주의의 영웅 아웅산의 큰 초상화를 배경으로 서 있었다. 장시간 대화를 나눈 후 두 사람은 대통령의 사저로 자리를 옮겨 대통령의 부인, 즉 영부인의 따뜻한 환영을 받았다.

그것이 결정적인 전환점이 됐다. 그 만남이 이루어지기까지 양측의 관계는 긴장의 연속이었고 상황이 어떻게 전개될지는 누구도 짐작하기 어려웠다. 수치는 전국 순회를 계획했다. 당연히 당국의 허락이 없는 상태였고 그에 따라 다시 체포되고 새로 반정부 시위가 일어나고 폭력적으로 진압하는 과거의 패턴이 되풀이 될 수도 있었다. 그러나 이 만남은 성공적이었다. 수치는 언론과 만나 대통령을 좋게 평가했다. 대통령은 수치의 정치 활동을 전적으로 보장했다.

구체적 조치가 잇달았다. 정당법이 개정되어 NLD가 정당등록을 마쳤다. 그해 9월과 이듬해 1월 두 차례에 걸쳐 수백 명의 정치범이 석방됐다. 정치적 반대를 이유로 구속됐던 사람들은 모두 풀려났다. 모두 대통령과 수치가 합의한 대로였다. 수치는 더 나은 미래를 만들겠다는 대통령의 생각이 진심이라고 여러 차례 언급했다. 그러면서 거리로 나가려는 반정부인사들을 말렸다.

대통령도 파격적인 조치를 거듭하여 발표했다. 인터넷 사용이 자유로워졌다. 해외에 망명 중인 정치인과 지식인의 귀국을 허용할 뿐만 아니라 종용했다. 일부는 정부 자문관으로 임명하기도 했다. 그리고 2012년 9월 30일, 지금까지의 조치들이 무색해질 정도로 놀라운 발표가 있었다.

미얀마의 의회는 과거 왕국 시절 '대신들의 회의'의 이름을 빌려 '흘루터'(Hluttaw)라고 불린다. 대통령은 그 흘루터에 보낸 메시지를 통해 북부지방에 중국이 수십억 달러를 들여 짓고 있던 밋손(Myitsone) 댐의 건설을 중단하겠다고 한 것이다. 진즉부터 현지에서 댐 건설로 집과 농토를 잃게 된 카친족 사람들이 반대의 목소리를 높이고 있었다. 이제 양곤에서 환경운동가들이 댐 건설로 초래될 환경 파괴에 대해 엄중하게 경고하기 시작했다. 그렇더라도 대통령이 그 말을 듣고 중국의 비위를 거스르는 일을 할 것이라고 기대하는 사람은 많지 않았었다.

이 조치는 두 가지 측면에서 절묘한 '신의 한 수'였다. 첫째, 이 신임 대통령은 국민의 목소리에 귀를 기울인다는 것을 보여주었다. 둘째, 미얀마는 중국의 품속에서 안주하는 나라가 아니라는 것을 세계에, 특히 서방세계에 과시했다. 2011년 11월 인도네시아 발리에서 열린 아세안 정상회의에서 미얀마가 2014년 아세안 의장국을 맡기로 확정됐다. 오바마 대통령은 이라크와 아프가니스탄에서 미국이 철수함에 따라 아시아가 외교의 '최우선 순위'가 될 것이라고 발표했다. 2주일 후 힐러리 클린턴 국무장관을 미얀마로 파견했다. 1955년 존 포스터 덜레스 이후 56년 만에 처음으로 미국의 현직 국무장관이 미얀마를 찾은 것이다. 미얀마의 개혁에 대한 지지의 표현인 동시에 미국이 중국의 뒤뜰에 진출하겠다는 의지의 표명이기도 했다.

클린턴 국무장관의 방문이 물꼬를 터 고위인사, 유명인사들의 방문이 줄을 이었다. 자선가로 변신한 억만장자 조지 소로스, 영국 총리 데이비드 카메룬, 유엔 사무총장 반기문이 미얀마를 찾았다. 관광객의 숫자도 급증했다. 여행전문지 <콩데 나스트>(Condé Nast)는 미얀마를 '2012년 가봐야 할 곳'으로 선정했다.

2012년 4월 엉터리 같던 환율체계를 개혁하여 관리변동환율제로 바꾸는 등 경제개혁 조치도 있었다. 제재의 해제를 기대한 사업가들이 찾아와 사업 가능성을 타진했다. 항공편은 만석이고 호텔은 만원이었다. 주택 월세가 1만 달러를 넘어섰다.

거수기에 불과할 것으로 생각했던 의회 '흘루터'가 경제정책에 대해 활발하게 토론하고 적극적인 입법 활동을 통해 중요한 정부 기관으로 자리 잡았다. 노동조합을 합법화하고 집회결사의 자유를 보장하는 법이 통과됐다. 토지소유권에 관한 법, 지방행정에 관한 법 등 여러 법이 열띤 토론 끝에 통과했다. 의석의 4분의 1을 차지한 군부지명 의원들이 개혁에 훼방 놓을 것을 걱정한 사람들이 있었으나 그와는 정반대였다. 그들이 직접 제안한 법은 언론에서 철자법을 엄격하게 지킬 것을 요구하는 것이 유일했다. 정치범의 석방을 요구하는 결의안에 대부분 찬성했다. 장관들은 의회에서 의원들의 질문에 곤욕을 치르고 4반 세기 만에 처음으로 의회에 제출된 예산안은 꼼꼼하게 따지고 대폭 수정된 다음에야 통과됐다.

그 일이 있던 주 같은 날 나는 두 사람으로부터 똑같은 말을 들었다. 한 사람은 안경을 쓴 나이 든 가게 주인이었다. 다른 사람은 지금은 장관직을 맡은 퇴역 장성이었다. 두 사람이 각자 내게 이렇게 말했다.

"이제 되돌아가는 일은 없을 걸세."

무장 분쟁도 새로 주목을 받았다. 1980년대 말과 1990년대 초에 이뤄졌던 휴전협정이 흔들리기 시작한 참이었다. 떼인세인 대통령은 새로운 휴전협정을 추진하되 단순한 휴전이 아닌 항구적인 평화협정을 추진할 것이라고 분명히 말했다. 예외는 없을 것이었다. 남쪽 태국과의 접경지역에서는 상당한 진전을 보았다. 그러나 북쪽에는 카친독립군 KIA와의 18년 된 휴전협정이 무너지고 새로운 무장충돌이 일어나 수만 명이 난민이 발생했다.

어쨌거나 모든 이의 기대를 뛰어넘는 획기적인 진전이 있었음은 부인할 수 없다. 미얀마의 개혁은 최근의 색깔 혁명과 같은 '아래로부터의 혁명'이 아니라 1980년대 라틴 아메리카 국가의 민주화에 가까운 '위로부터의 개혁'이었다. 서방의 전문가들이 깜짝 놀란 변화였다. 불과 1년 전에 그들은 새로 채택한 헌법은 '사이비'에 불과하고 그것이 변화의 시작이 될 수 있다는 주장을 터무니없는 것으로 매도했다. 그러니 이 모든 변화가 생소하고 갑작스럽게 여겨질 수밖에 없었다. 그러나 결코 갑작스러운 것은 아니었다.

헌법의 제정 또는 개정작업은 이미 수년간 진행돼왔다.* 군부도 한발 물러설 준비를 수년째 해왔다. 딴슈웨 장군이 은퇴하기로 한 것은 다들 알고 있었으나 네피더 내부에서 일어나고 있는 일은 제대로 알려지지 않아 그 의미를 제대로 파악하지 못했다. 그의 은퇴 후 권력 공백이 어떻게 채워질지도 짐작하지 못했다. 나르기스 호의 재앙 이후 증가한 구호단체들과 비정부 단체의 활동의 의미도 제대로 파악하지 못했다. 그리고 그동안 미얀마의 언론이 조금씩 언론검열을 건드리며 보도의 폭을 확대해 온 것도 알지 못했다.

다른 변수들도 있었다. 우선 '아랍의 봄'으로부터 얻은 교훈이 있었다. 개혁은 시늉만이 아니라 진짜여야 하며 그 과정과 속도를 잘 관리해야 한다는 것이었다.

떼인 세인 대통령도 중요한 변수였다. 지방 사령관을 지낸 군부 출신으로 충성심과 근면함, 그리고 개인적 야망이 없는 조용한 인물로 인정받아 출세의 길을 걸었다. 게다가 부패가 많은 나라에서 철두철미하게 청렴한 인물로

---

* 독립 이후 미얀마의 헌법은 3차례 채택됐다. 첫째는 제헌헌법으로 1962년 네윈이 주도한 쿠데타로 무효가 됐다. 이후 12년간 헌법에 기초한 통치 즉 '헌정'이 중단되고 군부독재가 있었다. 1974년 네윈이 채택한 헌법은 1988년 민주화 봉기로 무효가 됐다. 1990년 선거는 새로운 헌법을 채택하기 위한 제헌의회의 소집을 위한 선거였지만 군부가 그 결과를 따르지 않았다. 이후 2008년 새로운 헌법이 채택될 때까지 20년간 헌정이 중단됐다. 그러니 헌법의 '개정'이라기보다 '제정'이라고 해야 할 것 같다. — 옮긴 이.

알려졌다. 떼인세인 대통령은 개혁의 초기 단계에 많은 전략적 고비를 만나 어려운 선택을 해야 했다. 그가 아니라 다른 사람이었더라면 전혀 다른 선택을 할 수도 있었고 나라가 전혀 다른 방향으로 나아갈 수도 있었다. 그러나 떼인 세인 대통령은 미얀마의 역사적인 전기에서 본인의 위치와 역할을 분명히 인식하고 있었다. 야당과의 정치적 화해가 무엇보다 중요하다는 것도 잘 알고 있었다.

그러나 가장 중요한 변수는 2011년의 미얀마는 20년간 계속된 서방의 제재에도 불구하고 20년 전 심지어 10년 전과 비교해도 훨씬 더 개방된 사회였다는 점이다. 거의 모든 동네에서 위성TV를 볼 수 있고 매주 수천 명의 사람이 관광차 아니면 일자리를 찾아 방콕이나 싱가포르로 여행했다. 미얀마라는 나라가 국제사회에서 어떠한 지위에 있는지 그리고 그것이 어떻게 달라질 수 있는지에 대한 분명한 인식이 자라났다.

2012년 4월 1일, (주로 입각에 따라 생긴 45개의 의석을 채우기 위한) 보궐선거가 치러졌다. 아웅산 수치 여사가 감기로 불편한 몸을 이끌고 유세에 참여했다. 가는 곳마다 거대한 인파가 몰려들어 수치의 인기와 그에 거는 기대를 실감 나게 했다. 그 결과 NLD가 압도적인 승리를 거뒀다. 그러나 그것은 수치의 인기를 확인해 준, 수치의 승리만은 아니었다. 국민이 지금의 개혁과정을 긍정적으로 보고 있다는 것을 보여 주는 것이기도 했다. 그런 면에서 야당의 승리인 동시에 정부 여당의 승리였다. 국민은 정부 여당이 선거의 패배를 감수하는 것을 보고 정권의 개혁 의지를 거듭 확인하고 확신할 수 있었기 때문이다.

그에 대한 보상도 바로 따라왔다. 유럽연합은 무기 금수를 제외한 모든 제재를 해제한다고 발표했다. 노르웨이와 호주도 뒤를 이었다. 미국의 경우는 입법과 행정조치가 섞여 있어 복잡하지만, 세계은행을 비롯한 국제금융기구의 원조와 같은 쉬운 것부터 풀어나가기로 약속했다.

일본이 가장 적극적으로 움직였다. 4월 말 떼인세인 대통령이 미얀마 대통령으로는 사반세기 만에 처음으로 일본을 방문했다. 일본은 40억 달러에 달하는 과거의 차관을 탕감하고 새로 수십억 달러의 차관을 제공하기로 했다. 마루베니, 혼다, 미쓰비시 등 대기업이 미얀마에 지점을 개설했다. 양곤 남쪽에 일본 제조업체들을 위한 대규모 산업단지를 조성하기로 했다. 바로 17세기 포르투갈 출신 모험가 필리페 데 브리토가 장악하여 벵골만의 무역로를 지배하다가 미얀마 군주에게 패해 근처 언덕에서 못 박혔던 시리암(=딴륀) 근처이다.

이제 앞장 마지막 부분에서 제시했던 바람직한 시나리오가 전혀 불가능한 것은 아니게 됐다. 현실에 한 발, 그것도 크게, 가까워졌다. 그러나 확실한 것은 아니다. 솔직히 말하자면 아직도 그 가능성이 크지 않다고 생각한다.

개혁에 대한 정치적 의지는 이제 의심하기 어렵다. 문제는 원조전문가들이 전부터 지적해 왔던 '역량의 결핍'이다. 즉 교육받고 경험 있는 인력이 부족하는 사실이 현실에서 나타나기 시작한 것이다. 지난 2월 한 학술회의에 참석했다. 그 자리에는 91세의 경제학자 흘라민(Hla Myint) 선생이 참석했다. 존 메이너드 케인스와 친분이 있고 1950년대 (당시 아시아 최고였던) 양곤대학교 총장을 지내고 이후 런던 정경대학(London School of Economics)의 교수를 지낸 분이다. 한국이 성공하여 20세기의 개발모델이 된 '수출주도형' 성장전략을, 한국이 시도하기 전에 이미 주창했었다. 그리고 모국이 그와 정반대의 노선을 택하여 낙후해 가는 모습을 안타깝게 지켜봐야 했다. 1962년 군사쿠데타 이후 다시는 모국에 돌아오지 않겠다고 맹세했었지만 이제 돌아온 것이다. 자리를 가득 메운 미얀마 관리들과 학자들 앞에서 노쇠하지만 열띤 목소리로 정부의 개혁 노력을 치하하고 격려했다. 동시에 경고의 말도 아끼지 않았다.

바로 '역량의 결핍'이 미얀마 개혁의 발목을 잡을 치명적 약점이 될 수 있다고 한 것이다.

향후 수개월 나아가 수년 안에 많은 원조와 투자가 몰려들 것이다. 그러나 그 원조나 투자를 제대로 활용할 수 있는 능력이 없다. 미얀마의 경제는 마치 오랫동안 관리하지 않고 내버려 뒀던 작은 비행기와 같다. 비행에 나섰지만 제대로 날지 장담하기 어렵다. 개발을 제대로 관리할 수 있는 국가 제도와 기관도 없다. 모든 사람의 형편이 좋아지는 포괄적 성장이 아니라 소득 불균형이 더 커지고 영세한 농부들이 농토를 잃고 연줄 자본주의가 더 고착되는 기형적 성장이 될 수도 있다.

미얀마는 한국이나 인도네시아처럼 경제가 먼저 성장하고 이어 정치적 민주화가 뒤따라 오는 소위 '아시아 모델'의 혜택을 보지 못했다. 상황은 1990년대 초 급격한 정치적 변화를 맞았던 동유럽의 국가들과 닮았다. 차이가 있다면 수십 개의 인종갈등과 무장 분쟁을 안고 있다는 점이다.

조만간 일본을 비롯하여 한국과 태국 등 아시아 국가, 그리고 제재가 제대로 해제된다면 유럽과 미국도 미얀마와의 밀접한 경제 관계를 맺게 될 것이다. 마침 중국과, 특히 인도의 성장이 주춤하는 시기와 맞물리면서 그 같은 경제 관계의 다변화가 더욱 두드러져 보일지도 모른다.

그러나 장기적으로 큰 그림은 달라지지 않는다. 중국과 인도가 세계적인 대국으로 등장하는 것은 불변의 사실이다. 그에 따라 산업화와 도시화가 진전되면서 국경을 뛰어넘는 연결과 연계도 늘어날 것이 확실하다. 깊은 산 속 성채처럼 고립된 미얀마는 이제 사라졌다. 미얀마는 더는 아시아의 전략적 심장이라는 현실을 외면할 수 없다.

지금 새로운 낙관론, 새로운 활력이 분출하고 있다. 이제 이 나라가 새길을 다지고 내전을 완전히 끝내고 무너진 교육체계를 재건하고 새로 분출한 활력을 이용하여 일자리를 만들고 모든 이들의 소득을 고르게 늘려준다면 ······ 아직도 늦지 않았다.

강대국 사이에서 살아남기

옮긴 이의 글

미얀마는 한국과 닮은 점이 많다. 1960년대 초 1년 차이를 두고 군부 쿠데타가 발생하여 오랫동안 일인 독재 지배를 받은 점이 닮았다. 오랜 독재 끝에 민주화 운동이 일어났다가 신군부에 의해 진압되고 다시 군부독재를 겪은 점도 닮았다. 그 속에서 차이점은 한국의 독재자 박정희는 한국의 경제발전을 이끈 반면 미얀마의 독재자 네윈은 고립정책을 택하여 나라를 망쳤다는 데 있다. 경제성장의 결과 한국에는 중산층이 형성되어 신군부의 지배를 7년 만에 끝냈다. 미얀마에서 신군부지배는 20년 넘게 계속됐고 그로 인해 미얀마 경제는 더욱 나락으로 떨어졌다.

또 하나 닮은 점은 지정학적 조건이다. 한국은 중국과 일본 등 강대국을 이웃으로 두고 있다. 미얀마는 중국과 인도 등 두 개의 거대 국가에 직접 인접해있다. 한국이 남과 북으로 분단돼 민족 내부의 대결을 벌이고 있다면, 미얀마는 여러 인종으로 구성되어 다양한 인종분규를 겪고 있는 것도 어떤 면에서 닮은 점이다. 그중 미얀마와 중국 사이의 관계는 우리에게 시사점이 많다.

1948년에 영국에서 독립한 미얀마는 처음부터 중국과 갈등을 겪었다. 국공내전에서 패한 국민당 잔당이 국경을 넘어 들어와 자리 잡는 바람에 전쟁 아닌 전쟁을 치러야 했다. 문화혁명 이후에는 중국공산당이 '버마 공산당'

반군을 지원하여 간접전쟁을 치렀다. 1989년 냉전의 종식과 함께 버마 공산당이 자중지란으로 무너질 때까지 그랬다. 바로 그해 미국의 대미얀마 제재가 시작됐다.

20년이 지난 2009년 2월, 힐러리 클린턴이 버락 오바마 미국 대통령의 국무장관으로 취임했다. 국무장관이 아니라 대통령을 꿈꾸었으니 내키지 않은 자리였다. 아프가니스탄과 이라크 2개의 전쟁 위에 2008년 금융위기로 부시 공화당 정권의 인기가 바닥에 떨어졌고 민주당 후보에게 대통령 자리는 떼놓은 당상과 같았다. 바로 그 민주당 후보 자리를 간발의 차이로 오바마에게 앗겼으니 분통했다. 그래도 마음을 추스르고 장관 자리를 수락했다. 집무실에 있던 커다란 지구의를 돌리며 생각에 잠겼다. 그러다가 두 가지 점을 깨달았다.

첫째, 미국의 외교가 시대를 따라가지 못해 균형을 잃었다. 세계의 중심은 진즉 아시아로 이동했다. 그런데도 미국 외교의 초점은, 조직과 인력과 예산에서, 여전히 유럽과 중동에 치중해 있었다. 초점을 아시아로 옮겨(pivot to Asia) 새로 균형을 잡을(rebalancing) 필요가 있었다. 바로 '재균형' 전략이었다. 둘째, 아시아의 부상은 바로 세계 최대 인구를 자랑하는 중국의 약진으로 더욱 두드러졌다. 재균형 전략 요체는 중국의 팽창을 견제하는 포석을 마련하는 데 있었다. 그 점에서 눈길을 끄는 지정학적 요충지가 있었다. 바로 미얀마였다.

그런데 미얀마는 이미 중국의 영역이었다. 지난 20년 중국이 급속하게 성장한 때문이기도 했으나 무엇보다 그간 미국이 미얀마를 팽개치고 내버려둔 결과였다. 1990년대 초 미국은 정권을 장악한 신군부에 아웅산 수치가 이끄는 NLD에 정권을 넘기라고 요구하며 제재를 가했다. 군부는 아웅산 수치를 가택연금에 처했다. 미국은 추가 제재를 취했다. 2005년 부시 정부의 콘돌

리자 라이스 국무장관은 미얀마를 북한 등과 더불어 "폭정의 전초기지"라고 불렀다. 유엔 안보리를 통한 제재를 추진했으나 거부권을 가진 중국이 반대하여 무산됐다. 이와 더불어 중국은 미얀마로부터 온갖 이권을 챙겼다. 미얀마에는 이제 중국인이 득실거렸다.

클린턴 장관은 미얀마에 제재를 취하고 내버려 두는 것은 잘못이라고 결론지었다. 제재는 저절로 작동하는 것이 아니라, 제재 해제를 조건부로 상대와 대화를 해야만 효과를 발휘하는 것이었다. 2009년 9월 클린턴 장관은 미얀마 군부와 대화할 용의가 있다고 선언했다. 그런데 그들이 호응할 것인가? 2008년 5월 유례없이 강한 태풍, 사이클론 나르기스 호가 양곤 일대를 덮쳐 10만 명이 넘게 사망하거나 실종됐다. 그런데도 미얀마 군부는 국제사회의 원조를 거부했다. 그처럼 '무지막지'한 군부와 대화를 할 수 있을까? 자칫 새로 출범한 오바마 행정부의 체면에 먹칠하지나 않을까?

2011년 3월 말, 군부정권에서 총리를 지낸 떼인세인 퇴역 장군이 신헌법에 따라 대통령으로 선출됐다. 기본적으로 군부정권의 연장이라 신정부가 크게 다를 것으로 기대하지 않았다. 그런데 그해 9월 말 놀라운 일이 일어났다. 미얀마 정부가 중국의 자본과 기술과 인력으로 이라와디강 상류에 건설하기로 한, 완공되면 양쯔강의 싼샤(三峽)댐보다 더 큰 밋손(Myitsone) 댐 건설을 중단하기로 한 것이었다.

미얀마는 기본적으로 티베트 부근 히말라야산맥에서 발원하여 양곤 유역으로 흘러 들어가는 총길이 2천 킬로미터가 넘는 이라와디강 주변에 형성된 분지를 중심으로 건설된 나라였다. 그러므로 이라와디강은 미얀마의 대동맥과 같았다. 그 강의 상류에 중국이 자기 돈과 기술과 인력으로 대형 댐 밋손 댐을 짓고 생산된 전기의 90%를 가져가기로 했다. 댐이 완성되면 하류의 생태계, 특히 국민의 삶에 어떤 영향을 미칠지 몰랐다. 중국인 노무자들은 현지인들을 깔보며 오만한 행태를 보이면서 민족주의 정서를 자극하기도 했다. 그래서 환경단체를 중심으로 반대 운동이 벌어지고 새 정부가 그에 호응하여 건설 중단을 선언한 것이었다.

클린턴은 이 결정을 보고 신선한 충격을 받았다. 독재라고 생각했던 정부가 국민의 말에 귀를 기울였다. 중국의 꼭두각시라고 생각했던 작은 나라 정부가 중국의 뜻을 거스르는 결정을 했다. 말이 통할 것 같았다. 두 달 후 클린턴은 미얀마를 방문하여 아웅산 수치를 만나고 떼인세인 대통령을 만나 20년 넘게 파행을 겪던 양국 사이 관계를 정상화하기로 했다. 이로써 미얀마는 국제사회의 정상적인 일원으로 복귀했다.

아세안이 미얀마의 정상화를 환영하며 2014년 의장국을 맡겼다. 해마다 열리는 아세안 정상회의의 가장 중요한 의제 중 하나는 남중국해의 영토분쟁이었다. 필리핀, 베트남, 말레이시아, 인도네시아, 부르나이 등 남중국해에 면한 아세안 국가들은 중국과 영토분쟁을 겪고 있었다. 이들은 아세안을 통해 중국에 공동의 목소리를 내고자 했다. 당연히 중국은 그것을 피하고 양자적으로 해결하고자 했다. 전해 2013년 아세안 의장국이었던 캄보디아는 중국의 압력에 굴복하여 남중국해 문제를 의제에서 제외했었다. 미얀마도 마찬가지일 것이라는 전망이 많았다. 그러나 미얀마는 그 문제를 의제에 포함하여 아세안의 편에 섰다.

실제로 미얀마는 중국의 압력에 매우 취약하다. 중국의 자본과 시장, 상품에 대한 의존이 크다. 2천 킬로미터가 넘게 접하는 국경 부근에는 양국에 걸쳐 사는 많은 소수민족이 있고 그들 중 다수가 정부에 반기를 들고 있다. 중국이 그들을 어떻게 대하는지가 결정적으로 중요하다. 외교적으로도 중국에 의존했다. 과거에는 민주화 문제로, 최근에는 소수민족 문제로 외교적 궁지에 처할 때마다 안보리 거부권이 있는 중국의 지원이 필요하다. 그런데도 미얀마는 중국에 당당하다. 탁월한 외교적 태세와 전술 덕분이다.

　미얀마는 냉전 시대 미국과 소련 사이에서 비동맹 중립정책을 고수했다. 그것이 뿌리 깊은 전통이 됐다. 비동맹운동의 창립 회원국이면서 한때 그 조직이 소련에 편향한다며 탈퇴하기까지 했다. 그러면서 세 가지 외교 전술을 구사했다. 첫째, 어느 강대국에 대한 지나친 의존을 피하려고 외교관계를 다변화한다. 서방이 고립시키자 아세안에 가입하고 중국과의 관계를 심화했다. 중국에 대한 의존이 커지자 인도에 접근하고 궁극적으로 서방과의 관계를 정상화했다. 둘째, 양자적 관계에서 협상력의 틈새를 발굴하여 활용한다. 2018년 중국이 공을 들이는 '일대일로'(一帶一路) 정책이 "부채의 덫"이라는 미국의 비난과 말레이시아의 반격으로 궁지에 처했다. 그럴 때 미얀마는 중국과의 기존계약을 일대일로 정책의 관점에서 재확인하여 중국의 체면을 살려주었다. 이면에서는 과거 계약의 조건을 유리하게 개정하는 실리를 챙겼다.

　미얀마 외교의 세 번째 특징은 다자외교다. 1955년 비동맹운동을 결성한 반둥회의의 이면에는 미얀마의 활약이 있었다. 그 회의를 주재한 우딴은 반기문에 앞서 아시아인으로서 최초의 유엔사무총장이 됐다. 한동안 국제사회에서 고립됐으나 지금은 아세안 외교에 대단한 열정을 보인다. 아직 국제기구를 통한 다자주의 외교에는 익숙하지 않으나 작은 나라를 모아 큰 목소리를 내는 다자적 연합의 결성에는 능숙하다.

한국 외교가 지금 큰 어려움을 겪고 있다. 유일한 동맹인 미국과 최대의 경제적 동반자로 부상한 중국이 갈등 관계에 빠지면서 양자택일을 강요받고 있다. 중국이 '사드' 미사일 배치를 놓고 경제적 압박을 가한 것이 좋은 예다. 국제정치적 추세가 지금과 같다면 그런 일은 더 자주 나타날 것이다. 그에 대한 해법으로 나타난 것이 신북방정책, 신남방정책과 같은 외교적 다변화다. 그 맥락에서 미얀마가 새롭게 부상했다. 그러나 미얀마에서 찾을 것은 경제적 기회나 외교적 지원 만이 아니다. 외교적 지혜도 배워야 한다.

나는 미얀마가 본격적으로 개혁과 개방에 나선 2012년 처음 미얀마를 방문한 이후 지금까지 방학 때마다 양곤대학교에서 국제정치학을 강의한다. 40년 넘게 국제정치학을 공부하면서 한국처럼 강대국에 둘러싸인 작은 나라의 외교진로를 고민해왔다. 이 책을 번역하게 된 계기도 그것이다. 이 책이 널리 읽혀 미얀마를 이해하는데, 나아가 한국 외교의 진로를 개척하는 데 도움이 되었으면 하는 바람이 크다.

   이 책은 『잃어버린 발자욱의 강을 찾아』에 이어 두 번째로 번역하는 딴 민-우 박사의 저작이다. 앞의 책 출판이 지연되는 바람에 함께 출간한다. 지난 해 겨울과 여름, 미얀마 교육문화 센터를 운영하는 정선교 선생의 초청을 받아 만달레이와 주변을 방문했다. 번역의 현장감을 높일 좋은 기회였다. 감사드린다. 초고의 감수를 도와준 중앙대학교 국제대학원의 한영 통·번역과의 오유정 선생과 출판을 기꺼이 수락한 모음북스의 안정순 사장께도 감사한다.

2019년 9월
미얀마 양곤에서
옮긴 이

주 석

국내총생산(GDP)과 인구 통계는 미국 중앙정보국(CIA)의 *World Factbook 2010*을 이용했다. 역사적인 GDP 자료는 앵거스 매디슨(Angus Maddison)의 데이터베이스를 사용했다. 다른 자료를 사용했으면 따로 명기했다. 인터넷 출처는 다음과 같다.
World Factbook: https://www.cia.gov/library/publications/the-world-factbook/
Angus Maddison: http://www.ggdc.net/databases/index.html

프롤로그

1. Bin Yang, Between Winds and Clouds: *The Making of Yunnan* (Second Century BCE-Twentieth Century CE) (New York: Columbia University Press, 2009), p. 76; Nicola di Cosmo, *Ancient China and Its Enemie*s (Cambridge: Cambridge University Press, 2002), chapter 5; Charles F. W. Hingham, *Encyclopedia of Ancient Asian Civilizations* (New York: Facts on File, 2004), p. 409.
2. 2000년대 중반에 발표된 다양한 계획에 대해서는 David Fullbrook, 'China to Europe via a new Burma road', *Asia Times Online*, 23 September 2004; David Fullbrook, 'Gas deal fuels China's plans for Myanmar,' *Straits Times*, 2 February 2006; David Fullbrook, 'China paves way to Myanmar riches', *Asia Times Online*, 1 November 2006 등 참조.
3. 1995년 이후 봄베이(Bombay)는 뭄바이(Mumbai)로 개칭됐다. 2001년 캘커타(Calcutta)도 콜카타(Kolkata)로 개명됐다. 지은이는 아직 독자들에게 친숙하므로 그리고 역사적 시기에 따라 같은 도시의 이름을 달리 쓰는 번거로움을 피하려

고 구명을 쓰기로 했다. [옮긴 이는 한국 외국어 표기법에 따라 새로운 이름을 쓴다].
4. 20세기 중반 '아시아의 대전쟁'에 대해서는 Christopher Bayly and Tim Harper, *Forgotten Wars: The End of Britain's Asian Empire* (London: Allen Lane, 2007) 참조.

제 1 부 뒷문

제 1 장. 이라와디의 꿈

1. Elizabeth H. Moore et al., *Shwedagon: Golden Pagoda of Myanmar* (London: Thames & Hudson, 1999). 1989년 미얀마 군사정권은 버마(Burma)를 미얀마(Myanmar)로 양곤(Rangoon)을 양곤(Yangon)으로 바꾸어 표기했다. 사실 이것은 '새로운' 이름이 아니라 같은 단어의 미얀마어 표기를 따른 것이다. 그러나 저자는 사람들이 굳이 플로렌스(Florence)를 피렌체(Firenze)라고 적지 않듯이 과거 이름을 쓰기로 한다. [그러나 옮긴 이는 외국어 표기법에 따라 처음 나올 때는 병기 하고 이후로는 새로운 이름을 쓴다.]

2. W. Somerset Maugham, *The Gentleman in the Parlour* (London: Vintage, 2001), p. 6.

3. Mark Baker, 'Downer Warns ASEAN on Burma', *The Age*, 2 July 2004.

4. Archibald Colquhoun, *Across Chryse: Being a Journey of Exploration Through the South China Borderlands From Ganton to Mandalay* (London: Scribner, Welford, 1883); *China in Transformation* (London: Harper and Brothers, 1912); *English Policy in the Far East: Being the Times Special Correspondence* (London: Field & Tuer, the Leadenhall Press, 1885), and *Burma and the Burmans: Or, 'The Best Unopened Market in the World'* (London: Field & Tuer, the Leadenhall Press, 1885).

5. H. R. Davies, *Yunnan: The Link Between India and the Yangtze* (Cambridge: Cambridge University Press, 1909), p. 10.

6. Milton Osborne, *River Road to China: The Search for the Source of the Mekong, 1866-73* (London: Allen & Unwin, 1975).

7. 양곤의 역사에 대해서는 Alister McCrae, *Scots in Burma: Golden Times in a Golden Land* (Edinburgh: Kiscadale, 1990); B. R. Pearn, *A History of Rangoon* (Rangoon:

American Baptist Mission Press, 1939); Noel F. Singer, *Old Rangoon: City of the Shwedagon* (Cartmore, Scotland: Kiscadale, 1995) 참조.

8. 네윈 장군의 '버마식 사회주의'에 대해서는 Michael W. Charney, *A History of Modern Burma* (Cambridge: Cambridge University Press, 2009). pp. 107-47; David I. Steinberg, *Burma/Myanmar: What Everyone Needs to Know* (Oxford: Oxford University Press, 2010), pp. 62-80; Thant Myint-U, *The River of Lost Footsteps: A Personal History of Burma* (New York: Farrar, Strass Giroux, 2006; and London: Faber, 2007), chapter 12 참조.

9. 1988년 봉기에 대해서는 Bertil Lintner, *Outrage: Burma's Struggle for Democracy* (Hong Kong: Review Publishing, 1989); Maung Maung, *The 1988 Uprising in Burma* (New Haven: Yale University Southeast Asia Studies, 1999) 참조.

10. 최근의 정치적 상황에 대해서는 Charney, *A History of Modern Burma*, pp. 148-200; Steinberg, *Burma/Myanmar*, pp. 81-147; Thant Myint-U, *River of Lost Footsteps*, chapters 2 and 13 참조.

11. 사이클론 나르기스 호에 대해서는 International Crisis Group, 'Burma/Myanmar after Nargis: Time to Normalise Aid Relations', *Asia Report*, No. 161, 20 October 2008 참조.

12. 양곤과 미얀마 기타 지역에 거주하는 인도인 공동체에 대해서는 Jean A. Berlie, *The Burminization of Myanmar's Muslims* (Bangkok: White Lotus, 2008); N. R. Chakravarti, *The Indian Minority in Burma* (London: Oxford University Press, 1971); Renauld Egreateau, 'Burmese Indians in Contemporary Burma: Heritage, Influence, and Perceptions since 1988', *Asian Ethnicity*, Vol. 12, No. 1 (February 2011), pp. 33-54 참조.

13. Ruth Fredman Cernea, *Almost Englishmen: Baghdadi Jews in British Burma* (Plymouth: Lexington Books, 2007), pp. 1-49.

14. Sir Charles Crosthwaite, 'The Chinese in Burma', *Straits Times Weekly Issue*, 23 May 1892, p. 11.

15. Li Chenyang and Lye Liang Fook, 'China's Policies towards Myanmar: A Successful Model for Dealing with the Myanmar Issue?', *China: An International Journal*, Vol. 7, No. 2, September 2009, pp. 255-87.

16. Ian Storey, 'New Energy projects help China reduce its "Malacca Dilemma"', *Opinion Asia*, 14 May 2007; Marc Lanteigne, 'China's Maritime Security and the "Malacca Dilemma"', *Asian Security*, Vol. 4, Issue 2, 2008, pp. 143-61.
17. 최근 중국과 미얀마 사이 경제적 유대에 대해서는 Maung Aung Myoe, 'Sino-Myanmar Economic Relations Since 1988', Asia Research Institute Working Paper Series, No. 86; Lixin Geng, 'Sino-Myanmar relations: analysis and prospects', *Culture Mandala: The Bulletin of the Centre for East-West Cultural and Economic Studies*, Vol. 7.2, 2001; Toshihiro Kudo, 'Myanmar's Economic Relations with China: Can China Support the Myanmar Economy?', Institute of Developing Economies, Discussion Paper No. 66, July 2006; Poon Kim Shee, 'The Political Economy of China-Myanmar Relations: Strategic and Economic Dimensions', 2002 (www. ritsumei.ac.jp/acd/cg/ir/college/bullentin/e-vol1/1-3shee.pdf) 등 참조.

제 2 장. 사촌 형제

1. 고대 버마에 대해서는 Bob Hudson, 'A Pyu Homeland in the Samon Valley: A New Theory of the Origins of Myanmar's Early Urban System', *Proceedings of the Myanmar Historical Commission Golden Jubilee International Conference*, January 2005; Bob Hudson, 'Thoughts on Some Chronological Markers of Myanmar Archaeology in the Preuban Period', *Journal of the Yangon University Archaeology Department*, Rangoon; G. H. Luce, *Phases of Pre-Pagan Burma: Languages and History*, 2 vols. (Oxford: Oxford University Press, 1985); Elizabeth H. Moore, *Early Landscapes of Myanmar* (Bangkok: River Books, 2007), pp. 86-248; Janice Stargardt, *The Ancient Pyu of Burma*, Vol. 1, *Early Pyu Cities in a Man-Made Landscape* (Cambridge: PACSEA, Cambridge, in association with the Institute of Southeast Asian Studies, Singapore, 1990), chapter 7 등 참조.
2. Hsue Hnget, *Straight Lines of Mandalay* (Mandalay: Northern Plain, 2003), pp. 163-4.
3. 민돈왕과 그의 치세에 대해서는 Williams Barretto, *King Mindon* (Rangoon: New Light of Burma Press, 1935); Kyan, 'King Mindon's Councillors', *Journal of the Burma Research Society*, 44 (1961), pp. 43-60; Myo Myint, 'The Politics of Survival in Burma: Diplomacy and Statecraft in the Reign of King Mindon 1853-1878',

unpublished Ph.D. dissertation, Cornell University, 1987; Oliver B. Pollack, *Empires in Collision: Anglo-Burmese Relations in the Mid-Nineteenth Century* (Westport, CT: Greenwood Press, 1979), pp. 171-84 참조. 민돈의 개혁에 대해서는 Thant Myint-U, *The Making of Modern Burma*, chapters 5 and 6 참조.
4. A. T. Q. Stewart, *The Pagoda War: Lord Dufferin and the Fall of the Kingdom of Ava, 1885-6* (London: Faber and Faber, 1972), pp. 76-9.
5. Bernard Crick, *George Orwell: A life* (London: Secker & Warburg, 1980), chapter 5; Htin Aung, 'George Orwell and Burma', in *The World of George Orwell*, ed. Miriam Gross (London: Weidenfeld and Nicolson, 1971), pp. 26-7.
6. H. R. Robinson, *A Modern de Quincey: Auto-biography of an Opium Addict* (2nd rev. ed.) (Bangkok: Orchid Press, 2004).
7. Clare Boothe, 'The Burma Front', *Life*, 27 April 1942.
8. V. C. Scott O'Connor, *Mandalay and Other Cities of the Past in Burma* (London: Hutchinson, 1907), p. 110.
9. Roderick MacFarquhar and John King Fairbank (eds), *The Cambridge History of China*, Volume 15: *The People's Republic*, Part 2: *Revolutions Within the Chinese Revolution, 1966-82* (Cambridge: Cambridge University Press, 1991), p. 243.
10. George Ernest Morrison, *An Australian in China: Being the Narrative of a Quiet Journey Across China to Burma* (London: Horace Cox, 1895), p. 241.

제 3 장. 버마 로드

1. 영국의 통치에 대해서는 John Cady, *A History of Modern Burma* (Ithaca, NY: Cornell University Press, 1958); F. S. V. Dommison, *Public Administration in Burma: A Study of Development During the British Connexion* (London: Royal Institute of International Affairs, 1953); J. S. Furnivall, *Colonial Policy and Practice: A Comparative Study of Burma and Netherlands India* (Cambridge: Cambridge University Press, 1948); G. E. Harvey, *British Rule in Burma, 1824-42* (London: Faber and Faber, 1946); A. Ireland, *The Province of Burma*, 2 vols (Boston: Houghton, Mifflin, 1907) 등 참조.
2. 버마 로드와 스틸웰 로드에 대해서는 William Donovan, *The Burma Road: The Epic*

Story of the China-Burma-India Theater in World War II (New York: Farrar Straus Giroux, 2003) 참조; 또 레도 도로 공사에 투입됐다가 탈영한 한 흑인 병사의 이야기를 소개한 Brendon I. Keorner, *Now the Hell Will Start: One Soldier's Flight from the Greatest Manhunt of World War II* (New York: Penguin, 2008) 참조.

3. 1760년대 청나라 침공에 대해서는 Yingcong Dai, 'A Distinguished Defeat: The Myanmar Campaign of the Qing Dynasty', *Modern Asian Studies*, 38: 1 (2004), pp. 145-89 참조.

4. 전쟁에 대해서는 Louis Allen, *Burma: The Longest War, 1941-45* (London: J. M. Dent & Sons, 1984); Maurice Collis, *Last and First in Burma* (London: Faber and Faber, 1956); Viscount William Slim, *Defeat into Victory* (London: Cassell, 1956) 등 참조.

5. Barbara Tuchman, *Stilwell and the American Experience in China, 1911-1945* (New York: Macmillan, 1970), pp. 280-1.

6. 프랭클린 루스벨트가 윈스턴 처칠에게 보낸 1942년 4월 16일자 서신. Great Britain Diplomatic Files, Box 37, Franklin D. Roosevelt Presidential Library and Museum.

7. Robert Lyman, *Slim, Master of War: Burma and the Birth of Modern Warfare* (London: Constable, 2004).

8. 미얀마 군부에 대해서는 Maung Aung Myoe, *Building the Tatmadaw: Myanmar Armed Forces Since 1948* (Singapore: Instutute of Southeast Asian Studies, 2009); Andrew Selth, *Burma's Order of Battle: An Interim Assessment* (Canberra, Australia: Strategic and Defence Studies Centre, Australian National University, 2000) 참조.

9. 1990년대 미얀마 상황에 대한 개괄적 소개는 David Steinberg, *The Future of Burma: Crisis and Choice in Myanmar* (New York: Asia Society, 1990) 참조. 미얀마의 외교정책에 대해서는 Jürgen Haacke, *Myanmar's foreign policy: domestic influences and international implications* (London: Routledge for the Institute for International and Strategic Studies, 2006) 참조.

제 4 장. 석양의 군주들

1. 저지대-고지대 관계에 대한 새로운 해석으로는 James C. Scott, *The Art of Not Being Governed: An Anarchist History of Upland Southeast Asia* (New Haven: Yale

University Press, 2009) 참조.
2. 샨의 역사에 대해서는 Sai Aung Tun, *History of the Shan State: From Its Origins to 1962* (Chiangmai: Silkworm, 2009), pp. 89-504; James George Scott, *Gazetteer of Upper Burma and the Shan States*, Volumes 1 and 2 (Rangoon: Printed by the Superintendent, Government Printing, Burma, 1900) 참조.
3. 씨퍼에 대해서는 Maurice Collis, *Lords of the Sunset* (London: Faber and Faber, 1938), pp. 167-71; Inge Sargent, *Twilight Over Burma: My Life as a Shan Princess* (Honolulu: University of Hawaii Press, 1994) 참조.
4. Herbert Hoover, *The Memoirs of Herbert Hoover: The Years of Adventure, 1874-1920* (New York: Macmillan, 1952), p. 91. 허버트 후버는 미얀마를 방문한 세 사람의 미국 대통령 중 하나다. 첫째는 남북전쟁의 영웅이자 제18대 대통령(1869~77)을 지낸 율리시스 그랜트(Ulysses Grant)로 퇴임 후 세계 일주 여행 중 미얀마에 들렀다. 세 번째는 제37대 대통령(1969~74) 리처드 닉슨(Richard Nixon)으로 1953년 부통령의 자격으로 미얀마를 방문했다. 냉전이 한창이던 그 무렵 좌익성향의 학생들 사이에는 반미감정이 높았다. '돌아가라 닉슨. 월스트리트의 개'라고 적힌 현수막이 걸렸다. 닉슨은 쉐다곤 파고다를 방문할 때 신발을 벗음으로써 현지 문화에 대한 존경을 표시했지만, 양말은 벗지 않았다. (그때 우리 외조부 우딴이 우누 총리의 보좌관 자격으로 동행했다). 닉슨은 그때 차량을 멈추고 시위하는 학생들과 대화를 하기도 했다. (이후 버락 오바마 대통령이 현직 대통령으로는 처음으로 2012년과 2014년, 두 차례에 걸쳐 미얀마를 방문했다 — 옮긴 이).
5. Selby Tucker, *Burma: The Curse of Independence* (London: Pluto Press, 2001), p. 124 에서 재인용.
6. 미얀마의 내전에 대해서는 Bertil Lintner, *Burma in Revolt: Opium and Insurgency Since 1948* (Boulder, CO: Westview Press, 1994); Bertil Lintner, *The Rise and Fall of the Communist Party of Burma (CPB)* (Ithaca, NY: Southeast Asia Program, Cornell University, 1990); Robert H. Taylor, *Foreign and Domestic Consequences of the KMT Intervention in Burma* (Ithaca, NY: Southeast Asia Program, Dept. of Asian Studies, Cornell University, 1973); Martin Smith, *Burma: Insurgency and the Politics of Ethnicity* (London: Zed Books, 1991); Hugh Tinker, *The Union of Burma: A Study of the First Years of Independence* (London: Oxford University Press, 1961); Frank

Trager, *Burma from Kingdom to Republic: A Historical and Political Analysis* (London: Pall Mall, 1966) 등 참조.
7. 마약 거래의 역사에 대해서는 Alfred McCoy, *The Politics of Heroin in Southeast Asia* (New York: Harper, 1973) 참조. 최근의 추세에 대해서는 Bertil Lintner and Michael Black, *Merchants of Madness: The Methamphetamine Explosion in the Golden Triangle* (Chiangmai: Silkwork, 2009).
8. Shan Women's Action Network, *Forbidden Glimpses of Shan State: A Brief Alternative Guide*, November 2009.

제 5 장. 새로운 변경

1. Alan Rabinowitz, *Life in the Valley of Death: The Fight to Save Tigers in a Land of Guns, Gold, and Greed* (Washington DC: Island Press, 2008), pp. 145-6에서 재인용.
2. Rolf Carriere, 'Responding to Myanmar's Silent Emergency: The Urgent Case for International Humanitarian Relief and Development Assistance', in Peter Carey (ed.), *Burma: The Challenge of Change in a Divided Society* (Basingstoke: Macmillan, 1997), pp. 209-10.
3. 식민지 시대 말기 중국-미얀마 국경에 대해서는 Beatrix Metford, *Where China Meets Burma: Life and Travel in the Burma-China Border Lands* (London: Blackie & Son, 1935) 참조. 다양한 반군과 민병대, 그리고 미얀마 정부군과의 관계에 대해서는 Mary P. Callahan, *Political Authority in Burma''s Ethnic Minority States: Devolution, Occupation, and Coexistence* (Washington DC: East-West Center, 2007); Tom Kramer, *The United Wa State Party: Narco-Army or Ethnic National Party?* (Washington DC: East-West Fenter, 2007); Zaw Oo and Win Min, *Assessing Burma's Ceasefire Accords* (Washington DC: East-West Center, 2007) 참조.
4. Linter and Black, *Merchants of Madness*, pp. 79-85.
5. Xu Ling, 'Wildlife trade on the Vhina-Myanmar border', in *State of Wildlife Trade in China 2008* (TRAFFIC East Asia China Programme Report 2010) (http://www.traffic,org/general-reports/traffic_pub_gen34.pdf), p. 11. 또한 Adam H. Oswell, 'The Big Cat Trade in Myanmar and Thailand: A TRAFFIC Southeast Asia Report' (TRAFFIC Southeast Asia, 2010).

6. Juliet Shwe Gaung, 'Forced marriages driving human trafficking, UN says', *Myanmar Times*, Vol. 26, No. 512, 1-7 March 2010.
7. Jonathan Shieber and Wan Xu, 'China Consortium Starts Work on Myanmar Hydroelectric Project', *Dow Jones Newswires*, 24 March 2010.

제 2 부 서남쪽의 오랑캐

제 1 장. 말라카 딜레마

1. Steven F. Sage, *Ancient Sichuan and the Unification of China* (Albany: State University of New York Press, 1992), pp. 106-16.
2. 근대 중국 역사에 대해서는 John King Fairbank and Merle Goldman, *China: A New History* (Second Enlarged Edition) (Cambridge, MA: Harvard University Press, 2006); Jonathan Fenby, *The Penguin History of Modern China: The Fall and Rise of a Great Power, 1850-2009* (London: Penguin, 2009); Immanuel C. Y. Hsü, *The Rise of Modern China* (New York: Oxford University Press, 2000); John Keay, China: A History (London: Harper Press, 2008); Jonathan Spence, *The Search for Modern China* (New York: Norton, 1990) 등 참조.
3. 최근 중국의 '부상'에 대해서는 C. Fred Bergsten et al., *China's Rise* (Washington DC: Peterson Institute for International Economics; Center for Strategic and International Studies, 2008); Martin Jacques, *When China Rules the World: The End of the Western World and the Birth of a New Global Order* (London: Allen Lane, 2009); John Kynge, *China Shakes the World: A Titan's Rise and Troubled Future* —and the Callenge fr America (New York: First Mariner Books, 2007); Susan Shirk, *China, Fragile Superpower: How China's Internal Politics Could Derail Its Peaceful Rise* (New York: New York: Oxford University Press, 2007) 등 참조.
4. 베이징의 역사에 대해서는 Lillian M. Li and Alison Dray-Novey, *Beijing: From Imperial Capital to Olympic City* (New York: Palgrave Macmillan, 2007) 참조.
5. 중국의 언어에 대해서는 S. Robert Ramsey, *The Languages of China* (Princeton: Princeton University Press, 1987) 참조.
6. Joseph Kahn, 'China, shy giant, shows signs of shedding its false modesty,' *New York*

Times, 9 December 2006.
7. Cui Xiaohuo and Zhang Haizhou, 'Top military officers lash out at US espionage', *China Daily*, 3 November 2009.
8. Jason Burke, 'India's deals with Sri Lanka heighten stakes in "Great Game" with Beijing', *Guardian*, 9 June 2010.
9. Ian Bremmer, 'Gathering Storm: America and China in 2020', *World Affairs*, July/August 2010. 중국과 주변국과의 관계에 대해서는 David C. Kang, *China Rising: Peace, Power, and Order in East Asia* (New York: Columbia University Press, 2008), Chapter 6; David M. Lampton, *Three Faces of Chinese Power: Might, Money, and Minds* (Berkeley: University of California Press, 2008), pp. 164-206 참조.
10. *China Statistical Yearbook 2010*. 또한 'All the Parties in China: Comparing Chinese provinces with countries', *The Economist*, 24 February 2011 참조. (http://www.economist.com/content/chinese_equivalent) 참조.
11. 중국의 미얀마 정책에 대해서는 Li Chenyang, 'China's Policies towards Myanmar: A Successful Modeling dealing with the Myanmar Issue?', in *Myanmar: Prospects for Change* (Singapore: Select Publishing, 2010); International Crisis Group, 'China's Myanmar Strategy: Elections, Ethnic Politics and Economics', *Asia Briefing*, No. 112, 21 September 2010 참조.
12. 중국 문명의 팽창에 대해서는 Peter Bellwood, 'Asian Farming Diasporas? Agriculture, Languages, and Genes in China and Southeast Asia', in Mariam T. Stark (ed.), *Archaeology of Asia* (Malden, MA: Blackwell, 2006), pp. 96-118; C. P. Fitzgerald, *The Southern Expansion of the Chinese People* (Bangkok: White Lotus, 1972); Jacques Gernet and J. R. Foster, *A History of Chinese Civilization* (Cambridge : Cambridge University Press, 1996), pp. 1-129; Charles Holcombe, *The Genesis of East Asia, 221 BC-AD 907* (Honolulu: University of Hawaii Press, 2001); Harold J. Wiens, *Han Chinese Expansion in South China* (Hamden, CT: Shoestring Press, 1967) 참조. 인도양으로의 초기 무역에 대해서는 Li Qingxin (William W. Wang trans.), *Maritime Silk Road* (Beijing: China Intercontinental Press, 2000), pp. 7-29 참조.
13. 중국어가 남서쪽으로 확산된 데 대해서는 Nicholas Ostler, *Empires of the Word: A Language History of the World* (New York: Harper, 2005), pp. 134-57.

14. George van Driem, *Languages of the Himalayas: An Ethnolinguistic Handbook of the Greater Himalayan Region* (London: Brill Academic Publishers, 2002), p. 433.
15. Edward H. Shafer, *The Vermillion Bird: T'ang Images of the South* (London: University of California Press, 1967).

제 2 장. 구름의 남쪽

1. Jim Goodman, *The Exploration of Yunnan* (Kunming?: Yunnan People's Publishing House, 2002), pp. 251-264; Graham Hutchings, *Modern China: A Guide to a Century of Change* (Cambridge, MA: Harvard University Press, 2003), pp. 482-3.
2. 윈난의 역사, 그리고 주변 지역과의 관계에 관한 새롭고 포괄적인 연구로는 Bin Yang, 'Horses, Silver, and Cowries: Yunnan in Global Perspective', *Journal of World History*, 15:3 (September 2004); Bin Yang, *Between Winds and Clouds: The Making of Yunnan (Second Century BCE-Twentieth Century CE)* (New York: Columbia University Press, 2009), 특히 제2장 참조.
3. Tzehuey Chiou-Peng, 'Horses in the Dian Culture of Yunnan', in Elizabeth A. Bacus, Ian Glover, Peter D. Sharrock (eds), *Interpreting Southeast Asia's Past*, Volume 2: *Monument, Image and Text: Selected Papers from the 10th International Conference of the European Association of Southeast Asian Archaeologists*.
4. Francis Allard, 'Frontiers and Boundaries: The Han Empire from its Southern Periphery', in Stark, *Archaeology of Asia*, pp. 233-54.
5. Marco Polo (ed. and trans. Henry Yule), *The Book of Ser Marco Polo, the Venetian Concerning the Kingdoms and Marvels of the East* (Cambridge: Cambridge University Press, 2010), Vol. 2, p. 39.
6. 야오족과 먀오족에 대한 중국의 공격에 대해서는 Mark Elvin, *The Retreat of the Elephants: An Environmental History of China* (New Haven: Yale University Press, 2004), pp. 216-72 참조.
7. Piper Rae Gaubatz, *Beyond the Great Wall: Urban form and transformation on the Chinese frontiers* (Stanford: Stanford University Press, 1996), p. 79.
8. 'The Legacy of Immigration in Southwest China, 1250-1850', *Annales de demographiee historique* (1982), pp. 279-304에서 재인용.

9. 군벌에 대해서는 Fenby, *The Penguin History of Modern China*, chapter 8 참조. 또한 David Bonavia, *China's Warlords* (Hongkong: Oxford University Press, 1995) 참조.
10. Fenby, *The Penguin History of Modern China*, p. 147.
11. Ernest G. Heppner, *Shanghai Refuge: A Memoir of the World War II Jewish Ghetto* (Loncoln: University of Nebraska Press, 1993), p. 45.
12. Nicholas Tapp and Don Cohn, *The Tribal Peoples of Southwest China: Chinese Views of the Other Within* (Bangkok: White Lotus, 2003), pp. 11-18; 또한 Frank Dikotter, *The Discourse of Race in China* (London: Hurst, 1992), pp. 66-86 참조.
13. Chien Chiago and Nicholas Tapp (eds), *Ethnicity and Ethnic Groups in China* (Hong Kong: New Asia College, The Chinese University of Hong Kong, 1989).
14. Norsu를 중국이 차지한 것을 우호적으로 분석한 책은 Alan Winnington, *The Slaves of the Cool Mountains* (London: Lawrence and Wishart, 1959), pp. 13-125. 공산당 집권 직후 와족에 대한 그의 견해는 Winnington, ibid., pp. 124-74 참조. Erik Mueggler, *The Age of Wild Ghosts: Memory, Violence, and Place in Southwest China* (Berkeley: University of California Press, 2001); Stephen Harrell, 'The History of the History of the Yi', in Stephen Harrell (ed.), *Cultural Encounters on China''s Frontiers (Studies on Ethnic Groups in China)* (Seattle: University of Washington Press, 2006).
15. Goodman, *The Exploration of Yunnan*, p. 214.
16. David Atwill, *The Chinese Sultanate: Islam, Ethnicity, and the Panthay Rebellion in Southwest China, 1856-1873* (Stanford: Stanford University Press, 2005), p. 15.
17. 지역경제통합 시도에 대해서는 C. Patterson Giersch, 'From Golden Triangle to Economic Quadrangle: Evaluation Economic Development Schemes from a Historical Perspective', www.cuaiber.org/wps/gpco1/gpco1.html; Thakur Ravni, 'The Chinese Perspectives on the Kunming Initiative (BCIM): A Review of Recently Published Literatures', www.ceniseas.org/newasia/ravnipaper.doc; 'The Kunming Initiative for a Growth Quadrangle between China, India, Myanmar and Bangladesh', *China Report*, 14-17 August 1999, Vol. 36, No. 3, 2000.
18. Malcolm Moore, 'China corruption trial exposes capital of graft', *Daily Telegraph*, 17 October 2009.
19. William Chang, 'Will China Run Out of Water: The Country is Facing a once-in-a-

century drought', *Forbes*, 9 April 2010; Patrick Chovanec, 'Here's What You Need To Know About the Devastating Drought in China's Shangri-La Region', *Business Insider*, 9 April 2010.
20. Clifford Coonan, 'Silk Road back on map as China extends bullet train network', *Irish Times*, 17 April 2010; Ananth Krishnan, 'China plans S-E Asia rail links', *The Hindu*, 23 November 2010.

제 3 장. 간다라

1. Fan Chao, *Man Shu: Book of the Southern Barbarians*, trans. Gordon Luce, Cornell Data Paper Number 44, Southeast Asia Program, Dept. of Far Eastern Studies, Cornell University (Ithaca, NY, December 1961), pp. 90-1.
2. 난자오에 대해서는 Charles Backus, *The Nan-chao Kingdom and T'ang China's Southwestern Frontier* (Cambridge: Cambridge University Press, 1981) 참조. 또한 Christopher Beckwith, *The Tibetan Empire in Central Asia* (Princeton: Princeton University Press, 1987), 특히 제6장 참조.
3. Beckwith, *The Tibetan Empire*, p. 157.
4. Angela F. Howard, 'The Dharani Pillar of Kunming', *Artibus Asiae*, Vol. 57, No. 1/2 (1997), pp. 33-72.
5. Upendra Thakur, *History of Mithila* (Darbhanga: Mithila Institute of Post-Graduate Studies and Research in Sanskrit Learning, 1956), p. 25.
6. 중국불교에 대해서는 Edward Conze, *Buddhism: A Short History* (Oxford: One World Publications, 1980), pp. 52-60, 99-103; Noble Ross Reat, *Buddhism: A History* (Fremont, CA: Jain Publishing, 1994), pp. 133-64; Andrew Skilton, *A Concise History of Buddhism* (Birmingham: Windhorse Publications, 1994), pp. 165-74 등 참조.
7. 'China's Han Flock to Theme Parks Featuring Minorities', *New York Times*, 24 February 2010.
8. Jianping Wang, 'Concord and Conflict: The Hui Communities of Yunnan Society in a Historical Perspective', *Lund Studies in African and Asian Religions*, Volume 11 (Lund: Lund University, 1996), pp. 42-52.
9. John D. Lanlois Jr., 'The Hung-Wu Reign, 1368-1398', in Frederick W. Mote et al.

(eds), *The Cambridge History of China: The Ming dynasty, 1368-1644*, Part 1 (Cambridge: Cambridge University Press, 1988), pp. 130-9.

10. James Lee, 'Food Supply and Population Growth in Southwest China, 1250-1850', *Journal of Asian Studies*, 41:4 (1982), p. 729.

11. 판데의 난에 대해서는, David Atwill, 'Blinkered Visions: Islamic Identity, Hui Ethnicity, and the Panthay Rebellion in Southwest China, 1856-1873', *Journal of Asian Studies*, 62:4 (2003) 참조. 또한 C. Patterson Giersch, 'A Motley Throng, Social Change on Southwest China's Early Modern Frontier, 1700-1880', *Journal of Asian Studies*, 60:1 (2001) 참조.

12. Jonathan D. Spence, *God's Chinese Son: The Taiping Heavenly Kingdom of Hong Xiuquan* (New York: W. W. Norton, 1996).

제 4 장. 샹그릴라

1. 나시족에 대해서는 Charles F. McKhann, 'The Naxi and the Nationalities Question', in Stephen Harrell (ed.), Cultural Encounters on China's Ethnic Frontiers (Studies on Ethnic Groups in China) (Seattle: University of Washington Press, 2006); William Safran, Nationalism and ethnoregional identities in China (London: Frank Cass, 1998), pp. 20-5; Sydney D. White, 'Town and Village: Naxi Identities in the Ligiang Basin', in Susan Blum and Lionel M. Jensen, China Off Center: Mapping the Margins of the Middle Kingdom (Honolulu: University of Hawaii Press, 2002). 나시족의 언어에 대해서는 Ramsey, The Languages of China, pp. 264-8 참조.

2. Fitzgerald, The Southern Expansion of the Chinese People, p. 65; Frederick W. Mote, Imperial China 900-1800 (Cambridge, MA: Harvard University Press, 2003), p. 441; Stephen R. Turnbull, Genghis Khan & the Mongol Conquests, 1190-1400 (Oxford: Osprey, 2003), p. 61.

3. Ramsey, The Languages of China, p. 266.

4. Sara Davis, 'Dance or Else: China's Simplifying Project', *China Rights Forum*, No. 4 (2006), pp. 38-46.

5. 탕구트족에 대해서는, Ruth W. Dunnell, *The Great State of White and High: Buddhism and State Formation in Eleventh Century Xia* (Honolulu: University of

Hawaii Press, 1996) 참조.

6. 중국인과 티베트-버마어족 사이의 초기 관계에 대해서는 Christopher I. Beckwith, *Empires of the Silk Road: A History of Centural Eurasia from the Bronze Age to the Present* (Princton: Princeton University Press, 2009), pp. 43-8; David Bradley, *Proto-Loloish: Scandinavian Institute of Asian Studies Monograph Series No. 39* (London and Malmö: Curzon Press, 1979); Ilia Peiros, 'Lolo-Burmese Archeology', unpublished paper, University of Melbourne, August 1996. 초기 티베트-버마 왕국이 '중국'(China)라는 이름의 기원일 가능성에 대해서 Geoff Wade, 'The Polity of Yelang and the Origins of the Name "China"', *Sino-Platonc Papers*, No. 188, May 2009 (http://www.sino-platonic.org/complete/spp_yelang_china.pdf) 참조.

7. Terry F. Kleeman, *Great Perfection: Religion and Ethnicity in a Chinese Millennial Kingdom* (Honolulu: University of Hawaii Press, 1998), pp. 19-61.

8. van Driem, *Languages of the Himalayas*, p. 433; Lothar von Falkenhausen, 'The External Connections of Sanxingdui', *Journal of East Asian Archaeology*, Vol. 5, Nos 1-4, 2003, pp. 191-245.

9. J. P. Mallory and Victor Mair, *The Tarim Mummies* (London: Thames and Hudson, 2000).

10. Pliny the Elder, *Natural History*, Chapter 27 (22) - Taprobane (http://www.perseus.tufts.edu/hopper/text?doc=Lpin+Nat.+6.24&redirect=true).

11. Zhendong Qin et al., 'A mitochondrial revelation of early human immigrations to the Tibetan Plateau before and after the last glacial maximum', *American Journal of Physical Anthropology*, published online July 2010; Bo Wen et al., 'Analyses of Genetic Structure of Tibeto-Burman Populations Reveals Sex-Biased Admixture in Southern Tibeto-Burmans', *American Journal of Human Genetics*, May 2004, 74(5), pp. 856-65.

12. Joseph F. Rock, *The Ancient Nakhi Kingdom of Southwest China* (Cambridge, MA: Harvard University Press, 1948); Peter Goullart, *Forgotten Kingdom* (London: J. Murray, 1955).

13. 모수오족에 대해서는 Eileen Rose Walsh, 'From Nü Guo to Nü'er Guo: Negotiating

Desire in the Land of the Mosuo', *Modern China*, 31.4 (2005), pp. 448-86; Steven Harrell, *Ways of Being Ethnic in Southwest China* (Seattle: University of Washington Press, 2002), chapter 12 참조.

14. Marco Polo, *The Book of Ser Marco Polo*, p. 34.
15. 'Fire on the roof of the world', *The Economist*, 14 March 2008; 'Tibetan riots spread outside region', *New York Times*, 16 March 2008.
16. Patrick French, *Tibet, Tibet: A personal history of a lost land* (London: Harper Collins, 2003); Tsering Shakya, *The Dragon in the Land of Snows: A History of Modern Tibet Since 1947* (New York: Penguin Compass, 2000).
17. Edward Wong, 'Riots in Western China Amid Ethnic Tension', *New York Times*, 5 July 2009.
18. James Millward, *Eurasian Crossroads: A History of Xinjiang* (New York: Columbia University Press, 2007)

제 5 장. 중국과 인도양 깊은 바다 사이

1. 루이리의 무슬림에 대해서는 Berlie, *The Burmanization of Myanmar's Muslims*, pp. 69-77 참조.
2. 예로 Anthony Davis, 'Law and Disorder: A Growing Torrent of Guns and Narcotics Overwhelms China', *Asiaweek*, 25 August 1995; Patrick Tyler, 'Heroin Influx Ignites a Growing AIDS Epidemic in China', *New York Times*, 28 November 1995 등 참조.
3. 'How much has Yunnan changed in the "Go West" era?', *Go Kunming*, 6 July 2010 (http://en.kunming.cn/index/content/ 2010-07/06/content_2215762.htm).
4. Li Yingqing and Guo Anfei, 'Third land link to Europe envisioned', *China Daily*, 2 July 2009.
5. 근대 초기 접경지역에 살던 다양한 인종에 대해서는 C. Patterson Giersch, *Asian Borderlands: The Transformation of Qing China's Yunnan Frontier* (Cambridge, MA: Harvard University Press, 2006), pp. 21-9 참조.
6. C. Y. Lee, *The Sawbwa and His Secretary* (New York: Farrar, Strauss, and Cudahy, 1959).
7. Thaw Kaung, 'Palm-leaf Manuscript Record of a Mission Sent by the Myanmar King

to the Chinese Emperor in the mid-18th Century', *Myanmar Historical Research Journal*, No. 20, December 2010, pp. 9-55.
8. Chit Hlaing (F. K. Lehman), 'The Central Position of the Shan/Tai as "Knowledge Brokers" in the Inter-ethnic Network of the China-Burma (Myanmar) Borderlands', paper presented at Shan Religion and Culture Conference, 8-10 December 2007, School of Oriental and African Studies, London University (http://eprints.soas.ac.uk /5293/2/10chitHlaing-ShanMPaper. pdf).
9. Keay, *China: A History*, pp. 379-86.
10. Thomas Fuller, 'Refugees Flee to China as Fighting Breaks Out in Myanmar', *New York Times*, 29 August 2009; International Crisis Group, 'China's Myanmar Strategy: Elections, Ethnic Politics and Economics', *Asia Briefing*, No. 112, 21 September 2010.
11. Ben Blanchard, 'China casts nervous eye at erstwhile ally Myanmar', *Reuters News Service*, 25 January 2010.
12. 'Hu Jintao Holds Talks with Chairman of Myanmar's State Peace and Development Council Than Shwe', Press Statement, Ministry of Foreign Affairs of the People's Republilc of China, 10 September 2010.
13. 'China and India: Contest of the Century', *The Economist*, 19 August 2010.

제 3 부 힌두스탄의 끝자락

제 1 장. 동쪽을 바라보며

1. *Selected Works of Jawaharlal Nehru*, First Series, Vol. 1 (New Delhi: Orient Longman, 1972), p. 465.
2. 1962년의 중국-인도 전쟁에 대해서는 Ramachandra Guha, *India After Gandhi: The History of the World's Largest Democracy* (London: Macmillan, 2007), pp. 301-37 참조.
3. 최근 인도의 경제발전에 대해서는 Edward Luce, *In Spite of the Gods: The Strange Rise of Modern India* (London: Little Brown, 2006); Mira Kamdar, *Planet India: The Turbulent Rise of the Largest Democracy and the Future of Our World* (New York: Scribner, 2007) 등 참조.

4. 델리의 역사에 대해서는 Percival Spear et al., *Delhi: Its Monuments and History* (Oxford: Oxford University Press, 2008); F. C. Fanshwe, *Delhi —Past and Present* (London: J. Murray Hearn, 1902); Gordon Risley, *The Seven Cities of Delhi* (London: W. Thacker, 1906) 등 참조. 인도 역사 전반에 대해서는 John Keay, *India: A History* (New York: Harper Collins, 2000); Barbara D. Metcalf and Thomas R. Metcalf, *A Concise Modern History of India* (Cambridge: Cambridge University Press, 2006) 참조.

5. Goldman Sachs, 'Ten Things for India to Achieve its 2050 Potential', Global Economics Paper 169 (http://www2.goldmansachs.com/ideas/brics/ten-things-for-india.html).

6. C. Raja Mohan, 'Chennai-Bangalore industrial corridor launch likely', *Indian Express*, 25 October 2010.

7. 예로 Catriona Purfield, 'Mind the Gap - Is Economic Growth in India Leaving Some States Behind', International Monetary Fund Working Paper WP/06/103, 2006 참고.

8. Ranjit Gupta, 'India's "Look East" Policy', in *Indian Foreign Policy: Challenges and Opportunities* (New Delhi: Academic Foundation and the Foreign Service Institute, 2007).

9. 인도와 중국의 비교, 그리고 아시아 지역 국제관계에 대해서는 Brahma Cellaney, *Asian Juggernaut: The Rise of China, India, and Japan* (New York: Harper Business, 2006); Bill Emmott, *Rivals: How the Power Struggle Between China, India, and Japan Will Shape Our Next Decade* (New York: Harcourt, 2008); Tarun Khanna, *Billions of Entrepreneurs: How China and India Are Reshaping Their Future and Yours* (Boston: Harvard Business School Press, 2007) 등 참조.

10. Jairam Ramesh, 'Northeast India in a New Asia', presented at *Gateway to the East: A Symposium on Northeast India and the Look East Policy*, Shillong, 16 June 2005 (http://www.india-seminar.com/2005/550/550%20jairam% 20ramesh.htm).

11. Andre Wink, *Al Hind: The Making of the Indo-Islamic World, Vol. 1, Early Medieval India and the Expansion of Islam, 7th-11th Centuries* (Boston/Keiden: Brill Academic Publishers, 2002), pp. 335-7.

12. Himashu Prabha Ray, 'The Axial Age in South Asia: The Archeology of Buddhism

(500 BC-AD 500)', in Stark, *Archaeology of Asia*, pp. 303-23.
13. George Cœdes, *The Indianized States of Southeast Asia* (Honolulu: University of Hawaii Press, 1996), p. xvi. 산스크리트어가 동남아시아로 퍼져 나간 과정에 대해서는 Ostler, *Empires of the World*, pp. 199-207.
14. 굽타왕조에 대해서는 Keay, *India: A History*, pp. 129-54; Romila Thapar, *Penguin History of Early India: From the Origins to AD 1300* (London: Penguin, 2002), pp. 245-363 참조.
15. 초기 인도불교에 대해서는. Edward Conze, *Buddhism: A Short History*, pp. 1-44; Donald S. Lopez Jr., *The Story of Buddhism: A Concise Guide to its History & Teachings* (New York: HarperOne, 2001); Noble Ross Reat, *Buddhism: A History, pp. 1-83; Skilton, A Concise History of Buddhism*, pp. 13-149 등 참조.
16. Jawaharlal Nehru, *The Discovery of India* (Bombay: Asia Publishing House, 1947), p. 211.

제 2 장. 잊어버린 분할

1. 콜카타 역사에 대해서는 Krishna Dutta, *Calcutta: A Cultural History* (Northampton: Interlink, 2003) 참조.
2. 'A new home for the Nano: Protesters force Tata Motors to abandon a car factory in West Bengal', *The Economist*, 9 October 2008.
3. 'Tortoise That Saw the Rise and the Fall of the British Empire Dies', *New York Times*, 23 March 2006.
4. 식민시대 벵골과 버마 관계에 대해서는 Dr. Swapna Bhattacharya (Chakraborti), 'A Close View of Encounter between British Burma and British Bengal', unpublished paper presented at the 18th European Conference on Modern South Asian Studies, Lund, Sweden, 6-9 July 2004; S. R. Chakravorty, 'Bengal Revolutionaries in Burma', *Quarterly Review of Historical Studies*, 19:1-2 (1979-80) 참조.
5. Penny Edwards, 'Gandhiji in Burma and Burma in Gandhiji', in Debjani Ganguly, John Docker (eds), *Rethinking Gandhi and non-violent rationality: A global perspective* (New York: Routledge, 2008)에서 재인용.
6. Bhattacharya, 'A Close View of Encounter between British Burma and British

Bengal', pp. 42-9.
7. Ray, 'The Axial Age in South Asia'; Ostler, *Empires of the World*, pp. 174-99.
8. Richard M. Eaton, *The Rise of Islam and the Bengal Frontier 1204-1760* (Berkeley: University of California Press, 1993), pp. 3-10.
9. 밀교에 대해서는 Conze, *Buddhism: A Short History*, pp. 61-9; Lopez, *The Story of Buddhism*, pp. 213-30; Reat, *Buddhism: A History*, pp. 70-5; Skilton, *A Concise History of Buddhism*, pp. 135-42 참조.
10. H. D. Sankalia, *The University of Nalanda* (New Delhi: Oriental Publishers, 1972).
11. Lal Mani Joshi, *Studies in the Buddhistic culture of India during the seventh and eighth centuries* (New Delhi: Motilal Banarsidass, 1967), pp. 56-7.
12. 중세시대 벵골에 대해서는 Eaton, *The Rise of Islam and the Bengal Frontier*, pp. 22-112.
13. 라카인의 역사, 그리고 벵골과의 관계에 대해서는 Michael Charney, 'Arakan, Min Yazagyi and the Portuguese: The Relationship Between the Growth of Arakanese Imperial Power and Portuguese Mercenaries on the Fringe of Southeast Asia', *SOAS Bulletin of Burma Research*, 3:2 (2005); Richard Eaton, 'Locating Arakan and Time, Space and Historical Scholarship', in Jos Gommans and Jacques Leider (eds), *The Maritime Frontier of Burma: Exploring Political, Cultural and Commercial Interaction in the India World, 1200-1800* (Amsterdam: KITLV Press, 2002); Harvey, *History of Burma*, pp. 137-49; Pamela Gutman, *Burma's Lost Kingdoms: Splendours of Arakan* (Bangkok: Orchid Press, 2001); Sanjay Subrahmanyam, 'And a River Runs Through It: The Mrauk-U Kingdom and Its Bay of Bengal Context', in Commans and Leider, *The Maritime Frontier of Burma*.
14. 인도의 분할에 대해서는 Guha, *India After Gandhi*, pp. 3-34; Yasmin Khan, *The Great Partition: The Making of India and Pakistan* (New Haven: Yale University Press, 2007); Narendra Singh Sarila, *The Shadow of the Great Game: The Untold Story of India's Partition* (London: Constable, 2005); Alex von Tunzelmann, *Indian Summer: The Secret History of the End of Empire* (London: Simon and Schuster, 2007) 등 참조. 벵골의 분할 이후 상황에 대해서는 Willem van Schendel, *The Bengal Borderland: Beyond State and Nation in South Asia* (London: Anthem Press, 2005), pp. 24-85 참조.

15. 1971년 인도-파키스탄 전쟁에 대해서는 Guha, *India After Gandhi*, pp. 449-61 참조.
16. Christopher J. Pehrson, 'A String of Pearls: Meeting the Challenge of China's Rising Power Along the Asian Littoral', Strategic Studies Institute, U.S. Army War College, 2006 (http://www.strategicstudiesinstitute.army.mil/pdffiles /pub721.pdf). 최근 중국-인도 관계에 대해서는 Willem van Kemanade, *Détente Between China and India: The Delicate Balance of Geopolitics in Asia* (The Hague: Netherlands Institute of International Relations, 2008) 참조.
17. Ananth Krishnan, 'Does Beijing really want to "break up" India?', *The Hindu*, 16 August 2009.
18. Sardar Patel letter to Pandit Nehru, 7 November 1950. Bairaj Krishna, *India's Bismarck: Sardar Vallabhai Patel* (New Delhi: Indus Source Books, 2008), pp. 215-22 에서 재인용.
19. 최근 인도-미얀마 관계에 대해서는 Lall Maries, 'Indo-Myanmar Relations in the Era of Pipeline Diplomacy', *Contemporary Southeast Asia*, Vol. 28, No. 3, 2006; Suda Ramachandram, 'India bends over for Myanmar's generals', *Asia Times Online*, 6 November 2007; Gideon Lundholm, 'Pipeline Politics: India and Myanmar', *The* [Bangladesh] *Daily Star*, 17 November 2007 등 참조. 인도와 중국이 미얀마에서 서로 경쟁하고 있다는 주장의 한 예로 Khanna, *Billions of Entrepreneurs*, pp. 237-56 참조.
20. Edgar Snow, *Red China Today* (New York: Random House, 1962), p. 564.

제 3 장. 나라 안의 국경

1. 아삼에 대한 버마의 군사적 공격에 대해서는 S. L. Baruah, *A Comprehensive History of Assam* (New Delhi: Munshiram Manoharlal Publishers, 1985), pp. 220-369 참조.
2. 아삼의 초기 역사에 대해서는 N. N. Acharyya, *Northeast India on Historical Perspective* (New Delhi: Omsons Publications, 2006); Edward Albert Gait, *A History of Assam* (Calcutta: Thacker, Spink, 1906), chapters 1 and 2; Promatha Nath Dutta, *Glimpses into the History of Assam* (Calcutta: Vidyodaya Library Private, 1964) 등 참조.

3. G. Chaubey et al., 'Population Genetic Structure in Indian Austroasiatic speakers: The Role of Landscape Barriers and Sex-specific Admixture', *Journal of Molecular Biology and Evolutions*, Vol. 28, No. 2 (Oxford: Oxford University Press, 2010), pp. 1013-24.
4. Richard Bernstein, *Ultimate Journey: Retracing the Path of an Ancient Buddhist Monk (Xuanzang) who crossed Asia in Search of Enlightenment* (New York: Alfred A. Knopf, 2001); Mishi Saran, *Chasing the Monk's Shadow: A Journey in the Footsteps of Xuanzang* (London: Penguin, 2005).
5. 근대 이후 아삼의 역사와 정체성에 대해서는 Yasmin Saikia, *Fragmented Memories: Struggling to be Tai-Ahom in India* (Durham, NC: Duke University Press, 2004), pp. 1-111 참조.
6. L. W. Shakespear, *History of Upper Assam, Upper Burmah and North-Eastern Frontier* (London: Macmillan, 1914), pp. 41-4.
7. Saikia, *Fragmented Memories*, p. 50.
8. Laura C. Martin, *Tea: the drink that changed the world* (North Clarendon, VT: Tuttle Publishing, 2007), pp. 154-62.
9. Manilal Bose, *Social History of Assam* (New Delhi: Ashok Kumar Mittal, 1989), chapter 5; Saikia, *Fragmented Memories*.
10. 독립 이후 아삼에 관해서는 Sanjib Baruah, *India Against Itself: Assam and the Politics of Nationality* (New Delhi: Oxford University Press, 1999) 참조.
11. ULFA와 동북인도의 인종 갈등 전반에 대해서는 Sanjib Baruah, *Durable Disorder: Understanding the Politics of Northeast India* (New Delhi: Penguin, 2004), pp. 167-248 참조.
12. Sushanta Talukdar, 'Rajkhowa arrested, brought to Guwahati', *The Hindu*, 5 December 2009; 'An Opportunity in Assam', *The Hindu*, 7 May 2010.

제 4 장. 여기가 인도인가?

1. 미얀마의 마니푸르 공략에 대해서는 Gangmumei Kabui, *History of Manipur*, Vol. 1, *Precolonial Period* (New Delhi: National Publishing House, 1991), pp. 194-291 참조.

2. 19세기 중반 마니푸르에 대한 영국의 생각에 대해서는 James Johnstone, *My Experiences in Manipur and the Naga Hills* (London: Sampson Low Marston, 1896) 참조.
3. 임팔 전투에 대해서는 William Fowler, *We Gave Our Today: Burma 1941-1945* (London: Phoenix, 2009), pp. 128-48; Robert Lyman, *Slim, Master of War: Burma and the Birth of Modern Warfare* (London: Constable, 2004), pp. 199-227 참조.
4. 당시 인도의 많은 군주국에 대해서는 Guha, *India After Gandhi*, pp. 35-58 참조.
5. Lokendra Singh, The Unquient Valley: Society, Economy, and Politics of Manipur (1891-1950) (New Delhi: Mittal Publications, 1998), p. 202.
6. Kaikia, Fragmented Memories, pp. 51-2.
7. 나가의 봉기에 대해서는 Guha, *India After Gandhi*, pp. 261-78; Hazarika, *Strangers of the Mist*, pp. 88-110 참조.
8. '동향정책'과 동북인도에 대해서는 Sanjib Baruah, *Between South and South East Asia: North East India and the Look East Policy* (Guwahati, India: Centre for North East India, South and Southeast Asia Studies, 2004); Amit Baruah, 'The Roads to Myanmar', *Frontline*, Vol. 18, No. 5, 3-16 March 2001; Amit Baruah, 'Northeast as Trade Hub', *The Hindu*, 20 September 2004; Mahenda Ved, 'A corner of India that holds the key to Asia', *New Straits Times*, 17 November 2007 등 참조.
9. Sunita Akoijam, 'Chopstickes in Manipur', *Himal South Asia*, September 2009.
10. 예로, Ian MacKinnon, 'Lost tribe dreams of return to Israel after 2,700 years in exile', *The Times*, 2 April 2005 참조.
11. Sardar Patel letter to Nehru, 7 November 1950, Krishna, *India's Bismarck*, pp. 215-22 에서 재인용.

에필로그

1. Rudyard Kipling, *Sea to Sea and Other Sketches: Letters of Travel (1889)*, Vol. 1, No. 2 (New York: Doubleday, 1914).
2. 'An Industrial Project That Could Change Myanmar', *International Herald Tribune*, 26 November 2010.
3. 'A railway boom promises to tie South-East Asia together—and boost China's sway',

The Economist, 20 January 2011.
4. Shishir Gupta, 'China beats India to Stilwell Road contract in Myanmar', *Indian Express*, 6 January 2011.
5. Nirmala Ganapathy, 'India, Myanmar quietly finalise Kaladan project', *The Economic Times*, 2 November 2007. Renauld Egreateau, 'India and China Vying for Influence in Burma: A New Assessment', *India Review*, Vol. 7, No. 1 (January-March 2008), pp. 38-72; Renauld Egreateau, 'India's Ambitions in Burma: More Frustration than Success?', *Asian Survey*, Vol. 48, No. 6 (November-December 2008), pp. 936-57.
6. 'Myanmar's Post-Election Landscape', International Crisis Group Asia, Briefing No. 118, 7 March 2011.

감사의 글

세심하고 꼼꼼하게 감수해 준 Donald Sommerville, 책의 서두에 나온 지도를 그려준 András Bereznay, 그리고 전체적인 제작을 맡아준 Rebecca Lee에게 감사한다. Faber 출판사의 Julian Loose, Will Atkinson, Miles Poynton, 그리고 Rebecca Pearson, 그리고 특히 편집을 총괄하며 제때 적절한 제안을 해 준 Walter Donohue에게 감사한다. 그리고 Farrar, Straus and Giroux (FSG) 출판사의 Jeff Seroy, Kathy Daneman, 그리고 Karen Maine에게도 집필의 초기단계에서 함께 했던 자극적인 토론에 대해 감사드린다. 여전히 생생하게 기억한다. FSG 출판사의 내 전담 편집자 Paul Elie가 처음부터 끝까지 방향을 설정하고 내용적으로 세심하고 통찰력있는 코멘트를 해준 데 대해 감사한다. 그리고 무엇보다 오랫동안 나를 대리하여 모든 일을 챙겨준 Clare Alexander에게도 감사하지 않을 수 없다. 그녀의 끊임없는 격려와 현명한 조언 덕분에 이 책이 가능했다.

색 인

「강대국의 부상(大國崛起)」, 162
「계속 들려오는 목소리」(Enduring Voices), 318
「라마야나」(Ramayana), 281
「만달레이로 가는 길」(The Road to Mandalay), 366
「서남이(西南夷)」, 183
「점창산지(點蒼山志)」, 187
「진주목걸이: 아시아 연해를 따라 부상하는 중국의 힘이 제기하는 도전과 대응방안」, 309
「칸토스」(Cantos), 233
「코끼리를 사냥하며」(Shooting an Elephant), 366
「트랜스포머2」, 181
<가디언>, 164
<내셔널 지오그래픽>, 58, 233, 318
<뉴욕타임스>, 233, 293
<단웨이>(Danwei), 163
<라이프>, 58, 76, 91
<랑군 메일>(Rangoon Mail), 297
<미얀마의 새 빛>(New Light of Myanmar), 62
<사이드웨이>, 202
<스타월드>, 343
<아리랑 TV>, 360
<왕과 나>, 74

<이코노미스트>, 262
<인민일보>, 163
<천사와 악마>(Angels and Demons,), 115
<콩데 나스트 트레블러>(Condé Nast Traveller), 158
<콩데 나스트>(Condé Nast), 381
<타임>, 76, 164
<플라잉 타이거즈>(Flying Tigers), 132
<허트 로커>(the Hurt Locker), 115
『1984년』, 75
『꽃과 북의 노래』(The Flower Drum Song), 250
『내 아버지로부터의 꿈』(Dreams from My Father), 57
『동물농장』, 75
『뜨겁고 평평하고 복잡하다』(Hot, Flat and Crowded), 57
『만서』, 203
『맥베스』, 35
『모택동 어록』, 81, 160
『버마 시절』, 116
『베다 경전의 북극 고향』(The Artic Home of the Vedas), 297
『변환하는 중국』, 39
『사기(史記)』, 183, 227, 228
『영광으로 가는 길』(Paths to Glory), 88
『예수님처럼 이끌라』(Lead Like Jesus), 357

색인 421

『인간의 굴레』, 32
『잃어버린 지평선』(Lost Horizon), 217, 233
『정글북』, 32, 67
『중국 남서부의 나시 고대왕국』(The Ancient Na-Khi Kingdom of South-West China), 233
『중국 남서부의 나시 고대왕국』, 233
『지리학』, 325
『천일야화(千一夜話)』, 204
『카마수트라』, 283
『크리세를 넘어: 광둥에서 만달레이까지 남중국 국경지방을 통해 간 탐험기』, 39
『탈미국 세계』(The Post-American World), 57
『템벌린 대왕』, 328
『현대국제관계』, 259
『화이트 타이거』, 272

C. Y. 리 (리진양, 黎錦揚), 250-1
H. R. 데이비스, 39
HIV/AIDS, 에이즈, 242, 247, 249

(ㄱ)

가로족, 317
가리브 네와즈, 344
가우하티/구와하티, 319-20, 321-2, 339; 카마크야 사원, 324
간다라, 205-6
간쑤(甘肅)성, 227
갠지스강, 298, 300, 308, 326
거대경기(great game), 25-6, 139, 164, 176, 197, 267, 290, 338
거란(契丹; Khitan)족, 184
계왕(桂王)/영력제(永曆帝), 122
고무농장/고무 재배, 145, 176, 253
고석교(古石橋), 222, 223, 232,
고아(인도의 점령), 269
곡테익 계곡, 109-10
관개(灌溉), 64, 210, 249, 282
관음사(觀音寺), 라시오, 147
광시(廣西) 자치구, 173, 185
광저우(廣州), 157, 249
구르카, 77, 87, 94, 96, 187, 345
굽타왕조, 279, 283-5
금/황금, 31, 155-6, 188, 228, 282, 326
기독교, 111, 347, 350, 353; 네스토리우스파(景敎), 184; 선교사, 118, 357, 361

(ㄴ)

나가(Naga) 고원, 250
나가랜드 민족사회주의 위원회, 352
나가족, 327, 343, 350-3, 357-8
나라시마 라오 (인도 총리), 277
나르기스(사이클론/태풍), 37, 48-9, 105, 369, 371, 383
나시(納西)족, 168, 220, 224; 의상, 223; 언어, 221; 글자/문자, 224
나시르 알-딘, 210
나시왕국, 217, 221; 서방의 발견, 232-3; 중세역사, 224, 226; 몽골의 침공, 221-2
난자오(南詔) 왕국, 184, 188, 203-5, 207
난자오(南詔), 203
난징(南京), 90, 213
날란다 대사원, 301-2
냉전, 26, 123, 163, 237, 265, 279, 307
네로 황제, 282
네윈 장군, 44-5, 77, 99-100, 170
네팔, 96, 110, 164, 276, 302
네피더, 79, 258, 379, 383

(ㄷ)

다량(大凉)산맥, 233
다리(大理), 211-2; 불교의 중심지, 205-6; 종교유적, 206-7, 216; 관광지, 199-202,
다왕(達旺), 267, 269
다이족(傣族), 168, 208, 250, 254
다카, 305, 307
달라이 라마, 163, 236-7, 266-8, 272
당(唐)나라, 64-5, 204, 206, 262, 326

대니얼 술탄 중장, 139
대리국(大理國), 205-6, 226, 301
대장정(大長征), 189
댐, 56, 136, 147, 196, 216, 249, 308, 371, 381,
덩샤오핑, 덩샤오핑(鄧小平), 82, 124, 156-7, 166, 170, 271
데티/커비트 루스벨트, 233
델리, 272-4, 285-6
도그라족, 187
도로: (쿤밍-라시오 간) 버마로드, 59, 85, 89, 91-5, 132, 139-40, 169, 179, 241, 251; 중국의 고속도로, 220; 차마고도, 221, 쿤밍-콜카타, 196; 쿤밍-치타공, 309; 만달레이-쿤밍, 250; (루이리-동북인도 간) 스틸웰로드, 24, 89, 93-5, 287, 334, 369; 석우(石牛)로, 156; 신장-티베트, 268
동남아시아, 48, 76, 91, 96, 106, 114, 170; 언어, 113-4, 281, 282; 일본의 침공, 91.
동북인도: 고립, 355; 반란, 275, 351-3, 363; 빈곤, 353-4; 수송로, 354-5; 언어, 318, 319, 335, 343, 357, 362; 인구, 157, 317; 지리, 318-9
두안(段)씨, 209, 226
두원슈(杜文秀), 214-6
둥바(東巴), 231
따도 마하 반둘라 장군, 320
딴슈웨 장군, 45, 79, 261-2, 314, 327, 372, 374, 383
떼인세인, 373, 379, 382-5
띠버 왕, 40, 309

(ㄹ)

라다크 왕국, 269
라시오, 91, 118, 132-3, 관음사, 135; 선교사, 134; 쉐다곤 파고다 복제, 137; 역사, 138-9; 일본의 점령, 139, 화재(1988년) 134
라싸, 235-7, 267, 309; 반중국시위, 235, 237
라오스, 26, 49, 84, 114, 143, 184, 194, 198, 250, 271, 327
라왕족, 131, 142

라이자, 131
라지브 간디, 271, 293, 311-2
랄프 피치, 35
람리섬, 194, 256, 368-9
러디어드 키플링, 32, 67, 366
레이공(山)의 전투, 186
로버트 브루스, 332
로싱한, 122, 124, 151
로크만야 틸락(Lokmanya Tilak), 297
로힌자/로힝야족, 246
론지 (미얀마 전통의상), 33, 36, 61, 82, 117, 125, 127, 141, 244, 245, 246, 291, 370
룽윈(龍雲), 188-9
루구호(泸沽湖), 235
루샤이(Lushai) 고원, 350
루이리(瑞丽), 151, 172, 240, 241-2, 248; 마약, 247; 미얀마인, 244-6; 에이즈, 247
루이리강, 250
리장(麗江): 관광, 231; 고성(古城), 221; 나시음악 연주회, 230; 둥바(東巴) 박물관, 230; 목부(木府), 224; 몽골의 침공, 221-2; 신도시, 231; 음식, 226; 지진, 222
리징, 234
리처드 닉슨, 307
린밍샨, 143-4

(ㅁ)

마가다 왕국, 300, 302
마니푸르, 88, 93, 290, 341; 역사, 343-4; 영국의 지배, 344-5; 인도연방 가입, 348-9; 인종, 357-8; 일본의 침공, 89, 345-6
마드라스(첸나이), 39
마르코 폴로, 86, 178, 184, 211, 235, 303
마오쩌둥(毛澤東), 80, 160, 188-9, 265, 266, 280
마틴 루서 킹, 46
마하트마 간디, 266, 271, 296-7, 346, 350-1
만달레이, 59, 61-2; 고대사, 64-5; 건립, 73-4; 쇼핑몰, 70-1; 시장, 68-9; 왕궁, 62, 77-9; 일본의 침공과 폭격, 76-7; 재건축, 72;

중국인의 이민, 55-7; 탈환, 77
만달레이산, 63-4
만모한 싱 (인도 총리), 271, 277, 293,314
만주/청(淸)나라, 41, 90, 122, 186, 215, 224, 236, 238, 253, 330,
말라리아, 24, 249
말라카 딜레마, 55, 56, 172,
말레이반도, 279, 302
말레이시아, 100, 103, 277, 369
망시, 251-2
맥마혼 라인, 267-270
먀오족(苗族, 묘족), 186
메갈라야, 317
메소포타미아, 21, 290
메이테이족, 317, 344, 357-8
메콩강, 40, 143, 177, 219, 242,
명나라,90, 122, 144, 255; 몽골 격퇴, 184, 212; 대례의논쟁, 187
모만족, 203
모수오(摩梭)족, 233-4
모울메인/몰라먀잉, 365, 366
몬족, 112, 126, 316
몽골족, 184,
몽구트 왕 (태국), 74
몽라, 143-4, 146, 244
몽요웅, 123
무(沐)씨 집안, 213
무굴왕조/제국, 273, 287, 328-9
무리 왕국, 233
무세, 123, 151
무잉(沐英, 목영), 213
무크티 바히니 (방글라데시), 307
무타구치 렌야(牟田口 廉也), 345
무하마드 바크티야르, 302
문화혁명, 81-2, 143, 157, 160, 170, 181, 190-1, 230-1, 234, 237, 252, 270
믈라카해협, 25, 55, 162, 172, 196, 290, 302, 309, 311, 337, 368
미국 중앙정보국(CIA), 122, 237

미국: 나르기스호와 원조제안, 48; 스틸웰로드 건설, 89; 외교관계(미얀마), 105-6, 150, 258-9, 384-5, 386; 외교관계(중국), 150, 163, 257, 384; 외교관계(인도), 310-1; 중국 국민당 지원, 90, 122
미르 주믈라, 329-30
미리족, 317
미모(靡莫) 연맹, 183,
미얀마 민족 민주 동맹군(MNDAA), 257
미얀마/버마: 고대사, 63-5, 90, 202-3; 반식민시위, 34; 벵골로부터의 이민, 297; 영국의 지배, 38-42, 74-6, 117-20, 331; 중국인의 이민, 56, 82-4, 145, 261; 중국의 침공(1968), 81-2; 내전, 26, 43, 95, 107, 117, 121, 132, 140-1, 216, 349, 373; 마약 거래, 103, 122, 144-5, 247, 257; 경제, 42, 58, 100, 136, 169, 376, 384; 교육, 67, 386; 선거(1990), 37, 45, 102; 선거(2010), 50, 173, 261, 371; 선거(2012), 384; 희귀동물 밀거래, 145-6; 인종갈등, 117-8, 120-2, 240; 인종 문제, 111-3, 125-7, 140-1; 지리, 25, 61, 88-9, 111; 인도적 지원, 49, 136, 257; 소득 불평등, 73, 136, 373; 독립, 43, 66, 77, 91; 고립, 66, 179, 318; 일본의 침공, 43, 76, 92, 94; 언어, 110-2; 벌목/남벌, 100, 132, 145; 군사독재, 45, 46, 48-50, 78, 95, 100-1, 170-1, 240; 중세역사, 114, 205, 227; 송유관/가스관/파이프라인, 4, 56, 84, 104-5, 140, 146, 172, 194, 256, 288, 292, 369, 371, 374; 판데의 난, 41, 214-5; 정치범, 37, 105, 380; 인구, 25, 111-2; 빈곤, 25, 84, 376, 379; 민주화 시위, 37, 45, 100, 311; 외교관계(중국), 80-2, 84, 101-2, 123-4, 164, 169-70, 176, 259-61, 376; 외교관계(인도), 57, 103, 150, 261-2, 287, 311-4, 354; 외교관계(일본), 385; 외교관계(미국), 105-6, 150, 258-9, 384-5, 386; 종교, 112, 281; 경제제재, 37, 46, 73, 101, 105-6, 124, 135, 141-, 149, 171, 256, 311, 372, 374; 미래

시나리오, 375-7; 중국-미얀마 전쟁, 253; 유엔 제제결의, 104-5
미조람주, 317, 354, 357, 369
미조족, 343
미치나, 130, 147
미틸라, 205
민돈 왕, 63, 74, 214-5
민주주의 국민연맹(NLD), 45, 50, 103, 372, 380, 384
민주주의 로드맵, 50

(ㅂ)

바간 왕조/왕국/제국, 64, 102, 203, 205, 226,
바부르, 273, 328
바스쿠 다가마, 162,
바이족(白族), 190, 202; 복장, 202; 언어, 202
바츠야야나 (카마수트라), 243
바하두르 샤 자파르 황제, 52
박트리아, 21-2
방글라데시, 306-10, 318-9, 335
버락 오바마, 57, 77, 105, 150, 258-9, 381
버마 공산당(BCP), 81, 124, 132, 143, 257
버마 로드, 59, 85, 89, 91-5, 132, 139-40, 169, 179, 241, 251
버마 석유회사, 42, 104
버마화(化)/미얀마화, 126
버조(Baw Gyo)사탑, 102
벌목, 71, 79, 86, 100, 132, 145
법현(法顯, Faxian) 스님, 284
베스파시아누스 황제 (로마), 282
베이징(北京): 공항, 157; 건물, 159; 금융가, 159; 상업가 (왕푸징), 160; 자금성, 160; 지리, 159; 역사, 159; 올림픽, 157; 민주화 시위, 160; 산리툰, 165
베트남, 22, 26, 123, 167, 271, 277; 독립, 175; 캄보디아 침공, 271
벵골: 불교의 중심지, 300-2; 지리, 298; 무슬림의 정복, 302, ; 분할, 305-6; 독립전쟁, 306-7

벵골만, 145, 282, 309-10
보다찬드라 싱, 349
보도랜드 민족민주전선(NDFB), 334
보도족, 317, 334
보드가야, 31, 314
보리달마, 284
부탄, 335
불교, 33, 34, 65, 125, 137, 298-9, 366; 대승불교, 147, 284; 미얀마 불교, 33, 69, 111, 137; 밀교, 34, 52, 206-7, 301-2, 324; 벵골 - 불교의 중심지, 300-302; 선종, 206, 284; 소승불교, 126; 티베트 불교/라마교, 236, 267, 301-2
불교사원, 64, 69
불교 승려, 64, 69-71, 75, 148; 라싸의 승려시위, 235-6; 양곤의 승려시위, 34, 171; 의상, 33, 69, 148
브네이메나슈족, 361-2
브라마푸트라강, 40, 114, 219, 290, 318-9, 321, 328, 329, 334, 346
비취/옥/경옥, 90, 113, 130, 132, 136, 145, 180, 248, 371

(ㅅ)

사가잉, 69; 사원, 69
사이드 아잘, 209-10
사타바하나 왕조, 284
산시성(山西省), 167
산싱두이(三星堆), 228
살윈강, 123, 134, 146-7, 172, 219, 242, 365
상하이, 25, 55, 90, 157, 165, 175, 193-4, 242, 280, 338
샤관(下關), 200-1
샨고원, 58-9, 62, 79, 110-5,
샨족, 110-15; 언어, 113; 영국의 지배, 117-8; 의상, 119; 초기 역사, 113-4
샨주군, 132
샹그릴라, 217, 233
서머싯 모음, 32
석가모니 부처, 31, 34, 57, 137, 300; 불상, 31,

색인   425

34, 64, 125, 137, 366
석우(石牛), 155-6
석유/가스, 55, 89, 104, 146, 168, 172, 238, 256, 353; 송유관/파이프라인, 24, 56, 84, 140, 146, 172, 194, 256, 288, 292, 369, 374; 가스관/파이프라인, 24, 56, 84, 104-5, 146, 172, 256, 288, 369, 371, 374
세계 식량 프로그램(WFP), 135
세이크 무지부르 라만, 306
세이크 하시나 (방글라데시 총리), 336
세포이 반란/제1차 독립전쟁, 52
소금, 131
송(宋)나라, 185, 203, 227
수에즈 운하, 23, 290
수카파아 왕, 327
스리 비자야 왕국, 302
스코틀랜드, 42, 79, 89, 317, 333,
스틸웰로드, 24, 89, 93-5, 287, 334, 369
시안(西安)사변, 188
신 거대경기,
신장(新疆), 168, 228-9, 238-9
실크로드/비단길, 21, 25, 221, 227, 238, 284, 338
싱가포르, 91, 93, 103, 216, 259, 271, 274, 290, 346, 384
싸오 온짜, 119
싸오 짜썽, 123
싸오 케, 119
싸오 쿤썽, 118-9
쓰촨(四川), 22, 27. 84, 155, 175, 183, 204, 221, 228
씨퍼, 76, 115-8, 123-5; 영국의 지배, 118; 버조 사탑, 102

(ㅇ)
아라칸/라카인 왕국, 290, 303
아리아바타 (천문학자), 283
아리안족, 297, 299, 300; 아리안 어, 299, 300, 328

아보르 족, 317
아비시니아/에티오피아, 41, 303
아삼, 26, 84, 88, 93, 96, 114, 213, 266; 아홉 왕조의 지배, 327-309; 영국의 지배, 267, 331, 333-4; 버마의 정복, 290, 320; 윈난과의 비교, 337; 일인당 소득, 334; 이민, 333-4; 독립 이후, 334; 차 산업, 332; ULFA, 308, 310, 335-6
아세안, 동남아 국가연합, 103, 277, 381; 미얀마 가입, 103
아소카 대왕, 206-7, 301
아솜 통일해방전선(ULFA), 336
아시아: 변화하는 지리, 24-5; 지질적 역사, 298
아우랑제브 황제, 329
아웅산 수치, 37, 45-6, 103-6, 312-3, 372, 374, 379-80, 384
아웅산 장군, 45, 120, 311-2, 380
아체, 지진해일, 48, 49; 반란, 270
아치볼드 컬큔, 39
아편, 39, 138, 178, 180, 215, 247, 253
아편전쟁, 162
아홉 왕국, 327-30
악사이친, 268
안가미 자이푸 피조, 351
알란 족, 209
알렉산드로스 대왕, 21, 155
야랑(夜郞)국, 22
야랑자대(夜郞自大), 22, 259
야오(瑤)족, 185
야웅훼의 서브와, 123
야흐야 칸 대통령(파키스탄), 306
얀다보 조약, 331
양곤/랭군,
양센(楊愼), 187
양쯔강, 39, 85, 174-5, 177, 185, 213, 219,
에르네 두다르 드 라그레, 40
에센 타이시, 162

여국(女國)/여아국(女兒國), 235
연방 단합 발전당 (USDP), 371-2
영국 동인도 회사, 39, 88, 92, 266, 289-90, 293, 295, 327, 331-2
영국 제14군, 77, 73, 356
영국/영국령 인도, 39, 88-9, 117-9, 139-40, 289-90, 304-5, 331-4
영국-버마 전쟁, 73-5, 266, 290, 344
영닝 왕국, 232
옐루다시(耶律大石) 거란 왕, 184
오단타푸리 사원/대학, 303
오삼계(吳三桂), 122
오스만 제국, 210
오척도(五尺道)/서남이도(西南夷道), 184-5
올리브 양, 124
옹정제(雍正帝), 186
와(Wa)고원, 252
와족, 141-3; 무기생산, 253; 언어, 326; 문명 와족, 142; 야만 와족, 142
와주 연합군(UWSA), 141, 252-3, 260, 336
왕홍, 185
우리양카다이 왕자, 209
우만(烏蠻)족, 203
우만(烏蠻)족, 203
우상샨 (왜각호[矮脚虎]), 253-4
우타르 프라데시, 300, 357
우페이푸(吳佩孚), 188
원자바오(溫家寶), 260
월(越)나라, 174
월지(月氏)국, 21
위구르족, 168, 229, 238; 한족과의 갈등,
위룽쉐산(玉龍雪山), 232
윈난(雲南), 22, 41, 151, 176; 고대역사, 22, 183-6, 227-8; 범죄조직, 195; 댐 건설, 196, 249; 가뭄(2010), 196, 249; 남벌, 196, 249; 문화혁명, 190-1; 초기 무역, 183;
  경제발전, 248-9; 소수 인종, 168, 214, 229; 일인당 소득, 167; 한족의 유입, 186-7, 213; 토지개혁, 190; 명나라의 통치, 184-6, 213;
  광산, 213; 몽골의 지배, 184, 209-10; 난자오의 지배, 203-5; 농촌의 피폐화, 208; 관광지, 194, 216-7
윈스턴 처칠, 92, 93
윌리엄 슬림, 76-7, 93-4, 346-7, 356,
윌리엄 존스, 295, 299
유엔, 48-9, 51, 122, 369, 381: 미얀마 원조, 124-5, 253; 미얀마 관련 안보리 결의안, 104-5
은(銀), 39, 68, 89, 119, 138, 178, 183, 213, 253
이(彝)족, 233, 239
이라와디강, 24, 38-40, 48, 56, 64, 85, 94, 130, 146-7, 172, 177, 227
이라크/메소포타미아, 21, 171, 290, 381
이슬람, 281, 302-3
인더스강, 298
인더스-갠지스 평원, 298
인도 국민군, 346
인도: 경제, 272, 274-5, 292; 고대 동남아에 미친 영향, 281, 284; 고대사, 282-4, 299-31, 326-8; 독립, 94, 305; 동향정책, 24, 277, 280, 284, 312, 321, 354; 모택동주의자의 준동, 276, 293; 무역(동남아), 282, 282-3;
  무역(로마), 282; 무역(미얀마), 103, 150, 354; 무역(중국), 99, 278, 287-8; 분할, 305-7, 308, 318, 348-9; 소득 불평등, 275-6; 수학과 숫자체계, 283; 언어, 281, 298-99, 317-8, 326; 영국의 지배, 266-8; 외교관계(미국), 310-1; 외교관계(미얀마), 57, 103, 150, 261-2, 287, 311-4, 354;
  외교관계(방글라데시), 307-8, 336, 354; 외교관계(중국), 163-4, 265-6, 271-2; 인종 반군, 350-3; 종교, 281, 283-4; 지리, 298; 카스트 제도, 299
인도네시아, 26, 48, 270-1, 281, 338, 381, 386
임팔, 94, 340-3, 345-7; 연합군 묘지, 347
임페커블 함, 163

(ㅈ)

자야 프라카시 나라얀, 353
자와할렐/판디트 네루, 94, 265-6, 268-9, 311-2, 314, 352, 362
잠무산맥, 297
장건(張騫), 21-2
장쉐량(張學良), 188
장슈메이(張秀眉), 186
장제스(蔣介石), 80, 90-3, 121-2, 188; 납치사건, 188; 스틸웰과의 만남, 191, 181; 미얀마로의 후퇴, 122
장종창(張宗昌), 개고기 장군, 188
저우언라이(周恩來), 265
전나라(滇國), 22-3, 227-8
정복왕 작전, 123
정화(鄭和), 162
제1차 세계대전, 98, 342
제2차 세계대전,
제2차 세계대전, 24, 44, 53, 62, 68, 74, 117, 287, 289, 345-6, 350, 356, 366.
조우훈, 234
조지 W. 부시, 48, 310
조지 쿠르존, 295, 333
조지프 로크, 232-3
조지프 스틸웰 장군, 91-2, 181,
존 S. 퍼니벌, 43, 295
좡족(壯族), 239
주석(朱錫), 89, 178
주원장(朱元璋), 213
중국: 경제, 136, 166-7; 고대사, 173-4, 227; 고속도로, 220; 광산, 56, 71, 136, 170; 내전, 102, 121, 266; 놀이공원, 207-8; 대약진운동, 190; 무역(미얀마), 169, 337; 무역(인도), 199, 278, 287-8; 미얀마 영토 내 중국인; 122, 257; 몽골의 침공, 208; 벌목, 132, 136, 145; 부패, 166; 서부 대개발전략, 167, 172, 248, 288; 서진정책, 248-9; 성차별, 146; 소득불평등, 166-7; 송유관/가스관, 172, 194, 256, 288; 언어/방언, 53, 159, 168, 175, 187;
외교관계(동남아), 279-80;
외교관계(미국), 150, 163, 257, 384;
외교관계(미얀마), 80-2, 84, 101-2, 123-4, 164, 169-70, 176, 259-61, 376;
외교관계(인도), 163-4, 265-6, 271-2; 314-5; 외교관계(파키스탄), 309; 미얀마 공산반군 지원, 123-4; 남서쪽 진로모색, 21, 22, 228; 인종문제, 167-8, 189-90; 일본의 침공, 90-1, 178-9; 일인당 소득, 136, 167; 지리, 175-6, 219; 해군, 255-6; 해외개발, 170; 희귀동물 밀거래, 145-6
중국공산당, 156-7, 337
중국-인도 전쟁(1962), 266-7
중일전쟁, 90-91
진(秦)나라, 156
진광룽, 윈난성장, 248
진마오, 해군부제독, 163
진시황제(秦始皇帝), 155, 174

(ㅊ)

차(茶), 90, 138, 332-3,
차마고도(茶馬古道), 221
천안문 광장, 160-1
철기(鐵器), 64, 183
철도, 23, 39: 라싸-카트만두 간, 309; 만달레이-라시오 간, 91, 118; 양곤-만달레이 간, 40, 61; 중국의 건설계획, 249, 369; 쿤밍-비엔티엔 간, 194; 쿤밍-상하이 간, 193; 쿤밍-하이퐁 간, 178
청동기, 64, 173, 183, 227; 청동 징, 183, 228
청뚜(成都), 204
청소 작전, 335
청시 작전, 144
청일전쟁, 26
체스, 63, 169, 283
촉(蜀)나라, 22, 155
충칭(重慶), 91, 172, 195, 250
친고원, 358

친떼, 32
칭기즈칸, 227, 328,
칭하이(靑海), 168

(ㅋ)
카렌족, 120-1, 358, 366
카마루파 왕국, 303, 324, 326-7
카마크야 사원, 324-5
카슈미르, 268-9, 284, 307, 309-10, 345, 348, 351-2
카인두 왕국, 235
카차르 왕국, 328, 344
카친고원, 129, 132, 145, 199, 330, 369
카친독립군(KIA), 129, 131, 335, 382
카친족, 111, 118, 120, 129-30, 134, 381
카필라바스투, 300
칼라단강, 354
캄보디아, 26, 35, 114, 193, 219, 270-1, 368
커피, 178
켄통, 125
코강 사건, 257-9
코로어(語), 318
코캉, 122, 124, 126, 259
코히마 전투, 346
꼰바웅 왕조, 139, 290
콜카타/캘커타, 288, 289-297; 양곤과 비교, 294-5; 윌리엄 요새, 308; 힌두-이슬람 충돌 (1946), 305
콰이강의 다리, 366
쿠마라지바(Kumarajiva)/구마라집(鳩摩羅什), 284
쿠빌라이 칸, 191, 209, 230
쿠치 베하르 왕국, 303
쿠키족(族), 317, 347, 357
쿤밍(昆明), 178-82; 고대사, 183-4, 227-8; 근대사, 178-9; 무슬림의 대학살, 214-5; 쇼핑몰, 179, 181; 대학교, 191-2
쿤사, 122
큰 개 호우(야오족[瑤族] 족장), 185-6

클리먼트 애틀리, 95
킨눈 장군, 124

(ㅌ)
타고르, 285, 297-8
타론족, 131
타보이/다웨이 산업단지, 367-8
타욕-피-민, 102
타이완, 80, 121-2, 165, 254, 266, 277
탁실라, 65
탕구트족/서하(西夏), 227
태국/타일랜드, 50, 69, 100, 104, 113, 122, 174, 194, 208, 290, 365-8, 382
태평천국의 난, 41, 186, 214-5
테니스 코트의 전투, 346
테즈푸르, 270
토카리아 어, 229
톨레미/프톨레마이오스, 325
투르판 왕국, 255
투이갈렝 무이바, 358
트리푸라 왕국, 303, 343
티머시 키팅 제독, 105
티무르 랑, 273
티베트/토번(吐蕃), 236-7, 267; 고대사, 203-4, 229; 만주족 지배, 236; 몽골 지배, 222 236; 인민해방군 침공(1950), 236, 266; 항의시위, 235-6

(ㅍ)
파키스탄, 65, 87, 88, 164, 269, 270, 277, 279, 305, 306-10, 348, 350-1,
판갈족, 357
판데의 난, 41, 214-5
판취(樊綽), 203
판취(樊綽), 203
팔라바 왕조, 284-5
팡유취(샨 서브와), 250-1
펑위샹(馮玉祥), 188
페르시아, 21, 206, 209-10, 221, 281, 301

푸란다르 싱 (아삼)왕, 331
프란시스 영허즈번드, 267
프랑시 가르니에, 40
프랭크 킹던-워드, 131
프랭클린 루스벨트, 92-3
핀마나, 79

(ㅎ)

하니족, 239
하이퐁, 178
한국/대한민국/남한, 100, 101, 104, 177, 184, 284, 360, 370, 385, 386
한나라, 21-3, 168, 183-4, 228
한무제(漢武帝), 21, 23
한족, ; 위구르족과의 충돌, 199; 토착민에 대한 입장
허버트 레지널드 로빈슨, 75-6
허버트 후버, 89, 119
헤로인, 103, 122, 142, 145
헨리 루스, 76
헨리 모어셰드, 87
호랑이, 22, 131, 145-6, 205, 294, 319, 326, 332
호찌민, 179
홍슈취안(洪秀全), 41
홍콩, 103, 122, 142, 238, 279, 290, 338; 일인당 소득, 166
황금새 작전, 103, 313
황금의 삼각지대, 122, 145
효문공(孝文公), 155-6, 174
후게치 왕자(몽골), 209
후글리강, 292, 308
후마윤 황제, 273
후진타오(胡錦濤), 162, 172, 261
흉노족, 21-3
흑사병, 247
흘라민, 385
히로히토(裕仁) 일왕, 91-92
힌두교, 52-3, 110, 281, 283-4, 299, 301-3, 305-7, 317, 324-7, 333, 344, 350